Bestimmtheitsgrundsatz und Schuldprinzip im EU-Kartellbußgeldrecht

Europäische Hochschulschriften

European University Studies

Publications Universitaires Européennes

Reihe II **Rechtswissenschaft**

Series II Law

Série II Droit

Band/Volume **5819**

Moritz Dästner

Bestimmtheitsgrundsatz und Schuldprinzip im EU-Kartellbußgeldrecht

PL ACADEMIC RESEARCH

Bibliografische Information der Deutschen Nationalbibliothek
Die Deutsche Nationalbibliothek verzeichnet diese Publikation in der Deutschen Nationalbibliografie; detaillierte bibliografische Daten sind im Internet über http://dnb.d-nb.de abrufbar.

Zugl.: Bonn, Univ., Diss., 2015

D 5
ISSN 0531-7312
ISBN 978-3-631-66757-6 (Print)
E-ISBN 978-3-653-06374-5 (E-Book)
DOI 10.3726/978-3-653-06374-5

PL Academic Research ist ein Imprint der Peter Lang GmbH.
Peter Lang – Frankfurt am Main · Bern · Bruxelles · New York · Oxford · Warszawa · Wien

Diese Publikation wurde begutachtet.

www.peterlang.com

Meinen Eltern

Vorwort

Die vorliegende Arbeit wurde im Sommersemester 2015 von der Rechts- und Staatswissenschaftlichen Fakultät der Rheinischen Friedrich-Wilhelms-Universität Bonn als Dissertation angenommen.

Mein besonderer Dank gilt meinem Doktorvater, Herrn Prof. Dr. Martin Böse, für die Betreuung der Arbeit und seine stets hilfreichen, kritischen Anmerkungen. Er trägt damit einen wesentlichen Anteil am Gelingen der Arbeit. Auch seine großzügige Unterstützung in sonstigen Fragen des akademischen Lebens während meiner Zeit am Strafrechtlichen Institut haben mir bei der Erstellung der Arbeit sehr geholfen.

Bei Herrn Prof. Dr. Urs Kindhäuser bedanke ich mich für die Erstellung des Zweitgutachtens und bei Herrn Prof. Dr. Torsten Verrel für die kurzfristige Übernahme des Vorsitzes des Prüfungsausschusses.

Für unzählige Diskussionen, wertvolle Anregungen und nicht zuletzt großartige Freundschaft danke ich meinen Kollegen am Lehrstuhl, Herrn Johannes-Maximilian Raddatz, Herrn Dr. Johannes Corsten, Herrn Prof. Dr. Frank Meyer, LL. M. und Herrn Dr. Han-Wei Jung. Frau Sarah Heggen danke ich für das Lektorat.

Weiterhin bedanke ich mich bei meiner Frau Aliki für ihre Unterstützung, ihr großes Verständnis und ihre Geduld. Sie hat mir geholfen, auch in schwierigen Momenten nicht aufzugeben und damit erheblich dazu beigetragen, dass ich die Arbeit vollenden konnte.

Besonderer Dank gilt meiner Mutter, die mich von Beginn des Studiums an unterstützt und gefördert hat. Sie trägt maßgeblich Anteil an meinem akademischen Werdegang und stand mir stets mit Rat und Tat zur Seite. Ohne ihre Hilfe hätte diese Arbeit nie entstehen können.

Erwähnen möchte ich schließlich meinen Vater, der während meines gesamten Studiums stets in meinen Gedanken war. Bei der Anfertigung dieser Arbeit war er mein Vorbild.

Köln, im Dezember 2015 Moritz Dästner

Inhaltsverzeichnis

Abkürzungsverzeichnis

a.A.	anderer Ansicht
a.a.O.	am angegebenen Ort
a.E.	am Ende
ABl.	Amtsblatt
Abs.	Absatz
AEUV	Vertrag über die Arbeitsweise der Europäischen Union
a.F.	alte Fassung
Alt.	Alternative
Art.	Artikel
BB	Betriebs-Berater (Zeitschrift)
Bd.	Band
Begr.	Begründer
BGB	Bürgerliches Gesetzbuch
BGH	Bundesgerichtshof
BGHSt	Entscheidungen des Bundesgerichtshofs in Strafsachen
bspw.	beispielsweise
BT-Drs.	Bundestagsdrucksache
BVerfG	Bundesverfassungsgericht
BVerfGE	Entscheidungen des Bundesverfassungsgerichts
bzw.	beziehungsweise
CMLR	Common Market Law Review (Zeitschrift)
DAR	Deutsches Autorecht (Zeitschrift)
DB	Der Betrieb (Zeitschrift)
d.h.	das heißt
ECLR	European Competition Law Review (Zeitschrift)
ECR	European Court Reports (Sammlung der Rechtsprechung des Gerichtshofes und des Gerichts (erster Instanz) der Europäischen Gemeinschaft/Union, englische Version)
EG	Europäische Gemeinschaft(en), Vertrag zur Gründung der Europäischen Gemeinschaft
EGMR	Europäischer Gerichtshof für Menschenrechte
EMRK	Europäische Menschenrechtskonvention
EU	Europäische Union, Vertrag über die Europäische Union
EuG	Europäisches Gericht (erster Instanz)
EuGH	Europäischer Gerichtshof
EuR	Europarecht (Zeitschrift)
Euratom	Europäische Atomgemeinschaft
EuZW	Europäische Zeitschrift für Wirtschaftsrecht

EWG	Europäische Wirtschaftsgemeinschaft
EWIV	Europäische wirtschaftliche Interessenvereinigung
EWR	Europäischer Wirtschaftsraum, Schriftenreihe zum europäischen Weinrecht
EWS	Europäisches Wirtschafts- und Steuerrecht (Zeitschrift)
f./ff.	folgende
FAZ	Frankfurter Allgemeine Zeitung
Fn.	Fußnote
FS	Festschrift
GA	Generalanwalt / Goltdammer's Archiv für Strafrecht (Zeitschrift)
GD	Generaldirektion (EU-Kommission)
GG	Grundgesetz
ggfs.	gegebenenfalls
GRC	Charta der Grundrechte der Europäischen Union
grds.	grundsätzlich
GS	Gedächtnisschrift
GVO	Gruppenfreistellungsverordnung
h.Lit.	herrschende Literatur
h.M.	herrschende Meinung
HRRS	Höchstrichterliche Rechtsprechung im Strafrecht (Zeitschrift)
Hrsg.	Herausgeber
Hs.	Halbsatz
i.e.S.	im engeren Sinne
i.S.d.	im Sinne des, im Sinne der
i.Ü.	im Übrigen
i.V.m.	in Verbindung mit
i.w.S.	im weiteren Sinne
insbes.	insbesondere
JR	Juristische Rundschau (Zeitschrift)
Jura	Juristische Ausbildung (Zeitschrift)
JuS	Juristische Schulung (Zeitschrift)
JZ	Juristenzeitung
KOMM	Entscheidung der Europäischen Kommission
KSzW	Kölner Schrift zum Wirtschaftsrecht (Zeitschrift)
lit.	Buchstabe
MDR	Monatsschrift für deutsches Recht
m.E.	meines Erachtens
m.w.N.	mit weiteren Nachweisen
n.F.	neue Fassung
NJW	Neue Juristische Wochenschrift
NStZ	Neue Zeitschrift für Strafrecht
NVwZ	Neue Zeitschrift für Verwaltungsrecht

NVwZ-RR	Neue Zeitschrift für Verwaltungsrecht Rechtsprechungs-Report
OWiG	Gesetz über Ordnungswidrigkeiten
RabelsZ	Rabels Zeitschrift für ausländisches und internationales Privatrecht
Red.	Redaktion
Rn.	Randnummer
Rs./Rsen.	Rechtssache/Rechtssachen
S.	Seite
s.	siehe
SE	Societas Europeae
Slg.	Sammlung der Rechtsprechung des Gerichtshofes und des Gerichts (erster Instanz) der Europäischen Gemeinschaft/Union, Sammlung der Rechtsprechung des Europäischen Gerichtshofs für Menschenrechte
s.o.	siehe oben
sog.	sogenannt
StGB	Strafgesetzbuch
StVG	Straßenverkehrsgesetz
StVO	Straßenverkehrsordnung
Tz.	Teilziffer
u.a.	und andere, unter anderem
UAbs.	Unterabsatz
UmwG	Umwandlungsgesetz
VA	Verwaltungsakt
vgl.	vergleiche
VO	Verordnung
VwVfG	Verwaltungsverfahrensgesetz
WRP	Wettbewerb in Recht und Praxis (Zeitschrift)
WuB	Entscheidungssammlung zum Wirtschafts- und Bankrecht
WuW	Wirtschaft und Wettbewerb (Zeitschrift)
WuW/E	Wirtschaft und Wettbewerb, Entscheidungssammlung (Zeitschrift)
YLJ	Yale Law Journal (Zeitschrift)
z.B.	zum Beispiel
z.T.	zum Teil
ZEuP	Zeitschrift für Europäisches Privatrecht
ZEuS	Zeitschrift für europarechtliche Studien
ZHR	Zeitschrift für das gesamte Handelsrecht und Wirtschaftsrecht
ZStrR	Schweizerische Zeitschrift für Strafrecht
ZStW	Zeitschrift für die gesamte Strafrechtswissenschaft
ZWeR	Zeitschrift für Wettbewerbsrecht
zugl.	zugleich

Kapitel I. Einleitung

Das Kartellrecht nimmt innerhalb der Rechtsordnung der Europäischen Union eine herausgehobene Stellung ein. Schon der EGKS-Vertrag von 1951 enthielt wettbewerbliche Regelungen und seit der Gründung der EWG durch die Römischen Verträge von 1957 ist das Kartellrecht ein wichtiger Bestandteil der Europäischen Integration. Es dient der Durchsetzung und dem Erhalt eines – weitestgehend – freien Wettbewerbs und stellt damit eine Schlüsselposition bei der Verwirklichung des ersten und wichtigsten Ziels dar, welches der Idee der EWG zugrunde lag: der Schaffung eines gemeinsamen Binnenmarktes innerhalb Europas.

Die Vorschriften des Kartellrechts haben die zahlreichen geografischen Erweiterungen des vereinten Europas ebenso weitestgehend unverändert überdauert wie die Ausdehnung dessen Kompetenzen auf nahezu alle Rechtsgebiete. Erst im Jahr 2003 ist das Kartellverfahren einer grundlegenden Systemänderung unterzogen worden. Damit hat das Kartellrecht nicht zuletzt eine Art Vorbildfunktion eingenommen und die Ausgestaltung anderer Rechtsbereiche auf europäischer Ebene beeinflusst, sowohl in legislativer, als auch in judikativer Hinsicht.

Das Kartellrecht hat einen wichtigen Beitrag zur Systematisierung des fragmentarischen Unionsrechts[1] durch den EuGH geleistet. Dies liegt an der Relevanz des Europäischen Kartellrechts für heute fast alle mittelständischen, jedenfalls aber Großunternehmen, die in einem Mitgliedstaat der EU tätig sind. Die schiere Masse der Adressaten hat eine langjährige Entscheidungs- und Rechtsprechungsgeschichte hervorgebracht, in der das geschriebene Recht konkretisiert und ungeschriebene Rechtsgrundsätze benannt worden sind.

Gleichzeitig war das Kartellrecht auch das erste Rechtsgebiet im vereinigten Europa, welches für Verstöße die Verhängung von Sanktionen androhte. Diese Bußgelder haben in den vergangenen Jahrzehnten zunehmend an Bedeutung gewonnen. Nach anfänglich zurückhaltender Anwendung ist ihre Höhe inzwischen

---

1 Zur Terminologie: Durch den Reformvertrag von Lissabon ist die EU Rechtsnachfolgerin der bisherigen EG geworden und hat Rechtspersönlichkeit erlangt, Art. 1 Abs. 3 S. 3 HS 2, 47 EU. Zwar gelten die unter dem bisherigen Gemeinschaftsrecht bestehenden Rechtsgrundsätze und das sekundäre Gemeinschaftsrecht auch unter den neuen Verträgen fort, aufgrund der Rechtsnachfolge der EU und der Namensänderung des EG-Vertrags wird im Folgenden jedoch einheitlich der Terminus „Unionsrecht" für das Recht der Europäischen Union und ihrer Vorgänger verwendet.

in die Milliarden Euro gestiegen. Damit stellen Kartellverfahren für die Unternehmen nicht nur eine Bedrohung ihrer Unternehmenspolitik und -strategie dar, sondern bergen darüber hinaus ein erhebliches finanzielles Risiko in Form von ausufernden Bußgeldfestsetzungen, die teilweise sogar als existenzbedrohend angesehen werden.

Gleichwohl ist der Blick in der Literatur und Rechtsprechung noch immer vor allem auf die zivil- und verwaltungsrechtlichen Fragen im Zusammenhang mit dem Kartellrecht fokussiert. So erschöpft sich die Diskussion der Rechtssicherheit im geltenden Kartellrecht zumeist darin, als Maßstab eine gewisse Vorhersehbarkeit des Ergebnisses zu fordern, welches am Ende eines Kartellverfahrens für ein betroffenes Unternehmen herauskommen kann. Dabei stellen sich gerade hinsichtlich der Bußgelder Fragen, die angesichts der zu befürchtenden finanziellen Konsequenzen von größter Bedeutung sein können. Der Streit um die Frage der Rechtsnatur der Bußgelder dient hier als Aufhänger, da die Einordnung der Bußgeldtatbestände des Kartellrechts für die Geltung strafrechtlicher Fundamentalgarantien entscheidend ist.

Hier konkretisiert sich die soeben angesprochene Rechtssicherheit im strafrechtlichen Bestimmtheitsgrundsatz. Auch das Schuldprinzip verdient in diesem Zusammenhang Beachtung, denn es knüpft teilweise direkt an das Bestimmtheitsgebot an. Darüber hinaus gehen mit den relevantesten Problemen in Bezug auf den Bestimmheitsgrundsatz auch Fragen hinsichtlich des Schuldprinzips einher, so dass sich die gemeinsame Behandlung beider Rechtsgrundsätze anbietet.

Ziel dieser Arbeit ist es, die Tatbestandsseite der kartellrechtlichen Bußgeldnormen des Unionsrechts[2] hinsichtlich dieser Grundsätze zu untersuchen und damit eine andere Facette der Diskussion um das Europäische Kartellrecht zu beleuchten. Dafür wird zunächst eine Bestandsaufnahme in diesem Hinblick durchgeführt. Damit verbunden wird eine Einschätzung, ob und inwieweit das geltende Recht den Anforderungen des Bestimmtheitsgrundsatzes und des Schuldprinzips genügt. Darüber hinaus werden für die aufgezeigten Probleme Lösungsansätze vorgeschlagen. Für isoliert lösbare Probleme erfolgt dies direkt im jeweiligen Kapitel. Umfassende Lösungsansätze, die sich auf die grundsätzliche Systematik auswirken, werden am Ende der jeweiligen Kapitel zu Art. 101 Abs. 1 AEUV und Art. 101 Abs. 3 AEUV dargestellt.

2 Art. 102 AEUV wird nicht behandelt.

Kapitel II. Die Reichweite des Bestimmtheitsgrundsatzes und des Schuldprinzips im Unionsrecht

Bestimmtheitsgrundsatz und Schuldprinzip werden bislang im primären Unionsrecht nicht ausdrücklich erwähnt. Wie viele allgemeine Rechtsgrundsätze mussten sie im Laufe der Zeit – vor allem durch den EuGH – erst erarbeitet und konturiert werden. Mittlerweile ist ihre Geltung aber jedenfalls im EU-Kartellbußgeldrecht weitgehend gesichert.[3] Ihr Inhalt und Umfang sind dabei in Ermangelung von Literatur und Rechtsprechung in vergleichbarer Quantität und Qualität noch immer weniger klar als ihre Entsprechungen in den nationalen Rechtsordnungen der Mitgliedstaaten. Zwar enthält die EU-Grundrechtecharta[4] in Art. 47 ff. auch Justizgrundrechte. Da diese jedoch erst seit dem Lissabon-Vertrag (Inkrafttreten: 01.12.2009) rechtsverbindlich ist (vgl. nunmehr Art. 6 Abs. 1 EU), existiert hierzu bislang noch keine gesicherte Praxis.

Ausgangspunkt der kartellrechtsspezifischen Überlegungen muss daher die Bestimmung von Inhalt, Umfang und auch Zweck des Bestimmtheitsgrundsatzes sowie des Schuldprinzips sein. Dazu ist in einem ersten Schritt zu erörtern, welchem Rechtsgebiet das EU-Kartellbußgeld zuzuordnen ist. Denn Inhalt und Umfang der Garantien sind abhängig von dem Rechtsgebiet, auf dem sie greifen sollen.[5] Zu bestimmen ist also die Rechtsnatur des EU-Kartellbußgeldes. Nach Klärung dieser Frage werden dann darauf bezogen Inhalt, Zweck und Umfang des Bestimmtheitsgrundsatzes und des Schuldprinzips dargestellt. Da

---

3 Vgl. *Dannecker/Biermann* in: Immenga/Mestmäcker, vor Art. 23 VO 1/2003 Rn. 44, 61; *Tsolka* S. 71 ff.; *Soltész/Steinle/Bielesz* EuZW 2003, 202 (205). Zum Bestimmtheitsgrundsatz: EuGH vom 21.09.1983 – Rs. 205/82 – *Deutsche Milchkontor*, Slg. 1983, 2633 Rn. 30; *Schollmeier* JA 1990, 375 (379). Zur Geltung des Schuldprinzips allgemein im Europäischen Strafrecht: *Palazzo* in: Freiburg-Symposium, S. 23 (31); *Tiedemann* in: Freiburg-Symposium, S. 3 (4).

4 Charta der Grundrechte der Europäischen Union vom 14.12.2007, ABl. EU 2007 Nr. C 303/01.

5 Zwar gilt das Erfordernis einer klaren und unzweideutigen Rechtsgrundlage laut EuGH vom 25.09.1984 – Rs. 117/83 – *Köneke*, Slg. 1984, 3291 Rn. 11 auch für Sanktionen nichtstrafrechtlicher Art, die Anforderungen an strafrechtliche Sanktionen sind jedoch besonders hoch, so dass es notwendig ist, die Rechtsnatur des Kartellbußgeldes eindeutig zu bestimmen.

die Bußgeldtatbestände im EU-Kartellrecht als Blankettvorschriften ausgestaltet sind, ist dabei auf die entsprechenden Besonderheiten einzugehen.

Es sei darauf hingewiesen, dass sich dieses Kapitel mit einer groben Darstellung der Rechtsgrundsätze begnügen soll, da eine umfassende Darstellung an den Kernfragen der Arbeit vorbei ginge. Sonderprobleme und Einzelfragen werden daher im Rahmen der folgenden Kapitel an den Stellen behandelt, an denen sie virulent werden.

A. Vorfrage: Die Rechtsnatur des EU-Kartellbußgeldes

Die Rechtsnatur des EU-Kartellbußgeldes entscheidet über die Anwendbarkeit und den Schutzmaßstab allgemeiner Rechtsgrundsätze.[6] Nach der Rechtsprechung des EuGH existiert ein „allgemeiner" Bestimmtheitsgrundsatz (bzw. Grundsatz der Rechtssicherheit), und zwar unabhängig davon, ob die in Frage stehenden Normen strafrechtlicher Natur sind.[7] Jedoch sind an strafrechtliche Sanktionen höhere Anforderungen zu stellen, als an lediglich verwaltungsrechtliche.[8]

Das Schuldprinzip ist ein (i.w.S.) strafrechtlicher Grundsatz[9], so dass die Bestimmung der Rechtsnatur des EU-Kartellbußgeldes von grundlegender Bedeutung für die nachfolgenden Ausführungen ist. Diese Frage ist seit jeher umstritten. Eine umfassende Darstellung der Argumentationsgänge ist jedoch nicht Schwerpunkt der vorliegenden Arbeit. Es erfolgt vielmehr nur eine kurze Zusammenfassung der wichtigsten Ansätze, welche als Ausgangspunkt für die weiteren Ausführungen dienen soll.[10]

Ausgangspunkt ist Art. 23 Abs. 5 VO 1/2003,[11] wonach Bußgelder i.S.d. Art. 23 Abs. 1, 2 VO 1/2003 keinen strafrechtlichen Charakter haben (so auch schon die Vorgängervorschrift Art. 15 Abs. 4 VO 17/62[12]).[13] Diese Einordnung ist

---

6 *Mestmäcker/Schweitzer*, § 21 Rn. 9, *Schwarze* EuR 2009, 171 (181).

7 Näher dazu Kapitel II.B.II.1).

8 Dazu sogleich.

9 Dazu sogleich.

10 Für eine umfassende Darstellung vgl. *König*, S. 52 ff.; *Tsolka*, S. 35 ff.

11 Verordnung (EG) Nr. 1/2003 des Rates vom 16.12.2002 zur Durchführung der in den Artikeln 81 und 82 des Vertrags niedergelegten Wettbewerbsregeln, ABl. EG 2003 Nr. L 1/1 (Kartellverfahrensverordnung) (im Folgenden: VO 1/2003).

12 Verordnung (EWG) Nr. 17/62 des Rates vom 06.02.1962 – Erste Durchführungsverordnung zu den Artikeln 85 und 86 des Vertrages, ABl. EWG 1962 Nr. P 13/204, im Folgenden: VO 17/62.

13 Deshalb kann auch auf die darauf bezogenen Quellen zurückgegriffen werden.

entgegen des klaren Wortlauts bis heute umstritten. Uneinigkeit besteht schon bei der Frage, ob dem europäischen Gesetzgeber überhaupt die Kompetenz zukommt, die Rechtsnatur der von ihm geschaffenen Sanktionen zu bestimmen.[14] Jedenfalls für den EGMR ist diese Einordnung aufgrund dessen autonomer Auslegung nicht verbindlich.[15] Allerdings kann man aus der Formulierung des Art. 23 Abs. 5 VO 1/2003 zumindest schließen, dass der europäische Gesetzgeber selbst keine kriminalstrafrechtliche Sanktion schaffen wollte.[16] Aus den genannten Gründen ist es aber naheliegend, Art. 23 Abs. 5 VO 1/2003 lediglich klarstellenden Charakter beizumessen.[17] Darüber hinaus spricht gegen eine kriminalstrafrechtliche Einordnung der Geldbußen, dass die Verhängung von Geldbußen in einem Verwaltungsverfahren erfolgt.[18] So wird die Kommission - anders als im Strafverfahren die Staatsanwaltschaft - sowohl ermittelnd, als auch ahndend tätig, also gleich einer Verwaltungsbehörde.[19] Ebenso verfügt die Kommission bei der Verhängung des Bußgeldes gem. Art. 23 Abs. 1, 2 VO 1/2003 über Entschließungsermessen (Opportunitätsprinzip),[20] ein Grundsatz, der für das Verwaltungs- bzw. Ordnungswidrigkeitenrecht typisch ist. Darüber hinaus fehlt dem Kartellbußgeld die sozialethische Missbilligung, die kriminalstrafrechtlichen

---

14 Bejahend: *Böse*, S. 143; *Hamann*, S. 4; *Kindhäuser* in: FK-Kartellrecht[71], Art. 81 EG Bußgeldrechtliche Folgen Rn. 112; *Tiedemann* in: FS Jescheck, S. 1411 (1415); verneinend: *König*, S. 72, 110 f.; *Schwarze* EuR 2009,171 (180); *Schwarze/Bechtold/Bosch*, S. 22; *Tiedemann* NJW 1993, 23 (27 f.); *Vogel* JZ 1995, 331 (337); ähnlich *Schroth*, S. 155 ff.

15 Vgl. *Grabenwarter/Pabel*, § 24 Rn. 16; *Kerse/Khan*, 3-004; *König*, S. 62; ferner EGMR 08.06.1976 - 5100/71; 5101/71; 5102/71; 5354/72; 5370/72 - *Engel*, Slg. Serie A Bd. 22 Rn. 80 ff.; EGMR 21.12. 1984 - 8544/79 - *Öztürk*, Slg. Serie A Bd. 73 Rn. 50ff., insbes. Rn. 52; zur Bedeutung des EGMR im Unionsrecht vgl. unten II. 2) b) cc).

16 *Böse*, S. 142 f.; *Engelsing/Schneider* in: MüKo-EuWettbR, Art. 23 VO 1/2003 Rn. 14; *Hildebrandt*, 1990, S. 15 f.; *Oehler*, Rn. 937; *Schwarze* EuR 2009, 171 (181); vgl. auch EuG vom 12.09.2007 - Rs. T-30/05 - *Prym*, Slg. 2007, II-107 Rn. 153.

17 Dannecker/Fischer-Fritsch, S. 6; Schwarze/Bechtold/Bosch, S. 22; ähnlich Tsolka, S. 49.

18 EuGH vom 13.07.1966 - Rsen. 56/64 und 58/64 - *Consten und Grundig*, Slg. 1966, 321 (385); vom 15.07.1970 - Rs. 44/69 - *Buchler*, Slg. 1970, 733 Rn. 20; vom 18.05.1982 - Rs. 155/79 - *AM & S*, Slg. 1982, 1575 Rn. 23; *Kindhäuser/Meyer* in: FK-Kartellrecht, Art. 101 AEUV Bußgeldrechtliche Folgen Rn. 18; *Wahl* in: EuropStrafRecht, § 7 Rn. 11.

19 *Dannecker/Fischer-Fritsch*, S. 7; *Kindhäuser/Meyer* in: FK-Kartellrecht, Art. 101 AEUV Bußgeldrechtliche Folgen Rn. 18; *König*, S. 93, 111; *Mestmäcker/Schweitzer*, § 21 Rn. 9. Kritisch dazu: *Möschel* DB 2010, 2377 (2379).

20 *Dannecker/Biermann* in: Immenga/Mestmäcker, vor Art. 23 VO 1/2003 Rn. 225; *Engelsing/Schneider* in: MüKo-EuWettbR, Art. 23 VO 1/2003 Rn. 17; *Kindhäuser/Meyer* in: FK-Kartellrecht, Art. 101 AEUV Bußgeldrechtliche Folgen Rn. 197; *Krajewski*, S. 63; *Wahl* in: EuropStrafrecht, § 7 Rn. 13. Allgemein dazu *Erb*, S. 41 ff.

Sanktionen inne wohnt.[21] Folglich kann auch ohne Rückgriff auf den Wortlaut des Art. 23 Abs. 5 VO 1/2003 die Einordnung des EU-Kartellbußgeldes als kriminalstrafrechtliche Sanktion ausgeschlossen werden.[22]

Gegen diese formale Betrachtung wenden einige Autoren ein, die zunehmende Quantität der verhängten Bußgelder könne in Qualität umschlagen, so dass das anfänglich nicht als strafrechtliche Sanktion konzipierte Kartellbußgeld aufgrund der steigenden Beträge nunmehr tatsächlich als strafrechtlich anzusehen sei.[23] Ob eine Sanktion aber durch bloß faktische Erhöhung der Rechtsfolge ihre Rechtsnatur ändern kann, ist äußerst zweifelhaft. Entspricht die Rechtsfolge einer Norm nicht mehr dem, was angesichts ihrer Rechtsnatur erwartet werden kann, so wird die Rechtsfolge unverhältnismäßig. Sie bewegt sich dann außerhalb des vom Gesetzgeber vorgesehen Rahmens. Allein die Anhebung der Bußgelder, zumal wenn dies aufgrund der im EU-Kartellbußgeldrecht geltenden umsatzabhängigen Bußgeldobergrenze geschieht, kann aber nicht die vom Gesetzgeber zu treffende Entscheidung ersetzen, die Rechtsnatur der Sanktion zu ändern. Die Steigerung der Bußgeldhöhe kann somit nicht dahingehend ausgelegt werden, dass dadurch das Kartellbußgeld strafrechtliche Natur angenommen hätte.[24]

Geht man also von einer verwaltungsrechtlichen Einordnung des EU-Kartellbußgeldes aus, so ergibt sich daraus gleichwohl noch nicht das Schutzniveau bzw. die Anwendbarkeit allgemeiner Rechtsgrundsätze. Denn hier lässt sich weiter differenzieren, insbesondere angesichts unterschiedlicher Verwaltungssanktionssysteme in den einzelnen Mitgliedstaaten.

Gegen eine Qualifizierung als einfache Verwaltungsmaßnahme bzw. als dem französischen Recht entlehnten „sanction administrative“ sprechen mehrere Gründe. Zum einen verfolgt das EU-Kartellbußgeld sowohl präventive, als auch

---

21 *Dannecker/Fischer-Fritsch*, S. 7; *Kindhäuser/Meyer* in: FK-Kartellrecht, Art. 101 AEUV Bußgeldrechtliche Folgen Rn. 18; *König*, S. 112; *Tiedemann* in: FS Jescheck, S. 1411 (1414 ff.); ähnlich *Heine* ZStrR 125 (2007), 105 (113); zum deutschen Ordnungswidrigkeitenrecht: BVerfGE 22, 49 (80); 27, 18 (29); *Bohnert* in: KK-OWiG, Einleitung Rn. 84; *Gürtler* in: Göhler, Vor § 1 Rn. 9; *Rogall* in: KK-OWiG, § 1 Rn. 8.

22 *Engelsing/Schneider* in: MüKo-EuWettbR, Art. 23 VO 1/2003 Rn. 13; *König*, S. 112; *Mestmäcker/Schweitzer*, § 21 Rn. 9.

23 *Schwarze* EuZW 2003, 261 (267 f.); *Schwarze/Bechtold/Bosch*, S. 28; ansatzweise *Soltész/Steinle/Bielesz* EuZW 2003, 202 (205 f.).

24 Vgl. auch *Ackermann* ZWeR 2010, 329 (334).

repressive Zwecke,[25] welche typischerweise dem Strafrecht zuzuordnen sind.[26] Zum anderen ist die Verhängung von Bußgeldern gem. Art. 23 VO 1/2003 an einen Vorsatz- bzw. Fahrlässigkeitsvorwurf geknüpft. Im EU-Kartellbußgeldrecht gilt mithin das Schuldprinzip.[27] Dies ist dem Verwaltungsrecht (bzw. genauer: der Ordnungsverwaltung), dem es lediglich um die Abstellung des rechtswidrigen Zustands geht[28], jedoch fremd und auch für die „sanctions administratives" jedenfalls nicht zwingend.[29] Der Zweck und besonders die Geltung des Schuldprinzips rücken das EU-Kartellbußgeld daher in die Nähe des Strafrechts.[30] Dies zeigt sich nicht zuletzt in der Anerkennung allgemeiner strafrechtlicher Rechtfertigungs- und Schuldausschließungsgründe durch den EuGH.[31]

Zwar ist eine eindeutige Zuordnung aufgrund der Eigenständigkeit des Unionsrechts nicht möglich.[32] Aus diesem Grund wird teilweise für eine Einordnung

---

25 EuGH vom 15.07.1970 – Rs. 41/69 – *ACF Chemiefirma*, Slg. 1970, 661 Rn. 172/176; vom 15.07.1970 – Rs. 45/69 – *Boehringer*, Slg. 1970, 769 Rn. 53; vom 07.06.1983 – Rsen. 100-103/80 – *Pioneer*, Slg. 1983, 1825 Rn. 117; EuG vom 10.03.1992 – Rs. T-13/89 – *ICI*, Slg. 1992, II-1021 Rn. 349; *Dannecker/Biermann* in: Immenga/Mestmäcker, vor Art. 23 VO 1/2003 Rn. 23 ff.; *Dannecker/Fischer-Fritsch*, S. 6; *Mestmäcker/Schweitzer*, § 21 Rn. 8; *Schwarze* EuZW 2003, 261 (267); *Soltész/Steinle/Bielesz* EuZW 2003, 202 (206); *Tsolka*, S. 48.

26 EGMR vom 08.06.1976 – 5100/71; 5101/71; 5102/71; 5354/72; 5370/72 – *Engel*, Slg. Serie A Bd. 22 Rn. 82; vom 21.12. 1984 – 8544/79 – *Öztürk*, Slg. Serie A Bd. 73 Rn. 53; *Kindhäuser* in: FK-Kartellrecht[71], Art. 81 EG Bußgeldrechtliche Folgen Rn. 114 m.w.N.; *König*, S. 64, 113; *Schwarze* EuZW 2003, 261 (267).

27 *Dannecker/Biermann* in: Immenga/Mestmäcker, vor Art. 23 VO 1/2003 Rn. 61; *Dannecker/Fischer-Fritsch*, S. 6; *Tiedemann* NJW 1993, 23 (28 f.). Näheres dazu unten C.

28 Vgl. *Ehlers* in: Erichsen/Ehlers, § 1 Rn. 44 ff.

29 *Dannecker/Biermann* in: Immenga/Mestmäcker, Art. 23 VO 1/2003 Rn. 332; *König*, S. 91, 113; *Oehler*, Rn. 938; *Tsolka*, S. 50.

30 Vgl. auch GA *Kokott*, Schlussanträge vom 28.02.2013 – Rs. C-681/11 – *Schenker & Co AG u. a.* (in der digitalen Sammlung veröffentlicht), Rn. 59, die das mit einer Bußgeldverhängung verbundene Unwerturteil („Stigma") anspricht.

31 EuGH vom 11.12.2980 – Rs. 1252/79 – *Ferriere Lucchini*, Slg. 1980, 3753 Rn. 11 f.; vom 07.06.1983 – Rsen. 100-103/80 – *Pioneer*, Slg. 1983, 1825 Rn. 88 ff.; EuG vom 29.05.1991 – Rs. T-12/90 – *Bayer I*, Slg. 1991, II-219 Rn. 28 f.; vgl. auch die Bekanntmachung der Kommission: Leitlinien über den Begriff der Beeinträchtigung des zwischenstaatlichen Handels in den Artikeln 81 und 82 des Vertrags, ABl. EU 2004 Nr. C 101/81 Tz. 50; zur Problematik der Irrtümer unten Kapitel IV.C.II.2).

32 *Böse*, S. 146; *Tsolka*, S. 51 f.

als Sanktion „sui generis“ plädiert.[33] Nichtsdestotrotz ist das EU-Kartellbußgeldrecht in seiner geltenden Form am besten mit dem Ordnungswidrigkeitenrecht nach deutschem, italienischem und portugiesischen Vorbild vergleichbar.[34] Eine derartige Einordnung bietet sich auch angesichts der Tatsache an, dass das inzwischen weitestgehend mit dem unionsrechtlichen Pendant harmonisierte deutsche Kartellrecht Verstöße als Ordnungswidrigkeiten klassifiziert. Dabei handelt es sich um Strafrecht i.w.S., also um ein verwaltungsrechtliches Regime, das jedoch, was Zweck und Höhe der angedrohten Sanktionen betrifft, über das Verwaltungsrecht hinausgeht und deshalb strafrechtlichen Rechtsgarantien unterstehen muss.[35] Dies entspricht auch der Rechtsprechung des EGMR zum deutschen OWiG in den Sachen Öztürk und *Lutz.*[36] Der Einordnung als mit dem Ordnungswidrigkeitenrecht vergleichbare Sanktion entspricht die Einschätzung der Europäischen Kommission für Menschenrechte.[37] Die Rechtsprechung des EGMR hat der EuGH in den Fällen *Hüls* und *Montecatini* anerkannt.[38] Daran anknüpfend ordneten auch die Generalanwälte *Léger* und *Colomer* – letzterer in seiner Wortwahl angesichts des damals einschlägigen Art. 15 Abs. 4 VO 17/62 überraschend deutlich – das Kartellbußgeldverfahren als von strafrechtlicher

33 *Engelsing/Schneider* in: MüKo-EuWettbR Art. 23 VO 1/2003 Rn. 15; *Oehler*, Rn. 939. Ähnlich im Ergebnis auch *Heine* ZStrR 125 (2007), 105 (130 ff.).

34 GA *Roemer*, Schlussanträge vom 19.12.1968 – Rs. 14/68 – *Walt Wilhelm*, Slg. 1969, 1 (24); *Böse*, S. 147 f.; *Dannecker* ZStW 111 (1999), 256; *Dannecker/Biermann* in: Immenga/Mestmäcker, Art. 23 VO 1/2003 Rn. 334; *Gürtler/Seitz* in: Göhler, Einleitung Rn. 17; *Heine* ZStrR 125 (2007) 105 (112 f.); *Kindhäuser/Meyer* in: FK-Kartellrecht, Art. 101 AEUV Bußgeldrechtliche Folgen Rn. 17 f.; *König*, S. 114; *Mestmäcker/Schweitzer*, § 21 Rn. 9; *Tiedemann* in: FS Jescheck, S. 1411 (1417); *Vogel* JZ 1995, 331 (332); *Winkler* S. 80 ff.

35 *Dannecker/Biermann* in: Immenga/Mestmäcker, vor Art. 23 VO 1/2003 Rn. 38 ff.; *Dannecker/Fischer-Fritsch* S. 7; *Hamann*, S. 4; *König*, S. 115; *Nowak* in: Loewenheim/Meessen/Riesenkampff, Art. 23 VO 1/2003 Rn. 5; *Satzger*, § 8 Rn. 6; *Sura* in: Langen/Bunte, Art. 23 VO 1/2003 Rn. 6; vgl. zum deutschen Ordnungswidrigkeitenrecht: *Gürtler* in: Göhler, Vor § 1 Rn. 10.

36 EGMR vom 21.12. 1984 – 8544/79 – *Öztürk*, Slg. Serie A Bd. 73 Rn. 53; vom 25.08.2987 – 9912/82 – *Lutz*, Slg. Serie A, Bd. 123 Rn. 50 ff.; vgl. zu den Einordnungskriterien auch EGMR vom 24.02.1994 – 12547/86 – *Bendenoun*, Slg. Serie A Bd. 284 Rn. 47.

37 Dementsprechend war die EKomMR mit Verweis auf das Öztürk-Urteil der Ansicht, dass das unionsrechtliche Kartellverfahren an Art. 6 EMRK zu messen wäre, wenn es sich dabei um nationales Recht (=Recht eines Konventionsmitglieds) gehandelt hätte, EKomMR vom 09.02.1990 – 13258/87 – *M. & Co. v. the Federal Republic of Germany*, Yearbook of the European Convention on Human Rights 1990, 46 (52).

38 EuGH vom 08.07.1999 – Rs. C-199/92 P – *Hüls*, Slg. 1999, I-4287 Rn. 149 f.; vom 08.07.1999 – Rs. C-235/92 P – *Montecatini*, Slg. 1999, I-4539 Rn. 175 f.

Natur in diesem erweiterten Sinne ein.[39] Mithin steht das EU-Kartellbußgeld zwischen klassischem Verwaltungsrecht und Kriminalstrafrecht.[40]

Daraus folgt, wie soeben dargelegt, dass neben den allgemeinen Rechtsgrundsätzen auch strafrechtsspezifische Rechtsgarantien gelten müssen. Die Anforderungen sind allerdings entsprechend der Einordnung der Sanktionen grundsätzlich weniger streng als bei kriminalstrafrechtlichen Normen.[41] Dies erkennen auch *Engelsing/Schneider* an, die das Bußgeld zwar als Sanktion „sui generis" einordnen, trotz ausdrücklicher Hervorhebung des nichtstrafrechtlichen Charakters aber strafrechtliche Grundsätze gelten lassen wollen.[42] Das Schutzniveau wird also im Ergebnis gleich hoch angesetzt. Zu berücksichtigen ist für das EU-Kartellbußgeld aber auch der im Vergleich zum klassischen Ordnungswidrigkeitenrecht[43] erhebliche höhere Bußgeldrahmen. Ausgehend von dieser Einordnung ist nun im Folgenden die Geltung und Reichweite speziell von Bestimmtheitsgrundsatz und Schuldprinzip für das EU-Kartellbußgeld zu erörtern.

B. Der unionsrechtliche Bestimmtheitsgrundsatz

I. Quellen

Das Unionsrecht ist eine eigenständige Rechtsordnung und als solche von den Rechtsordnungen der Mitgliedsstaaten grundsätzlich unabhängig.[44] Auf europarechtlicher Ebene hat sich daher seit der Gründung der EWG im Jahre 1957

---

39 GA *Léger*, Schlussanträge vom 03.02.1998 – Rs. C-185/95 P – *Baustahlgewerbe*, Slg. 1998, I-8417 Rn. 31; GA *Colomer*, Schlussanträge vom 11.02.2003 – Rs. 217/00 P – *Buzzi Unicem*, Slg. 2004, I-123 Rn. 29; GA *Kokott* spricht in ihren Schlussanträgen vom 28.02.2013 – Rs. C-681/11 – *Schenker & Co AG u. a.* (in der digitalen Sammlung veröffentlicht), Rn. 40 von strafrechtsähnlichem Charakter.

40 *Tiedemann* in: FS Jescheck, S. 1411 (1418).

41 *König*, S. 115; ähnlich *Tiedemann* in: Freiburger Symposium, S. 3 (20); s. dazu sogleich Kapitel II.B.II.1).

42 *Engelsing/Schneider* in: MüKo-EuWettbR Art. 23 VO 1/2003 Rn. 15.

43 *Ackermann* ZWeR 2010, 329 (334 f.) will trotz Einordnung des Kartellbußgelds als Ordnungswidrigkeit insbes. in Bezug auf den Bestimmtheitsgrundsatz nicht automatisch die selben Maßstäbe anlegen, wie im klassischen Ordnungswidrigkeitenrecht, da sich das Kartellbußgeldrecht in ein besonderes System der Wirtschaftsaufsicht einfüge. Dem kann jedoch nicht gefolgt werden, da die Geltung strafrechtlicher Garantien nicht davon abhängig gemacht werden kann, welche Eingriffsbefugnisse auf einem Rechtsgebiet außerdem zur Verfügung stehen. Sieht man das Kartellbußgeld als Ordnungswidrigkeit, so müssen auch dementsprechende Garantien gelten.

44 *Schmidt-Aßmann* in: Maunz/Dürig, Art. 103 Rn. 247.

ein eigenständiger Bestimmtheitsgrundsatz entwickelt.[45] Dieser ist anders als im deutschen Recht bislang nicht ausdrücklich kodifiziert, sondern erst durch die Rechtsprechung des EuGH anerkannt und nach und nach präzisiert und ausgeformt worden. Das ändert jedoch nichts an der Tatsache, dass dem Bestimmtheitsgrundsatz als allgemeinem Rechtsgrundsatz im Unionsrecht auch bisher schon Normcharakter zukam.[46] Seine Existenz lässt sich jedenfalls aus dem Rechtsstaatsprinzip ableiten, welches in Art. 2 EU verankert ist.[47]

Von besonderer Bedeutung sind in diesem Zusammenhang die EMRK und die EU-Grundrechtecharta[48]. Die Grundrechtecharta konnte im Kartellbußgeldrecht ihre Geltung schon bislang aus dem Verweis im Erwägungsgrund 37 der VO 1/2003 ableiten. Die bislang nicht abschließend geklärte Frage der allgemeinen Rechtsverbindlichkeit der Grundrechtecharta[49] ist indessen gegenstandslos geworden, da nach Inkrafttreten des Lissabon-Vertrags zum 01.12.2009 Art. 6 Abs. 1 UAbs. 1 Hs. 2 EU die Charta ausdrücklich in das Primärrecht einbezieht und ihr mithin rechtliche Verbindlichkeit verleiht.[50]

Nach wie vor nicht eindeutig geklärt ist dagegen das Verhältnis der EMRK bzw. der Entscheidungen des EGMR zum Unionsrecht und der Rechtsprechung der Unionsgerichte. Im Gegensatz zu den Mitgliedstaaten ist die EU/EG der EMRK bislang nicht beigetreten. Art. 6 Abs. 2 EU a.F. garantierte lediglich die Achtung der Grundrechte, wie sie u.a. in der EMRK gewährleistet seien. Die Gemeinschaftsorgane gestanden der EMRK (und demensprechend auch den Urteilen des EGMR) daher eine besondere Bedeutung bei der Wahrung allgemeiner

---

45 Vgl. *Dannecker/Biermann* in: Immenga/Mestmäcker[4], vor Art. 23 VO 1/2003 Rn. 37; allgemein: *Weiß* S. 75 ff.

46 *Böse*, S. 126 f.; Vgl. zur Wirkung allgemeiner Rechtsgrundsätze im Unionsrecht allgemein *Kutscher* EuR 1981, 403; *Schwarze* S. 237; *Wegener* in: Calliess/Ruffert (Hrsg.), Kommentar zum EU-Vertrag und EG-Vertrag, 1999, Art. 220 EG Rn. 28.

47 Vgl. auch *Pelka* S. 24 ff.; Geiger EUV/EGV (4. A.) Art. 6 EUV Rn. 5; *Beutler* in: von der Groeben/Schwarze, Art. 6 EU Rn. 35.

48 *Dannecker/Biermann* in: Immenga/Mestmäcker, vor Art. 23 VO 1/2003 Rn. 38 ff.; *Möschel* DB 2010, 2377 (2378).

49 Vgl. Zusammenfassung bei *Knecht* in: Schwarze EU, Präambel GRC Rn. 11.

50 Vgl. auch GA *Kokott*, Schlussanträge vom 14.04.2011 – Rs. C-110/10 P – *Solvay*, Slg. 2011, I-10439 Rn. 72; *Schwarze* EuR 2009, 171 (173). Kritisch: *Schneiders*, 132; Zu den Ausnahmen für Polen und das Vereinigte Königreich vgl. das Protokoll über die Anwendung der Charta der Grundrechte der Europäischen Union auf Polen und das Vereinigte Königreich, ABl. EU 2008 Nr. C 115/313.

Grundsätze zu.[51] Dementsprechend berief sich der EuGH in entsprechenden Fällen auch auf die EMRK und die Rechtsprechung des EGMR.[52] Eine echte Bindung an die EMRK bedeutete dies jedoch nicht, vielmehr waren EuGH und EuG unabhängig vom EGMR.[53]

Im Zuge des Lissabon-Vertrages wurde jedoch der Beitritt der EU zur EMRK im neuen Art. 6 Abs. 2 EU vorgesehen, so dass sie zukünftig auch im Unionsrecht verbindlich und für alle Unionsorgane unmittelbar anzuwenden sein wird.[54] Das bedeutet, dass mit dem Beitritt der EU zur EMRK auch im Bereich des Unionsrechts der Rechtsweg zum EGMR eröffnet sein wird, insbes. letztinstanzlich gegen Urteile des EuGH in Fragen von Konventionsgrundrechten.[55]

Da das Unionsrecht eine eigene Rechtsordnung mit grundsätzlich autonomer Auslegung[56] darstellt, verbietet es sich dagegen, den in Art. 103 Abs. 2 GG normierten deutschen strafrechtlichen Bestimmtheitsgrundsatz direkt auf das Unionsrecht anzuwenden.[57] Gleichwohl kommen auch die nationalen Rechtsordnungen der Mitgliedsstaaten als sog. Rechtserkenntnisquellen europarechtlicher Rechtsgrundsätze in Betracht (vgl. Art. 6 Abs. 3 EU),[58] so dass das Bestimmtheitsgebot des

---

51 Gemeinsame Erklärung der Versammlung, des Rates und der Kommission, ABl. EG 1977 Nr. C 103/1; EuGH vom 15.05.1986 – Rs. 222/84 – *Johnston*, Slg. 1986, 1651 Rn. 18; vom 29.05.1997 – Rs. C299/95 – *Kremzow*, Slg. 1997, I2629 Rn. 14; vom 28.03.1996 – Gutachten 2/94 – Slg. I-1759 Rn. 5; EuG vom 27.09.2006 – Rs. T-43/02 – *Jungbunzlauer*, Slg. 2006, II-3435 Rn. 74.

52 EuGH vom 14.05.1973 – Rs. 4/73 – *Brennstoff-Direktbezug*, Slg. 1974, 491 Rn. 13; vom 12.12.1996 – Rsen. C-74/95 und C-129/95 – *Strafverfahren gegen X*, Slg. 1996, I6609 Rn. 25; vom 26.06.1997 – Rs. C-386/95 – *Familiapress*, Slg. 1997, I-3689 Rn. 26; vom 08.07.1999 – Rs. 199/92 P – *Hüls*, Slg. I-4287 Rn. 150; vom 08.07.1999 – Rs. C-235/92 P – *Montecatini*, Slg. I-4539 Rn. 176.

53 EuGH vom 18.03.1996 – Gutachten 2/94 – Slg. I-1759 Rn. 5; EGMR *Nederlandse Kokkelvisserij*, EuGRZ 2011, 11 (17 f.); *Busch* S. 41 ff.; *König*, S. 63.

54 *Skouris* FAZ Nr. 221 vom 22.09.2011, S. 8; *Weitbrecht/Mühle* EuZW 2010, 327.

55 *Weitbrecht/Mühle* EuZW 2010, 327, (327 f.). Vgl. zum Verhältnis zwischen Unionsrecht und EMRK im bisherigen System EGMR vom 30.06.2005 – 45036/98 – *Bosphorus*, ECHR 2005-VI Rn. 149 ff.; EGMR *Nederlandse Kokkelvisserij*, EuGRZ 2011, 11 (18 f.).

56 EuGH vom 17.12.1970 – Rs. 11/70 – *Internationale Handelsgesellschaft*, Slg. 1970, 1125 Rn. 3; vom 01.02.1972 – Rs. 49/71 – *Handelsplätze*, Slg. 1972, 23 Rn. 4 ff.; *Heitzer* S. 46; *Kindhäuser/Meyer* in: FK-Kartellrecht, Art. 101 AEUV Bußgeldrechtliche Folgen Rn. 26.

57 *Schmidt-Aßmann* in: Maunz/Dürig, Art. 103 Rn. 247.

58 EuGH vom 10.07.1957 – Rsen. 7/56 und 3/57 bis 7/57 – *Algera u. a.*, Slg. 1957, 81 (118 f.); vom 14.05.1974 – Rs. 4/73 – *Nold*, Slg. 1974, 491 Rn. 13; vom 21.09.1989 – Rsen. 46/87 und 227/88 – *Hoechst*, Slg. 1989, 2859 Rn. 13; *Möschel* DB 2010, 2377 (2378).

Art. 103 Abs. 2 GG sowie die vergleichbaren Grundsätze der übrigen Mitgliedstatten jedenfalls mittelbar für den europäischen Bestimmtheitsgrundsatz von Belang sind. Die Einbeziehung nationalen Rechts im Rahmen der Etablierung allgemeiner Rechtsgrundsätze ist jedoch stets an den Zielen der EU orientiert, so dass mitgliedsstaatliche Rechtsgrundsätze nicht strikt übernommen, sondern zweckorientiert zu unionsrechtlichen Grundsätzen verschmolzen werden.[59]

II. Inhalt, Zweck und Umfang

Der Bestimmtheitsgrundsatz enthält mehrere Aspekte, welche im Folgenden näher beleuchtet werden sollen. Der Fokus wird dabei zunächst auf die richterrechtliche Entwicklung gelegt, die mit Ausformung des Grundsatzes der Rechtssicherheit als ungeschriebenem Rechtsgrundsatz auch den Bestimmtheitsgrundsatz umfasst. Darüber hinaus werden die entsprechend einschlägigen Normen von GRC und EMRK untersucht.

1) Bisherige Entwicklung als ungeschriebener allgemeiner echtsgrundsatz

a) Tatbestandsbestimmtheit

Der Bestimmtheitsgrundsatz wird in der Rechtsprechung nur selten explizit erwähnt. Erstmals in Bezug genommen wurde er vom EuGH 1976 im Urteil in der Sache *Hoffmann-La Roche*, jedoch ohne ihn als allgemeinen Grundsatz zu bezeichnen oder genauer auf seinen Inhalt einzugehen.[60] Im Übrigen war meist weniger vom Bestimmtheitsgrundsatz, als vielmehr vom „Grundsatz der Rechtssicherheit" die Rede.[61] Zwar wird der Grundsatz der Rechtssicherheit i.d.R.

Schwarze, EUVerwR, S. 911 ff., erklärt dies mit dem Einfluss der Generalanwälte und deren Inbezugnahme ihrer jeweiligen „Heimatrechtsordnung".

59 *Anweiler* S. 338 ff.; *Weiß* S. 75 ff.; *Dannecker/Biermann* in: Immenga/Mestmäcker, vor Art. 23 VO 1/2003 Rn. 37; ähnlich für die Auslegung des Unionsrechts auch *Bleckmann* NJW 1982, 1177 (1180).

60 EuGH vom 13.02. 1979 – Rs. 85/76 – *Hoffmann-La Roche*, Slg. 1979, 461 Rn. 130 f.

61 So schon EuGH vom 22.03.1961 – Rsen. 42/59 und 49/59 – *SNUPAT*, Slg. 1961, 101 (172 f.); vom 06.04.1962 – Rs. 13/61 – *Kledingverkoopbedriejf de Geus en Uitdenbogerd/ Bosch*, Slg. 1962, 97 (113); vom 15. 12. 1987 – Rs. 325/85 – *Irland/Kommission*, Slg. 1987, 5041 Rn. 18; vom 22.09.1989 – Rsen. 92/87 und 93/87 – *Kommission/Frankreich und Vereinigtes Königreich*, Slg. 1989, 405 Rn. 22; vom 13.02.1996 – Rs. C-143/93 – *Van Es Douane Agenten*, Slg. 1996, I-431 Rn. 27; vom 17.07.1997 – Rs. C-354/95 – *National Farmers' Union*, Slg. 1997, I-4559 Rn. 57; vom 16.10.1997 – Rs. C-177/96 – *Banque Indosuez*, Slg. 1997, I-5659 Rn. 27. Vgl. auch *Pelka*, S. 66.

weiter verstanden und bezieht sich anders als der klassische Bestimmtheitsgrundsatz nicht nur auf Normen, sondern auf die Berechenbarkeit des Rechts im Ganzen.[62] Der Grundsatz der Rechtssicherheit beinhaltet somit auch die Vorhersehbarkeit von behördlichen und gerichtlichen Entscheidungen.[63] Auch ist er nicht auf das Strafrecht beschränkt. Das bedeutet aber, dass der Bestimmtheitsgrundsatz im Grundsatz der Rechtssicherheit enthalten sein muss.[64] Dies wird zum Teil auch von den Gerichten so formuliert.[65] Eine einheitliche Entscheidungspraxis existiert aber nicht. Aufgrund dessen ist ein Rückgriff auf die Ausführungen der Gerichte zum Grundsatz der Rechtssicherheit möglich, soweit es um die Anforderungen an die Ausgestaltung von Normen geht, da in diesen Fällen faktisch der Bestimmheitsgrundsatz betroffen ist. Damit geht einher, dass die Rechtsprechung den Begriff des Grundsatzes der Rechtssicherheit teilweise synonym für den Bestimmtheitsgrundsatz verwendet. Deutlich wurde dies im Urteil *Gondrand Frères*[66], in dem der EuGH erstmals ausführlicher zum Zweck des Grundsatzes der Rechtssicherheit Stellung nahm. Demnach ist ein Aspekt des Grundsatzes der Rechtssicherheit das Gebot der Tatbestandsbestimmtheit. So verlangte der Gerichtshof, dass „eine den Abgabepflichtigen belastende Regelung klar und deutlich ist, damit er seine Rechte und Pflichten unzweideutig erkennen und somit seine Vorkehrungen treffen kann".[67] In der Folge erkannten die Gerichte diesen Grundsatz als grundlegendes Prinzip des Gemeinschaftsrechts an.[68]

Zweck des Bestimmtheitsgrundsatzes ist zunächst also, dass der Adressat der Norm das verbotene Verhalten klar entnehmen und sein Verhalten daran

---

62 Vgl. die ausführliche Darstellung bei *Pelka*, S. 32 ff.

63 Zur Differenzierung zwischen gesetzlicher Bestimmtheit und bloßer Vorhersehbarkeit noch sogleich unter Kapitel II.B.II.1)b) und bei den einzelnen Problemen.

64 Vgl. *Pelka*, S. 64 ff.

65 EuGH vom 12.12.1996 – Rsen. C-74/95 und C-129/95 – *Strafverfahren gegen X*, Slg. 1996, I6609 Rn. 25; EuG vom 27.09.2006 – Rs. T-43/02 – *Jungbunzlauer*, Slg. 2006, II-3435 Rn. 71.

66 EuGH vom 09.07.1981 – Rs. 169/80 – *Gondrand Frères*, Slg. 1981, 1931.

67 EuGH vom 09.07.1981 – Rs. 169/80 – *Gondrand Frères*, Slg. 1981, 1931 Rn. 17.

68 EuGH vom 15.12.1987 – Rs. 325/85 – *Irland/Kommission*, Slg. 1985, 5041 Rn. 18; vom 17.07.1997 – Rs. C-354/95 – *National Farmers' Union*, Slg. 1997, I-4559 Rn. 57; vom 16.10.1997 – Rs. C-177/96 – *Banque Indosuez*, Slg. 1997, I-5659 Rn. 27; EuG vom 27.09.2006 – Rs. T-43/02 – *Jungbunzlauer*, Slg. 2006, II-3435 Rn. 71.

ausrichten kann.[69] Dies hat indes freilich nicht zur Folge, dass Strafnormen nicht auslegungsfähig sind. Schon aufgrund der abstrakten Fassungen der Tatbestände ist die Auslegungsmöglichkeit unumgänglich. Auch ist die Aufnahme unbestimmter Rechtsbegriffe in Sanktionsnormen grundsätzlich möglich.[70] Jedoch müssen die jeweiligen Voraussetzungen der Strafbarkeit so konkret formuliert sein, dass der Normadressat – auch mittels Auslegung – vorhersehen kann, welches Verhalten unter Strafe gestellt ist.[71] Insbesondere auf den Adressatenbezug der einschlägigen Normen hat die Rechtsprechung dabei in der Vergangenheit immer wieder abgestellt, wenn es um den Inhalt des Grundsatzes der Rechtssicherheit ging.[72] Die Bestimmtheit ist also vor allem aus Sicht des mit der Norm in Kontakt kommenden Adressaten festzustellen, wobei es freilich nicht allein auf die rein subjektive Sichtweise des konkret Betroffenen ankommen kann, sondern auf einen „verobjektivierten Adressatenhorizont".[73] So stellte der EuGH in *Hoffmann-La Roche* bei der Prüfung der Unvorhersehbarkeit von Art. 86 EGV a.F. (Art. 102 AEUV n.F.) explizit auf den „aufmerksamen Unternehmer" ab.[74] Das bedeutet, dass an einen „qualifizierten" Adressatenkreis auch höhere Anforderungen hinsichtlich der Zumutbarkeit gestellt werden können, sich über die Rechtslage zu informieren.[75] Dies soll so weit gehen, dass bei einem Adressatenkreis von

69 EuG vom 27.09.2006 – Rs. T-43/02 – *Jungbunzlauer*, Slg. 2006, II-3435 Rn. 71; *Dannecker/Biermann* in: Immenga/Mestmäcker, vor Art. 23 VO 1/2003 Rn. 44; *Kindhäuser/Meyer* in: FK-Kartellrecht, Art. 101 AEUV Bußgeldrechtliche Folgen Rn. 41; differenzierend *Pelka*, S. 32, 36f., der den subjektiven Aspekt der Bestimmtheit nur als Reflex objektiver Rechtssicherheit ansieht und nur den Vertrauensschutz als besondere Ausprägung des Grundsatzes der Rechtssicherheit auf den Schutz des Einzelnen bezieht. Darüber hinaus gilt der Bestimmtheitsgrundsatz auch auf Rechtsfolgenseite. Die vorliegende Arbeit beschränkt sich aber auf die Tatbestandsseite, so dass auf die Rechtsfolgenbestimmtheit nicht weiter eingegangen wird.

70 EuG vom 05.04.2006 – Rs. T-279/02 – *Degussa*, Slg. 2006, II-897 Rn. 71 f.

71 EuGH vom 13.02. 1979 – Rs. 85/76 – *Hoffmann-La Roche*, Slg. 1979, 461 Rn. 130, 134; EuG vom 27.09.2006 – Rs. T-43/02 – *Jungbunzlauer*, Slg. 2006, II-3435 Rn. 80 f.; vgl. auch zum deutschen Bestimmtheitsgrundsatz: BVerfGE 25, 269 (285); 47, 109 (120).

72 Vgl. EuGH vom 17.07.1997 – Rs. C-354/95 – *National Farmers' Union*, Slg. 1997, I-4559 Rn. 58; vom 28.06.2005 – Rsen. C189/02 P, C202/02 P, C205/02 P bis C208/02 P und C213/02 P – *Dansk Rørindustri u. a.*, Slg. 2005, I5425, Rn. 219 f.; EuG vom 19.05.2010 – Rs.T-11/05 – *Wieland*, Slg. 2010, II-86 Rn. 71.

73 Vgl. auch *Pelka*, S. 68 f., 104 f., 316 f., der darin sogar einen faktischen Anwaltszwang sieht.

74 EuGH vom 13.02. 1979 – Rs. 85/76 – *Hoffmann-La Roche*, Slg. 1979, 461 Rn. 134.

75 GA *Alber*, Schlussanträge vom 20.09.2001 – Rs. C-372/99 – *Kommission/Italien*, Slg. 2002, I-819 (821) Rn. 48 f.

beruflich tätigen Personen selbst die Notwendigkeit, fachkundigen Rat einzuholen, um die rechtlichen Konsequenzen einer Handlung einschätzen zu können, nicht bedeutet, dass die zugrunde liegende Norm zu unbestimmt ist.[76]

Zur Konkretisierung unbestimmter Rechtsbegriffe soll zudem auch eine gesicherte Rechtsprechung sowie Verwaltungspraxis beitragen, so dass diese Kriterien bei der Frage der Bestimmtheit von Normen zu berücksichtigen sind.[77] Dem Bestimmtheitsgrundsatz widersprechen würde jedoch eine Norm, deren Inhalt erst durch konkretisierende Entscheidungspraxis überhaupt verständlich und vorhersehbar würde, so dass bei der Zuhilfenahme derartiger Entscheidungen Zurückhaltung geboten ist.[78]

Ein zusätzliches Problem stellen die verschiedenen Sprachfassungen des Unionsrechts dar. Die Rechtsakte werden in allen offiziellen Unionssprachen veröffentlicht. Nach der Rspr. des EuGH sind bei der Auslegung einer Norm deshalb alle offiziellen Sprachfassungen zu berücksichtigen.[79] Bei der Verwendung nicht deckungsgleicher Wörter oder Formulierungen kann dies zu erheblichen Schwierigkeiten führen.[80] Die sprachlichen Abweichungen dürfen folglich nicht so groß sein, dass der Inhalt einer Norm deshalb nicht mehr eindeutig und für alle angesprochenen Normadressaten im selben Sinne verständlich ist.

Konsequenterweise muss das Gebot der Tatbestandsbestimmtheit nicht nur für die Vorschriften des Besonderen Teils, welche die einzelnen Delikte enthalten, sondern auch diejenigen des Allgemeinen Teils gelten.[81] Denn letztere zählen ebenfalls zu den die Strafbarkeit begründenden Normen, da ohne sie ein Verhalten nicht als strafbar qualifiziert werden kann. Nur mittels eines ausreichend

---

76 EuGH vom 28.06.2005 – Rsen. C189/02 P, C202/02 P, C205/02 P bis C208/02 P und C213/02 P – *Dansk Rørindustri u. a.*, Slg. 2005, I5425, Rn. 219; EuG vom 05.04.2006 – Rs. T-279/02 – *Degussa*, Slg. 2006, II-897 Rn. 83; vom 27.09.2006 – Rs. T-43/02 – *Jungbunzlauer*, Slg. 2006, II-3435 Rn. 90; vom 27.09.2006 – Rs. T-59/02 – *Archer Daniels Midland*, Slg. 2006, II-3627 Rn. 44. Mit demselben Ergebnis auch *Pelka*, S. 105.

77 EuG vom 05.04.2006 – Rs. T-279/02 – *Degussa*, Slg. 2006, II-897 Rn. 72 ff.; EuG vom 27.09.2006 – Rs. T-43/02 – *Jungbunzlauer*, Slg. 2006, II-3435 Rn. 80, 88 ff.

78 Anderenfalls würde gegen den Grundsatz der Gewaltenteilung und den „Parlamentsvorbehalt" verstoßen, s. dazu unten Kapitel II.B.II.1)b).

79 Vgl. nur EuGH vom 17.10.1996 – Rs. C-64/95 – Konservenfabrik Lubella Friedrich Büker GmbH & Co. KG gegen Hauptzollamt Cottbus, Slg. 1996, I-5105 Rn. 17.

80 *Satzger/Langheld* HRRS 2011, 460 (464) sehen darin einen systemimmanenten Bestimmtheitsmangel des Unionsrechts, da eine Auslegung unter der Berücksichtigung aller Sprachfassungen unzumutbar, wenn nicht gar unmöglich sei.

81 Vgl. für den deutschen Bestimmtheitsgrundsatz *Jähnke* in: FS 50 Jahre BGH, S. 393 (396).

bestimmten Allgemeinen Teils kann also sichergestellt werden, dass die Strafbarkeit eines Verhaltens im Einzelnen vorhergesehen werden kann. Der Ausdruck „Tatbestandsbestimmtheit“ ist daher weit zu verstehen, so dass auch die Regeln des Allgemeinen Teils dem Bestimmtheitsgrundsatz unterfallen müssen.

Die vorgenannten Entscheidungen verhielten sich meist nicht explizit zum strafrechtlichen Bestimmtheitsgrundsatz. Durch die Vermischung mit dem Grundsatz der Rechtssicherheit ist vielmehr zunächst von einem allgemeinen Bestimmtheitsgrundsatz auszugehen, eine klare Differenzierung fehlt.[82] Auch das speziell strafrechtliche Bestimmtheitsgebot ist als allgemeiner Rechtsgrundsatz der Mitgliedstaaten im Unionsrecht anerkannt.[83] Dies lässt sich schon aus der Argumentation des EuGH in mehreren Fällen[84] ableiten. Zwar ging es auch in diesen Fällen nicht um strafrechtliche Normen, der EuGH betonte jedoch das Erfordernis eines besonders hohen Grades an Bestimmtheit, wenn die entsprechende Norm finanzielle Konsequenzen für den Adressaten haben kann.[85] Daraus lässt sich folgern, dass dies erst recht gelten muss, wenn eine Norm sogar strafrechtsähnliche Sanktionen, wie beispielsweise Bußgelder, androht. Auch der Aussage des EuGH in den Fällen *Köneke* und *Maizena*, eine Sanktion bedürfe unabhängig von ihrem strafrechtlichen Charakter einer klaren, unzweideutigen Rechtsgrundlage, lässt sich im Umkehrschluss entnehmen, dass ein strafrechtlicher Bestimmtheitsgrundsatz existieren muss.[86] Dies gilt umso mehr nach dem Urteil *Strafverfahren gegen X*, in dem der EuGH ausführte, der „Grundsatz der gesetzlichen Bestimmtheit von strafbaren Handlungen und Strafen“ erfordere, dass sich die Strafbarkeit eines Verhaltens eindeutig aus einem Gesetz ergeben müsse.[87] Das Urteil bezog sich zwar auf die Verhängung von strafrechtlichen Sanktionen aufgrund nationaler (im konkreten Fall: italienischer) Rechtsvorschriften.

---

82 Vgl. auch *Pelka*, S. 64 f.

83 Vgl. EuG vom. 19.05.2010 – Rs. T-11/05 – *Wieland*, Slg. 2010, II-86 Rn. 58 ff.; *Kindhäuser/Meyer* in: FK-Kartellrecht, Art. 101 AEUV Bußgeldrechtliche Folgen Rn. 36, 41.

84 EuGH vom 10.07.1980 – Rs. 32/79 – *Kommission/Vereinigtes Königreich*, Slg. 1980, 2403; vom 15.12. 1987 – Rs. 325/85 – *Irland/Kommission*, Slg.1987, 5041; vom 05.05.1988 – Rs. 91/87 – *Gutshof-Ei*, Slg. 1988, 2541.

85 EuGH vom 10.07.1980 – Rs. 32/79 – *Kommission/Vereinigtes Königreich*, Slg. 1980, 2403 Rn. 46; vom 15.12. 1987 – Rs. 325/85 – *Irland/Kommission*, Slg.1987, 5041 Rn. 18; vom 05.05.1988 – Rs. 91/87 – *Gutshof-Ei*, Slg. 1988, 2541 Rn. 9.

86 EuGH vom 25.09.1984 – Rs. 117/83 – *Könecke*, Slg. 1984, 3291 Rn. 11; vom 18.11.1987 – Rs. 137/85 – *Maizena*, Slg. 1987, 4587 Rn. 15.

87 EuGH vom 12.12.1996 – Rsen. C-74/95 und C-129/95 – *Strafverfahren gegen X*, Slg. 1996, I6609 Rn. 25.

Problematisch war insoweit nur die Auslegungsfähigkeit von Europäischen Richtlinien als Konkretisierung nationaler Strafnormen.[88] Maßgeblich konnte dafür eigentlich nur der nationale (italienische) Bestimmtheitsgrundsatz sein, da die Strafnorm eine solche des nationalen Rechts war. Unabhängig von der damit aufkommenden Frage, ob dem EuGH die Kompetenz zukommt, über die Frage der Auslegungsfähigkeit von Richtlinien derart die Anwendbarkeit nationalen Rechts von Mitgliedstaaten zu präjudizieren,[89] lässt sich dem Urteil aber jedenfalls entnehmen, dass der EuGH einen strafrechtlichen Bestimmtheitsgrundsatz implizit anerkennt. Der EuGH legte sich insoweit nicht eindeutig fest, sondern bezog sich bei der Herleitung des Bestimmtheitsgrundsatzes lediglich auf die Rechtsquellen des Unionsrechts.[90] Das EuG äußerte sich jedoch in seinem Urteil *AC Treuhand* mit ähnlicher Argumentation eindeutig zum strafrechtlichen Gesetzlichkeitsprinzip und fasste darunter auch dem Bestimmtheitsgrundsatz zurechenbare Rechtsgarantien, wie das Analogieverbot.[91] Unter diesem Gesichtspunkt ist auch der EuGH der Ansicht, dass der Bestimmtheitsgrundsatz die Anwendung einer neuen Auslegung auf einen zurückliegenden Sachverhalt verbieten kann, wenn diese im Zeitpunkt der Tatbegehung nicht ausreichend vorhersehbar war.[92] Schließlich hat das EuG den Bestimmtheitsgrundsatz in einer Kartellsache mit Hinweis auf die Urteile *Maizena*[93] und *Strafverfahren gegen X*[94] ausdrücklich anerkannt, und zwar sowohl für das Strafrecht, als auch für verwaltungsrechtliche Sanktionsnormen.[95] Obwohl in dieser Entscheidung keine weitere Aussage über das Verhältnis zwischen strafrechtlichem und nichtstrafrechtlichem Bestimmtheitsgrundsatz getroffen wurde, kann – betrachtet man aber die soeben genannten Entscheidungen insgesamt – davon ausgegangen

---

88 EuGH vom 12.12.1996 – Rsen. C-74/95 und C-129/95 – *Strafverfahren gegen X*, Slg. 1996, I6609 Rn. 24, 31. Ähnlich, aber im Ergebnis weniger problematisch, auch EuGH vom 03.05.2005 – Rsen. C-387/02, C-391/02 und C-403/02 – *Berlusconi u. a.*, Slg. 2005, I-3565 Rn. 66 ff. in Bezug auf die *lex mitior*.

89 Vgl. dazu *Schwarze* in: Schwarze EU, Art. 267 AEUV Rn. 14 f. m.w.N; *Dauses* in: Dauses HdbEUWiR, P. II Rn. 70 ff.

90 EuGH vom 12.12.1996 – Rsen. C-74/95 und C-129/95 – *Strafverfahren gegen X*, Slg. 1996, I6609 Rn. 25.

91 EuG vom 08.07.2008 – Rs. T99/04 – *AC-Treuhand*, Slg. 2008, II-1501 Rn. 137 ff.

92 EuGH vom 28.06.2005 – Rsen. C189/02 P, C202/02 P, C205/02 P bis C208/02 P und C213/02 P – *Dansk Rørindustri u. a.*, Slg. 2005, I5425, Rn. 216 ff.

93 EuGH vom 18.11.1987 – Rs. 137/85 – *Maizena*, Slg. 1987, 4587.

94 EuGH vom 12.12.1996 – Rsen. C-74/95 und C-129/95 – *Strafverfahren gegen X*, Slg. 1996, I6609.

95 EuG vom 27.09.2006 – Rs. T-43/02 – *Jungbunzlauer*, Slg. 2006, II-3435 Rn. 72.

werden, dass das Bestimmtheitsgebot im Unionsrecht an strafrechtliche Normen im Vergleich zu solchen nichtstrafrechtlicher Art noch erhöhte Anforderungen stellt. Dementsprechend gilt auch im Unionsrecht derjenige Grundsatz, wonach die Gesetzesbestimmtheit mit der Höhe der angedrohten Sanktion steigen muss.[96] Deshalb sind die Anforderungen im Kartellbußgeldrecht auch nicht ganz so hoch anzusetzen, wie im Falle kriminalstrafrechtlicher Sanktionen.[97] Dass der Bestimmtheitsgrundsatz dort aber grundsätzlich gilt, ist durch die Rechtsprechung in diesem Bereich klar geworden.[98] Er gilt somit auch für Unternehmen, die Adressaten des Kartellbußgeldrechts sind.[99]

Eine strikte Trennung zwischen allgemeinem und strafrechtlichem Bestimmtheitsgrundsatz, wie sie im deutschen Recht durch die Normierung des strafrechtlichen Bestimmtheitsgrundsatzes in Art. 103 Abs. 2 GG erfolgt ist, ist im Unionsrecht, wie dargelegt, nicht erkennbar. Dies ist darauf zurückzuführen, dass der Bestimmtheitsgrundsatz als (bislang) ungeschriebener Rechtsgrundsatz erst allmählich durch die Praxis herausgearbeitet wurde – also anders als im deutschen Recht keine schon formale Trennung existierte – und sich die maßgeblichen Institutionen (EuGH, EuG, Kommission, Generalanwälte sowie darüber hinaus der EGMR) bisher nicht eindeutig bzw. ausdrücklich zur Rechtsnatur der Geldbußen geäußert haben.[100] Dabei ist auch zu bedenken, dass die Kompetenzen der bisherigen Gemeinschaft im Bereich des Strafrechts sehr eingeschränkt waren und ihre Reichweite nicht abschließend geklärt war.[101] Insofern waren also eindeutige Äußerungen zu strafrechtlichen Rechtsgarantien immer auch geeignet, den Verdacht möglicher Kompetenzüberschreitung zu erregen. Somit ist es nachvollziehbar, dass die Unionsgerichte sich in Bezug

96 Vgl. auch *Dannecker/Biermann* in: Immenga/Mestmäcker, vor Art. 23 VO 1/2003 Rn. 42.

97 *Böse*, S. 165.

98 Vgl. nur EuGH vom 06.04.1962 – Rs. 13/61 – *Kledingverkoopbedriejf de Geus en Uitdenbogerd/Bosch*, Slg. 1962, 97 (113); vom 13.02.1979 – Rs. 85/76 – *Hoffmann-La Roche*, Slg. 1979, 461 Rn. 130; vom 28.06.2005 – Rsen. C189/02 P, C202/02 P, C205/02 P bis C208/02 P und C213/02 P – *Dansk Rørindustri u. a.*, Slg. 2005, I5425, Rn. 213.

99 Eine Bußgeldverhängung völlig ohne gesetzliche Grundlage fällt dagegen unter das mit dem Bestimmtheitsgrundsatz verwandte Analogieverbot. S. dazu auch noch den Exkurs unter Kapitel III.B.I.2)b)iii).

100 Vgl. *König*, S. 58 ff.

101 Vgl. Art. 135 S. 2, 280 Abs. 4 S. 2 EG a. F.; EuGH vom 13.09.2005 – Rs. C-176/03 – *Kommission/Rat*, Slg. 2005, I-7879 Rn. 47 f.; vom 23.10.2007 – Rs. C-440/05 – *Kommission/Rat*, Slg. 2007, I- 9097 Rn. 66 ff.; *Böse* GA 2006, 211; *Herrnfeld* in: Schwarze EU, Art. 114 AEUV Rn. 67; *Satzger*, § 8 Rn. 21 ff.; *Schoo* in: Schwarze EU, Art. 280 EG Rn. 10.

auf den strafrechtlichen Bestimmtheitsgrundsatz zurückgehalten und von einer klaren Abgrenzung zu zivil- bzw. öffentlich-rechtlicher Bestimmtheit abgesehen haben. Zwar sind im Vertrag von Lissabon die Strafrechtskompetenzen der EU erweitert worden.[102] Jedoch gilt gem. Art. 5 Abs. 1 S. 1, Abs. 2 S. 1 EU nach wie vor das Prinzip der begrenzten Einzelermächtigung,[103] so dass die Problematik weiter besteht. Dementsprechend hat sich an der Zurückhaltung der Gerichte nichts wesentliches geändert. Dass die EU nunmehr gem. Art. 83 Abs. 1 AEUV die Kompetenz hat, den Mitgliedstaaten für gewisse schwerwiegende Kriminalitätsbereiche Mindestvorgaben hinsichtlich der Strafbarkeit zu machen, hat diese Situation ebenfalls noch nicht in nennenswertem Umfang verändert.

b) Gesetzes- bzw. Parlamentsvorbehalt

Neben der Funktion als Garantie der Vorhersehbarkeit für die Adressaten fordert der EuGH im Zusammenhang mit dem Grundsatz der Rechtssicherheit des Weiteren, dass die Verhängung von Sanktionen einer Rechtsgrundlage bedarf.[104] Dabei handelt es sich um ein Äquivalent zum Parlamentsvorbehalt, welcher im deutschen Recht im Bestimmtheitsgrundsatz des Art. 103 Abs. 2 GG enthalten ist. Näheres konkretisiert der EuGH jedoch nicht.

Das Fehlen eindeutiger Vorgaben ist darauf zurückzuführen, dass die Struktur der EU mit der von Nationalstaaten nur schwer vergleichbar ist. Zum Einen sind an der Rechtssetzung mit Rat, Kommission und Parlament drei unterschiedliche Organe beteiligt.[105] Zum Anderen ist eine klare Abgrenzung von Legislative und Exekutive nur schwer möglich, da sich die Kompetenzen der Organe, insbesondere der Kommission, auf mehrere Felder erstrecken. Darüber hinaus ist das „Gesetz" kein in den Verträgen vorgesehener Rechtsakt der EU (vgl. Art. 288 AEUV), so dass eine einfache Übertragung der Grundsätze vom Gesetzes- bzw. Parlamentsvorbehalt aus dem deutschen oder sonstigen mitgliedstaatlichen Recht nicht möglich ist.[106] Letzteres Problem wird allerdings nunmehr durch

---

102 Vgl. Art. 83 Abs. 2, Art. 325 Abs. 4 AEUV; *Satzger*, § 8 Rn. 24 ff.; *Schoo* in: Schwarze EU, Art. 325 AEUV Rn. 15, 23 ff.

103 *Satzger*, § 8 Rn. 18.

104 EuGH vom 09.07.1981 – Rs. 169/80 – *Gondrand Frères*, Slg. 1981, 1931 Rn. 17; vom 14.07.1994 – Rs. C-352/92 – *Milchwerke Köln*, Slg. 1994, I3385 Rn. 22 f.; vom 15.01.2004 – Rs. C-230/01 – *Penycoed*, Slg. 2004, I-937 Rn. 32.

105 Vgl. zum ordentlichen Gesetzgebungsverfahren Art. 289 Abs. 1, 294 AEUV.

106 Vgl. BVerfGE 89, 155 (185 ff.). Ausführlich zu dieser Problematik: *Hilf/Classen* in: FS Selmer, S. 71 (76 ff.); vgl. zum einfachen Gesetzesvorbehalt in Art. 52 Abs. 1 S. 1 GRC: *Calliess* EuZW 2001, 261 (264).

Art. 289 AEUV entschärft. Die Vorschrift führt den Begriff des (ordentlichen und besonderen) Gesetzgebungsverfahrens in das Unionsrecht ein und definiert es als die Annahme von Verordnungen, Richtlinien oder Beschlüssen in der vorgeschriebenen Art und Weise. Durch die Wahl dieser Terminologie soll klargestellt werden, dass sich die genannten Rechtsakte in ihrer Bedeutung an mit „echten" Gesetzen vergleichbare Legislativakte annähern, soweit sie in dem entsprechenden Verfahren zustande gekommen sind.[107] Wenn also das Unionsrecht von „Gesetzen" oder dem „Gesetzgeber" spricht, so muss sich dies auf die vorgenannten, im entsprechenden Verfahren zustande gekommenen abstrakt-generellen Regelungen beziehen.

Darüber hinaus enthält Art. 290 Abs. 1 UAbs. 2 S. 2 AEUV einen Wesentlichkeitsvorbehalt. Demnach müssen die „wesentlichen Aspekte eines Bereichs" durch Gesetzgebungsakt geregelt werden, welcher in Art. 289 Abs. 3 AEUV als im Gesetzgebungsverfahren ergangener Rechtsakt definiert wird. Obwohl Art. 290 AEUV an sich die Übertragung des Erlasses nicht wesentlicher Rechtsakte an die Kommission regelt, entspricht es dem Gedanken des Parlamentsvorbehalts, die wesentlichen Entscheidungen auf einem Rechtsgebiet den Gesetzgebungsorganen zu überlassen.[108] Auch der EuGH erkennt einen Wesentlichkeitsvorbehalt – jedenfalls in Bezug auf Harmonisierungsmaßnahmen im Binnenmarkt – nunmehr ausdrücklich an.[109]

Das Erfordernis einer Rechtsgrundlage für Sanktionen beinhaltet also im Wesentlichen zwei Aspekte: die demokratische Legitimation, also die Beteiligung der Legislativorgane der Union, sowie die durch das Gesetzgebungsverfahren gewährleistete Transparenz der Rechtsakte.[110]

Trotz alledem sind die unionsrechtlichen Rechtsakte auch nach den durch den Lissabon-Vertrag eingefügten Klarstellungen nicht ohne weiteres mit dem Parlamentsvorbehalt nach deutschem Verständnis vergleichbar. Der Wesentlichkeitsvorbehalt und die oben genannte Rechtsprechung des EuGH sind daher unter Berücksichtigung der unionsrechtlichen Strukturen auszulegen.

Zunächst ist festzustellen, dass als Rechtsgrundlage nur verbindliche Außenrechtsnormen geeignet sind, so dass Kommissionsleitlinien, -bekanntmachungen

---

107 Vgl. *Kotzur* in: Geiger/Khan/Kotzur, Art. 289 AEUV Rn. 2, 5; ähnlich auch *Ruffert* in: Calliess/Ruffert, Art. 288 AEUV Rn. 3, Art. 289 AEUV Rn. 8.

108 *Hetmeier* in: Lenz/Borchardt, Art. 290 AEUV Rn. 10; vgl. auch *Schwarze* EuR 2009, 171 (178 f.).

109 EuGH vom 06.12.2005 – Rs. C-66/04 – *Vereinigtes Königreich/Parlament und Rat*, Slg. 2005, I-10574 Rn. 48 f.; vgl. auch *Schwarze/Bechtold/Bosch*, S. 19.

110 *Huster/Rux* in: BeckOK GG, Art. 20 Rn. 105.

und ähnliche interne Rechtsakte von vornherein ausscheiden. In Betracht kommen demnach als unionsrechtliche Rechtsgrundlage nur Verordnungen, Richtlinien und Beschlüsse i.S.d. Art. 288 AEUV.

Allerdings sind Beschlüsse verwaltungsaktähnliche Verwaltungsinstrumente[111]. Diese können sich nunmehr zwar auch an einen unbestimmten Adressatenkreis richten,[112] dies nähert sie aber lediglich den Allgemeinverfügungen i.S.d. § 35 S. 2 VwVfG an, so dass eine Einordnung als Rechtsgrundlage für Sanktionen nicht in Betracht kommt.[113]

Auch Richtlinien werden in aller Regel nicht als geeignete Rechtsakte in Betracht kommen, da sie umsetzungsbedürftig sind (vgl. Art. 288 Abs. 3 S. 1 AEUV) und entsprechende Umsetzungsspielräume enthalten. Sie richten sich somit an die Mitgliedstaaten,[114] so dass sie grundsätzlich keine unmittelbare Wirkung gegenüber natürlichen oder juristischen Personen entfalten können.[115] Ausnahmen werden vom EuGH dann anerkannt, wenn ein Mitgliedstaat die Richtlinie nicht innerhalb der Umsetzungsfrist umgesetzt hat und die Richtlinie eine entsprechend klare Regelung enthält.[116] Dies gilt allerdings nur im Horizontalverhältnis zugunsten Einzelner. Eine unmittelbare Anwendbarkeit von Richtlinien zulasten Einzelner scheidet generell aus,[117] so dass Richtlinien auch keine Rechtsgrundlage i.S.d. oben genannten Rechtsprechung sein können. Dies leitet der EuGH u.a. auch aus dem Grundsatz der Rechtssicherheit ab.[118] Für strafrechtliche Sanktionen gilt das Verbot der direkten Anwendung zulasten Einzelner selbstverständlich erst recht.[119] Damit können im Unionsrecht einzig Verordnungen unmittelbar bindende Sanktionsnormen enthalten. Dies deckt sich auch mit der Einordnung der Verordnung als „europäisches Gesetz". Zwar muss das Europäische Parlament nicht zwangsläufig am Verordnungsgebungsverfahren

---

111 Noch zu den bisherigen Entscheidungen i.S.d. Vorgängervorschrift Art. 249 Abs. 4 EG: *Bievert* in: Schwarze EU^2, Art. 249 EG Rn. 31.

112 *Biervert* in: Schwarze EU, Art. 288 AEUV Rn. 35.

113 Vgl. auch *Hilf/Classen* in: FS Selmer, S. 71 (86).

114 *Biervert* in: Schwarze EU, Art. 288 AEUV Rn. 24.

115 Vgl. *Biervert* in: Schwarze EU, Art. 288 AEUV Rn. 29.

116 EuGH vom 04.12.1974 – Rs. 41/74 – *van Duyn*, Slg. 1974, 1337 Rn. 12; vom 05.04.1979 – Rs. 148/78 – *Ratti*, Slg. 1979, 1629 Rn. 18–23.

117 EuGH vom 26.02.1986 – Rs. 152/86 – *Marshall*, Slg. 1986, 723 Rn. 48.

118 EuGH vom 07.01.2004 – Rs. C-201/02 – *Delena Wells*, Slg. 2004, I-723 Rn. 56.

119 EuGH vom 08.10.1987 – Rs. 80/86 – *Kolpinghuis Nijmegen*, Slg. 1987, 3969 Rn. 13; vom 12.12.1996 – Rsen. C-74/95 und C-129/95 – *Strafverfahren gegen X*, Slg. 1996, I6609 Rn. 24; vom 03.05.2005 – Rsen. C-387/02, C-391/02 und C-403/02 – *Berlusconi u. a.*, Slg. 2005, I-3624 Rn. 74.

beteiligt werden (vgl. Art. 288 Abs. 1 AEUV), die unterschiedliche Aufgabenverteilung der europäischen Organe[120] rechtfertigt aber eine Einordnung der Verordnung als Äquivalent zum deutschen Parlamentsgesetz.

Festzustellen ist mithin, dass ein „Verordnungsvorbehalt" zwar nicht unmittelbar aus dem Bestimmtheitsgrundsatz folgt, zumal der EuGH das Erfordernis einer Rechtsgrundlage für Sanktionen nicht eindeutig beim Grundsatz der Bestimmtheit bzw. Rechtssicherheit verortet. Dies ist indes aufgrund der Wirkung der dargestellten Grundsätze im Unionsrecht auch nicht notwendig, da die Existenz eines vergleichbaren Vorbehalts jedenfalls aus der Rechtsprechung des EuGH und dem Wesentlichkeitsvorbehalt aus Art. 290 Abs. 1 UAbs. 2 S. 2 AEUV abgeleitet werden kann. Daraus folgt nach alledem eindeutig, dass im Unionsrecht die Verhängung von Sanktionen in einer Verordnung normiert sein muss, welche alle wesentlichen Aspekte der Sanktionierung enthalten muss, damit sie ausreichend legitimiert und transparent (= für den Adressaten erkennbar) ist.

Im Gegensatz zum deutlichen Wortlaut der entsprechenden Urteile fehlt in der Literatur teilweise die ausdrückliche Anerkennung der Notwendigkeit, dass sich die Vorhersehbarkeit für den Adressaten schon aus der gesetzlichen Regelung selbst ergeben muss und nur in eingeschränktem Rahmen durch die Rechtsprechung konkretisiert werden kann. Es wird vielmehr lediglich gefragt, ob die Folgen für ein Verhalten vorhersehbar sind.[121] Dies spiegelt die Praxis der Kommission wieder, gesetzliche Unklarheiten durch nicht verbindliche Rechtsakte, wie Leitlinien und Mitteilungen, abzumildern und auf diese Weise für Vorhersehbarkeit zu sorgen.[122] Den Anforderungen des EuGH, wonach unbestimmte oder unvollständige Gesetze trotz ihrer Mängel gerade nicht durch Literatur und Rechtsprechung korrigiert werden dürfen,[123] wird damit aber nicht entsprochen. Gleichwohl bezieht auch der EuGH unter dem Aspekt der Rechtsklarheit bisweilen Überlegungen in seine Urteile ein, die sich nicht auf die

---

120 Vgl. auch *Vogel* NJW 1995, 331 (339).

121 Vgl. z.B. *Voet van Vormizeele* in: Schwarze, Rechtsschutz und Wettbewerb, S. 11 (15 ff.). Implizit auch *Dannecker/Biermann* in: Immenga/Mestmäcker, vor Art. 23 VO 1/2003 Rn. 46, die die Bestimmtheitsproblematik an das (neue) Kartellverfahren und nicht an den gesetzlichen Tatbestand knüpfen. *Pelka*, S. 70, sieht sogar einen Auftrag an Legislative, Exekutive und Judikative, für die nötige Klarheit des Rechts zu sorgen.

122 Zu dieser Praxis im Kartellbußgeldrecht noch eingehend unten.

123 So auch *Bechtold* in: Schwarze, Rechtsschutz und Wettbewerb, S. 97 (99 f.); vgl. zum deutschen Recht: *Schmidt-Aßmann* in: Maunz/Dürig, Art. 103 Rn. 225. Die Einzelheiten sind dabei umstritten.

gesetzliche Grundlage, sondern auf den Einzelfall beziehen. Dazu ist vor allem die formelle Begründungspflicht gem. Art. 296 Abs. 2 AEUV (ex-Art. 253 EG) zu zählen, welche verlangt, dass der Adressat die der Entscheidung zugrunde liegenden Überlegungen nachvollziehbaren Gründe für die Entscheidung erkennen kann.[124] Die formelle Begründungspflicht stellt damit quasi die verfahrensrechtliche Kehrseite des Bestimmtheitsgrundsatzes dar, welche nicht auf Ebene des geschriebenen Rechts, sondern im einzelnen Verfahren die Rechtsklarheit sicherstellen soll.

Derartige Gesichtspunkte zählen nach dem soeben Ausgeführten nicht zum Bestimmheitsgrundsatz. Die formelle Begründungspflicht kann aber als Komplementärgarantie angesehen werden und auch die unverbindlichen Rechtsakte der Kommission dienen der Stärkung der Rechtssicherheit und Vorhersehbarkeit in tatsächlicher Hinsicht. Sie können daher bei der Erörterung der ausreichenden Bestimmtheit im EU-Kartellbußgeldrecht mit einbezogen werden.

2) Verankerung in der EU-Grundrechtecharta

Ausdrücklich erwähnt die EU-Grundrechtecharta den Bestimmtheitsgrundsatz nicht. In Art. 49 Abs. 1 GRC wird ausdrücklich lediglich das Rückwirkungsverbot statuiert. Über den Wortlaut hinaus wird jedoch u.a. auch das Bestimmtheitsgebot bei Art. 49 Abs. 1 GRC verortet.[125] Hierbei handelt es sich, anders als bei dem allgemeinen Rechtsgrundsatz, eindeutig um das strafrechtliche Bestimmtheitsgebot, das sowohl Tatbestands-, als auch Rechtsfolgenbestimmtheit enthält und der Vorhersehbarkeit für den Adressaten dient.[126] Dabei ist jedoch zu beachten, dass neben der Zulässigkeit der Normauslegung angesichts des britischen Common Law auch bloßes Richterrecht dem Bestimmtheitsgrundsatz des Art. 49 Abs. 1 GRC genügen kann, soweit sich Tatbestand und Rechtsfolgen auf Grundlage von gefestigter Rechtsprechung mit hinreichender Sicherheit

---

124 Allgemein zur formellen Begründungspflicht. EuGH vom 22.03.2001 – Rs. 17/99 – *Frankreich/Kommission*, Slg. 2001, I-2481 Rn. 35 f. Spezifisch zum Kartellbußgeldrecht: EuGH vom 14.10.2010 – Rs. 280/08 P – *Deutsche Telekom*, Slg. 2010, I-9555 Rn. 130 f.; vom 29.09.2011 – Rs. C-521/09 P – *Elf Aquitaine*, Slg. 2011, I-8947 Rn. 146.

125 *Eser* in: Meyer GRC, Art. 49 Rn. 10; *Jarass*, § 42 Rn. 9; *Soltész/Steinle/Bielesz* EuZW 2003, 202 (204); *Voet van Vormizeele* in: Schwarze EU, Art. 49 GRC Rn. 5; vgl. ferner *Thomas* KSzW 2011, 10 (11) in Bezug auf den Gesetzesvorbehalt.

126 *Eser* in: Meyer GRC, Art. 49 Rn. 20; *Voet van Vormizeele* in: Schwarze EU, Art. 49 GRC Rn. 7.

vorhersagen lassen.[127] Dies bedeutet gleichfalls, dass ein mit Art. 103 Abs. 2 GG vergleichbarer Parlamentsvorbehalt nicht Bestandteil von Art. 49 Abs. 1 GRC ist. Vielmehr ist die Form der Gesetzgebung der Mitgliedstaaten deren eigene Angelegenheit.[128] Dies gilt gleichfalls für die EU selbst,[129] so dass nach dem soeben Ausgeführten im Unionsrecht einzig Verordnungen dem Erfordernis einer Rechtsgrundlage für Strafen genügen.

Eine Ergänzung zum Bestimmtheitsgebot stellt aber auch der allgemeine Gesetzesvorbehalt des Art. 52 Abs. 1 S. 1 GRC, wonach jede Einschränkung der Rechte der Charta gesetzlich vorgesehen sein muss.[130]

3) Einfluss der EMRK und des EGMR

Als Vorbild für Art. 49 GRC diente Art. 7 Abs. 1 EMRK, der nahezu wortgleich übernommen wurde. Dementsprechend gilt für Art. 7 Abs. 1 EMRK im Kern auch das zu Art. 49 Abs. 1 GRC Ausgeführte.[131] Obwohl nicht ausdrücklich genannt, enthält die Vorschrift auch den Bestimmtheitsgrundsatz.[132] Ebenfalls sind hier Tatbestands- und Rechtsfolgenvorhersehbarkeit für den Adressaten Inhalt des Gebots,[133] was jedoch die Auslegung und Rechtsentwicklung durch die Gerichte im Rahmen des Vorhersehbaren einschließt.[134] Dabei stellt auch der EGMR auf die Umstände und den betroffenen Adressatenkreis ab. So soll es auch nach dem EGMR im Rahmen beruflicher Tätigkeit zumutbar sein, den

---

127 *Eser* in: Meyer GRC, Art. 49 Rn. 13, 21; vgl. zum Bestimmtheitsgrundsatz im Recht des Vereinigten Königreichs *Böse*, S. 128 f. m.w.N.

128 *Eser* in: Meyer GRC, Art. 49 Rn. 13; *Voet van Vormizeele* in: Schwarze EU, Art. 49 GRC Rn. 6.

129 *Eser* in: Meyer GRC, Art. 49 Rn. 14, 15.

130 Vgl. auch *Schwarze/Bechtold/Bosch*, S. 21. Allgemein: *Kingreen* in: Calliess/Ruffert, Art. 52 GRC Rn. 61 ff.

131 Vgl. auch Art. 52 Abs. 2 GRC.

132 EGMR vom 25.05.1993 – 14307/88 – *Kokkinakis*, Slg. Serie A Bd. 260-A Rn. 52; vom 22.03.2001 – 34044/96, 35532/97, 44801/98 – *Streletz, Kessler und Krenz*, ECHR 2001-II Rn. 50.

133 EGMR vom 25.05.1993 – 14307/88 – *Kokkinakis*, Slg. Serie A Bd. 260-A Rn. 52; vom 08.07.1999 – 23536/94 und 24408/94 – *Baskaya und Okçuoglu*, ECHR 1999-IV Rn. 36; *Meyer-Ladewig* in: Meyer-Ladewig EMRK, Art. 7 Rn. 6; vgl. zum Inhalt des Gesetzesvorbehaltes auch EGMR vom 25.03.1992 – 12963/87 – *Margareta und Roger Andersson*, Slg. Serie A Bd. 226-A Rn. 75.

134 EGMR vom 25.05.1993 – 14307/88 – *Kokkinakis*, Slg. Serie A Bd. 260-A Rn. 52; vom 22.03.01 – 34044/96 – *Streletz, Kessler und Krenz*, ECHR 2001-II Rn. 50.

Inhalt von gesetzlichen Bestimmungen erst durch Einholung juristischen Rats zu erschließen, jedenfalls soweit dies für den jeweiligen Beruf üblich ist.[135]

Gem. Art. 52 Abs. 3 GRC dient Art. 7 Abs. 1 EMRK als Mindeststandard für den ihm entsprechenden Art. 49 Abs. 1 GRC.

III. Sonderproblem: Die Bestimmtheit bei Blankettstrafgesetzen

Im EU-Kartellbußgeldrecht ist in Bezug auf den Bestimmtheitsgrundsatz zu beachten, dass es sich bei den Bußgeldtatbeständen um sog. Blankettstrafgesetze handelt. Derartige Gesetze sind aufgeteilt in Normen, die ein Verhalten verbieten (inhaltlicher Kern des Blankettstrafgesetzes, Ausfüllungsnormen, hier: Art. 101, 102 AEUV) und Vorschriften, die lediglich die Sanktion für Verstöße gegen die Ausfüllungsnorm enthalten (Blankette, hier: Art. 23 VO 1/2003).[136] Dabei stammen die Ausfüllungsnormen häufig aus strafrechtsfernen Rechtsgebieten, somit unterfallen – anders als die Sanktion – normierenden Blankette an sich nicht dem strafrechtlichen Bestimmtheitsgebot.

Im Unionsrecht ist diese Konstruktion bislang nicht eingehender thematisiert worden. Jedoch versteht es sich von selbst, dass die Aufteilung in Blankette und Ausfüllungsnormen nicht dazu führen darf, dass die Garantien des Bestimmtheitsgrundsatzes umgangen werden.[137] Das bedeutet zum einen, dass das Blankettstrafgesetz trotz der Aufteilung auf zwei Normen ausreichend klar und vorhersehbar sein muss, und zum anderen, dass durch die Verbindung mit dem sanktionierenden Blankett auch die Ausfüllungsnorm dem strafrechtlichen Bestimmtheitsgebot genügen muss.[138] Letzteres hat auch das EuG in einer Entscheidung festgehalten[139]. Nähere Ausführungen zur Blankett-Konstellation fehlen jedoch. Dass zwei Normen zusammen zu lesen sind, darf die Bestimmtheit

---

135 EGMR vom 25.02.1992 – 12963/87 – *Margareta und Roger Andersson*, Slg. Serie A Bd. 226-A Rn. 75; vom 15.11.1996 – 17862/91 – *Cantoni*, Reports 1996-V Rn. 35.

136 *Schmidt-Aßmann* in: Maunz/Dürig, Art. 103 Rn. 199; vgl. auch *Kunert*, NStZ 1982, 276 (278); *Tiedemann*, Tatbestandsfunktionen im Nebenstrafrecht, S. 239 ff.; *Lenzen*, JR 1980, 133 (135); *Eser/Hecker* in: Schönke/Schröder, Vor § 1 Rn. 3; *Fischer*, § 1 Rn. 9; Warda, S. 5; zur Differenzierung zwischen Blankettstrafgesetzen i.e.S. und i.w.S.: *Krey* EWR 1981, 109 (172 ff.).

137 Es kann daher insoweit auf die zu deutschen Blankettstrafgesetzen existierende Literatur zurückgegriffen werden.

138 *Schmidt-Aßmann* in: Maunz/Dürig, Art. 103 Rn. 201, 208; vgl. auch BVerfG 14, 174 (185 f.); BVerfG NVwZ 1990, 751; NStZ 1991, 88; NJW 1992, 2624; *Satzger/Langheld* HRRS 2011, 460 (461).

139 EuG vom 27.09.2006 – Rs. T-43/02 – *Jungbunzlauer*, Slg. 2006, II-3435 Rn. 72.

also nicht einschränken. Mit anderen Worten: Trotz des Vorliegens zweier Normen muss der Adressat die Voraussetzungen der Strafbarkeit und die Konsequenzen eines Verstoßes genauso vorhersehen können wie beim Vorliegen einer einzelnen Norm.

Zu beachten ist dabei, dass die Bezugsnorm, auch wenn sie einem anderen Rechtsgebiet entstammt, in ihrer Funktion als Tatbestand des Blankettstrafgesetzes im Lichte der strafrechtlichen Rechtsgrundsätze auszulegen ist, so dass es zu Abweichungen von der Auslegung im Kontext des jeweiligen Rechtsgebietes kommen kann, dem sie entstammt.[140]

Im Hinblick auf den „Verordnungsvorbehalt" bestehen keinerlei Probleme, wenn es sich bei den Bezugsnormen um gleich- oder, wie im Falle des Verweises in Art. 23 Abs. 2 VO 1/2003 auf Art. 101, 102 AEUV, sogar um höherrangiges Recht handelt, da die Legitimität und Publizität dieser Normen ohne weiteres feststeht.[141] Problematisch sind jedoch Verweise auf Entscheidungen der Exekutive (Art. 23 Abs. 1 VO 1/2003), da hier die Voraussetzungen strafbaren Verhaltens vom konkreten Einzelfall abhängig gemacht werden und somit eine inhaltliche Bestimmtheit bzw. Vorhersehbarkeit für den Adressaten nur schwer zu erreichen ist.[142]

IV. Ergebnis

Zusammenfassend lässt sich festhalten, dass heute zwar keine Zweifel mehr an der Existenz eines Bestimmtheitsgrundsatzes im Unionsrecht bestehen. Trotz mittlerweile umfangreicher Rechtsprechung des EuGH ist sein Schutzumfang jedoch noch immer recht vage geblieben. Zum einen liegt dies – was sich i.Ü. auch am deutschen Pendant aus Art. 103 Abs. 2 GG zeigt – an der Unmöglichkeit, einen allgemeinen Rechtsgrundsatz losgelöst vom Einzelfall zu konturieren. Das folgt selbstverständlich schon aus der Natur der Sache, sonst handelte es sich nicht um einen *allgemeinen* Rechtsgrundsatz. Notwendigerweise ist daher immer eine Betrachtung des Einzelfalles vorzunehmen.[143] Zum anderen liegt es an der Rechtsprechung der Unionsgerichte, welche bis auf wenige Ausnahmen möglichst auf Leerformeln zurückgreift und diese eher mantra-artig repetiert[144],

---

140 Vgl. BVerfG NJW 2010, 754; *Schmidt-Aßmann* in: Maunz/Dürig, Art. 103 Rn. 234.

141 Vgl. zum deutschen Recht: BverfGE 75, 329 (342).

142 Kritisch auch *Warda*, S. 10. Vgl. aber BverfGE 75, 329 (346).

143 Vgl. auch *Pelka*, S. 34 f.

144 Vgl. z.B. EuGH vom 09.07.1981 – Rs. 169/80 – *Gondrand Frères*, Slg. 1981, 1931 Rn. 17; vom 18.11.1987 – Rs. 137/85 – *Maizena*, Slg. 1987, 4587 Rn. 15 ff.; vom

als sie mit Leben zu füllen. Zuzugestehen ist den Gerichten hier freilich die Schwierigkeit, aus den unterschiedlichen Rechtsquellen einen im Unionsrecht bislang ungeschriebenen Rechtsgrundsatz so allgemein herauszuarbeiten, dass sich alle Mitgliedstaaten damit identifizieren können. Es ist jedoch zu hoffen, dass dieses grundsätzliche Problem des Unionsrechts durch die Aufnahme der GRC ins Primärrecht in Zukunft entschärft werden kann.

Schließlich ist die Rolle der Gerichte schon aufgrund des Institutionsgefüges der EU eine andere, als die nationalstaatlicher Gerichte. Kann die Rechtsentwicklung in einzelnen Mitgliedsstaaten durch Gesetzesänderungen gesteuert und die Rechtsprechung der Gerichte somit aufgrund des Vorrangs des Gesetzes geändert werden, so stellen sich auf unionsrechtlicher Ebene vor allem die primärrechtlichen Vorgaben als faktisch fast unantastbar dar. Denn Vertragsänderungen sind – das haben das Scheitern des Verfassungsvertrags und der Kompromiss von Lissabon eindrucksvoll gezeigt – nur mit erheblichem Aufwand zu bewerkstelligen und haben mit parlamentarischer Legislativarbeit wenig gemein.[145] Damit kommt der Rechtsprechung der Unionsgerichte – auch in Ermangelung abschließend kodifizierten Primärrechts und der Funktion des Vorabentscheidungsverfahrens gem. Art. 267 Abs. 1 lit. a) AEUV (ex-Art. 234 Abs. 1 lit. a) EG) – eine enorm wichtige Rolle zu. Auch findet eine Auseinandersetzung mit der Fachliteratur in der Rechtsprechung der Unionsgerichte nicht statt. Zwar berücksichtigen die Generalanwälte in ihren Schlussanträgen häufiger Literaturmeinungen, jedoch sind die Gerichte daran nicht gebunden und beziehen sich, selbst wenn sie den Empfehlungen der Generalanwälte folgen, nicht direkt auf die Literatur. Aufgrund dessen spielt auch die Literatur bei der Ausfüllung eines allgemeinen Rechtsgrundsatzes, wie dem Bestimmtheitsgebot, praktisch nur eine untergeordnete Rolle. Es fehlt somit an einem starken „Korrektiv" bzw. einer allgemein anerkannten Instanz als Gegenpol zu den Gerichten auf Unionsrechtsebene.

C. Das unionsrechtliche Schuldprinzip

Ganz allgemein besagt das Schuldprinzip, dass jede Strafe Schuld voraussetzt (*nulla poena sine culpa)*.[146] Es beinhaltet als Rechtsgarantie zwei Funktionen. Zunächst bedeutet Schuld die Zurechnung eines dem Täter persönlich

---

13.02.1996 – Rs. C-143/93 – Van Es Douane Agenten, Slg. 1996, I-431 Rn. 27; vom 12.12.1996 – Rsen. 74/95 und 129/95 – *Strafverfahren gegen X*, Slg. 1996, I-6609 Rn. 25.

145 Vgl. auch *Tomuschat* FAZ Nr. 304 vom 30.12.2010, S. 6.

146 BVerfGE 9, 167 (169).

vorwerfbaren Verhaltens als Voraussetzung zur Verhängung strafrechtlicher Sanktionen (Strafbegründungsschuld).[147] Darüber hinaus muss diese Sanktion aber auch in einem angemessenen Verhältnis zu der begangen Tat stehen (Strafzumessungsschuld bzw. straflimitierende Funktion der Schuld). Das bedeutet, dass die Höhe der Sanktion das vom Täter vorwerfbar verwirklichte Unrecht nicht übersteigen darf.[148] Dieser zweite Aspekt trägt dem Grundsatz der Verhältnismäßigkeit Rechnung.[149] Die straflimitierende Funktion der Schuld schlägt sich in der Notwendigkeit variabler Strafrahmen nieder und findet ihrerseits ihre Grenze im Bestimmtheitsgebot.[150] Die Strafbegründungsschuld legt demnach gewissermaßen das „Ob", die Strafzumessungsschuld das „Wie" der Sanktion fest.[151]

In Bezug auf die Rechtsquellen für das Schuldprinzip im Unionsrecht gilt das zum Bestimmtheitsgrundsatz Gesagte entsprechend, so dass insoweit auf die obigen Ausführungen verwiesen werden kann.[152]

I. Bisherige Entwicklung als ungeschriebener Rechtsgrundsatz

Ebenso wenig wie den Bestimmtheitsgrundsatz, erwähnt das geschriebene Primärrecht das Schuldprinzip. Anders als der Bestimmtheitsgrundsatz (bzw. der Grundsatz der Rechtssicherheit) ist das Schuldprinzip jedoch bislang auch nicht ausdrücklich vom EuGH anerkannt worden. Vielmehr bezog sich der Gerichtshof

147 BVerfGE 50, 205 (214 f.); 80, 244 (255); 96, 245 (249); BGHSt 2, 194 (200); *Heinrich* AT, § 17 Rn. 524, 527; *Hirsch* ZStW 106 (1994), 746 (748); *Hörnle* JZ 1999, 1080, 1084; *Kindhäuser* AT, § 21 Rn. 1, 5; Lackner/*Kühl*, vor § 13 Rn. 22; *Lenckner/Eisele* in: Schönke/Schröder, vor § 13 Rn. 103/104; *Maurach/Zipf* AT I, § 30 Rn. 1; *Radtke* in: MüKo-StGB, vor § 38 Rn. 14; *Rudolphi* in: SK-StGB, vor § 19 Rn. 1; *Schmidt-Aßmann* in: Maunz/Dürig, Art. 103 Rn. 170.

148 BVerfGE 20, 323 (331); 25, 269 (285 f.); 41, 121 (125); 96, 245 (249); BGHSt 2, 194 (200); *Heinrich* AT, § 17 Rn. 524, 527; *Hirsch* ZStW 106 (1994), 746 (748); *Hörnle* JZ 1999, 1080, 1082; *Kaufmann* in: FS Lange, S. 27 (31 ff.); *Lenckner/Eisele* in: Schönke/Schröder, vor § 13 Rn. 103/104; *Roxin* AT I, § 3 Rn 51 ff.; *Vogel* in: LK-StGB, vor § 15 Rn. 45.

149 *Schmidt-Aßmann* in: Maunz/Dürig, Art. 103 Rn. 170; *Tiedemann* in: Freiburger Symposium, S. 3 (13) spricht von einer „Konkretisierung des Verhältnismäßigkeitsprinzips"; ferner *Streng*, Rn 43.

150 Vgl. oben II. 1) a).

151 Vgl. *Rudolphi* in: SK-StGB, vor § 19 Rn. 1. Darüber hinausgehende Fragen im Zusammenhang mit der Schuld sollen nicht Thema dieser Arbeit sein. Auf sie wird daher nicht eingegangen.

152 S. oben Kapitel II. B. I. Vgl. explizit für das Schuldprinzip auch *Siohl*, S. 51 ff.

in entsprechenden Fällen stets auf den Verhältnismäßigkeitsgrundsatz, nicht aber auf das Schuldprinzip.[153] Daraus wird zum Teil geschlossen, der EuGH erkenne das Schuldprinzip nicht als eigenständigen Rechtsgrundsatz an.[154] Zu beachten ist indes, dass sich der EuGH entweder gar nicht dazu äußerte,[155] oder seine ablehnende Haltung lediglich damit begründete, dass es sich bei den in Rede stehenden Normen nicht um solche strafrechtlicher Natur handelte.[156] Die Parteien bzw. die vorlegenden Gerichte in der erstgenannten Gruppe machten dabei weder einen Verstoß gegen das Schuldprinzip geltend, noch gingen sie auf eine mögliche strafrechtliche Natur der Sanktionen ein, welche Voraussetzung für die Geltung des Schuldprinzips wäre. Vielmehr bezogen sie sich lediglich auf eine mögliche Verletzung des Verhältnismäßigkeitsgrundsatzes. Dementsprechend mag man die Rechtsprechung des EuGH als inhaltlich wenig klarstellend kritisieren. Keinesfalls kann aber daraus geschlossen werden, dass der EuGH das Schuldprinzip grundsätzlich nicht anerkennt.

Laut *König*[157] spricht gegen eine Anerkennung des Schuldprinzips auch das Urteil *Hansen*, in dem der EuGH urteilte, dass eine dänische verschuldensunabhängige Strafnorm zur Durchsetzung einer Verordnung nicht gegen das Gemeinschaftsrecht verstieß.[158] Zu beachten ist jedoch, dass die Verordnung keine Aussage zu der Art und Weise machte, wie ihre Bestimmungen durchzusetzen

---

153 EuGH vom 16.11.1983 – Rs. 188/82 – *Thyssen*, Slg. 1983, 3721 Rn. 13 ff.; vom 18.11.1987 – Rs. 137/85 – *Maizena*, Slg. 1987, 4597 Rn. 14 f.; vom 23.11.1993 – Rs. C-365/92 – *Schumacher*, Slg. 1993, I-6071 Rn. 25 ff.; vom 12.10.1995 – Rs. C-104/95 – *Cereol Italia*, Slg. 1995, I-2983 Rn. 23 ff.; vom 17.07.1997 – Rs. C-354/95 – *National Farmers' Union*, Slg. 1997, I-4559 Rn. 49 ff.; vom 06.07.2000 – Rs. C-356/97 – *Molkereigenossenschaft Wiedergeltingen*, Slg. 2000, I-5461 Rn. 33ff.; vom 11.07.2002 – Rs. C-210/00 – *Käserei Champignon*, Slg. 2002, I-6453 Rn. 44 ff; so auch *König*, S. 205; *Vogel* NJW 1995, 331 (339).

154 *Engels*, S. 73; *Heitzer*, S. 116; ähnlich *König*, S. 204 ff.

155 EuGH vom 16.11.1983 – Rs. 188/82 – *Thyssen*, Slg. 1983, 3721 Rn. 13 ff.; vom 23.11.1993 – Rs. C-365/92 – *Schumacher*, Slg. 1993, I-6071 Rn. 25 ff.; vom 12.10.1995 – Rs. C-104/94 – *Cereol Italia*, Slg. 1995, I-2983 Rn. 23 ff.; vom 17.07.1997 – Rs. C-354/95 – *National Farmers' Union*, Slg. 1997, I-4559 Rn. 49 ff.; vom 06.07.2000 – Rs. C-356/97 – *Molkereigenossenschaft Wiedergeltingen*, Slg. 2000, I-5461 Rn. 33ff.

156 EuGH vom 18.11.1987 – Rs. 137/85 – *Maizena*, Slg. 1987, 4597 Rn 13 f.; vom 11.07.2002 – Rs. C-210/00 – *Käserei Champignon*, Slg. 2002, I-6453 Rn. 44; insoweit nicht differenzierend: *König*, S. 205.

157 *König*, S. 205 f.

158 EuGH vom 1007.1990 – Rs. C-326/88 – *Hansen*, Slg. 1990, I-2911 Rn. 11 f.

seien.[159] Mithin blieb diese Entscheidung den Mitgliedstaaten überlassen, so dass sich die Frage der Gültigkeit der verschuldensunabhängigen Strafnorm lediglich auf das dänische Recht bezog.[160] Dass der EuGH in diesem Zusammenhang keine grundsätzlichen Einwände gegen verschuldensunabhängige Strafnormen erhob, spiegelt in diesem Zusammenhang aber nur den Grundsatz[161] wider, dass die allgemeinen Rechtsgrundsätze im Unionsrecht auf Grundlage der Rechtstraditionen der Mitgliedstaaten gerade nicht auf den kleinsten gemeinsamen Nenner beschränkt bleiben müssen. Vielmehr können sie sich selbstständig fortentwickeln.[162] Denn der EuGH fragte nur, ob die verschuldensunabhängige Haftung im dänischen Recht geeignet sei, zu Wettbewerbsverzerrungen zu führen.[163] Billigte der EuGH also eine verschuldensunabhängige strafrechtliche Haftung im nationalen Recht eines Mitgliedstaats, so achtete er lediglich die Unabhängigkeit der mitgliedstaatlichen Rechtsordnung. Er übertrug jedoch keinesfalls die Rechtmäßigkeit von verschuldensunabhängigen strafrechtlichen Sanktionen ins Unionsrecht.[164] Eine Aussage über die Geltung des Schuldprinzips als unionsrechtlichem Rechtsgrundsatz ist in der Anerkennung der dänischen Norm daher nicht zu sehen.[165]

Auch den weiteren Ausführungen in *Käserei Champignon*[166] lässt sich nicht entnehmen, dass das Schuldprinzip im Unionsrecht nicht gelten soll. So stellte der EuGH lediglich klar, dass in vorherigen Verfahren die einschlägigen Sanktionen auf die Einhaltung des Verhältnismäßigkeitsgrundsatzes geprüft wurden.[167] Auch wenn teilweise eine Auseinandersetzung mit dem Schuldprinzip nahe gelegen hätte, sagt dies unmittelbar nichts über die Geltung des Schuldprinzips aus. Vielmehr spricht für die Existenz des Schuldprinzips als allgemeiner Rechtsgrundsatz im Unionsrecht die Bereitschaft des EuGH, sich mit dessen Geltung in den genannten Verfahren überhaupt auseinander zu setzen. Denn argumentiert

---

159 So im Ergebnis EuGH vom 1007.1990 – Rs. C-326/88 – *Hansen*, Slg. 1990, I-2911 Rn. 11 f.

160 Vgl. auch *Böse*, S. 159 f.

161 *König*, S. 207; *Vogel* JZ 1995, 331 (336); *Zweigert*, RabelsZ 28 (1964), 601, 610 f.; a.A. wohl *Siohl*, S. 63.

162 A.A. *Engels*, S. 74.

163 So auch *Vogel* JZ 1995, 331 (335).

164 *Tsolka* S. 218.

165 So auch *Böse*, S. 160.

166 EuGH vom 11.07.2002 – Rs. C-210/00 – *Käserei Champignon*, Slg. 2002, I-6453 Rn. 45 ff.

167 EuGH vom 11.07.2002 – Rs. C-210/00 – *Käserei Champignon*, Slg. 2002, I-6453 Rn. 49.

der EuGH in *Käserei Champignon*, ein Verstoß gegen *nulla poena sine culpa* könne nur vorliegen, wenn die entsprechende Sanktion strafrechtlicher Natur sei,[168] so impliziert er damit, dass dieser Rechtsgrundsatz im Unionsrecht überhaupt existiert. Gleiches gilt für die Aussage des Gerichtshofs im selben Urteil, er habe in der Rechtssache *Estel*[169] festgestellt, die Kommission habe den Grundsatz *nulla poena sine culpa* nicht verletzt.[170] Wenngleich der EuGH diesen Grundsatz in *Estel* nicht ausdrücklich nennt, lässt sich doch aus der Interpretation dieses Urteils in *Käserei Champignon* schließen, dass der EuGH von seiner Existenz ausgeht.[171]

Im Übrigen ist darauf hinzuweisen, dass das Schuldprinzip – insbesondere die Strafzumessungsschuld – auch im deutschen Recht an den Grundsatz der Verhältnismäßigkeit anknüpft.[172] Zudem ist die Terminologie des EuGH nicht mit der des deutschen Rechts identisch, wie schon die Ausführungen zum Bestimmtheitsgrundsatz gezeigt haben.[173] Prüft der EuGH dementsprechend auf Rechtsfolgenseite die Einhaltung des Verhältnismäßigkeitsgrundsatzes in Fragen, in denen das Schuldprinzip berührt sein könnte,[174] so legt er jedenfalls in der Sache einen Prüfungsmaßstab zugrunde, der mit der Strafzumessungsschuld vergleichbar ist.[175]

Ferner ergibt auch die spezifische Betrachtung des Kartellbußgeldrechts die Existenz des Schuldprinzips im Unionsrecht. Die Notwendigkeit von Schuld im Sinne individueller Verantwortlichkeit als Voraussetzung für die Verhängung von Kartellbußgeldern geht dabei aus den kartellrechtlichen Bußgeldtatbeständen selbst implizit hervor. Denn diese sind an die vorsätzliche oder fahrlässige Begehung der Verstöße geknüpft, Art. 23 Abs. 1, 2 VO 1/2003 (ebenso Art. 14 Abs. 1,

---

168 EuGH vom 11.07.2002 – Rs. C-210/00 – *Käserei Champignon*, Slg. 2002, I-6453 Rn. 35.

169 EuGH vom 29.02.1984 – Rs. 270/82 – *Estel*, Slg. 1984, 1195.

170 EuGH vom 11.07.2002 – Rs. C-210/00 – *Käserei Champignon*, Slg. 2002, I-6453 Rn. 49.

171 So auch *Tiedemann* NJW 1993, 23 (28 f.); *ders.* in: FS Jescheck, S. 1411 (1435) mit Verweis auf EuGH vom 16.11.1983 – Rs. 188/82 – *Thyssen*, Slg. 1983, 3721 sowie GA *VerLoren van Themaat*, Schlussanträge vom 06.07.1983 – Rs. 188/82 – *Thyssen*, Slg. 1983, 3721 (3740); GA *Slynn*, Schlussanträge vom 30.11.1983 – Rs. 270/82 – *Estel*, Slg. 1984, 1195, (1225).

172 S. oben Kapitel II.C.I.

173 S. oben Kapitel II.B.II.1).

174 Vgl. nur EuGH vom 12.10.1995 – Rs. C-104/95 – *Cereol Italia*, Slg. 1995, I-2983 Rn. 23 ff.; vom 06.07.2000 – Rs. C-356/97 – *Molkereigenossenschaft Wiedergeltingen*, Slg. 2000, I-5461 Rn. 33ff.

175 Vgl. EuGH vom 06.07.2000 – Rs. C-356/97 – *Molkereigenossenschaft Wiedergeltingen*, Slg. 2000, I-5461 Rn. 43ff.; vom 11.07.2002 – Rs. C-210/00 – *Käserei Champignon*, Slg. 2002, I-6453 Rn. 59 ff.

2 FKVO[176]). Unabhängig von der Verortung von Vorsatz und Fahrlässigkeit im Prüfungsaufbau[177] bedeutet dies nämlich die Anknüpfung an subjektiv-individuelle Merkmale des Täters, welche zu seiner persönlichen Verantwortlichkeit führen.[178] Die objektive und rechtswidrige Verwirklichung des Tatbestandes allein ist also anders als im Verwaltungsrecht gerade nicht ausreichend. Vielmehr stellen sowohl Vorsatz als auch Fahrlässigkeit eine Beziehung des Täters zu den übrigen Tatbestandsmerkmalen her. Wird also das Erfordernis von Vorsatz oder Fahrlässigkeit zur Verhängung einer Sanktion vorausgesetzt, so spiegelt sich darin die Geltung des Schuldprinzips wider. Die Unionsgerichte sprechen insoweit vom Grundsatz der persönlichen Verantwortlichkeit.[179]

Darüber hinaus sind gem. Art. 23 Abs. 3 VO 1/2003 für die Bemessung der Höhe der Geldbuße Schwere und Dauer der Zuwiderhandlung zu berücksichtigen. Somit sind die wesentlichen Funktionen des Schuldprinzips (Strafbegründung und Strafzumessung) im Sekundärrecht enthalten, so dass die entsprechenden Rechtsgarantien jedenfalls im EU-Kartellrecht gelten.[180] Von der Geltung des Schuldprinzips gehen auch die Generalanwälte *Colomer* und *Kokott* aus.[181] All dies lässt aber auch darauf schließen, dass das Schuldprinzip ein (primärrechtlicher) allgemeiner Rechtsgrundsatz des Unionsrechts ist.

Da die genannten Entscheidungen gegenüber Unternehmen ergangen sind und sich die VO 1/2003 sowie die FKVO ausschließlich an Unternehmen und

---

176 Verordnung (EG) Nr. 139/2004 des Rates vom 20.01.2004 über die Kontrolle von Unternehmenszusammenschlüssen, ABl. EG 2004 Nr. L 24/1 (Fusionskontrollverordnung), im Folgenden: FKVO.

177 *Vogel* in: LK-StGB, vor § 15 Rn. 46; *Vogel* JZ 1995, 331 (332). Kritisch insoweit im Hinblick auf den heute herrschenden dreigliedrigen Verbrechensaufbau: *König*, S. 203.

178 Vgl. auch *Heitzer*, S. 24; GA *Kokott*, Schlussanträge vom 28.02.2013 – C-681/11 – *Schenker & Co AG u. a.* (in der digitalen Sammlung veröffentlicht), Rn. 42.

179 Vgl. nur EuGH vom 08.07.1999 – Rs. C-49/92 P – *Anic Partecipazioni*, Slg. 1992, I-4125 Rn. 145, 204; vom 11.12.2007 – C-280/06 – *ETI u. a.*, Slg. 2007, I-10893, Rn. 39.

180 *Dannecker/Biermann* in: Immenga/Mestmäcker[4], vor Art. 23 VO 1/2003 Rn. 60; *Heitzer*, S. 18; vgl. auch *König*, S. 207; einschränkend *Engels*, S. 71.

181 GA *Colomer*, Schlussanträge vom 11.03.2003 – Rs. C-204/00 P – *Aalborg Portland*, Slg. 2004, I-123 Rn. 63 ff.; vom 24.01.2008 – Rs. C-55/07 und 56/07 – *Michaeler u. a.*, Slg. 2007, I-3135 Rn. 56; GA *Kokott*, Schlussanträge vom 03.07.2007 – C-280/06 – *ETI u. a.*, Slg. 2007, I-10893 Rn. 71; vom 28.02.2013 – C-681/11 – *Schenker & Co AG u. a.* (in der digitalen Sammlung veröffentlicht), Rn. 40; weniger eindeutig die entsprechenden Urteile des EuGH vom 11.02.2003 – Rs. C-204/00 P – *Aalborg Portland*, Slg. 2004, I-123 Rn. 132, 237; vom 08.07.2007 – C-280/06 – *ETI u. a.*, Slg. 2007, I-10893 Rn. 39.

Unternehmensvereinigungen richten, steht fest, dass sich der Schutz des Schuldprinzips im Kartellbußgeldrecht auch auf diese erstreckt.[182]

Zu beachten ist jedoch, dass – soweit die Gerichte die entsprechenden Rechtsgarantien im Rahmen des Verhältnismäßigkeitsgrundsatzes prüfen –, anders als bei strikter Anwendung des Schuldprinzips, eine Abwägung der widerstreitenden Rechte möglich und geboten ist.[183] Das kann im Einzelfall dazu führen, dass die persönliche Vorwerfbarkeit im Wege der Interessenabwägung hinter vermeintlich gewichtigeren Zielen zurücktreten muss.[184] Ausgehend von der traditionellen Einordnung des Schuldprinzips als absoluter Rechtsgarantie ist diese Möglichkeit als bedenklich einzustufen.[185] Dennoch ist nach alledem davon auszugehen, dass der EuGH die im Schuldprinzip enthaltenen Rechtsgarantien grundsätzlich anerkennt.

II. Verankerung in der EU-Grundrechtecharta und in der EMRK

Das Schuldprinzip ist auch in der EU-Grundrechtecharta und in der EMRK nicht explizit genannt. Art. 48 Abs. 1 GRC und Art. 6 Abs. 2 EMRK normieren indes die strafrechtliche Unschuldsvermutung. Diese gilt nach der hier zugrunde gelegten Einordnung[186] auch für das Kartellbußgeld als strafrechtliche Sanktion i.w.S.[187] Die Unschuldsvermutung als Rechtsgarantie setzt aber denklogisch voraus, dass eine Verurteilung überhaupt an Schuld geknüpft ist.[188] Somit ist mit der

---

182 Auf die Einzelheiten der Unternehmenshaftung soll hier nicht näher eingegangen werden. S. dazu bspw. *Dannecker/Biermann* in: Immenga/Mestmäcker, vor Art. 23 VO 1/2003 Rn. 182 ff. Ebenfalls nicht behandelt wird die Frage, unter welchen Umständen das Verhalten von Mitarbeitern der juristischen Person zugerechnet werden kann.

183 *Engels*, S. 73.

184 *Heitzer*, S. 116 mit Verweis auf *Vogel* NJW 1995, 331 (339); vgl. auch Art. 5 Abs. 2 Verordnung (EG, Euratom) Nr. 2988/95 des Rates vom 18. Dezember 1995 über den Schutz der finanziellen Interessen der Europäischen Gemeinschaften, ABl. EG 1995 Nr. L 312/1.

185 Kritisch auch *Heitzer*, S. 115; *Schwarze*, EUVerwR, S. 841.

186 S. oben Kapitel II.A.

187 EGMR vom 21.12. 1984 – 8544/79 – *Öztürk*, Slg. Serie A Bd. 73 Rn. 53; vom 25.08.2987 – 9912/82 – *Lutz*, Slg. Serie A, Bd. 123 Rn. 50 ff.; EuGH vom 08.07.1999 – Rs. C-199/92 P – *Hüls*, Slg. 1999, I-4287 Rn. 149 f.; vom 08.07.1999 – Rs. C-235/92 P – *Montecatini*, Slg. 1999, I-4539 Rn. 175 f.; EuG vom 05.04.2006 – Rs. T-279/02 – *Degussa*, Slg. 2006, II-897 Rn. 115; vom 25.10.2005 – Rs. T-38/02 – *Groupe Danone*, Slg. 2005, II-4407 Rn. 216; *Eser* in: Meyer GRC, Art. 48 Rn. 11; *Jarass* § 41 Rn 6.

188 GA *Kokott*, Schlussanträge vom 28.02.2013 – C-681/11 – *Schenker & Co AG u. a.* (in der digitalen Sammlung veröffentlicht), Rn. 41; *Engels*, S. 71; *Eser* in: FS Stree/Wessels,

Unschuldsvermutung implizit auch das Schuldprinzip in Art. 48 Abs. 1 GRC und Art. 6 Abs. 2 EMRK verankert. Der EGMR geht allerdings nicht von einem absoluten Schutz aus, sondern hält auch eine verschuldensunabhängige Strafbarkeit jedenfalls dann für mit Art. 6 Abs. 2 EMRK vereinbar, wenn die Beweislast für das Vorliegen des Tatbestandes beim Staat liegt und mildernde Umstände oder höhere Gewalt berücksichtigt werden.[189]

Die Unschuldsvermutung gilt sowohl für natürliche, als auch für juristische Personen, so dass sich auch Unternehmen und Unternehmensvereinigungen (soweit sie Rechtspersönlichkeit besitzen) darauf berufen können.[190] Denn sieht das Unionsrecht die Verhängung strafrechtlicher Sanktionen auch für Unternehmen und Unternehmensvereinigungen vor, so müssen für diese auch die entsprechenden strafrechtlichen Rechtsgarantien gelten. Ferner sieht auch Art. 34 S. 1 EMRK die Parteifähigkeit nichtstaatlicher Organisationen im Individualbeschwerdeverfahren vor dem EGMR vor, was u. a. juristische Personen umfasst.[191] Dem muss der Umfang des Schuldprinzips entsprechen, da es kaum einleuchtet, Organisationen Parteifähigkeit zuzuerkennen, ihnen aber die Berufung auf das Schuldprinzip zu verwehren. Der EGMR hat jedoch bislang nicht ausdrücklich zum Schuldprinzip Stellung genommen.

Das Zitiergebot des Art. 52 Abs. 1 S. 1 GRC und die Festlegung des Schutzniveaus der EMRK als Mindeststandard für die GRC gem. Art. 52 Abs. 3 GRC gilt auch für das Schuldprinzip.

III. Ergebnis

Anders als der Bestimmtheitsgrundsatz ist das Schuldprinzip als solches bislang unionsrechtlich nicht ausdrücklich anerkannt. Seine Existenz bzw. die von ihm verliehenen Rechtsgarantien lassen sich jedoch schon aus der Rechtsprechung des EuGH und der Ansicht der Generalanwälte *Colomer* und *Kokott* und nicht

S. 833 (845); *Frister*, S. 89 ff.; *ders.*, Jura 1988, 356 (359); *Esser* in: Löwe-Rosenberg, Art. 6 EMRK/Art. 14 IPBPR Rn. 445; *König*, S. 206; vgl. auch *Eser* in: Meyer GRC, Art. 48 Rn. 4 ff.

189 EGMR vom 07.10.1988 – 10519/83 – *Salabiaku*, Slg. Serie A Bd. 141-A Rn. 26 ff. Zu Ausnahmen vom Schuldprinzip insbes. in England und Frankreich vgl. insoweit *Tiedemann* in: FS Nishihara, S. 496 (504 f.).

190 *Jarass*, § 41 Rn. 8; *Voet van Vormizeele* in: Schwarze EU, Art. 48 GRC Rn. 2.

191 *Meyer-Ladewig* in: Meyer-Ladewig EMRK, Art. 34 Rn. 10.

zuletzt dem einschlägigen Sekundärrecht – jedenfalls für den Bereich der EU-Kartellbußgelder[192] – ableiten.

Dies kann aber angesichts der Rechtsverbindlichkeit von GRC und EMRK für die EU seit dem Vertrag von Lissabon nicht mehr ausreichen. Durch die Verankerung des Schuldprinzips in 48 Abs. 1 GRC und Art. 6 Abs. 2 EMRK muss es als allgemeiner, unionsrechtlicher Rechtsgrundsatz behandelt werden und somit im gesamten Unionsrecht gelten.[193] Das jeweils erforderliche Schutzniveau kann dabei freilich für die unterschiedlichen Sanktionsarten im Unionsrecht variieren.[194] Grundlegende Änderungen des Schutzstandards im Bereich des Kartellbußgeldrechts sind angesichts der schon bisher geltenden sekundärrechtlichen Vorschriften aber nicht zu erwarten. Gleichwohl ist die Reichweite des Schuldprinzips aufgrund der bislang unklaren Geltung jedoch noch weniger absehbar, als die des Bestimmtheitsgrundsatzes.[195]

D. Fazit

Nach alledem ist festzustellen, dass Bestimmtheitsgrundsatz und Schuldprinzip als Rechtsgarantien auch im Unionsrecht existieren. Ihre Ausgestaltung ist jedoch bislang weniger klar umrissen und weicht teilweise von den deutschen Äquivalenten ab. Dies ist zu einem erheblichen Teil den Besonderheiten der europäischen Rechtsentwicklung geschuldet. Aufgrund des Prinzips der begrenzten Einzelermächtigung ist es der EU kaum möglich, flächendeckende Mindeststandards von Rechtsgarantien für das gesamte Unionsrecht aufzustellen. Denn durch die Zielsetzung der Union, die Herstellung eines Gemeinsamen Marktes, ist die Rechtsentwicklung im Unionsrecht deutlich mehr von pragmatischen Gesichtspunkten beeinflusst, als nationale Rechtsordnungen.[196] Deshalb mussten die allgemeinen Rechtsgrundsätze erst nach und nach und von Fall zu Fall durch den EuGH herausgearbeitet werden, wobei die Grenzen freilich in der Relevanz für den jeweilig zu entscheidenden Streit lagen.

---

192 Ähnlich *Kindhäuser/Meyer* in: FK-Kartellrecht, Art. 101 AEUV Bußgeldrechtliche Folgen Rn. 139.

193 Kritisch insoweit auch *Kindhäuser* in: FK-Kartellrecht[71], Art. 81 EG Bußgeldrechtliche Folgen Rn. 86.

194 Vgl. auch die Überlegungen von *Vogel* zur Harmonisierung des „Allgemeinen Teils" des europäischen Strafrechts in JZ 1995, 331 (334).

195 Vgl. auch *Heine* ZStrR 125 (2007), 105 (117); *Kindhäuser/Meyer* in: FK-Kartellrecht, Art. 101 AEUV Bußgeldrechtliche Folgen Rn. 136 ff.

196 Vgl. *Vogel* NJW 1995, 331 (338).

Auffällig ist, dass der EuGH es bislang vermieden hat, Bestimmtheitsgrundsatz und Schuldprinzip als spezifisch strafrechtliche Rechtsgrundsätze ausdrücklich anzuerkennen, sondern die entsprechenden Rechte anderen Rechtsgrundsätzen (Rechtssicherheit und Verhältnismäßigkeit) zugeschlagen bzw. im Falle des Schuldprinzips die Geltung offen gelassen hat. Der Grund dafür dürfte wiederum in der Eigenart des Unionsrechts liegen. Da die EU grundsätzlich keine Kompetenz auf dem Gebiet des Kriminalstrafrechts hat[197], wäre die ausdrückliche Anerkennung strafrechtlicher Rechtsgrundsätze politisch betrachtet ein problematisches Signal an die Mitgliedstaaten, die sich möglicherweise in ihrer Souveränität angegriffen fühlen könnten. Es ist deshalb davon auszugehen, dass sich der EuGH bewusst zurückhaltend ausgedrückt hat, um gar nicht erst den Verdacht einer Kompetenzüberschreitung durch die EU aufkommen zu lassen. Außerdem ist die Rechtsnatur der verschiedenen Sanktionen auf dem Gebiet des Unionsrechts nach wie vor nicht geklärt (das Kartellbußgeld, dem der EuGH zumindest einen repressiven Zweck zuerkennt, ist hier den übrigen Sanktionen einen Schritt voraus). In diesem Zusammenhang würde die Anerkennung strafrechtlicher Rechtsgrundsätze bedeuten, dass die jeweiligen Sanktionen auch als strafrechtlich einzuordnen wären, was erheblichen Begründungsaufwand verlangen würde und weder vom EuGH gewollt, noch zwangsläufig zutreffend ist. In der Gemengelage zwischen unionsrechtlichen Sanktionen rein verwaltungsrechtlicher und solchen i.w.S. strafrechtlicher Natur ist eine Abgrenzung überaus schwierig.[198] Die Anwendung und Ausdehnung von Rechtsgrundsätzen, die nicht strafrechtsspezifisch sind, hilft daher in der Praxis über diese Probleme hinweg und bietet dem EuGH die im Einzelfall notwendigen Entscheidungsspielräume.[199] Zudem ist zu berücksichtigen, dass es aufgrund der unterschiedlichen Strafrechtsordnungen der Mitgliedstaaten nur schwer möglich ist, allgemeine Rechtsgrundsätze dogmatisch so differenziert herauszuarbeiten, wie dies beispielsweise im deutschen Recht üblich ist.[200] Maßgeblich für die Frage, ob Bestimmtheitsgrundsatz und Schuldprinzip im Unionsrecht gelten, muss deshalb – unabhängig von der formellen Struktur oder Bezeichnung der Rechtsgarantien – deren Existenz an sich sein. Finden die durch den (nach

---

197 Ausnahme seit Inkrafttreten des Vertrags von Lissabon: Art. 83 Abs. 1 UAbs. 3 und Abs. 2, sowie Art. 325 Abs. 4 AEUV. Vgl. auch EuGH vom 13.09.2005 – C-176/03 – *Kommission der EG gegen Rat der EU*, Slg. 2005, I-7879 Rn. 47; *Magiera* in: Grabitz/Hilf/Nettesheim, Art. 325 AEUV Rn. 71 ff.

198 Vgl. nur den Streit um die Rechtsnatur des Kartellbußgelds unter Kapitel II.A.

199 Ähnlich *Heitzer*, S: 119; *Vogel* NJW 1995, 331 (339).

200 Vgl. *Vogel* NJW 1995, 331 (337 f.).

deutscher Rechtsterminologie) Bestimmtheitsgrundsatz und das Schuldprinzip gewährleisteten Garantien inhaltlich Eingang in das Unionsrecht – sei es als Gebot der Rechtssicherheit oder auf Grundlage einer Verhältnismäßigkeitsprüfung –, so ist damit fundamentalen, rechtstaatlichen Anforderungen zunächst einmal Genüge getan.

Gleichwohl ist anzumerken, dass diese Vorgehensweise die dogmatischen Probleme des europäischen Sanktionsrechts nicht zu lösen vermag. Der positiven Bewertung der Entscheidungspraxis des EuGH im Bereich des Schuldprinzips durch *Heitzer* und *Vogel*[201] kann daher nur bedingt gefolgt werden. Zwar ist zuzugestehen, dass durch die Ausweitung der Gebote der Rechtsklarheit und der Verhältnismäßigkeit eine inhaltliche Auseinandersetzung mit der Problematik erfolgt. Indes sorgt eine Einzelfallabwägung gerade nicht für mehr Klarheit, als eine eindeutige Kategorisierung der Sanktionen.[202] Die Schwierigkeit der Bestimmung der Rechtsnatur der Sanktionen darf nicht dazu führen, dass auf eine Kategorisierung gänzlich verzichtet wird.[203] Vielmehr wäre eine klare Einordnung aus Bestimmtheitsgesichtspunkten gerade wünschenswert. Die grundsätzliche Interessenabwägung bei der Verhängung von Sanktionen sollte angesichts der potentiellen Schwere der Eingriffe dem Gesetz- bzw. Verordnungsgeber vorbehalten bleiben und nicht der Rechtsprechung.

Inwieweit die Ausgestaltung von Bestimmtheitsgrundsatz und Schuldprinzip auf der Ebene des Kartellbußgeldrechts im Einzelnen rechtstaatlichen Grundsätzen nach einer Vorstellung aus deutscher Sicht genügen, ist damit selbstredend noch nicht geklärt. Dies ist Aufgabe der folgenden Kapitel. Zu hinterfragen ist dabei nach dem soeben Ausgeführten, ob die unionsrechtlichen Rechtsinstitute die Einhaltung der entsprechenden Garantien trotz des pragmatischen Ansatzes des EuGH bei wertender Betrachtung auf eine ausreichende Art und Weise sicherstellen.

---

201 *Heitzer*, S. 119; *Vogel* NJW 1995, 331 (339).
202 So aber *Vogel* NJW 1995, 331 (339).
203 So aber *Heitzer*, S. 119.

Kapitel III. Bestimmtheitsgrundsatz und Schuldprinzip auf Tatbestandsebene der Bußgeldnormen

Die Verhängung von EU-Kartellbußgeldern ist in Art. 23 VO 1/2003 geregelt. Die Vorschrift enthält in Abs. 1 und Abs. 2 mehrere Bußgeldtatbestände. Am bedeutendsten ist dabei Art. 23 Abs. 2 UAbs. 1 lit. a) VO 1/2003, nach dem Verstöße gegen Art. 81, 82 EG[204] bußgeldrechtlich geahndet werden können. Die Vorschrift bestraft also unmittelbare Verstöße gegen materielles Recht. Dagegen behandelt Art. 23 Abs. 1 VO 1/2003 Verfahrensverstöße[205] und Art. 23 Abs. 2 UAbs. 1 lit. b), c) Verstöße gegen Entscheidungen (nach der Terminologie von Art. 288 AEUV nunmehr wohl Beschlüsse)[206] der Kommission.[207]

Die Ermächtigung des Rates zum Erlass von Sanktionsnormen in der VO enthielt für Verstöße gegen Art. 81, 82 EG explizit Art. 83 Abs. 1, 2 lit. a) EG (jetzt Art. 103 Abs. 2 lit. a) AEUV). Die übrigen Bußgeldtatbestände waren nicht explizit im EG-Vertrag erwähnt. Da es sich bei Art. 83 Abs. 2 EG jedoch um einen nicht abschließenden Beispielkatalog für die von der Ermächtigung erfassten Regelungen handelte, waren die übrigen Sanktionen des Art. 23 VO 1/2003 von der allgemeinen Ermächtigungsgrundlage des Art. 83 Abs. 1 EG abgedeckt, so dass an der Regelungskompetenz des Rates kein Zweifel besteht. Durch die Nennung der angedrohten Sanktionen in Art. 23 VO 1/2003 ist darüber hinaus dem „Verordnungsvorbehalt" genüge getan.[208]

Fragen der Tatbestandsbestimmtheit stellen sich im unionsrechtlichen Kartellbußgeldrecht in mehrerlei Hinsicht. Unterschieden werden zunächst die Bußgeldtatbestände für Verstöße gegen das materielle Kartellrecht von denen, die Verstöße gegen Beschlüsse und formlose Verlangen der Kommission ahnden. Dabei ist jeweils die Bestimmtheit auf rein formeller Ebene zu untersuchen, wobei die besonderen Anforderungen an Blankettstrafgesetze zu beachten sind. Sodann sind die sich aus den Tatbeständen von Art. 101 und 102 AEUV

204 Jetzt Art. 101, 102 AEUV, vgl. Art. 5 Abs. 1 i.V.m. Anhang B Lissabon-Vertrag.
205 *Engelsing/Schneider* in: MüKo-EuWettbR, Art. 23 VO 1/2003 Rn. 57.
206 So auch *Weitbrecht/Mühle* EuZW 2010, 327.
207 *Dannecker/Biermann* in: Immenga/Mestmäcker, Art. 23 VO 1/2003 Rn. 2 ff.
208 S.o. Kapitel II.B.II.1)b).

ergebenden inhaltlichen Bestimmtheitsprobleme in Blick zu nehmen. Gleiches gilt für das Schuldprinzip.

Obgleich systematisch dem Tatbestand des Art. 101 AEUV zuzuordnen, werden die Freistellungsvoraussetzungen des Art. 101 Abs. 3 AEUV im Anschluss daran gesondert behandelt, da es sich hierbei um einen eigenständigen Problemkreis handelt, welche anders geartete Lösungsansätze erfordern.

Im Rahmen der Untersuchung werden die verschiedenen Gesichtspunkte zunächst für sich gesehen angesprochen, am Ende der Untersuchung soll jedoch auch eine Gesamtschau erfolgen, da letztlich nur so eine vollumfängliche Aussage über die Tatbestandsbestimmtheit im Kartellbußgeldrecht gemacht werden kann.

A. Verstöße gegen Maßnahmen der Kommission

Art. 23 Abs. 1 und 2 UAbs. 1 lit. b), c) beziehen sich auf Vorschriften der VO 1/2003. Es handelt sich insofern zunächst um sog. Binnenverweisungen, also um Verweise auf andere Normen desselben Rechtsaktes.[209] Diese Technik unterliegt zwar den gleichen Anforderungen an den Bestimmtheitsgrundsatz wie auch an andere Blankettstrafnormen.[210] Diese sind jedoch vergleichsweise leicht zu erfüllen.[211]

Die Sanktionen knüpfen darüber hinaus aber jeweils an die Ausübung von Befugnissen aus der VO durch die Kommission an. Denn bei den Vorschriften der VO 1/2003 handelt es sich nicht um an Unternehmen bzw. Unternehmensvereinigungen gerichtete Ge- oder Verbotsnormen, deren Missachtung unmittelbar sanktioniert werden könnte.[212] Vielmehr enthält die VO 1/2003 Verfahrens-, Zuständigkeits-, sowie die Kommission (und die nationalen Wettbewerbsbehörden) ermächtigende Befugnisnormen. Auf Letztere beziehen sich Art. 23 Abs. 1 und 2 UAbs. 1 lit. b), c) VO 1/2003. So können Unternehmen bebußt werden, wenn sie auf Auskunftsverlangen der Kommission gem. Art. 17, 18 VO 1/2003

---

209 Vgl. *Krey* EWR 1981, 109 (173).

210 Z.T. werden Binnenverweisungen gar nicht als Blankettstrafnormen begriffen, vgl. *Tiedemann*, Tatbestandsfunktionen im Nebenstrafrecht, S. 94 m.w.N. (Fn. 23). Ausgegangen werden soll hier indes von einem weiteren Verständnis des Begriffs, so dass sämtliche Verweisungen von einer Norm auf eine andere Rechtsquelle – sei es eine Norm des selben Rechtsakts oder eines anderen – zur Ausfüllung des Tatbestandes als Blankettstrafnorm zu bezeichnen sind, so auch *Krey* EWR 1981, 109 (172 ff.); *Warda*, S. 5, 8.

211 Vgl. *Tiedemann*, Tatbestandsfunktionen im Nebenstrafrecht, S. 242.

212 Vgl. *Warda*, S. 6 f.

nicht wahrheitsgemäß antworten (Art. 23 Abs. 1 lit. a) und b)), sich im Rahmen von Nachprüfungen gem. Art. 20 VO 1/2003 nicht kooperativ verhalten (Art. 23 Abs. 1 lit. c) – e)), oder Beschlüssen der Kommission gem. Art. 8, 9 VO 1/2003 zuwider handeln (Art. 23 Abs. 2 UAbs. 1 lit. b) und c)). Voraussetzung für die Verhängung von Bußgeldern gem. Art. 23 Abs. 1 und 2 UAbs. 1 lit. b), c) ist mithin stets die Ausübung von Befugnissen gem. Art. 8, 9, 17, 18, 20 VO 1/2003 durch die Kommission. In diesem Rahmen kann die Kommission auch Entscheidungen erlassen. Hier ergibt sich ein terminologisches Problem, da mit dem Inkrafttreten des Vertrages von Lissabon die Entscheidung als Rechtsakt durch den Beschluss ersetzt worden ist.[213] Die Bezugnahme auf Entscheidungen geht nunmehr also formal gesehen fehl und sollte an die neue Terminologie angepasst werden. Inhaltlich führt dies jedoch nicht zu Rechtsunsicherheiten, da sich aus dem Vergleich von Art. 249 Abs. 4 EG a.F. und Art. 288 Abs. 3 S. 2, 3 AEUV die inhaltliche Identität der Rechtsakte ohne weiteres ergibt.

Des Weiteren unterscheiden sich die in Bezug genommenen Verfügungen inhaltlich. Zu differenzieren ist hier zwischen Art. 23 Abs. 1 VO 1/2003 auf der einen, und Art. 23 Abs. 2 UAbs. 1 lit. b) und c) VO 1/2003 auf der anderen Seite.

I. Art. 23 Abs. 1 VO 1/2003

1) Formelle Bestimmtheit

Der Inhalt der unter Art. 23 Abs. 1 VO 1/2003 fallenden Kommissionsbeschlüsse ist in den entsprechenden Befugnisnormen festgelegt. Demgegenüber nennt nur Art. 23 Abs. 1 VO 1/2003 selbst die Arten der sanktionierbaren Verstöße ausdrücklich. Anders als im Fall von Art. 23 Abs. 2 UAbs. 1 lit a) VO 1/2003 wird also nicht an eine Verbotsnorm angeknüpft, sondern die Bußgeldvorschrift selbst enthält das Verbot. Voraussetzung für die Sanktionen ist stets eine Handlung der Kommission, ihr Inhalt ist jedoch durch Art. 17, 18, 20 vorgegeben (z.B. Auskunftsverlangen gem. Art. 17, 18). Es ist deshalb davon auszugehen, dass es sich bei Art. 23 Abs. 1 VO 1/2003 nicht um Verweise auf den jeweiligen Kommissionsbeschluss dergestalt handelt, dass dieser erst die Sanktionsnorm ausfüllt.[214] Denn die Befugnis- und Bußgeldnormen umschreiben das ahndbare Verhalten selbst. Vielmehr sind die Beschlüsse nur Anknüpfungspunkt im Einzelfall. Das Vorliegen eines Kommissionsbeschlusses ist deshalb lediglich eine

---

213 Vgl. Art. 249 Abs. 4 EG a.F. und Art. 288 Abs. 3 S. 2, 3 AEUV; *Weitbrecht/Mühle* EuZW 2010, 327.

214 Vgl. *Tiedemann*, Tatbestandsfunktionen im Nebenstrafrecht, S. 94; *Warda*, S. 15 ff.

Tatbestandsvoraussetzung für die Sanktionierbarkeit und nicht etwa die Ausfüllung des Blanketts aus Art. 23 Abs. 1 VO 1/2003.[215] Das sanktionierbare Verhalten ergibt sich allein aus den Verordnungsvorschriften.[216] Es handelt sich deshalb bei Art. 23 Abs. 1 VO 1/2003 um ein Blankett, weil die inhaltliche Bezugnahme auf Art. 17, 18 und 20 VO 1/2003 erforderlich ist, um die Sanktionsnorm auszufüllen und ihr den gewünschten Regelungsgehalt zu geben.

a) Die Verweisungstechnik

Bei dem Zusammenspiel zwischen den Blanketten in Art. 23 Abs. 1 VO 1/2003 und den einzelnen Ausfüllungsvorschriften ist zunächst festzustellen, dass die an die Unternehmen bzw. Unternehmensvereinigungen gerichteten Gebote, deren Missachtung sanktioniert werden kann, als solche teilweise nicht explizit in den Ausfüllungsvorschriften genannt werden. Vielmehr ergeben sich diese aus den Blanketten des Art. 23 Abs. 1 VO 1/2003. In den Ausfüllungsnormen wird auf diese Gebote lediglich im Rahmen der Hinweispflicht der Kommission auf die Sanktionsmöglichkeiten Bezug genommen. So enthält Art. 17 Abs. 1 S. 2 VO 1/2003 das Recht der Kommission, von Unternehmen und Unternehmensvereinigungen im Rahmen ihrer Untersuchungen Auskünfte zu verlangen. Art. 18 Abs. 1 VO 1/2003 legt fest, dass dies durch einfaches Auskunftsverlangen oder durch förmlichen Beschluss geschehen kann. Erst aus Art. 23 Abs. 1 lit. a), b) VO 1/2003 ergibt sich, dass im Rahmen des Auskunftsverlangens richtige und nicht irreführende Angaben gemacht werden müssen, indem unrichtige oder irreführende Angaben sanktioniert werden.[217] Die Ausfüllungsnorm enthält diesbezüglich nur einen Verweis zurück ins Blankett, indem der Kommission in Art. 18 Abs. 2, 3 S. 2 VO 1/2003 die Pflicht auferlegt wird, auf die Konsequenzen unrichtiger oder irreführender Auskünfte gem. Art. 23 VO 1/2003 hinzuweisen. Die Nichteinhaltung der von der Kommission gesetzten Frist kann dagegen nur im Rahmen von Beschlüssen gem. Art. 18 Abs. 3 VO 1/2003 sanktioniert werden (Art. 23 Abs. 1 lit. c) VO 1/2003).

Das gleiche Verhältnis besteht im Rahmen von Nachprüfungen zwischen Art. 20 Abs. 1, 2 VO 1/2003, welche die Befugnisse der Kommission enthalten, und den entsprechenden die Verbote enthaltenden Blanketten in Art. 23 Abs. 1 lit. c), d) VO 1/2003 sowie der Hinweispflicht auf die Sanktionen in Art. 20 Abs. 3

---

215 Vgl. *Tiedemann*, Tatbestandsfunktionen im Nebenstrafrecht, S. 272; *Warda*, S. 19 f.; so auch *Tsolka*, S. 151.

216 Auf die nicht unproblematische Frage, welche Anforderungen an Einzelentscheidungen als Blankette ausfüllende Rechtsakte zu stellen sind, kommt es hier somit nicht an. S. dazu *Warda*, S. 15 ff.

217 Vgl. auch *Dannecker/Biermann* in: Immenga/Mestmäcker, Art. 23 VO 1/2003 Rn. 20.

S. 1 VO 1/2003. Dies gilt auch bei Widerstand gegen Nachprüfungen aufgrund förmlichen Beschlusses gem. Art. 20 Abs. 4 VO 1/2003. Dieser kann gem. Art. 23 Abs. 1 lit. c) Alt. 2 VO 1/2003 sanktioniert werden, die entsprechende Hinweispflicht der Kommission enthält Art. 20 Abs. 4 S. 2 VO 1/2003. Für das Verbot des Siegelbruchs gem. Art. 20 Abs. 2 lit. d), 23 Abs. 1 lit. e) VO 1/2003 ist hingegen gar keine Hinweispflicht auf die Sanktionierungsmöglichkeit vorgesehen.

Die soeben beschriebene Verweisungstechnik ist aus Bestimmtheitsgesichtspunkten nicht ganz unproblematisch. Zwar ergeben sich die Tatbestandsvoraussetzungen der Sanktionen insgesamt aus dem Zusammenspiel von Blanketten und Ausfüllungsnormen. Allerdings bestehen insoweit Besonderheiten, als dass Blankettnormen typischerweise als „Tatbestand" den Verstoß gegen die jeweiligen Ausfüllungsnormen enthalten. Das konkrete Verbot ergibt sich dann aus den Ausfüllungsnormen. Demgegenüber ergibt sich im Rahmen des Art. 23 Abs. 1 VO 1/2003 das sanktionierbare Verhalten der Unternehmen bzw. Unternehmensvereinigungen nicht direkt aus den Ausfüllungsnormen. Denn Letztere enthalten, wie bereits dargestellt, lediglich die Eingriffsbefugnisse der Kommission. Vielmehr ist zur Einhaltung der Pflichten wiederum der Blick in die Blankette notwendig, welche die Tathandlungen enthalten. Das ist zwar insoweit nicht weiter bedenklich, als dass die Konstruktion von Blankettstrafnormen es immer erfordert, dass die Adressaten sowohl die Ausfüllungsnorm, als auch das Blankett zur Kenntnis nehmen, um sich über drohende Sanktionen klar zu werden. Allerdings geht eine Aufteilung in Ermächtigungsnorm und pflichtkonkretisierende Verbots- und Blankettvorschrift zulasten der Übersicht und somit letztlich des Gebots der Erkennbarkeit der Konsequenzen für die Adressaten. Denn dem Verweis des Blanketts auf die in Bezug genommene Ermächtigungsnorm folgt implizit ein Rückverweis in das Blankett, um die konkrete Duldungs- oder Mitwirkungspflicht zu erfassen. Auch dass die Ausfüllungsnormen keine Ge- oder Verbote statuieren, sondern Eingriffsbefugnisse der Kommission enthalten, schadet der Zugänglichkeit für die Normadressaten. Denn die Ausfüllungsnormen sind als klassisch verwaltungsrechtliche Ermächtigungsgrundlagen ausgestaltet. Doch es kann nicht erwartet werden, dass die Normadressaten aus der Existenz verwaltungsrechtlicher Befugnisse auf die strafrechtsähnliche Sanktionierbarkeit von Verstößen gegen ebendiese folgern.[218] Die Verhängung von Bußgeldern mit auch repressiven Zwecken zur zwangsweisen Durchsetzung präventiver Befugnisse der Kommission[219] ist daher nicht ohne Weiteres vorhersehbar.

---

218 Ähnlich schon *Tiedemann*, Tatbestandsfunktionen im Nebenstrafrecht, S. 255.

219 *Dannecker/Biermann* in: Immenga/Mestmäcker[4], Art. 23 VO 1/2003 Rn. 14.

Diesen Einwänden ist indes entgegenzuhalten, dass die Kommission gem. Art. 18 Abs. 2, 3 S. 2, 20 Abs. 3 S. 1, Abs. 4 S. 2 VO 1/2003 auf die Sanktionsmöglichkeiten hinweisen muss, so dass die Unternehmen und Unternehmensvereinigungen jedenfalls bei Einleitung der Maßnahmen über die möglichen Konsequenzen von Verstößen in Kenntnis gesetzt werden. Durch die Hinweispflicht wird mithin Rechtsklarheit geschaffen und die Problematik der unübersichtlichen Verweisung entschärft. Darüber hinaus ist festzustellen, dass auch herkömmliche Strafnormen auf den ersten Blick nicht als Ge- bzw. Verbotsnormen formuliert sein müssen. So stellt § 212 Abs. 1 StGB die Tötung eines anderen Menschen unter Strafe. Das Verbot folgt lediglich – wenn auch offensichtlich – aus der Strafbarkeit dieses Verhaltens. Der Verweis des Art. 23 Abs. 1 VO 1/2003 auf Befugnisnormen steht deshalb als solcher nicht dem Gebot der Normenklarheit entgegen. Vor diesem Hintergrund ist auch die fehlende Hinweispflicht auf die Sanktionierbarkeit des Siegelbruchs gem. 23 Abs. 1 lit. e) VO 1/2003 nicht schädlich. Denn dass Siegelbruch sanktionierbar ist, ist nicht überraschend oder unvorhersehbar.

Zudem ist von den betroffenen Unternehmen und Unternehmensvereinigungen eine Auseinandersetzung mit den Bußgeldvorschriften zu erwarten. Denn es gehört zu einer gewissenhaften Unternehmensführung, sich über mögliche Sanktionen für ein bestimmtes Verhalten auch im Vorhinein zu informieren. Ferner wird dies auch vom EuGH und dem EGMR vorausgesetzt.[220]

Schließlich ist festzustellen, dass auch die inhaltliche Konkretisierung der aus der VO 1/2003 folgenden Verhaltensgebote für Unternehmen und Unternehmensvereinigungen durch die Rechtsprechung des EuGH und EuG dazu beiträgt, dass jedenfalls aus der Ausgestaltung der Sanktionen gegen Verfahrensverstöße als Blankettnormen keine unzumutbare Unklarheit erwächst.[221]

Somit erweist sich die Verweisungstechnik des Art. 23 Abs. 1 VO 1/2003 zwar als unübersichtlich, jedoch wird dieses Manko durch die Hinweispflicht der Kommission und die Rechtsprechung der europäischen Gerichte kompensiert. Dies gilt erst recht vor der Pflicht der Normadressaten, sich über die Konsequenzen von Verstößen auch gegen das Kartellverfahrensrecht zu informieren und sich entsprechend zu verhalten. Ein Verstoß gegen den Bestimmtheitsgrundsatz

---

220 EuGH vom 17.07.1997 – Rs. C-354/95 – *National Farmers' Union*, Slg. 1997, I-4559 Rn. 58; EGMR vom 25.02.1992 – 12963/87 – *Margareta und Roger Andersson*, Slg. Serie A Bd. 226-A Rn. 75; vom 15.11.1996 – 17862/91 – *Cantoni*, Reports 1996-V Rn. 35.

221 Vgl. nur EuGH vom 22.10.2002 – Rs. C-94/00 – *Roquette Frères*, Slg. 2002, I-9011; vom. 14.09.2010 – Rs. C-550/07 P – *Akzo Nobel*, Slg. 2010, I-8301; EuG vom 17.09.2007 – Rsen. T-125/03 R und T-253/03 R – *Akzo Nobel*, Slg. 2007, II-3523.

kann in der Verweisungstechnik des Art. 23 Abs. 1 VO 1/2003 mithin trotz der unglücklichen Ausgestaltung nicht gesehen werden.

b) Die Abhängigkeit der Bußgeldhaftung von Anordnungen der Kommission

Obgleich die Kommissionsbeschlüsse gem. Art. 17, 18, 20 VO 1/2003, wie bereits dargelegt, die Blankette von Art. 23 Abs. 1 VO 1/2003 nicht im eigentlichen Sinne ausfüllen, so sind sie doch Voraussetzung für die Bußgeldhaftung nach dieser Norm. Es stellt sich dabei die Frage, ob die weitreichenden Entscheidungsspielräume sowohl bzgl. des „ob" als auch des „wie" der Anordnung, welche der Kommission im Rahmen von Art. 17, 18, 20 VO 1/2003 zustehen, mit dem Bestimmtheitsgrundsatz vereinbar sind, und zwar einerseits in Bezug auf die Vorhersehbarkeit und andererseits im Hinblick auf den „Verordnungsvorbehalt".

Bzgl. des „Verodnungsvorbehalts" ist zunächst klarzustellen, dass Art. 23 Abs. 1 VO 1/2003 diesem freilich insoweit gerecht wird, als dass die einzelnen Verfehlungen der Unternehmen, welche die Bußgeldhaftung begründen können, in der Norm (im Zusammenspiel mit Art. 17, 18, 20 VO 1/2003) genannt sind. Das eigentliche Problem liegt jedoch darin, dass durch die Anknüpfung an Kommissionsanfragen bzw. -beschlüsse sie selbst die Voraussetzungen dafür schaffen kann, die eine Sanktionierung erst voraussetzen. Mit anderen Worten: Die Kommission kann bspw. Verstöße gegen die Auskunftspflicht dadurch „heraufbeschwören", dass sie Unternehmen mit Auskunftsverlangen gem. Art. 17, 18 Abs. 1 VO 1/2003 überzieht. Dabei besteht darüber hinaus die Gefahr, dass die Verlangen so ungenau formuliert werden, dass der Pflicht zur umfassenden Auskunftserteilung kaum Genüge getan werden kann.[222] Dann könnte die Kommission diese Verstöße gem. Art. 23 Abs. 1 lit. a) VO 1/2003 wiederum selbst ahnden. Das Beispiel lässt sich selbstredend auf die übrigen Tatbestände der lit. b) – e) übertragen. Die Kommission kann sich somit Konstellationen, die Grundlage der Tatbestände von Art. 23 Abs. 1 VO 1/2003 sind, selbst schaffen. Dies könnte einerseits gegen den Grundsatz verstoßen, dass Bußgeldnormen vom europäischen Gesetzgeber zu erlassen sind, und außerdem dem Art. 23 Abs. 1 VO 1/2003 die Vorhersehbarkeit nehmen, weil die Kommission bei der Wahl der Eingriffsbefugnisse einen relativ weiten Ermessensspielraum hat[223] (freilich im Rahmen der Verhältnismäßigkeit[224]).

---

222 Zu den materiellrechtlichen Grenzen s.u. Kapitel III.A.I.2).

223 Vgl. *Burrichter/Hennig* in: Immenga/Mestmäcker, vor Art. 17–22 VO 1/2003 Rn. 20.

224 *EuG* vom 08.03.1995 – Rs. T-34/93 – Société Générale, Slg. 1995, II-545 Rn. 40; *Burrichter/Hennig* in: Immenga/Mestmäcker, vor Art. 17–22 VO 1/2003 Rn. 20.

Ausgehend von der oben dargelegten Einordnung der Kommissionsanordnungen und -beschlüsse als Voraussetzungen, nicht aber Ausfüllungen der gesetzlichen Tatbestände, können diese Bedenken jedoch im Ergebnis nicht durchgreifen. Es handelt sich nämlich bei den Kommissionshandlungen um die in den Eingriffsnormen der Art. 17, 18 und 20 VO 1/2003 vorgesehenen Befugnisse, welche der Gesetzgeber der Kommission zugesteht. Ebenso ergibt sich die Ahndbarkeit klar aus Art. 23 Abs. 1 VO 1/2003. Somit hat der Gesetzgeber das Wesentliche geregelt. Die Ausübung der Befugnisse ist nämlich an die in den entsprechenden Normen festgelegten Voraussetzungen geknüpft und ihre (rechtmäßige) Ausübung damit auch jedenfalls bestimmbar. Angesichts der Stellung der Maßnahmen als Tatbestandsvoraussetzungen reicht dies aus, damit die Bußgeldtatbestände des Art. 23 Abs. 1 VO 1/2003 dem Bestimmtheitsgrundsatz genügen.[225]

Das Problem, dass sich die Kommission selbst die Voraussetzungen für die Bebußung gem. Art. 23 Abs. 1 VO 1/2003 schaffen kann, ist daher keine Frage des Gebots gesetzlicher Bestimmtheit, sondern ist lediglich an den rechtlichen Grenzen der einzelnen Befugnisse zu messen, die die Grundlage für die Bußgeldhaftung darstellen. Denn es ist nicht die Aufgabe des Bestimmtheitsgrundsatzes, die ordnungsgemäße Anwendung der Eingriffsbefugnisse gem. Art. 17, 18 und 20 VO 1/2003 durch die Kommission sicherzustellen. Dies unterliegt vielmehr der allgemeinen gerichtlichen Kontrolle. Nimmt die Kommission zu Unrecht das Vorliegen der Voraussetzungen für die Maßnahmen gem. Art. 17, 18 oder 20 VO 1/2003 an und eröffnet dadurch (fälschlicherweise) den Anwendungsbereich von Art. 23 Abs. 1 VO 1/2003, so ist dies rechtswidrig und etwaige Bußgeldbeschlüsse der Kommission könnten gerichtlich angefochten werden; zur Unbestimmtheit von Art. 23 Abs. 1 VO 1/2003 führt es jedoch nicht. Zudem setzen die Ermittlungsbefugnisse, an die Art. 23 Abs. 1 VO 1/2003 anknüpft, voraus, dass die Kommission zumindest das Vorliegen von Verstößen gegen Art. 101, 102 AEUV befürchtet, da sie sonst überhaupt keine Ermittlungen aufnehmen würde. Die Gefahr einer ausufernden Sanktionspraxis durch die Kommission ist daher eher theoretischer Natur und jedenfalls kein Problem gesetzlicher Bestimmtheit.

2. *Die materielle Bestimmtheit*

Anknüpfend an die Fragen formeller Bestimmtheit muss auch in materiellrechtlicher Hinsicht die besondere Struktur der Bußgeldtatbestände von Art. 23 Abs. 1 VO 1/2003 berücksichtigt werden.

225 Vgl. zu diesen Aspekten auch BverfGE 75, 329 (341 f.).

Festzustellen ist zunächst, dass die Eingriffsbefugnisse aus Art. 17, 18 und 20 VO 1/2003 zwar weit gefasst sind. Die Kommission muss nämlich lediglich an einen vermuteten Wettbewerbsverstoß anknüpfen und sich im Rahmen dessen bewegen, was zur Durchsetzung von Art. 101, 102 AEUV notwendig ist (Art. 17 Abs. 1 S. 1, 2 VO 1/2003) bzw. zur Erfüllung der ihr durch die Verordnung übertragenen Aufgaben (Art. 18 Abs. 1, 20 Abs. 1 VO 1/2003) handeln.[226] Daraus ergibt sich jedoch nicht die Unvorhersehbarkeit der Sanktionen aus Art. 23 Abs. 1 VO 1/2003. Dies folgt daraus, dass zur Auslösung der bußgeldrechtlichen Haftung zunächst die Ausübung von Eingriffsbefugnissen durch die Kommission erforderlich ist. Die Haftung droht damit erst in genau bestimmbaren Fällen, nämlich wenn die Kommission entsprechende Ermittlungen eingeleitet hat und Auskünfte verlangt bzw. Nachprüfungen durchführt. Es mögen also die Eingriffsnormen Art. 17, 18, 20 VO 1/2003 offene Tatbestände sein, da aber nicht allein sie die Sanktionierbarkeit bedingen, ist dies unschädlich. Diese Voraussetzungen spielen lediglich eine Rolle für die Frage, ob die Kommission überhaupt tätig werden durfte. War dies nicht der Fall, ist das entsprechende Kommissionshandeln rechtswidrig, führt jedoch nicht zu Unbestimmtheit der Bußgeldvorschriften.

Davon zu unterscheiden ist das Verhalten der Unternehmen, was im Rahmen der Eingriffe der Kommission zur Bußgeldhaftung führen kann. Die sanktionierbaren Verstöße sind in Art. 23 Abs. 1 VO 1/2003 genau eingegrenzt. So beziehen sich Art. 23 Abs. 1 a) und b) VO 1/2003 explizit auf unrichtige oder irreführende Angaben. Im Rahmen förmlicher Auskunftsverlangen gem. Art. 17, 18 VO 1/2003 kommen daneben unvollständige Angaben sowie die Überschreitung der von der Kommission gesetzten Frist hinzu.

Die Unrichtigkeit kann objektiv betrachtet noch relativ einfach nachgewiesen werden. Dies gilt auch für die Unvollständigkeit, welche auch als Unrichtigkeit oder Irreführung angesehen werden kann, soweit die gemachten Angaben aufgrund ihrer Unvollständigkeit eindeutig die tatsächliche Sachlage verzerrt oder falsch darstellen[227], wobei hier jedoch zusätzlich die Präzision der Frage der Kommission eine Rolle spielt. Problematisch ist, dass, je unbestimmter das Auskunftsverlagen bzw. der Auskunftsbeschluss gefasst ist, desto eher die Antwort des Unternehmens als unvollständig angesehen werden kann. Noch problematischer stellt sich die Irreführung dar. Wann eine solche vorliegt, ist dem Wortlaut

226 Zu den Voraussetzungen von Art. 101, 102 AEUV sogleich unten.

227 Vgl. EuGH vom 20.06.1978 – Rs. 28/77 – *Tepea*, Slg. 1978, 1391 Rn. 69 ff.; *Dannecker/Biermann* in: Immenga/Mestmäcker, Art. 23 VO 1/2003 Rn. 32; *Kindhäuser/Meyer* in: FK-Kartellrecht, Art. 23 VO 1/2003 Rn. 14.

der Normen nicht zu entnehmen und bedarf einer rechtlichen Wertung, welche Raum für Unsicherheiten bietet. Dies gilt insbes. angesichts der komplexen Sachverhalte, um die es in Kartellverfahren geht.[228] Es wird daher in der Literatur eine einschränkende Auslegung dieser Merkmale gefordert.[229] Dem ist zuzustimmen. Stellt man nur auf den Wortsinn alleine ab, so sind die Grenzen der Merkmale „unvollständig“ und „irreführend“ objektiv kaum zu fassen und somit unbestimmt. Aus der Gesamtschau von Art. 23 Abs. 1 lit. a), b) VO 1/2003 lässt sich aber ableiten, dass der Gesetzgeber durch die Aufzählung jener Merkmale zusammen mit der Unrichtigkeit davon ausging, dass lediglich solche Unvollständigkeiten bzw. Irreführungen ahndbar sein sollen, welche qualitativ mit ersterer vergleichbar sind. Diesem Verständnis entspricht auch die Rechtsprechung des EuGH.[230] Unter diesen Voraussetzungen sind Art. 23 Abs. 1 lit. a) b) zwar nicht als gelungen, aber doch noch vereinbar mit dem Bestimmtheitsgrundsatz anzusehen. Bezüglich der Fristversäumnis, die Art. 23 Abs. 1 lit. b) VO 1/2003 sanktioniert, bestehen dagegen freilich keine Bedenken.

Für die Verstöße gegen Art. 20 VO 1/2003, welche Art. 23 Abs. 1 lit. c), d) VO 1/2003 sanktionieren, gilt Entsprechendes in Bezug auf die Unvollständigkeit, Unrichtigkeit und Irreführung. Ein Verstoß der Blankette gegen den Bestimmtheitsgrundsatz scheidet insoweit aus. Auch Art. 23 Abs. 1 lit. e) VO 1/2003, welcher den Siegelbruch im Zusammenhang mit Nachprüfungen gem. Art. 20 VO 1/2003 sanktionieren, ist diesbezüglich nicht bedenklich.

Einzig der Verweis in Art. 17 Abs. 2 VO 1/2003 wird in der Literatur in Zusammenhang mit dem Bestimmtheitsgrundsatz diskutiert.[231] Dieser erklärt für die Untersuchung von Wirtschaftszweigen gem. Art. 17 Abs. 1 VO 1/2003 auch die Nachprüfungsbefugnisse aus Art. 20 VO 1/2003 für anwendbar, ohne explizit die Ahndbarkeit von Verstößen in diesem Zusammenhang festzulegen. Anders als Art. 23 Abs. 1 lit. a), b) VO 1/2003 nehmen Art. 20 Abs. 1 lit. c) – e) VO 1/2003 auch nicht Bezug auf Art. 17 VO 1/2003. Allerdings wird zutreffend darauf hingewiesen, dass Art. 17 Abs. 2 VO 1/2003 neben Art. 20 VO 1/2003 auch auf

228 Vgl. *Dannecker/Biermann* in: Immenga/Mestmäcker, Art. 23 VO 1/2003 Rn. 31; *Kindhäuser/Meyer* in: FK-Kartellrecht, Art. 23 VO 1/2003 Rn. 15.

229 *Dannecker/Biermann* in: Immenga/Mestmäcker, Art. 23 VO 1/2003 Rn. 31; *Kindhäuser/Meyer* in: FK-Kartellrecht, Art. 23 VO 1/2003 Rn. 15.

230 EuGH vom 20.06.1978 – Rs. 28/77 – *Tepea*, Slg. 1978, 1391 Rn. 69 ff.

231 *Dannecker/Biermann* in: Immenga/Mestmäcker, Art. 23 VO 1/2003 Rn. 37; ohne explizite Nennung des Bestimmtheitsgrundsatzes auch *de Bronett*, Art. 23 Rn. 52.

Art. 23 VO 1/2003 verweist,[232] und zwar ohne Einschränkung. Es kann daher davon ausgegangen werden, dass auch im Rahmen von Art. 17 VO 1/2003 Verstöße bei Nachprüfungen gem. Art. 23 Abs. 1 lit. c) – e) VO 1/2003 sanktioniert werden können und dies nicht gegen den Bestimmheitsgrundsatz verstößt. Denn den Gesetzesmaterialien lässt sich der entsprechende Verweis aus Art. 17 Abs. 2 VO 1/2003 entnehmen.

II. Art. 23 Abs. 2 UAbs. 1 lit. b), c) VO 1/2003

Demgegenüber beziehen sich Art. 23 Abs. 2 UAbs. 1 lit. b), c) VO 1/2003 auf die Anordnung einstweiliger Maßnahmen bzw. durch Beschluss für bindend erklärte Verpflichtungszusagen. Anknüpfungspunkt ist jeweils ein (vermeintlicher) Wettbewerbsverstoß.

1) Formelle Bestimmtheit

a) Die Verweisungstechnik

Zur Frage der Bestimmtheit der Blankettnormen in formeller Hinsicht gilt grds. das zu Art. 23 Abs. 2 UAbs. 1 lit. a) VO 1/2003 Ausgeführte.[233] Es ist lediglich darauf hinzuweisen, dass es sich durch die Bezugnahme auf Art. 101, 102 AEUV in Art. 8, 9 VO 1/2003 insgesamt um eine dreigliedrige Verweisungskette mit Art. 23 Abs. 2 UAbs. 1 lit. b), c) VO 1/2003 als Blankettvorschrift handelt. Da die Bezugnahme auf die Wettbewerbsverstöße gem. Art. 101, 102 AEUV aber eindeutig ist, ist dies bezüglich der Bestimmtheit der Sanktionen unbedenklich.

b) Die Abhängigkeit der Bußgeldhaftung von Beschlüssen der Kommission

Wie auch die Bußgeldtatbestände des Art. 23 Abs. 1 VO 1/2003 setzen Art. 23 Abs. 2 UAbs. 1 lit. b), c) VO 1/2003 das Tätigwerden der Kommission voraus. Hier sind jeweils Beschlüsse Voraussetzung für die Ahndbarkeit. Es stellen sich also prinzipiell die gleichen Fragen wie bei Art. 23 Abs. 1 VO 1/2003. Allerdings knüpfen Art. 23 Abs. 2 UAbs. 1 lit. b), c) VO 1/2003 nicht an die bloße Ausübung von Ermittlungsbefugnissen an, sondern setzen Beschlüsse voraus, die eine materiellrechtliche (im Rahmen von Art. 8 VO 1/2003 prima facie-) Prüfung von Art. 101, 102 AEUV als Grundlage haben. Ein Wettbewerbsverstoß muss somit im Fall von Art. 8 VO 1/2003 jedenfalls dem ersten Anschein zufolge vorliegen

---

232 *Dannecker/Biermann* in: Immenga/Mestmäcker, Art. 23 Rn. 37; i.E. auch *de Bronett*, Art. 23 VO 1/2003 Rn. 52.

233 S.o. Kapitel A.I.1).

und im Fall von Art. 9 VO 1/2003 zumindest überwiegend wahrscheinlich[234] sein. Somit sind dem Ermessen der Kommission bei der Schaffung von ahndbaren Situationen im Rahmen von Art. 23 Abs. 2 UAbs. 1 lit. b), c) VO 1/2003 erheblich engere Grenzen gesetzt, als bei Art. 23 Abs. 1 VO 1/2003. Aufgrund dessen bestehen gegen die Bestimmtheit der Bußgeldtatbestände nach dem zu Art. 23 Abs. 1 VO 1/2003 Ausgeführten insoweit erst recht keine Bedenken.

2) *Materielle Bestimmtheit*

Wie schon einleitend gesagt, knüpfen Art. 23 Abs. 2 UAbs. 1 lit. b), c) VO 1/2003 an materiellrechtliche Prüfungen von Art. 101, 102 AEUV an. So fordert Art. 8 Abs. 1 VO 1/2003 eine *prima facie* festgestellte Zuwiderhandlung (gegen Art. 101, 102 AEUV, vgl. den Zusammenhang mit Art. 7 Abs. 1 S. 1 VO 1/2003). Art. 9 Abs. 1 VO 1/2003 setzt die Absicht der Kommission voraus, einen Beschluss zur Abstellung einer Zuwiderhandlung (gegen Art. 101, 102 AEUV) zu erlassen. Zur Haftung führt dann nicht ein (vermeintlicher) Verstoß gegen materielles Kartellrecht, sondern die Zuwiderhandlung gegen einen auf Grundlage der materiellrechtlichen Prüfung ergangenen Beschluss der Kommission. Das Problem der Bestimmtheit von Art. 101, 102 AEUV[235] stellt sich in diesem Zusammenhang also als Vorfrage, wenn es darum geht, ob ein Beschluss überhaupt ergehen durfte. Für die Bestimmtheit von Art. 23 Abs. 2 UAbs. 1 lit. b), c) VO 1/2003 ist dies jedoch nicht relevant. Denn Tatbestandsmerkmal im eigentlichen Sinne ist lediglich ein Verstoß gegen einen entsprechenden Kommissionsbeschluss. Dazu ist aber analog zu Art. 23 Abs. 1 VO 1/2003 festzustellen, dass allein dadurch, dass die Bußgeldtatbestände von Art. 23 Abs. 2 UAbs. 1 lit. b), c) VO 1/2003 einen Beschluss der Kommission voraussetzen, sie nicht als unbestimmt anzusehen sind. Vielmehr werden durch die Beschlüsse erst die konkreten Situationen geschaffen, in denen die Unternehmen und Unternehmensvereinigungen durch Verstoß gegen die Beschlüsse die Bußgeldhaftung auslösen. Auf die einzelnen Voraussetzungen von Art. 8 und 9 VO 1/2003, also den Ausfüllungsnormen, kommt es damit gar nicht mehr an, da 23 Abs. 2 UAbs. 1 lit. b), c) VO 1/2003 einzig die Zuwiderhandlung gegen die entsprechenden Beschlüsse der Kommission voraussetzen. Es ist freilich darauf hinzuweisen, dass die entsprechenden

---

234 Vgl. EuG vom 11.07.2007 – Rs. T-170/06 – *Alrosa*, Slg. 2007, II-2601 Rn. 87, 100; *Jaeger* in: FK-Kartellrecht, Art. 9 VO 1/2003 Rn. 6. Dies dürfte entgegen *Dannecker/Biermann* in: Immenga/Mestmäcker, Art. 23 VO 1/2003 Rn. 94 jedenfalls dem Wortlaut nach über den prima facie Nachweis des Art. 8 VO 1/2003 hinausgehen.

235 Zur Bestimmtheit von Art. 101 AEUV sogleich unter Kapitel III.B.I.2) und Kapitel IV.B.

Beschlüsse inhaltlich klar und verständlich gefasst sein müssen, damit die Adressaten erkennen können, was von ihnen verlangt wird. Das hat jedoch keine Auswirkungen auf die Bestimmtheit der Bußgeldtatbestände.

B. Die Wettbewerbsverstöße

I. Probleme des Bestimmtheitsgrundsatzes

1) Die formelle Bestimmtheit der Verweisung in Art. 23 Abs. 2 UAbs. 1 lit. a) VO 1/2003

Art. 23 Abs. 2 UAbs. 1 lit. a) VO 1/2003 ist die praktisch bedeutsamste Sanktionsnorm im Europäischen Kartellrecht. Die Vorschrift eröffnet der Kommission die Möglichkeit, Verstöße gegen Art. 81 und 82 EG[236] mit der Verhängung von Bußgeldern zu ahnden. Dabei handelt es sich um eine Verweisung auf eine Rechtsquelle eines anderen Normgebers, mithin eine typische Außenverweisung.[237] Eine Besonderheit besteht aber darin, dass nicht auf gleich- oder niederrangiges Recht verwiesen wird, sondern auf Europäisches Primärrecht. Dies ist jedoch – auch angesichts der besonderen Anforderungen des Bestimmtheitsgrundsatzes an Blankettstrafnormen – unbedenklich. Vielmehr spricht der Verweis auf das Primärrecht für ein hohes Maß an Rechtssicherheit, da Vertragsänderungen nur sehr selten sind und es sich bei Art. 81, 82 EG um die Kernvorschriften des Europäischen Kartellrechts handelt, deren inhaltliche Änderung unter Berücksichtigung der Ziele der EU[238] äußerst unwahrscheinlich ist.

Allerdings ergibt sich der Verweis auf den EG-Vertrag nicht explizit aus Art. 23 Abs. 2 UAbs. 1 lit. a) VO 1/2003, welcher nur auf „den Vertrag" verweist. Da es sich bei der VO 1/2003 aber um eine Verordnung des EG-Rechts handelt,[239] ist klar, dass sich der Verweis nur auf den EG-Vertrag beziehen kann. Die Verweisung ist daher für sich genommen ausreichend klar und vorhersehbar, so dass in Bezug auf den Bestimmtheitsgrundsatz keine Bedenken bestehen.

Problematischer für den Verweis stellen sich jedoch die Änderungen des Lissabon-Vertrags dar. Offensichtlich ist zunächst die Namensänderung. Der EG-Vertrag existiert als solcher seit dem 01.12.2009 nicht mehr, so dass der

---

236 Nunmehr Art. 101, 102 AEUV.

237 Vgl. *Dannecker/Biermann* in: Immenga/Mestmäcker, Art. 23 VO 1/2003 Rn. 57; *Kindhäuser/Meyer* in: FK-Kartellrecht, Art. 23 VO 1/2003 Rn. 36.

238 Vgl. Art. 3 Abs. 3 UAbs. 1 EU.

239 Die Verordnung als Legislativakt existierte im Europarecht vor dem Lissabon-Vertrag nur in der EG, vgl. auch Art. 12, 34 EU a.F.

Verweis des Art. 23 Abs. 2 UAbs. 1 lit. a) VO 1/2003 auf „den Vertrag" (= den EG-Vertrag) schon deshalb ins Leere gehen könnte. Zu berücksichtigen ist indes, dass der EG-Vertrag nicht gänzlich abgeschafft wurde, sondern gem. Art. 2 Tz. 1 Lissabon-Vertrag lediglich einen neuen Namen erhalten hat. Beim AEUV handelt es sich mithin nicht um einen neuen Vertrag, sondern um den nur teilweise geänderten, aber in seinem Kern fortbestehenden EG-Vertrag. Es fehlt somit in Art. 23 Abs. 2 UAbs. 1 lit. a) VO 1/2003 diesbezüglich nur der Verweis auf die Namensänderung. Angesichts der Rechtskenntnis, welche von den adressierten Unternehmen und Unternehmensvereinigungen zu verlangen ist, ist dies für sich genommen zwar unschön, aber für die Rechtssicherheit und Bestimmtheit nicht weiter bedenklich. Denn die Namensänderung ergibt sich ohne Weiteres und in offenkundiger Weise aus Art. 2 Tz. 1 Lissabon-Vertrag.

Darüber hinaus lässt sich der Verweis auf „den Vertrag" auch so verstehen, dass auf die jeweils geltende Fassung des EG-Vertrags verwiesen werden soll, welcher nunmehr lediglich einen anderen Namen trägt.

Zu diskutieren ist darüber hinaus die Neu-Nummerierung des Vertrages. Zwar sind Art. 81, 82 EG wortgleich in Art. 101, 102 AEUV übernommen worden. Der explizite Verweis von Art. 23 Abs. 2 UAbs. 1 lit. a) VO 1/2003 auf die Art. 81, 82 geht jedoch formal gesehen fehl. Er ist insofern statisch und verweist nicht etwa, wie der volle Name der VO 1/2003, auf die „in Art. 81, 82 des Vertrags niedergelegten Wettbewerbsregeln".

Allerdings ist erkennbar, dass eine Bezugnahme auf die Art. 81, 82 AEUV, welche sich mit der justiziellen Zusammenarbeit der Mitgliedstaaten der EU in Zivil- und Strafsachen befassen, nicht in Betracht kommt. Dies ergibt sich logischerweise schon daraus, dass der Rat als Verordnungsgeber sich zum Zeitpunkt des Verordnungserlasses selbstverständlich auf die damals aktuelle Nummerierung des EG-Vertrags bezog. Eine diesbezüglich eindeutige Klarstellung enthält Art. 5 Abs. 3 (i.V.m. Abs. 1 und Anhang B[240]) des Lissabon-Vertrags, wonach Verweise auf Vorschriften des EG-Vertrags auf die entsprechenden umnummerierten Vorschriften des AEUV zu verstehen sind.

Das Primärrecht ordnet somit an, den Verweis des Art. 23 Abs. 2 UAbs. 1 lit. a) VO 1/2003 auf Art. 101, 102 AEUV zu übertragen. Dies muss auch den vom Adressatenkreis der VO 1/2003 erfassten Unternehmen und Unternehmensvereinigungen durch diese Rechtsänderung bekannt sein. Denn die inhaltliche Übernahme von Art. 81, 82 EG in Art. 101, 102 AEUV ergibt sich auf den ersten Blick. Im Ergebnis könnte somit der Verweis ins Leere als rein formaler Natur

240 ABl. EU 2007 Nr. C 306/202 (213).

angesehen werden. Eine solche Sichtweise ist jedoch nicht ganz unproblematisch, da so die Gefahr entsteht, Sinn und Zweck des Bestimmtheitsgrundsatzes mehr und mehr verwässern zu lassen. Denn schon nach der Rechtsprechung des EuGH in der Sache *Gondrand Frères* – und darauf ist nochmals explizit hinzuweisen – fordert der Bestimmtheitsgrundsatz, dass eine „belastende Regelung klar und deutlich ist, damit [der Adressat] seine Rechte und Pflichten unzweideutig erkennen und somit seine Vorkehrungen treffen kann".[241] Die Nachvollziehbarkeit der Verweisung aus Art. 23 Abs. 2 UAbs. 1 lit. a) VO 1/2003 mag also zwar durch Art. 5 Abs. 3 Lissabon-Vertrag gewährleistet sein, gleichwohl wird die Kette dadurch um ein drittes Glied erweitert. Die direkte Verweisung, wie sie bei Blankettnormen üblich ist, wird damit aufgehoben.

Dennoch vermögen diese Bedenken im Ergebnis nicht zur Unvereinbarkeit der Regelung mit dem Bestimmtheitsgebot zu führen. Angesichts der Offensichtlichkeit der Entsprechung von Art. 81, 82 EG und Art. 101, 102 AEUV sowie der Verankerung der Verweisung im Primärrecht ist Art. 23 Abs. 2 UAbs. 1 lit. a) VO 1/2003 materiell weiterhin ausreichend klar und bestimmt. Denn die Auswirkungen des Verweises ins Leere sind in der Praxis von untergeordneter Bedeutung, da die Vertrags- und Nummerierungsänderung in dem angesprochenen Adressatenkreis als offensichtlich und allgemein bekannt vorausgesetzt werden darf. Gleichwohl ist, um dem Bestimmtheitsgebot auch formell Genüge zu tun, eine Anpassung des Verweises in Art. 23 Abs. 2 UAbs. 1 lit. a) VO 1/2003 (und entsprechend des Verordnungsnamens) trotz der Verweisungsanordnung in Art. 5 Abs. 3 Lissabon-Vertrag notwendig.[242]

2) Die materiellrechtliche Bestimmtheit von Art. 101 Abs. 1 AEUV

Genügt die Verweisungstechnik des Art. 23 Abs. 2 UAbs. 1 lit. a) VO 1/2003 formell insgesamt dem Bestimmtheitsgrundsatz, so ergeben sich jedoch vor allem in materiellrechtlicher Hinsicht Probleme.

Speziell geht es um Frage, ob die in den Ausfüllungsnormen gebrauchten unbestimmten Rechtsbegriffe ausreichend bestimmt sind. Diese sind zwar nicht per se mit dem strafrechtlichen Bestimmtheitsgebot unvereinbar. Jedoch müssen sie durch ergänzende Auslegung derart bestimmbar gemacht werden können, dass die Normadressaten den vom Normgeber vorgesehenen Umfang erfassen können.[243]

---

241 EuGH vom 09.07.1981 – Rs. 169/80 – *Gondrand Frères*, Slg. 1981, 1931 Rn. 17.

242 Vgl. auch *Böse* in: Graf/Jäger/Wittig, Art. 23 KartellVO Rn. 12.

243 Ähnlich in Bezug auf die (zivilrechtliche) Justiziabilität von Art. 101 Abs. 3 AEUV: *Quellmalz* WRP 2004, 461 (462 f.).

Die Analyse der Praxis von Kommission und Gerichten macht deutlich, dass eine ganze Reihe von kartellrechtlichen Besonderheiten existiert, die in diesem Zusammenhang zu behandeln sind.

An Schärfe gewinnt die Problematik zusätzlich durch das mit der VO 1/2003 eingeführte Prinzip der Legalausnahme und den gleichzeitigen Wegfall des Negativattests (Art. 2 VO 17/62 a.F.).[244] Demnach sind Vereinbarungen nicht mehr, wie noch unter der VO 17/62, vorab der Kommission zur Freistellung vorzulegen. Dies ist besonders relevant für die Handhabung des Freistellungstatbestands des Art. 101 Abs. 3 AEUV, worauf im nachfolgenden Kapitel gesondert eingegangen wird. Aber auch die Tatbestandsmerkmale von Art. 101 Abs. 1 AEUV sind insofern betroffen, als den Unternehmen von Seiten der Kommission keinerlei Informationen mehr zur Verfügung gestellt werden, ob im konkreten Fall der Tatbestand vorliegt.

Die ebenfalls problematische Frage, nach welchen Kriterien einem Unternehmen das Verhalten einzelner, natürlicher Personen zugerechnet werden kann, ist dagegen nicht Thema dieser Arbeit. Es wird daher im Folgenden nicht weiter auf sie eingegangen.

a) Der funktionale Unternehmensbegriff

i) Die Konzeption

Ansatzpunkt der Untersuchung ist zunächst das Tatbestandsmerkmal „Unternehmen" in Art. 101 AEUV. Der Begriff des Unternehmens ist zwar in vielen nationalen Rechtsordnungen bekannt, er kann aufgrund der Besonderheiten bei Auslegung des Unionsrechts jedoch nicht auf Art. 101 AEUV übertragen werden.[245] Eine Legaldefinition existiert weder im Primär- noch im Sekundärrecht. Unstreitig ist lediglich, dass Voraussetzung eine wirtschaftliche Tätigkeit ist.[246] Eine solche soll wiederum vorliegen, wenn Güter oder Dienstleistungen auf einem bestimmten Markt entgeltlich angeboten werden.[247] Problematisch ist aber

---

244 Vgl. auch *Pelka* S. 183 ff.

245 Vgl. *Thomas*, S. 31 ff.

246 *Dannecker/Biermann* in: Immenga/Mestmäcker, vor Art. 23 ff. VO 1/2003 Rn. 76; *Pohlmann*, S. 35; vgl. auch EuGH vom 23.04.1991 – C41/90 – *Höfner und Elser*, Slg. 1991, I1979 Rn. 21; vom 16.03.2004 – Rsen. C-264/02, C-306/02, C-354/02 und C-355/02 – *AOK*, Slg. 2004, I-2593 Rn. 46; vom 11.07.2006 – Rs. C-205/03 P – *FENIN*, Slg. 2006, I-6295 Rn. 25; vom 01.07.2008 – Rs. C-49/07 –, *MOTOE* Slg. 2008, I-4863 Rn. 21.

247 EuGH vom 16.06.1987 – Rs. 118/85 – *Kommission/Italien*, Slg. 1987, 2599 Rn. 7; vom 18.06.1998 – Rs. C-35/96 – *Kommission/Italien*, Slg. 1998, I-2851 Rn. 36; vom 19.02.2002 – Rs. C-309/99 – *Wouters*, Slg. 2002, I-1577 Rn. 47.

vor allem die Frage, ob ein Unternehmen i.S.d. Art. 101 AEUV eigene Rechtspersönlichkeit besitzen muss bzw., ob die Rechtspersönlichkeit einen limitierenden Faktor bei der Bestimmung des Umfangs eines Unternehmens darstellt. Dafür könnte Art. 1 des Protokolls 22 zum EWR-Abkommen[248] sprechen, gem. dem „als Unternehmen […] jedes Rechtssubjekt [gilt], das eine kommerzielle und wirtschaftliche Tätigkeit ausübt". Die Vorschrift bezieht sich dabei auf Art. 53, 54, 56 EWR-Abkommen. Art. 53 EWR-Abkommen entspricht nahezu wortgleich Art. 101 AEUV. Dem Wortlaut nach ist Voraussetzung für das Vorliegen eines Unternehmens somit stets die eigene Rechtspersönlichkeit. Allerdings entfaltet das EWR-Abkommen keine Bindungswirkung für das Unionsrecht. Zudem ist der Begriff „Rechtssubjekt" lediglich in der deutschen Fassung des Abkommens enthalten, im Übrigen ist von „Einheit" (Englisch: *entity*) die Rede. Der Begriff „Einheit" ist demnach – in seinem wörtlichsten Sinne verstanden – ein rechtlich neutraler Begriff, der dazu verwendet wird, bei wertender Betrachtung die tatsächlich zusammengehörigen Personen und Mittel zusammenzufassen. Aus dem Wortlaut von Art. 1 des Protokolls 22 zum EWR-Abkommen will der EuGH aufgrund dessen keine Anhaltspunkte für das Erfordernis der Rechtspersönlichkeit von Unternehmen i.S.d. Art. 101 AEUV ableiten.[249]

Vielmehr vertreten Kommission und Gerichte in nunmehr ständiger Entscheidungspraxis sowie auch die überwiegende Literatur den kartellrechtlich-funktionalen Unternehmensbegriff.[250] Für die materiellrechtliche Feststellung eines Verstoßes gegen Art. 101 AEUV spielt demnach die Rechtspersönlichkeit der in Frage stehenden Einheit keine Rolle.[251] Sie ist lediglich von Bedeutung

---

248 Beschluss (94/1/EGKS, EG) des Rates und der Kommission vom 13.12.1993 über den Abschluß des Abkommens über den Europäischen Wirtschaftsraum zwischen den Europäischen Gemeinschaften und ihren Mitgliedstaaten sowie der Republik Österreich, der Republik Finnland, der Republik Island, dem Fürstentum Liechtenstein, dem Königreich Norwegen, dem Königreich Schweden und der Schweizerischen Eidgenossenschaft, ABl. EG 1994 Nr. L 1/1, im Folgenden EWR-Abkommen.

249 EuGH vom 28.06.2005 – Rsen. C189/02 P, C202/02 P, C205/02 P bis C208/02 P und C213/02 P – *Dansk Rørindustri u. a.*, Slg. 2005, I5425, Rn. 114 f.

250 Vgl. GA *Mayras*, Schlussanträge vom 12.04.1974 – Rs. 127/73 – *BRT/Sabam und Fonior*, Slg. 1974, 313, (322 f.); *Emmerich*, § 3 Rn. 25; *Hamann*, S. 13 ff; *Roth/Ackermann* in: FK-Kartellrecht, Art. 81 Abs. 1 EG Grundfragen Rn. 31, m.w.N.; *Thomas*, S. 48 ff.

251 EuGH vom 12.07.1984 – Rs. 170/83 – *Hydrotherm*, Slg. 1984, 2999 Rn. 11; vom 28.06.2005 – Rsen. C189/02 P, C202/02 P, C205/02 P bis C208/02 P und C213/02 P – *Dansk Rørindustri u. a.*, Slg. 2005, I5425, Rn. 112 ff.; vom 10.09.2009 – Rs. C-97/08 P – *Akzo Nobel*, Slg. 2009, I-8237 Rn. 55; KOMM vom 13.07.1994 – 94/601/EG – *Karton*, ABl. EG 1994 Nr. L 243/1 Rn. 140.

für das Verwaltungs- bzw. Bußgeldverfahren, da Verfahrensbeteiligte zwingend Rechtspersönlichkeit besitzen müssen.[252]

Folglich hat das Tatbestandsmerkmal „Unternehmen" eine doppelte Funktion, nämlich zum einen die Bestimmung derjenigen Einheit (im zuvor genannten weiten Sinne), die den Kartellverstoß begangen hat, und zum anderen die Identifikation des Adressaten der Verfügung i.S.d. Art. 7 ff. VO 1/2003 bzw. des Bußgeldbescheids gem. Art. 23 VO 1/2003.[253] Es findet somit eine zweistufige Prüfung statt.[254] Unternehmen im materiellrechtlichen Sinne ist nach diesem Verständnis jede Einheit, die eine wirtschaftliche Tätigkeit ausübt. Ist die verantwortliche Einheit ermittelt, so ist zu fragen, an welche Rechtsperson eine entsprechende Entscheidung zu richten ist.

Darüber hinaus wird die Unternehmenseigenschaft relativ bestimmt.[255] Das bedeutet, dass nur auf die im jeweiligen Einzelfall in Frage stehende Tätigkeit abzustellen ist.[256] Ein und dieselbe Einheit kann demnach in einem Fall die Unternehmenseigenschaft aufweisen, in einem anderen aber aus dem Unternehmensbegriff hinausfallen. Somit können auch Fälle erfasst werden, in denen an sich nichtwirtschaftlich ausgerichtete Einheiten ausnahmsweise wirtschaftlich und mithin marktrelevant tätig werden.[257] Auch eine derart mögliche Aufspaltung der Unternehmenseigenschaft je nach Betätigung ist nicht bedenklich, solange die Einzelfälle klar voneinander abgegrenzt werden können. Maßgeblich sind dann allein die Kriterien, bei welcher Art von Betätigung von Wirtschaftlichkeit auszugehen ist.

Begründet wird die Verwendung des funktionalen Unternehmensbegriffs mit den Zielsetzungen der EU-Wettbewerbsvorschriften. Denn (primärer) Zweck der

---

252 Vgl. auch die Darstellung bei *Roth/Ackermann* in: FK-Kartellrecht, Art. 81 Abs. 1 EG Grundfragen Rn. 104 ff.

253 *Thomas*, S. 39; vgl. auch GA *Kokott*, Schlussanträge vom 03.07.2007 – Rs. C-280/06 – *Autorità Garante*, Slg. 2007, I-10893 Rn. 68 f.; KOMM vom 13.07.1994 – 94/601/EG – *Karton*, ABl. 1994 Nr. L 243/1 Rn. 141; vom 22.11.2001 – 2003/2/EG – *Vitamine*, ABl. EG 2003 Nr. L 6/1 Rn. 633 ff.

254 *Dannecker/Biermann* in: Immenga/Mestmäcker, vor Art. 23 ff. VO 1/2003 Rn. 77; *Kindhäuser* in: FK-Kartellrecht[71], Art. 81 EG Bußgeldrechtliche Folgen Rn. 101.

255 *Roth/Ackermann* in: FK-Kartellrecht, Art. 81 Abs. 1 EG Grundfragen Rn. 35.

256 Vgl. EuGH vom 12.07.1984 – Rs. 170/83 – *Hydrotherm*, Slg. 1984, 2999 Rn. 11; vom 16.03.2004 – Rsen. C-264/02, C-306/02, C-354/02 und C-355/02 – *AOK*, Slg. 2004, I-2593 Rn. 58 f. *Odudu*, S. 24 f., ist deshalb der Ansicht, Art. 101 AEUV richte sich nicht an Einheiten, sondern an Tätigkeiten. Die Art der Tätigkeit bestimme letztlich, ob ein Unternehmen vorliege.

257 Vgl. *Roth/Ackermann* in: FK-Kartellrecht, Art. 81 Abs. 1 EG Grundfragen Rn. 35.

Normen ist der Schutz des wirksamen Wettbewerbs innerhalb des Europäischen Binnenmarktes.[258] Eine Limitierung des Täterkreises begegnet daher den Bedenken, die Erreichung dieses Zwecks möglicherweise zu erschweren.[259] Vielmehr wird die Auslegung des Unternehmensbegriffs am Ziel des Wettbewerbsschutzes als Ausprägung des *effet utile* verstanden.[260]

Der funktionale Unternehmensbegriff ermöglicht es nämlich – auch in Zusammenhang mit der relativen Bestimmung – zum einen, Einheiten einzubeziehen, die keine klassischen Marktteilnehmer darstellen, aber (bei wertender Betrachtung u.a. auch) wirtschaftliche Tätigkeiten ausüben und sich im Einzelfall wettbewerbsschädigend verhalten können.[261]

Zum anderen soll durch die Loslösung des Unternehmensbegriffs von der Rechtspersönlichkeit die Möglichkeit eröffnet werden, konzerninterne Abläufe insgesamt aufzuklären, also nicht nur Anordnungen ausführender Gesellschaften verantwortlich zu machen, sondern auch und vor allem die dahinter stehenden wahren Urheber verbotener Kartellabsprachen. Denn nur bei wertender Betrachtung über die gesellschaftsrechtlichen Grenzen hinweg sei der tatsächliche Umfang unerlaubter Wettbewerbsbeeinflussungen zu erfassen.[262] Typischerweise handelt es sich dabei um Konzerngeflechte, in denen die Muttergesellschaft Einfluss auf ihre Tochtergesellschaften nimmt oder als oberste Leitungsebene jedenfalls für Taten ihrer Töchter in die Verantwortung genommen werden soll. Das EuG hat diesen Ansatz im *Akzo-Nobel*-Urteil von 2007 nochmals eindeutig klargestellt: *„Nach dem gemeinschaftlichen Wettbewerbsrecht stellen nämlich verschiedene Gesellschaften, die zum selben Konzern gehören, eine wirtschaftliche Einheit und somit*

---

258 Vgl. EuGH vom 13.02.1979 – Rs. 85/76 – *Hoffmann-La Roche*, Slg. 1985, 461 Rn. 132; *Böse* in: Graf/Jäger/Wittig, Art. 23 KartellVO Rn. 1, 6; *Hamann*, S. 121; *Kling* WRP 2010, 506 (507); *Mestmäcker/Schweitzer*, § 8 Rn. 5; *Roth/Ackermann* in: FK-Kartellrecht, Art. 81 Abs. 1 EG Grundfragen Rn. 34; *Thomas*, S. 33.

259 Vgl. *Mestmäcker/Schweitzer*, § 8 Rn. 5; *Roth/Ackermann* in: FK-Kartellrecht, Art. 81 Abs. 1 EG Grundfragen Rn. 34; *Thomas*, S. 35 f., 133.

260 *Thomas*, S. 34 f.

261 Vgl. z.B. EuGH vom 16.06.1987 – Rs. 118/85 – *Kommission/Italien*, Slg. 1987, 2599 Rn. 7; vom 23.04.1991 – Rs. C41/90 – *Höfner und Elser*, Slg. 1991, I1979 Rn. 21; vom 16.11.1995 – Rs. C-244/95 – *Fédération française des sociétés d'assurance u. a.*, Slg. 1995, I-4014 Rn. 14 ff.; vom 21.09.1999 – Rs. C-67/96 – *Albany*, Slg. 1999, I-5751 Rn. 80 ff.; eingehend dazu *Roth/Ackermann* in: FK-Kartellrecht, Art. 81 Abs. 1 EG Grundfragen Rn. 49 ff.

262 Vgl. *Dannecker/Biermann* in: Immenga/Mestmäcker, vor Art. 23 ff. VO 1/2003 Rn. 79, 78 ff.; *Lange* WuB V E. Art. 81 EG 1.10 (103); *Roth/Ackermann* in: FK-Kartellrecht, Art. 81 Abs. 1 EG Grundfragen Rn. 119 ff.; *Thomas*, S. 140 f.

ein Unternehmen im Sinne der Art. 81 EG [Art. 101 AEUV] *(...) dar, wenn sie ihr Marktverhalten nicht autonom bestimmen.*“[263]

Darüber hinaus wird über den Begriff der wirtschaftlichen Einheit das sog. Konzernprivileg konstruiert, demzufolge Art. 101 AEUV keine Anwendung findet, wenn Gesellschaften konzernmäßig verbunden sind, da es sich dann nicht mehr um Absprachen *zwischen* Unternehmen, sondern um solche *innerhalb eines* Unternehmens handelt.[264]

ii) Verstoß gegen den „Verordnungsvorbehalt“

Nach dem soeben Ausgeführten handelt es sich bei dem Tatbestandsmerkmal „Unternehmen“ um einen unbestimmten Rechtsbegriff im klassischen Sinne.[265] Ist dies in Hinblick auf das Erfordernis gesetzlicher Bestimmtheit nicht grundsätzlich bedenklich, so ist doch eine Eingrenzung des Tatbestands durch die Kommissionspraxis und Rechtsprechung erforderlich.[266] Problematisch ist indes, dass der Wortlaut keinerlei Anhaltspunkte dafür bietet, was den funktionalen Unternehmensbegriff überhaupt ausmachen soll. Es fragt sich mithin, ob die tatsächliche Ausformung des kartellrechtlich-funktionalen Unternehmensbegriffs nicht über den Umfang hinausgeht, der einerseits noch vom Wortlaut der einschlägigen Normen gedeckt ist[267] und der andererseits Kommission und Gerichten zur Ausgestaltung unbestimmter Rechtsbegriffe überhaupt zusteht.

Fraglich ist also zunächst, ob die Aufteilung in materiell- und verfahrensrechtliche Funktion des Tatbestandsmerkmals „Unternehmen“ überhaupt mit dem Wortlaut der einschlägigen Normen vereinbar ist. Dazu ist festzustellen, dass eine derartige Differenzierung in anderen Rechtsgebieten nicht üblich ist. Die Normentexte von Art. 101 AEUV sowie Art. 23 Abs. 2 UAbs. 1 VO 1/2003

---

263 EuG vom 12.12.2007 – Rs. T-112/05 – *Akzo Nobel*, Slg. 2007, II-5049 Rn. 58.

264 *Roth/Ackermann* in: FK-Kartellrecht, Art. 81 Abs. 1 EG Grundfragen Rn. 128; *Zäch*, Rn. 596. Vgl. auch EuGH vom 25.11.1971 – Rs. 22-71 – *Béguelin*, Slg. 1971, 949 Rn. 7/9; vom 24.10.1996 – Rs. C-73/95 P – *Viho*, Slg. 1996, I-5482 Rn. 16 ff. Streng genommen muss für die Anwendung des Konzernprivilegs nicht auf den Unternehmensbegriff rekurriert werden, da sich konzernmäßig verbundene Gesellschaften in aller Regel nicht miteinander im Wettbewerb befinden, mithin der Anwendungsbereich von Art. 101 AEUV ohnehin nicht eröffnet ist, vgl. *Emmerich* in: Immenga/Mestmäcker, Art. 101 Abs. 1 AEUV Rn. 49 f.

265 Vgl. allgemein zu unbestimmten Rechtsbegriffen *Maurer*, § 7 Rn. 26 ff.

266 Vgl. *Kindhäuser/Meyer* in: FK-Kartellrecht, Art. 101 AEUV Bußgeldrechtliche Folgen Rn. 41 f.

267 Streng genommen eine Frage des Analogieverbotes.

enthalten keinerlei Anhaltspunkte, die auf den Willen der Mitgliedsstaaten oder des EU-Gesetzgebers schließen lassen, den Unternehmensbegriff zu spalten. Vielmehr spricht die Formulierung des Art. 23 Abs. 2 UAbs. 1 VO 1/2003 – *„kann gegen Unternehmen... Geldbußen verhängen, wenn* ***sie****... verstoßen"* – dafür, dass Täter des Verstoßes und Adressat der Bußgeldentscheidung identisch sein sollen.[268] Aus den Normen selbst ist somit nicht erkennbar, an wen sich die Verbotsnormen und Bußgeldentscheidungen richten. Eher spricht der Wortlaut gegen eine derartige Aufspaltung. Jedenfalls enthält die gesetzliche Regelung keinerlei Hinweis auf die Spaltung des Unternehmensbegriffs in einen verfahrensrechtlichen und einen materiellrechtlichen Teil. Schließlich lässt sich auch die (materiellrechtliche) Loslösung des Unternehmensbegriffs von der Rechtspersönlichkeit nicht dem geschriebenen Recht entnehmen. Eine derart unübliche Regelung, welche sich auf die bußgeldrechtliche Haftung auswirkt, müsste aber wenigstens durch den sekundärrechtlichen Gesetzgeber geregelt werden. Die Spaltung und Ausformung des Unternehmensbegriffs ist deshalb nicht vereinbar mit dem Gebot *gesetzlicher* Bestimmtheit. Dies gilt ganz unabhängig von der tatsächlichen Ausformung des Begriffs durch die Praxis.

iii) Ausformung des Unternehmensbegriffs durch die Praxis

Gleichwohl lässt sich die Frage stellen, ob die Differenzierung zwischen verfahrensrechtlichem und materiellem Unternehmensbegriff wenigstens durch eine konkretisierende Entscheidungspraxis von Kommission und Gerichten abgemildert werden kann. Eine derartige Praxis könnte auch als Vorbild für die notwendige Änderung des geschriebenen Rechts dienen. Es müssen somit die Kriterien zu beleuchten, die den kartellrechtlich-funktionalen Unternehmensbegriff in der Praxis ausmachen.

Allerdings sind die Kriterien der Kommission und der Gerichte, was noch unter den Begriff der wirtschaftlichen Tätigkeit zu subsummieren ist und wann eine Einheit im Sinne der ersten Funktion des Unternehmensbegriffs vorliegt, nicht abschließend geklärt, sondern werden durch Einzelfallentscheidungen fortlaufend konkretisiert und modifiziert. Auch bestehen keine stringent angewandten Kriterien für die Übertragung des funktionalen Unternehmensbegriffs auf den Entscheidungsadressaten als Rechtsperson. So ist es im Einzelfall kaum mehr vorhersehbar, wer als Täter für einen Kartellverstoß verantwortlich gemacht

268 *Böse* in: Graf/Jäger/Wittig, Art. 23 KartellVO Rn. 7; Hervorhebung hinzugefügt.

werden kann.[269] Dabei geht es nur in den Randbereichen darum, festzustellen, ob überhaupt eine wirtschaftliche Tätigkeit vorliegt. Diese Fälle stellen sich noch als vergleichsweise unbedenklich dar, da in Randbereichen von Normen regelmäßig Abgrenzungsprobleme auftreten. Schwerwiegend ist aber die Unsicherheit im Bereich von Konzernen. Zwar existieren auf diesem Gebiet zahlreiche Entscheidungen von Kommission und Gerichten. Auch sind die Grundlagen der konzernmäßigen Zurechnung zu einem Gesamtunternehmen noch vergleichsweise klar. Ansatzpunkt ist demnach stets die Zusammenfassung mehrerer rechtlich selbstständiger Gesellschaften zu einer wirtschaftlichen Einheit. Diese soll bestehen, wenn eine Gesellschaft eine andere in tatsächlicher Hinsicht beherrscht. Die Beherrschung muss abstrakt möglich und darüber hinaus auch tatsächlich ausgeübt worden sein.[270] Gleichwohl sind allgemeine Regeln, wann eine Zurechnung konzernintern möglich ist, kaum greifbar zu erfassen.[271] Denn in Bezug auf die einzelnen Kriterien für eine Zurechnung ist die Entscheidungspraxis von Kommission und Gerichten uneinheitlich und wird allenfalls dürftig begründet, so dass von einer Klarstellung durch langjährige Praxis, wie oftmals ins Feld geführt wird[272], nicht die Rede sein kann.[273] Zudem wird der Kommission bei der Zurechnung bzw. der Auswahl des Entscheidungsadressaten ein weites Ermessen zugestanden.

Im einzelnen sind die folgenden Problemfelder auszumachen: Die Differenzierung zwischen materiellem und Verfahrensrecht sowie die Inkonsequenz bei der Anwendung dieser Differenzierung, der Begriff der wirtschaftlichen Einheit, die Rechtsnachfolge und das Auswahlermessen im Verhältnis Mutter/Tochter.

---

269 So im Ansatz auch *Dannecker/Biermann* in: Immenga/Mestmäcker, vor Art. 23 ff. VO 1/2003 Rn. 80; *Feddersen* in: Grabitz/Hilf/Nettesheim[40], nach Art. 83 EGV Art. 23 Rn. 63; *Pohlmann*, S. 50; *Rittner/Dreher/Kulka* § 6 Rn. 675.

270 Näheres dazu sogleich.

271 Das Konfliktpotential erkennt auch die Kommission selbst, wenn sie in KOMM vom 13.07.1994 – 94/601/EG – *Karton*, ABl. EG 1994 Nr. L 243/1 Rn. 143 ausdrücklich auf eine Zurechnung zu den Konzernmuttergesellschaften verzichtet. Kritisch auch *Dannecker/Fischer-Fritsch*, S. 262, 273 f.; *Pohlmann*, S. 49; *Ransiek*, S. 331; *Steinle* EWS 2004, 118 (123).

272 Vgl. nur allgemein *Schaub* in: Fordham 1999, S. 143 (158).

273 Vgl. *Hamann*, S. 80 ff.; *Heinichen*, S. 104.

a. Die Differenzierung zwischen materiellem und Verfahrensrecht sowie die Inkonsequenz bei der Anwendung

Kommission und Gerichte gehen in nunmehr ständiger Entscheidungspraxis[274] von der oben genannten zweistufigen Prüfung aus, so dass dies den betroffenen Parteien bekannt sein muss. Somit bestehen in tatsächlicher Hinsicht keine grundsätzlichen Bedenken hinsichtlich der Rechtsklarheit in Bezug auf die Spaltung des Unternehmensbegriffs. Allerdings wird weder die Verantwortlichkeit einheitlich konstruiert, noch zwischen den zwei Funktionen des Unternehmensbegriffs in der Praxis trennscharf abgegrenzt.[275] Es ergeben sich mithin Unterschiede bzgl. der Adressaten der Bußgeldentscheidungen. So wurde – insbesondere, aber nicht nur vom EuGH – von der Zurechnung des Verhaltens der beherrschten Tochter zur Mutter gesprochen, welche dann konsequenterweise Adressatin i.S.d. Zustellungsfunktion war.[276] Ob aber dann nur die Mutter das Unternehmen darstellen sollte, oder Mutter und Tochter ein Gesamtunternehmen bildeten, wurde nicht ganz klar.[277] Der EuGH ging in jüngeren Urteilen zunächst vom Vorliegen mehrerer Unternehmen aus, so dass die Verstöße eines Unternehmens einem anderen zugerechnet wurden.[278]

---

274 So ausdrücklich *Dannecker/Biermann* in: Immenga/Mestmäcker, vor Art. 23 ff. VO 1/2003 Rn. 76; *Kindhäuser/Meyer* in: FK-Kartellrecht, Art. 101 AEUV Bußgeldrechtliche Folgen Rn. 155; *Roth/Ackermann* in: FK-Kartellrecht, Art. 81 Abs. 1 EG Grundfragen Rn. 106. Vgl. nur EuG vom 17.12.1991 – T-6/89 – *Enichem Anic*, Slg. 1991, II-1623 Rn. 235 f.; KOMM vom 27.11.2002 – 2004/104/EG – COMP/E-2/37.978 – *Methylglukamin*, ABl. EG 2004 Nr. L 38/18 Rn. 203 ff.; ähnlich auch EuGH vom 07.01.2004 – C-204/00 P, C-205/00 P, C-211/00 P, C-213/00 P, C217/00 P und C-219/00 P – *Aalborg Portland*, Slg. 2004, I-123 Rn. 59 f.

275 Vgl. auch *Lipowsky*, S. 54; *Pohlmann*, S. 41.

276 EuGH vom 14.07.1972 – Rs. 48/69 – *ICI*, Slg. 1972, 619 Rn. 132 ff.; vom 25.10.1983 – Rs. 107/82 – *AEG*, Slg. 1983, 3151 Rn. 49; vom 16.11.2000 – Rs. C-294/98 P – *Metsä-Serla*, Slg. 2000, I-10065 Rn. 27; KOMM vom 16.07.1969 – 69/243/EWG – *Farbstoffe*, ABl. EG 1969 Nr. L 195/11.

277 In KOMM vom 25.11.1980 – 80/1283/EWG – *Johnson & Johnson*, ABl. EG 1980 Nr. L 377/16 Rn. 28 ist bspw. ausdrücklich von getrennten Unternehmen die Rede. In EuGH vom 25.10.1983 – Rs. 107/82 – *AEG*, Slg. 1983, 3151 Rn. 49 spricht der EuGH dagegen nur von Mutter- und Tochtergesellschaft, ohne auf den Unternehmensbegriff einzugehen. In EuG vom 27.09.2006 – Rs. T-314/01 – *Avebe*, Slg. 2006, II-3085 Rn. 135 schließlich soll das Verhalten eines Unternehmens einem anderen zugerechnet werden.

278 Vgl. EuGH vom 16.11.2000 – Rs. C-294/98 P – *Metsä-Serla*, Slg. 2000, I-10065 Rn. 27; vom 02.03.2003 – Rs. C-196/99 P – *Aristrain*, Slg. 2003, I-11005 Rn. 95 f. In diesem Sinne auch die h.Lit. vgl. nur die Gegenüberstellung bei *Dannecker/*

Allerdings wurde die Zurechnung aber von der Kommission auch als Argument für das Vorliegen eines einheitlichen Unternehmens rein i.S.d. ersten Funktion angeführt und der Entscheidungsadressat separat ermittelt.[279] Auch diese Praxis wurde jedoch nicht durchgängig oder jedenfalls nicht in offensichtlicher Weise angewandt.[280] Die Kommission verzichtete in Folge der jüngeren EuGH-Rechtsprechung vermehrt auf die Feststellung, die beteiligten Konzerngesellschaften stellten ein einheitliches Unternehmen dar. Vielmehr wird lediglich auf die wirtschaftliche Einheit der Gesellschaften, die teilweise sogar explizit als (einzelne) Unternehmen bezeichnet werden, abgestellt und aufgrund dessen eine Zurechnung bejaht.[281] Stringenz ist hier jedoch nach wie vor zu vermissen.[282] So ist seit dem *Akzo Nobel*-Urteil in den diese Rechtsprechung zitierenden Urteilen des EuGH anders als zuvor wiederum nur noch von einem einheitlichen Unternehmen die Rede.[283] Damit einher geht die Praxis, bei der Annahme eines einzelnen Unternehmens gleichwohl aber das Bußgeld gesamtschuldnerisch an alle beteiligten Gesellschaften des Unternehmens zu richten.[284]

Biermann in: Immenga/Mestmäcker, vor Art. 23 VO 1/2003 Rn. 84 ff.; *Steinle* EWS 2004, 118 (121 f.).

279 Vgl. KOMM vom 21.12.1988 – 89/190/EWG – *PVC*, ABl. EG 1989 Nr. L 74/1 Rn. 42, 45. Ähnlich KOMM vom 10. 07. 1987 – 87/406/EWG – *Tipp-Ex*, ABl. EG 1987 Nr. L 222/1 Rn. 2, wo allerdings bei Tipp Ex und Stadler von „verbundenen Unternehmen" ausgegangen wird.

280 Vgl. KOMM vom 16.07.1969 – 69/243/EWG – *Farbstoffe*, ABl. EG 1969 Nr. L 195/11; vom 27.11.1981 – 82/203/EWG – *Moët et Chandon*, ABl. EG 1982 Nr. L 94/7; vom 06.08.1984 – 84/405/EWG – *Zinc Producer Group*, ABl. EG 1984 Nr. L 220/17 Rn. 1–6.

281 KOMM vom 19.01.2005 – C(2004) 4876 final –COMP/E-1/C.37.773 – *MCAA*, Rn. 224 ff.; vom 21.12.2005 – COMP/F/38.443 – *Kautschukchemikalien*, Rn. 254 ff.; vom 23.01.2008 – C(2008)282 final – COMP/38.628 – *Nitril-Butadien-Kautschuk*, Rn. 154 f.

282 Vgl. z.B. die in sich widersprüchlichen Ausführungen zum Unternehmensbegriff in KOMM vom 23.01.2008 – C(2008)282 final – COMP/38.628 – *Nitril-Butadien-Kautschuk*, Rn. 153, 155 f.

283 EuGH vom 10.09.2009 – Rs. C-97/08 P – *Akzo Nobel*, Slg. 2009, I-8237, Rn. 59; vom 20.01.2011 – Rs. C-90/09 P – *General Química*, Slg. 2011, I-1 Rn. 38; vom 29.09.2011 – Rs. C-520/09 P – *Arkema*, Slg. 2011, I-8901 Rn. 39; vom 29.09.2011 – Rs. C-521/09 P – *Elf Aquitaine*, Slg. 2011, I-8947 Rn. 55. Vgl. zur Entwicklung des Zurechnungsmodells und der verschiedenen Formulierungen auch die ausführliche Analyse bei *de Bronett* EWS 2012, 113 (114 ff.).

284 EuGH vom 10.09.2009 – Rs. C-97/08 P – *Akzo Nobel*, Slg. 2009, I-8237, Rn. 54 ff., 77; EuG vom 12.12.2007 – Rs. T-112/05 – *Akzo Nobel*, Slg. 2007, II-5049 Rn. 62; KOMM vom 09.12.2004 – COMP IV/E-2/37.533 – *Cholinchlorid*, Rn. 167 ff.; vgl. auch früher

Auch wenn die unterschiedlichen Modelle i.d.R. zu den gleichen Ergebnissen – nämlich zur Haftung der Konzernmutter – führen, bleiben die Einzelheiten mithin diffus.[285] Deshalb sollte insbesondere die Kommission – unabhängig von der rechtlichen Konstruktion – um eine einheitliche Ausdrucksweise bemüht sein, so dass aus den Entscheidungsbegründungen ersichtlich wird, wann der Unternehmensbegriff in welcher Weise benutzt wird. Dies kann nur der Verständlichkeit der Erwägungen der Kommission und damit mittelbar auch der Rechtsklarheit dienen.

b. Der Begriff der wirtschaftlichen Einheit

Maßgebend für die Zurechnung soll, wie bereits ausgeführt, die tatsächliche Beherrschung der Tochter durch die Mutter bzw. die wirtschaftliche Einheit der Gesellschaften sein. Es fragt sich nun also, wann dies der Fall ist.

Nach ständiger Entscheidungspraxis soll eine wirtschaftliche Einheit abstrakt dann vorliegen, wenn festgestellt werden kann, dass die Tochter trotz eigener Rechtspersönlichkeit keine autonomen Entscheidungen zu fällen in der Lage war.[286] Dies wird jeweils im Einzelfall festgestellt. Zentraler Anknüpfungspunkt ist dabei zunächst die Kapitalverflechtung zwischen den Gesellschaften.[287] Nach der *CSC*-Entscheidung der Kommission sollen 51 % Beteiligung der Mutter an der Tochter ausreichen können, da dies genüge, um ständig einen bestimmenden Einfluss auf die Willensbildung der Tochter zu haben.[288] Dementsprechend reichte die 50,5 %ige Beteiligung von Saint-Roche an Saint-Gobain im Fall *Flachglas Benelux* nicht für die Annahme einer wirtschaftlichen Einheit aus.[289] Ist die Mutter zu 100 % an der Tochter beteiligt, so wird die abstrakte Möglichkeit der

---

schon KOMM vom 14.12.1972 – 72/457/EWG – *Zoja/CSC-ICI*, ABl. EG 1972 Nr. L 299/51 Gründe II. A, Art. 3 Abs. 1.

285 Vgl. auch die ausführliche Darstellung bei *Dannecker/Fischer-Fritsch*, S. 262 ff. Gegen eine Problematisierung der unterschiedlichen Terminologie: *Thomas* KSzW 2011, 10 (Fn. 5).

286 EuGH vom 25.10.1983 – Rs. 107/82 – *AEG*, Slg. 1983, 3151 Rn. 49; vom 10.09.2009 – Rs. C-97/08 P, *Akzo Nobel*, Slg. 2009, I-8237 Rn. 58; vom 29.09.2011 – Rs. C-520/09 P – *Arkema*, Slg. 2011, I-8901 Rn. 38; vom 29.09.2011 – Rs. C-521/09 P – *Elf Aquitaine*, Slg. 2011, I-8947 Rn. 54; EuG vom 13.12.2001 – Rsen. T-45/98 und T-47/98 – *Krupp Thyssen*, Slg. 2001, II-3757 Rn. 189.

287 Vgl. *Heinichen*, S. 83 ff.

288 KOMM vom 14.12.1972 – 72/457/EWG – *Zoja/CSC-ICI*, ABl. EG 1972 Nr. L 299/51 Gründe II A.

289 KOMM vom 23.07.1984 – 84/388/EWG – *Flachglas Benelux*, ABl. EG 1984 Nr. L 212/13 Rn. 4, Art. 2 Abs. 1. Eine Beteiligung von Minderheitsgesellschaftern kann die wirtschaftliche Einheit aber wohl im Einzelfall ausschließen,

Einflussnahme nunmehr sogar unwiderleglich vermutet, wenngleich dies nicht ausdrücklich eingeräumt, sondern gleichsam als Fakt dargestellt wird.[290]

Zu beachten ist aber, dass die Kapitalverflechtung zwischen den Gesellschaften dabei kein notwendiges Kriterium ist. Von ihr lässt sich jedoch oftmals auf Einflussnahmemöglichkeiten schließen, so dass ihr faktisch ein erhebliches Gewicht bei der Feststellung der abstrakten Einflussnahmemöglichkeit zufällt.[291]

Ist die Möglichkeit der Einflussnahme auf die Tochter abstrakt festgestellt, muss sodann nachgewiesen werden, dass die Mutter diese Möglichkeit auch tatsächlich genutzt hat, also tatsächlich das Verhalten der Tochter bestimmt hat.[292] Es stellt sich dann die Frage, welche Anforderungen an die Qualität des Einflusses der Mutter zu stellen sind.

Wenn die Tochter zu 100 % (ausreichend auch: annähernd 100 %[293] oder über weitere Gesellschaften mittelbar 100 %[294]) im Eigentum der Mutter steht, wird die tatsächliche Einflussnahme widerleglich vermutet.[295] Das Vorliegen weiterer

---

so *Dannecker/Fischer-Fritsch*, S. 276 im Hinblick auf die *Flachglas Benelux*-Entscheidung.

290 Vgl. EuGH vom 10.09.2009 – Rs. C-97/08 P – *Akzo Nobel*, Slg. 2009, I-8237 Rn. 60; vom 29.03.2011 – Rsen. C-201/09 P und C-216/09 P – *ArcelorMittal Luxembourg*, Slg. 2011, I-2239 Rn. 97; vom 29.09.2011 – Rs. C-520/09 P – *Arkema*, Slg. 2011, I-8901 Rn. 40; vom 29.09.2011 – Rs. C-521/09 P – *Elf Aquitaine*, Slg. 2011, I-8947 Rn. 56. Abweichend dagegen GA *Mengozzi*, Schlussanträge vom 17.02.2011 – Rs. C- 521/09 P – *Elf Aquitaine*, Slg. 2011, I-8947 Rn. 62, der auch schon die Vermutung der abstrakten Einflussmöglichkeit für widerleglich hält.

291 EuG vom 27.09.2006 – Rs. T-43/02 – *Jungbunzlauer*, Slg. 2006, II-3435 Rn. 120; vgl. auch *Heinichen*, S. 84 f.

292 So ausdrücklich EuGH vom 25.10.1983 –Rs. 107/82 – *AEG Telefunken*, Slg. 1983, 3151 Rn. 50; vom 26.09.2013 – Rs. C-172/12 P – *EI du Pont de Nemours* (noch nicht in den amtlichen Sammlung veröffentlicht, zugänglich über curia.europa.eu), Rn. 44; EuG vom 27.09.2006 – Rs. T-314/01 – *Avebe*, Slg. 2006, II-3085 Rn. 136; vom 27.10.2010 – Rs. T-24/05 – *Alliance One International*, Slg. 2010, II-5329 Rn. 128, 165.

293 EuGH vom 08.05.2013 – Rs. C-508/11 P – *Eni* (in der digitalen Sammlung veröffentlicht), Rn. 47, 63; für eine 98%ige Beteiligung: KOMM vom 19.01.2005 – C(2004) 4876 final – COMP/E-1/C.37.773 – *MCAA*, Rn. 260. Arkema und Elf Aquitaine haben zwar die Vermutungsregel an sich, nicht aber ihr Eingreifen schon bei 98%iger Beteiligung gerügt, vgl. EuGH vom 29.09.2011 – Rs. C-520/09 P – *Arkema*, Slg. 2011, I-8901 Rn. 42; vom 29.09.2011 – Rs. C-521/09 P – *Elf Aquitaine*, Slg. 2011, I-8947 Rn. 63.

294 EuGH vom 08.05.2013 – Rs. C-508/11 P – *Eni* (in der digitalen Sammlung veröffentlicht), Rn. 48, 63.

295 EuGH vom 25.10.1983 – Rs. 107/82 – *AEG Telefunken*, Slg. 1983, 3151 Rn. 50; vom 10.09.2009 – C-97/08 P – *Akzo Nobel*, Slg. 2009, I-8237 Rn. 60; vom 29.09.2011 –

Indizien ist in diesen Fällen nach der nunmehr eindeutigen neueren Rechtsprechung insgesamt nicht mehr notwendig.[296] Das bedeutet nicht, dass die Mutter selbst den Kartellverstoß der Tochter angeordnet haben muss oder ähnliches. Ausreichend ist vielmehr die allgemeine Verhaltenssteuerung der Tochter.[297] Der Nachweis, dass die Mutter tatsächlich an der Zuwiderhandlung beteiligt gewesen ist, erübrigt sich somit.[298] Zu erbringen ist dann einzig der Nachweis der kapitalmäßigen Verbindung. Zuweilen wird diese Regel so dargestellt, als enthalte sie zwei Voraussetzungen, nämlich die 100 %ige Beteiligung sowie das Fehlen von Gründen, die die aus der Beteiligung folgende Vermutung widerlegen.[299] Das ist zwar formal gesehen zutreffend, die Formulierung täuscht aber darüber hinweg, dass die Kommission tatsächlich nur die 100 %ige Beteiligung der Mutter an der Tochter nachzuweisen braucht und das Nichtvorliegen von Gründen, welche die Vermutung widerlegen, dem Unternehmen aufgebürdet wird. Die Kommission muss mithin nur eine Voraussetzung, nämlich die Beteiligung, nachweisen.[300]

Rs. C-520/09 P – *Arkema*, Slg. 2011, I-8901 Rn. 41; vom 29.09.2011 – Rs. C-521/09 P – *Elf Aquitaine*, Slg. 2011, I-8947 Rn. 56; KOMM vom 09.12.2004 – COMP IV/E-2/37.533 – *Cholinchlorid*, Rn. 172; vom 21.12.2005 – COMP/F/38.443 – *Kautschukchemikalien*, Rn. 256.

296 EuGH vom 10.09.2009 – Rs. C-97/08 P – *Akzo Nobel*, Slg. 2009, I-8237 Rn. 62; vom 20.01.2011 – Rs. C-90/09 P – *General Química*, Slg. 2011, I-1 Rn. 41; vom 29.03.2011 – Rsen. C-201/09 P und C-216/09 P – *ArcelorMittal Luxembourg*, Slg. 2011, I-2239 Rn. 97 ff.; vom 29.09.2011 – Rs. C-521/09 P – *Elf Aquitaine*, Slg. 2011, I-8947 Rn. 80.

297 EuGH vom 10.09.2009 – C-97/08 P – *Akzo Nobel*, Slg. 2009, I-8237 Rn. 59; EuG vom 15.09.2011 – T-234/07 – *Grolsch*, Slg. 2011, II-6169 Rn. 81; vom 23.01.2014 – Rs. T-391/09 – *Evonik Degussa und AlzChem* (in der digitalen Sammlung veröffentlicht), Rn. 41 ff. In letzterem Urteil, Rn. 90 ff. argumentiert das EuG sogar, der Umstand, dass ein Mitarbeiter der Geschäftsleitung der Mutter dem Geschäftsführer der Tochter die Teilnahme an kartellrechtswidrigen Absprachen untersagt habe, spreche für das Vorliegen eines bestimmenden Einflusses der Mutter auf die Tochter, da schwer vorstellbar sei, dass eine solche Weisung erteilt würde, wenn sie nicht durchsetzbar wäre.

298 Vorbringen der Kommission in EuGH vom 10.09.2009 – C-97/08 P – *Akzo Nobel*, Slg. 2009, I-8237 Rn. 49; ähnlich KOMM vom 19.01.2005 – C(2004) 4876 final – COMP/E-1/C.37.773 – *MCAA*, Rn. 235 ff., 242; vom 21.12.2005 – COMP/F/38.443 – *Kautschukchemikalien*, Rn. 255 f.

299 EuGH vom 16.11.2000 – Rs. C-286/98 P – *Stora Koppabergs Bergslags*, Slg. 2000, I-9925 Rn. 28; GA *Mengozzi*, Schlussanträge vom 17.02.2011 – Rs. C- 521/09 P – *Elf Aquitaine*, Slg. 2011, I-8947 Rn. 56; EuG vom 15.09.2005 – Rs. T-325/01 – *Daimler Chrysler*, Slg. 2005, II-3319 Rn. 219.

300 Diese Klarstellung ist umso wichtiger angesichts der Schwierigkeit, die Vermutung zu widerlegen. S. dazu sogleich.

Sofern keiner dieser (für die Kommission meist unproblematisch darzulegenden) Fälle vorliegt, muss die tatsächliche Einflussnahme positiv festgestellt werden. Dies gilt auch für Gemeinschaftsunternehmen: Bei einer Beteiligung mehrerer Muttergesellschaften ist es selbstredend ebenfalls denkbar, dass die Tochter (das Gemeinschaftsunternehmen) ihr Marktverhalten nicht autonom bestimmen kann. Da die Vermutungsregel mangels 100 %iger Beteiligung einer einzelnen Mutter aber nicht greifen kann, muss an sich auf die allgemeinen Regeln zurückgegriffen werden, mithin die Einflussnahme der Mutter bzw. Mütter positiv nachgewiesen werden.[301] Dabei soll sich aber die Prüfung der tatsächlichen Einflussnahme auf eine abstrakte (!) Prüfung der vor der Aufnahme der Tätigkeit des Gemeinschaftsunternehmens unterzeichneten Dokumente beschränken können, wenn diese die Ausübung der Kontrolle über das Gemeinschaftsunternehmen vorsehen. Es könne dann davon ausgegangen werden, dass die Beschlüsse des Gemeinschaftsunternehmens tatsächlich von den Muttergesellschaften gefasst worden seien.[302] Die Situation sei nämlich vergleichbar mit der 100 %igen Beiteiligung einer einzelnen Muttergesellschaft.[303] Eine Widerlegung dieser Vermutung soll ebenso wie der 100 %igen Beteiligung einer einzelnen Muttergesellschaft möglich sein.[304] Zudem müsse die Kommission – anders als in den Fällen 100 %iger Beteiligung einer einzelnen Mutter – den Einfluss der Mütter auf das operative Geschäft des Gemeinschaftsunternehmens – oder vergleichbare Faktoren – nachweisen, weil in dieser Konstellation die Interessenlage nicht vergleichbar sei.[305]

---

301 Vgl. EuGH vom 26.09.2013 – Rs. C-172/12 P – *EI du Pont de Nemours* (noch nicht in den amtlichen Sammlung veröffentlicht, zugänglich über curia.europa.eu), Rn. 41 ff.; EuG vom 27.10.2010 – Rs. T-24/05 – *Alliance One International*, Slg. 2010, II-5329 Rn. 163 ff.

302 EuG vom 27.09.2006 – Rs. T-314/01 – *Avebe*, Slg. 2006, II-3085 Rn. 137 ff.; vom 13.07.2011 – Rsen. T-141/07, T-142/07, T-145/07 und T-146/07 – *General Technic-Otis u. a.*, Slg. 2011, II-4977 Rn. 112 f.; vom 11.07.2014 – Rs. T-543/08 – *RWE und RWE Dea* (noch nicht in den amtlichen Sammlung veröffentlicht, zugänglich über curia.europa.eu), Rn. 107.

303 EuG vom 27.09.2006 – Rs. T-314/01 – *Avebe*, Slg. 2006, II-3085 Rn. 138.

304 EuG vom 13.07.2011 – Rsen. T-141/07, T-142/07, T-145/07 und T-146/07 – *General Technic-Otis u. a.*, Slg. 2011, II-4977 Rn. 114 ff; vom 11.07.2014 – Rs. T-543/08 – *RWE und RWE Dea* (noch nicht in den amtlichen Sammlung veröffentlicht, zugänglich über curia.europa.eu), Rn. 108.

305 EuG vom 11.07.2014 – Rs. T-543/08 – *RWE und RWE Dea* (noch nicht in den amtlichen Sammlung veröffentlicht, zugänglich über curia.europa.eu), Rn. 120 ff.

Diese Grundsätze wenden Kommission und Gerichte nunmehr in ständiger Entscheidungspraxis bzw. Rechtsprechung an, so dass von ausreichender Vorhersehbarkeit ausgegangen werden kann. Auch ist die 100 %-Vermutung, für sich genommen, eindeutig.[306] Es existiert jedoch kein abschließender Katalog allgemeiner Kriterien, wann bei Fehlen der 100 %igen Beteiligung eine tatsächliche Einflussnahme (stets) vorliegt, oder wie in den Fällen 100 %iger Beteiligung die Vermutung widerlegt werden kann.[307] Das gesteht auch der EuGH ein und beruft sich auf die Unmöglichkeit der Aufzählung abschließender Kriterien, da die relevanten Gesichtspunkte von Fall zu Fall variierten.[308] Im Ergebnis muss nur feststehen, dass die Tochtergesellschaft in operativer und finanzieller Hinsicht völlig eigenständig ist.[309]

Offensichtlich sind dabei zunächst die Fälle, in denen eine Beteiligung an der Zuwiderhandlung durch die Muttergesellschaft eindeutig nachgewiesen werden kann, etwa bei direkter eigener Beteiligung am Kartell, Aufforderung zum wettbewerbswidrigen Verhalten, Steuerung, Ermöglichung des Kartells oder ähnliche Verhaltensweisen.[310] Weiterhin wird auf die Besetzung der Leitungsebene der Tochter durch Angehörige der Mutter abgestellt.[311] Auch dass die Tochter Leitungspersonen der Mutter „untersteht", soll ausreichen.[312] Ferner wird das Auftreten von Personal der Mutter für die Tochter bei Treffen der Kartellanten

306 Die erheblichen Bedenken gegen diese Regel in Bezug auf das Schuldprinzip werden sogleich zu erörtern sein.

307 Vgl. *La Rocca* ECLR 2011, 68 (69); *Thomas* KSzW 2011, 10 (11, 13).

308 EuGH vom 10.09.2009 – C-97/08 P – *Akzo Nobel*, Slg. 2009, I-8237 Rn. 73 f.; vom 29.09.2011 – Rs. C-521/09 P – *Elf Aquitaine*, Slg. 2011, I-8947 Rn. 58; vom 18.07.2013 – Rs. C-501/11 P – *Schindler* (in der digitalen Sammlung veröffentlicht), Rn. 112.

309 EuGH vom 08.05.2013 – Rs. C-508/11 P – *Eni* (in der digitalen Sammlung veröffentlicht), Rn. 68.

310 EuG vom 14.05.1998 – Rs. T-308/94 – *Cascades*, Slg. 1998, II-925 Rn. 158; KOMM vom 16.07.1969 – 69/243/EWG – *Farbstoffe*, ABl. EG 1969 Nr. L 195/11; vom 05.12.2007 – K(2007)5910 final – COMP/38.629 – *Chloropren-Kautschuk*, Rn. 411 ff.; vom 23.01.2008 – C(2008)282 final – COMP/38.628 – *Nitril-Butadien-Kautschuk*, Rn. 154. Vgl. ferner *Hofstetter/Ludescher* in: FS von Büren, S. 485 (487 Fn. 1); Voet van Vormizeele WuW 2010, 1008 (1013).

311 KOMM vom 14.12.1972 – 72/457/EWG – *Zoja/CSC-ICI*, ABl. EG 1972 Nr. L 299/51 Gründe II A.; vom 27. 11. 1981 – 82/203/EWG – *Moët et Chandon*, ABl. EG 1982 Nr. L 94/7 Rn. 3; vom 10. 07. 1987 – 87/406/EWG – *Tipp-Ex*, ABl. EG 1987 Nr. L 222/1 Rn. 2; vom 03.09.2004 – 2006/485/EG – *Kupfer-Installationsrohre*, ABl. EG 2004 Nr. L 192/21 Rn. 5.

312 KOMM vom 14.12.1984 – 85/79/EWG – *John Deere*, ABl. EG 1985 Nr. L 35/85, Rn. 2.

oder im Verwaltungsverfahren vor der Kommission als Indiz dafür gewertet, dass die Mutter die Verantwortung für das Verhalten der Tochter trägt.[313] Ein festes Prüfungsprogramm stellen diese Kriterien jedoch nicht dar.

Die neuere Rechtsprechung stellt zudem klar, dass sich die Einflussnahme nicht auf den Kernbereich des in Frage stehenden Tätigkeitsfeldes der Tochter beziehen muss. Vielmehr soll schon ein Einfluss auf die allgemeine Unternehmensstrategie genügen,[314] sogar die bloße Zugehörigkeit einer Gesellschaft zu einem Konzern könne Einfluss auf ihr Verhalten am Markt haben.[315] Ausschlaggebend soll nach Ansicht von Generalanwältin *Kokott* sein, dass die verschiedenen Gesellschaften aufgrund der Beeinflussung der Mutter wie eine (einzige) wirtschaftliche Einheit wirken.[316] Diese vage Umschreibung enthält mithin keine Einschränkung für die Art und Weise der Einflussnahme. Die Einflussnahme kann also prinzipiell in jeglicher Form stattfinden. Insbesondere ist nicht notwendig, dass die Mutter der Tochter konkrete Anweisungen erteilt.[317] Aufgrund dessen hält auch der EuGH eine abschließende Aufzählung der in Frage kommenden Bereiche oder Handlungen nicht für möglich.[318] Auch eine restriktive Auslegung der angebrachten Kriterien – im entschiedenen Fall die „Geschäftspolitik" – sei nicht geboten.[319] Dementsprechend werden in den Entscheidungen

---

313 EuGH vom 16.11.2000 – Rs. C-286/98 P – *Stora Kopparbergs Bergslags*, Slg. 2000, I-9925 Rn. 29; KOMM vom 23.01.2007 – C(2006) 6762 final – COMP/F/38.899 – *Gas Insulated Switchgear*, Rn. 399; vom 20.07.2007 – C(2007)5469 final – COMP/38.432 – *Professional Videotapes*, Rn. 178 ff.

314 Vgl. auch die Beispiele bei *La Rocca* ECLR 2011, 68 (74); *Voet van Vormizeele* WuW 2010, 1008 (1012). Ohne Konkretisierung des Bereichs der Geschäftspolitik auch EuGH vom 16.11.2000 – Rs. C-286/98 P – *Stora Kopparbergs Bergslags*, Slg. 2000, I-9925 Rn. 27 unter Bezugnahme auf das vorinstanzliche Urteil des EuG vom 14.05.1998 – Rs. T-354/94 – *Stora Kopparbergs Bergslags*, Slg. 1998, II-2111 Rn. 80. Ferner KOMM vom 22.12.1987 – 88/138/EWG – *Eurofix-Bauco/Hilti*, ABl. EG 1988 Nr. L 65/19 Rn. 54.

315 GA *Kokott*, Schlussanträge vom 23.04.2009 – Rs. C-97/08 P – *Akzo Nobel*, Slg. 2009, I-8237 Rn. 92.

316 GA *Kokott*, Schlussanträge vom 23.04.2009 – Rs. C-97/08 P – *Akzo Nobel*, Slg. 2009, I-8237 Rn. 93.

317 EuG vom 02.02.2012 – Rs. T-77/08 – *Dow Chemical*, Elektronische Sammlung, Februar 2012 Rn. 77.

318 EuGH vom 10.09.2009 – Rs. C-97/08 P – *Akzo Nobel*, Slg. 2009, I-8237 Rn. 74; vom 18.07.2013 – Rs. C-501/11 P – *Schindler* (in der digitalen Sammlung veröffentlicht), Rn. 112.

319 EuGH vom 18.07.2013 – Rs. C-501/11 P – *Schindler* (in der digitalen Sammlung veröffentlicht), Rn. 112.

der Kommission stets unterschiedliche Indizien angebracht, die eine Kontrolle im Einzelfall belegen sollen. So soll auch der Einfluss auf die Strategie der Tochter oder die Aufstellung einer gemeinsamen Geschäftsstrategie für die Kontrolle der Mutter sprechen.[320] Im Fall *Arkema* ging das EuG davon aus, dass aufgrund der Haushaltskontrolle die Holding als Leitungsinstanz für ihre Töchter fungiere.[321] Selbst das Vorbringen, dass die Mutter nicht operativ tätig sei, sei nicht geeignet, die Vermutung zu widerlegen.[322] Gesellschaftsrechtliche Faktoren spielen dagegen nach Ansicht des EuGH keine Rolle. Es komme nur auf die wirtschaftliche Realität an, die sich aus den einzelnen, nicht abschließend benennbaren Gesichtspunkten ergebe.[323] Maßgebend ist nach alledem nur, dass die mangelnde Selbstständigkeit der Tochter tatsächlich zutage tritt.[324]

Eine derart generelle Beeinflussung genügen zu lassen, bedeutet aber faktisch, dass bei entsprechender abstrakter Beeinflussungsmöglichkeit fast zwangsläufig auch die tatsächliche Beeinflussung wird angenommen werden können bzw. eine Widerlegung der Vermutung kaum gelingen kann.[325] Arkema und Elf Aquitaine schlossen aus der Argumentation des EuG, dass es sich faktisch sogar um eine unwiderlegliche Vermutung handele.[326] Der EuGH streitet dies freilich ab.[327] Die bloße Tatsache, dass die Widerlegung der Vermutung in diesem Fall nicht gelungen sei, mache sie nicht grundsätzlich unwiderleglich.[328] Auch in der Folge stellte sich der EuGH auf den Standpunkt, die bloße Schwierigkeit der Widerlegung

---

320 EuG vom 12.12.2007 – Rs. T-112/05 – *Akzo Nobel*, Slg. 2007, II-5049 Rn. 83; KOMM vom 03.09.2004 – 2006/485/EG – *Kupfer-Installationsrohre*, ABl. EG 2006 Nr. L 192/21 Rn. 5.

321 EuG vom 30.09.2009 – Rs. T-168/05 – *Arkema*, Rn. 76, zitiert nach: EuGH vom 29.09.2011 – Rs. 520/09 P – *Arkema*, Slg. 2011, I-8901 Rn. 16.

322 EuG vom 30.09.2009 – Rs. T-168/05 – *Arkema*, Rn. 76, zitiert nach: EuGH vom 29.09.2011 – Rs. 520/09 P – *Arkema*, Slg. 2011, I-8901 Rn. 16.

323 EuGH vom 11.07.2013 – Rs. C-440/11 P – *Stichting Administratiekantoor Portielje und Gosselin* (in der digitalen Sammlung veröffentlicht), Rn. 66; vgl. auch EuG vom 14.03.2013 – Rs. T-587/08 – *Fresh Del Monte Produce* (in der digitalen Sammlung veröffentlicht), Rn. 92–118.

324 Vgl. *La Rocca* ECLR 2011, 68 (74).

325 Vgl. *Hofstetter/Ludescher* in: FS von Büren, S. 485 (491 f.); *Kling* ZWeR 2011, 169 (181 ff.); *La Rocca* ECLR 2011, 68 (74); *Mundt* WuW 2007, 458 (468 f.).

326 Argumentation in EuGH vom 29.09.2011 – Rs. C-520/09 P – *Arkema*, Slg. 2011, I-8901 Rn. 43 f.; vom 29.09.2011 – Rs. C-521/09 P – *Elf Aquitaine*, Slg. 2011, I-8947 Rn. 42 ff.

327 EuGH vom 29.09.2011 – Rs. C-520/09 P – *Arkema*, Slg. 2011, I-8901 Rn. 45 ff.; vom 29.09.2011 – Rs. C-521/09 P – *Elf Aquitaine*, Slg. 2011, I-8947 Rn. 59 ff.

328 EuGH vom 29.09.2011 – Rs. C-521/09 P – *Elf Aquitaine*, Slg. 2011, I-8947 Rn. 66.

ändere nichts an der Widerlegbarkeit der Vermutung.[329] In Konzernen ist es aber gerade typisch, gewisse allgemeine Rahmenangelegenheiten gemeinschaftlich für alle Konzerngesellschaften zu regeln. Reicht schon dies aus, um den Mangel der Autonomie der Tochter zu belegen, bzw. die Widerlegung der Vermutung zu verhindern, so verliert das Kriterium der tatsächlichen Einflussnahme der Mutter auf die Tochter dadurch seine konkretisierende, einschränkende Wirkung und wird faktisch bedeutungslos.

Auch der Blick auf Einzelfälle führt für die Anforderungen an die tatsächliche Einflussnahme nur bedingt weiter. Gerade in älteren Entscheidungen fehlt es häufig an plausiblen Begründungen für die Annahme einer tatsächlichen Kontrolle.[330] So fasste die Kommission zunächst in der Entscheidung *Internationales Chininkartell* C. F. Böhringer & Söhne sowie Vereinigte Chininfabriken Zimmer & Co. GmbH zu „Böhringer" zusammen.[331] Lediglich in einer Klammerbemerkung findet sich der Hinweis, dass es sich bei der Vereinigte Chininfabriken Zimmer & Co. GmbH um eine Tochter von C. F. Böhringer & Söhne handelte und letztere die Vereinbarungen auch für erstere zeichnete.[332] Ausführungen zur Einflussnahme fehlen jedoch gänzlich. In der *Farbstoffe*-Entscheidung ging die Kommission davon aus, dass die Anweisungen der jeweiligen Hersteller (Muttergesellschaften) an die Töchter zwingenden Charakter gehabt hätten.[333] Trotz der simultanen Preiserhöhung der entsprechenden Töchter wurde dieses Verhalten den Herstellern zur Last gelegt. Auf die Beziehungen zwischen den Herstellern und ihren Tochtergesellschaften wurde allerdings nicht weiter eingegangen. Keinerlei Ausführungen zu den tatsächlichen Abhängigkeiten enthielt auch die Entscheidung *Johnson & Johnson*, in der entgegen der sonstigen Praxis offenbar von getrennten Unternehmen ausgegangen wurde und eine gesamtschuldnerische Geldbuße verhängt wurde, obwohl alle beteiligten Gesellschaften Töchter bzw.

---

329 EuGH vom 30.04.2014 – Rs. C-238/12 P – *FLSmidth* (noch nicht in den amtlichen Sammlung veröffentlicht, zugänglich über curia.europa.eu), Rn. 28; vom 19.06.2014 – Rs. C-243/12 P – *FLS Plast* (in der digitalen Sammlung veröffentlicht), Rn. 30.

330 So auch *Hamann*, S. 197.

331 KOMM vom 16.07.1969 – 69/240/EWG – *Internationales Chininkartell*, ABl. EG 1969 Nr. L 192/5 (6).

332 KOMM vom 16.07.1969 – 69/240/EWG – *Internationales Chininkartell*, ABl. EG 1969 Nr. L 192/5 (7).

333 KOMM vom 16.07.1969 – 69/243/EWG – *Farbstoffe*, ABl. EG 1969 Nr. L 195/11.

„Enkel" von Johnson & Johnson Inc. waren.[334] In der Entscheidung *Gußeisen*[335] wurden zunächst die Thyssen Gießerei AG Mülheim/Ruhr und Thyssen Gießerei AG Düsseldorf-Oberkassel getrennt aufgeführt und auch als eigenständige Unternehmen bezeichnet. Obwohl beiden Gesellschaften die Teilnahme an Kartellvereinbarungen nachgewiesen wurde, wurde aber nur die Thyssen Gießerei AG Mülheim/Ruhr mit einem Bußgeld belegt. Gründe nannte die Kommission wiederum nicht. Aus der Entscheidung geht auch nicht hervor, ob eine Zurechnung durch Bildung einer Gesamtgeldbuße vorgenommen wurde. Dagegen wurde in derselben Entscheidung Fonderies J. Marichal das Verhalten ihrer Tochter Fonderies de Chênée zugerechnet, abermals ohne nähere Begründung.[336] In der Entscheidung *Sperry New Holland* wurde lediglich ausgeführt, dass Sperry New Holland – Sperry NV, eine Tochter von Sperry New Holland – die Tätigkeiten weiterer Tochtergesellschaften von Sperry New Holland koordinierte.[337]

Insgesamt wurde mit der Zeit eindeutiger auf die tatsächliche Beherrschung der Vorgänge (durch die Mutter) abgestellt.[338] Dabei wurde von der Kommission zugleich das Vorliegen eines einheitlichen Unternehmens betont, was auch durch die Zusammenfassung mehrerer Gesellschaften unter einen gemeinsamen Namen deutlich gemacht wurde.[339] So wurde auch in der *CSC*-Entscheidung die Beherrschung von ICI durch CSC angenommen, so dass es sich um eine

---

334 KOMM vom 25.11.1980 – 80/1283/EWG – *Johnson & Johnson*, ABl. EG 1980 Nr. L 377/16 Rn. 2 ff., 28.

335 KOMM vom 17.10.1983 – 83/546/EWG – *Gußeisen*, ABl. EG 1983 Nr. 317/1 Rn. 4, Art. 3 Abs. 1 lit. l).

336 KOMM vom 17.10.1983 – 83/546/EWG – *Gußeisen*, ABl. EG 1983 Nr. 317/1 Rn. 4, Art. 3 Abs. 1 lit. b).

337 KOMM vom 16.12.1985 – 85/617/EWG – *Sperry New Holland*, ABl. EG 1985 Nr. L 376/21 Rn. 4.

338 Vgl. z.B. EuGH vom 14.07.1972 – Rs. 48/69 – *ICI*, Slg. 1972, 619 Rn. 132 ff.; vom 25.10.1983 – Rs. 107/82 – *AEG*, Slg. 1983, 3151 Rn. 49; vom 16.11.2000 – Rs. C-294/98 P – *Metsä-Serla*, Slg. 2000, I-10065 Rn. 27; KOMM vom 23.11.1984 – 85/74/EWG – *Peroxyd-Produkte*, ABl. EG 1985 Nr. L 35/1 Rn. 2 f.; vom 09.12.2004 – COMP IV/E-2/37.533 – *Cholinchlorid*, Rn. 172.

339 Vgl. z.B. KOMM vom 22.12.1987 – 88/138/EWG – *Hilti*, ABl. EG 1988 Nr. L 65/19 Rn. 54; vom 16.02.1994 – 94/215/EGKS – *Trägerhersteller*, ABl. EG 1994 Nr. L 116/1 Rn. 16 b); mit ausdrücklichem Hinweis darauf auch das Vorbringen der Kommission in EuG vom 11.03.1999 – Rs. T-156/94 – *Aristrain*, Slg. 1999, II-645 Rn. 48; KOMM vom 23.01.2007 – C(2006) 6762 final – COMP/F/38.899 – *Gas Insulated Switchgear*, Rn. 20 ff.

wirtschaftliche Einheit bzw. ein und dasselbe Unternehmen handele.[340] Allerdings wurde das Bußgeld beiden juristischen Personen gesamtschuldnerisch auferlegt.[341] Parallel dazu gingen Kommission und Gerichte im Fall *Cholinchlorid/Akzo Nobel* vor, wo zwar Mutter und Tochterunternehmen aufgrund tatsächlicher Beherrschung als wirtschaftliche Einheit angesehen wurden, um die Mutter in die Haftung einzubeziehen, aber dennoch ein gesamtschuldnerisches Bußgeld an alle beteiligten Gesellschaften (Mutter und Töchter) verhängt wurde.[342] Diese Vorgehensweise ist nunmehr ständige Rechtsprechung.[343]

Mit der Argumentation, eine getrennte Betrachtung der einzelnen Gesellschaften gefährde die Anwendung der Wettbewerbsregeln, sollten die Grundsätze der wirtschaftlichen Einheit nach Ansicht der Kommission und des EuG sogar dann Anwendung finden, wenn nicht geklärt werden kann, welche juristische Person die in Frage stehenden Verhaltensweisen tatsächlich kontrolliert[344], oder wenn gar keine Muttergesellschaft bekannt ist[345]. Während im Urteil *HFB-Holding* wenigstens noch auf Herrn Henss als die die einzelnen beteiligten Gesellschaften beherrschende natürliche Person abgestellt werden konnte[346], ging das Gericht in der Sache *Aristrain* noch weiter und löste sich vollständig von dem bisherigen Kriterium der Fähigkeit, autonome Entscheidungen zu fällen. Es komme für

340 KOMM vom 14.12.1972 – 72/457/EWG – *Zoja/CSC-ICI*, ABl. EG 1972 Nr. L 299/51 Gründe II A.

341 KOMM vom 14.12.1972 – 72/457/EWG – *Zoja/CSC-ICI*, ABl. EG 1972 Nr. L 299/51 Art. 3 Abs. 1.

342 EuGH vom 10.09.2009 – Rs. C-97/08 P – *Akzo Nobel*, Slg. 2009, I-8237, Rn. 54 ff., 77; EuG vom 12.12.2007 – Rs. T-112/05 – *Akzo Nobel*, Slg. 2007, II-5049 Rn. 62; KOMM vom 09.12.2004 – COMP IV/E-2/37.533 – *Cholinchlorid*, Rn. 167 ff.

343 Vgl. EuGH vom 29.09.2011 – Rs. C-521/09 P – *Elf Aquitaine*, Slg. 2011, I-8947 Rn. 57 mit Verweis auf die weiteren einschlägigen Urteile.

344 EuG vom 11.03.1999 – Rs. T-156/94 – *Aristrain*, Slg. 1999, II-645 Rn. 65 unter Bezugnahme auf EuGH vom 14.07.1972 – Rs. 48/69 – *ICI*, Slg. 1972, 619 Rn. 140; vom 14.12.2006 – Rsen. T-259/02 bis T-264/02 und T-271/02 – *Lombardclub*, Slg. 2006, II-5169 Rn. 335; bestätigt durch EuGH vom 24.09.2009 – Rsen. C125/07 P, C133/07 P, C135/07 P und C137/07 P – *Erste Group Bank AG*, Slg. 2009, I-8681 Rn. 76 ff. In letzterem Fall ging es allerdings nur um die Frage, ob bei Veräußerung der Tochter und Aufgabe ihrer Rechtspersönlichkeit die neue Mutter Adressatin des Bußgeldes sein kann.

345 EuG vom 20.03.2002 – Rs. T-9/99 – *HFB Holding*, Slg. 2002, II-1487 Rn. 66; KOMM vom 21.10.1998 – 1999/60/EG – *Fernwärmetechnik*, ABl. EG 1999 Nr. L 24/1 Rn. 157 ff. Zur Problematik der Haftung in Gemeinschaftsunternehmen vgl. *Meyring* WuW 2010, 156 (164 ff.).

346 EuG vom 20.03.2002 – Rs. T-9/99 – *HFB Holding*, Slg. 2002, II-1487 Rn. 55.

die Frage der wirtschaftlichen Einheit lediglich darauf an, dass konzernintern verbundene (Tochter-) Gesellschaften sich gleich verhielten.[347] Diese Sicht hat der EuGH nicht geteilt. Eine eindeutige Bestimmung der kontrollierenden Einheit ist demzufolge nach wie vor stets notwendig.[348] Dies gilt selbstverständlich erst recht für Beziehungen zwischen Tochtergesellschaften untereinander. Hier muss eine Zurechnung aber ohnehin in aller Regel ausscheiden, da Tochter- bzw. Schwestergesellschaften untereinander über keine Weisungsbefugnisse verfügen und somit eine Beherrschung nicht in Frage kommt, wenn nicht die Konzernmutter ebenfalls beteiligt ist.[349]

In jüngster Zeit haben die Gerichte die Kommissionspraxis auch in anderer Hinsicht kritisiert. In den Urteilen *Grolsch*[350] des EuG sowie *General Química*[351] und *Elf Aquitaine*[352] des EuGH wurden zwar die Grundsätze der Akzo-Nobel-Rechtsprechung aufrecht erhalten, in allen drei Fällen wurde einer allzu lockeren Anwendung der 100 %-Vermutung jedoch ein Riegel vorgeschoben.

In der Sache *Grolsch* bezeichnete die Kommission die Muttergesellschaft Koniklijke Grolsch NV als direkt am niederländischen Bierkartell beteiligt, ohne hierfür jedoch ausreichende Nachweise zu erbringen.[353] Stattdessen wurde in entsprechenden Dokumenten fast ausschließlich Personal der 100 %igen Tochtergesellschaft Grolsche Bierbrouwerij Nederland BV erwähnt.[354] Das EuG bestätigte, dass unter diesen Umständen nach der Akzo-Nobel-Rechtsprechung eine Haftung der Muttergesellschaft über die Vermutungsregel möglich gewesen wäre.[355] Indem die Kommission aber nicht darauf abgestellt hatte, sondern fälschlicherweise eine direkte Beteiligung der Mutter angenommen hatte, habe

---

347 EuG vom 11.03.1999 – Rs. T-156/94 – *Aristrain*, Slg. 1999, II-645 Rn. 64.

348 EuGH vom 02.03.2003 – Rs. C-196/99 P – *Aristrain*, Slg. 2003, I-11005 Rn. 94 ff. Näheres zum *Aristrain*-Fall noch unten im Rahmen des Schuldprinzips.

349 So auch *Hamann*, S. 202 f. Abweichend EuGH vom 01.07.2010 – Rs. C-407/08 P – *Knauf Gips*, Slg. 2010, I-6375 Rn. 96 ff. Dort bejahte der EuGH die wirtschaftliche Einheit zwischen Schwestergesellschaften, allerdings aufgrund tatsächlicher Anhaltspunkte und ohne die 100%-Vermutung anzuwenden. Ebenfalls bejaht wurde die wirtschaftliche Einheit zwischen Schwestergesellschaften in EuG vom 27.09.2006 – Rs. T-43/02 – *Jungbunzlauer*, Slg. 2006, II-3435 Rn. 120, weil die Muttergesellschaft ihren Einfluss über eine Tochter auf eine weitere Tochter übertragen habe.

350 EuG vom 15.09.2011 – Rs. T-234/07 – *Grolsch*, Slg. 2011, II-6169.

351 EuGH vom 20.01.2011 – Rs. C-90/09 P – *General Química*, Slg. 2011, I-1.

352 EuGH vom 29.09.2011 – Rs. C-521/09 P – *Elf Aquitaine*, Slg. 2011, I-8947.

353 EuG vom 15.09.2011 – Rs. T-234/07 – *Grolsch*, Slg. 2011, II-6169 Rn. 46 ff.

354 EuG vom 15.09.2011 – Rs. T-234/07 – *Grolsch*, Slg. 2011, II-6169 Rn. 56.

355 EuG vom 15.09.2011 – Rs. T-234/07 – *Grolsch*, Slg. 2011, II-6169 Rn. 80 ff.

sie jedoch (materiell) keine ausreichende Begründung für die Bußgeldhaftung gegeben und ihr so die Möglichkeit genommen, die Vermutung zu widerlegen.[356] Das EuG achtete damit grundsätzlich die Personenverschiedenheit der einzelnen Konzerngesellschaften und zeichnete damit die Grenzen der Konzernzurechnung durch den Begriff der wirtschaftlichen Einheit nach.

In *General Química* rügte der EuGH dagegen zusätzlich zu einem Begründungsmangel[357], dass das EuG sich nicht inhaltlich mit den von den Rechtsmittelführerinnen vorgebrachten Indizien befasst hatte, die letztere vorgebracht hatten, um die 100 %-Vermutung zu widerlegen[358]. Ein bloßer Hinweis auf die vorgenannte Rechtsprechung reiche nicht aus, da es für die Widerlegung der Vermutung nach der Akzo Nobel-Rechtsprechung auf die Besonderheiten jedes Einzelfalles ankomme.[359] Letztlich befand der EuGH jedoch, dass die Argumente der Rechtsmittelführerinnen gleichwohl nicht ausreichten, um die Vermutung zu widerlegen.[360]

Als noch wichtiger ist das *Elf Aquitaine*-Urteil einzuschätzen. Hier beschäftigte sich der EuGH (u. a.) mit den Anforderungen an die formelle Begründungdspflicht. Nachdem die Kommission in Anwendung der 100 %-Vermutung von der Haftung von Elf Aquitaine für den von ihrer Tochter Arkema begangenen Verstoß ausgegangen war, versuchte Elf Aquitaine erfolglos, diese Vermutung mit zahlreichen Argumenten zu widerlegen, wie etwa dass Arkema finanziell völlig unabhängig gewesen sei, sie ihr Marktverhalten völlig selbstständig bestimmen könne und Elf Aquitaine eine reine Holding-Gesellschaft sei, die weder in den Kommissionsakten, noch in der Wahrnehmung der anderen beteiligten Unternehmen eine Rolle spiele.[361] Der EuGH beanstandete zunächst weder die Vermutungsregel[362], noch ihre Anwendung, obgleich die Kommission, anders als im Regelfall, keine zusätzlichen Argumente für die tatsächliche Kontrolle der Mutter angeführt hatte.[363] Auf die Würdigung der zur Widerlegung der Vermutung

356 EuG vom 15.09.2011 – Rs. T-234/07 – *Grolsch*, Slg. 2011, II-6169 Rn. 86 ff.

357 EuGH vom 20.01.2011 – Rs. C-90/09 P – *General Química*, Slg. 2011, I-1 Rn. 60. Auf die Notwendigkeit der Widerlegbarkeit der Vermutung hinweisend auch schon GA *Mazák*, Schlussanträge vom 14.09.2010 – Rs. C-90/09 P –*General Química*, Slg. 2011, I-1 Rn. 34.

358 EuGH vom 20.01.2011 – Rs. C-90/09 P – *General Química*, Slg. 2011, I-1 Rn. 75 ff.

359 EuGH vom 20.01.2011 – Rs. C-90/09 P – *General Química*, Slg. 2011, I-1 Rn. 77.

360 EuGH vom 20.01.2011 – Rs. C-90/09 P – *General Química*, Slg. 2011, I-1 Rn. 100 ff.

361 KOMM vom 19.01.2005 – C(2004) 4876 final – COMP/E-1/C.37.773 – *MCAA*, Rn. 257.

362 Zur Frage der Widerlegbarkeit der Vermutung im gleichen Urteil schon soeben.

363 EuGH vom 29.09.2011 – Rs. C-521/09 P – *Elf Aquitaine*, Slg. 2011, I-8947 Rn. 80, 95 ff.

von Elf Aquitaine vorgebrachten Tatsachen durch die Kommission konnte der EuGH darüber hinaus nicht direkt eingehen, da die Rechtsmittelinstanz auf die Prüfung von Rechtsfehlern beschränkt ist.[364] Jedoch rügte der Gerichtshof die mangelhafte Auseinandersetzung der Kommission mit den von Elf Aquitaine vorgebrachten Argumenten, welche die Vermutung widerlegen sollten, und wertete dies als Verstoß gegen die formelle Begründungspflicht.[365] Da die Begründungspflicht dazu diene, die Entscheidung nachvollziehbar zu machen[366], sei es im Fall der Geltung der Vermutungsregel erforderlich, dass die Kommission im Einzelnen darlege, warum „die geltend tatsächlichen und rechtlichen Gesichtspunkte" die Vermutung nicht widerlegten[367]. Anderenfalls sei es praktisch nicht möglich, die Vermutung zu widerlegen.[368] Die Kommission habe aber die Argumente von Elf Aquitaine lediglich unsubstantiiert zurückgewiesen und negiert, so dass insbes. nicht erkennbar sei, ob diese Argumente nicht griffen, weil sie von Elf Aquitaine nicht bewiesen worden waren, oder weil die 98% ige Beteiligung von Elf Aquitaine an Arkema der Kommission als Grundlage für die Zurechnung ausreichten,[369] mit anderen Worten die Argumente überhaupt nicht geeignet waren, die Vermutung zu widerlegen.

Es lässt sich nun mutmaßen, dass die von Elf Aquitaine vorgelegten Indizien nach Einschätzung des EuGH tatsächlich die Unabhängigkeit von Arkema zu beweisen geeignet waren und es der Kommission somit gar nicht möglich gewesen wäre, die Zurückweisung der Indizien stichhaltig zu begründen. Da er sich jedoch zur Beweiswürdigung nicht äußern durfte, verpackte er diese Ansicht in der formellen Begründungspflicht. Möglicherweise möchte der EuGH – in Ansehung der gegen die Vermutungsregel vorgebrachte Kritik – auch ganz allgemein den Haftungsautomatismus, den die konsequente Anwendung und Ausweitung dieser Regel ausgelöst hat, einschränken. Jedenfalls tritt er aber der Gefahr entgegen, dass die Vermutung praktisch unwiderleglich wird.

Zusammenfassend lässt sich feststellen, dass es Kommission und Gerichten trotz zahlreicher Gelegenheiten bislang nicht gelungen ist, einen abschließenden Katalog von Kriterien bzw. Indizien aufzustellen, die überhaupt geeignet sind, die Unabhängigkeit der Tochter zu belegen, geschweige denn klarzustellen, welchen

364 Art. 58 Abs. 1 Protokoll (Nr. 3) über die Satzung des Gerichtshofs der Europäischen Union, ABl. EU 2010 Nr. C 83/210.

365 EuGH vom 29.09.2011 – Rs. C-521/09 P – *Elf Aquitaine*, Slg. 2011, I-8947 Rn. 168 f.

366 EuGH vom 29.09.2011 – Rs. C-521/09 P – *Elf Aquitaine*, Slg. 2011, I-8947 Rn. 147.

367 EuGH vom 29.09.2011 – Rs. C-521/09 P – *Elf Aquitaine*, Slg. 2011, I-8947 Rn. 153.

368 EuGH vom 29.09.2011 – Rs. C-521/09 P – *Elf Aquitaine*, Slg. 2011, I-8947 Rn. 153.

369 EuGH vom 29.09.2011 – Rs. C-521/09 P – *Elf Aquitaine*, Slg. 2011, I-8947 Rn. 168.

Umfang sie erreichen müssen, damit der Beweis als erbracht gelten kann. Die Unternehmen haben damit keine konkreten Anhaltspunkte, welche Argumentationsstrategie zielführend sein kann. Aus der Konstellation und der Argumentation des EuGH im Urteil *Elf Aquitaine* kann aber wenigstens eine Idee abgeleitet werden, was für die Widerlegung der Vermutung vorgebracht werden muss. Auch das Urteil *Aristrain* – und im Hinblick auf die Anforderungen an die Beweisführungen auch die Urteile *Grolsch* und *General Química* – zeigen aber, dass die Kommission es sich nicht so leicht machen kann, von der kapitalmäßigen Beteiligung im Konzern automatisch auf die bußgeldrechtliche Haftung zu schließen.

Dem Merkmal der tatsächlichen Einflussnahme mangelt es aber insgesamt nach wie vor nicht nur an einer durchschlagenden einschränkenden Wirkung, sondern es ist auch zu unbestimmt, als dass Unternehmen sichere Vorhersagen zu seiner Anwendung durch die Kommission treffen können.[370] Zur Konkretisierung des Art. 101 Abs. 1 AEUV trägt das Merkmal damit offensichtlich nichts bei, sondern führt vielmehr zu noch größerer Rechtsunklarheit in Bezug auf den ohnehin schon zu unbestimmten Unternehmensbegriff.

c. Die Rechtsnachfolge

Auch im Bereich der Rechtsnachfolge stellen sich mehrere Fragen. Rechtsnachfolge bedeutet zunächst einmal den Übergang der kartellrechtlichen Bußgeldhaftung von einer auf eine andere juristische Person. Dies ist weder in Art. 101 Abs. 1 AEUV, noch in Art. 23 VO 1/2003 geregelt. Es lässt sich daher – auch angesichts der teils unübersichtlich verwobenen Konzernstrukturen – zunächst fragen, ob die Rechtsnachfolge an sich nicht ein derart komplexes Feld ist, dass es eine Regelung durch den Gesetzgeber erfordert. Auch im Hinblick auf die Fragen, die sich beim Institut der Rechtsnachfolge (quasi-) strafrechtlicher Verantwortlichkeit im Zusammenhang mit dem Schuldprinzip stellen, wäre zuerst einmal eine klare Entscheidung des Gesetzgebers darüber wünschenswert, ob im Bereich des Kartellbußgeldrechts überhaupt eine Rechtsnachfolge existieren soll. Anders als im Zivilrecht ist dies im Strafrecht systemfremd und birgt die Gefahr eines Verstoßes gegen das Prinzip persönlicher Verantwortlichkeit.[371] Allerdings müssen hier die Besonderheiten gelten, da es um die Haftung juristischer Personen geht. Denn sonst wäre es juristischen Personen ohne weiteres möglich,

370 Vgl. auch *Thomas* KSzW 2011, 10 (13).

371 Zum Schuldprinzip bzw. dem Prinzip der persönlichen Verantwortlichkeit in Bezug auf die Rechtsnachfolge s.u. Kapitel III.1)d).

sich durch Änderung ihrer Rechtsform der Bußgeldhaftung zu entledigen. Dies würde erkennbar dem Sinn und Zweck des Kartellrechts und insbes. dem Kartellbußgeld als Sanktion zuwiderlaufen. Auch in Ansehung der Rechtsnachfolge bei zivilrechtlicher Haftung ist es somit nicht völlig unvorhersehbar, dass es auch im Bereich der Bußgeldhaftung eine Rechtsnachfolge geben kann. Die Existenz der Rechtsnachfolge im Kartellbußgeldrecht auch ohne explizite gesetzliche Regelung ist daher nicht per se unvereinbar mit dem Bestimmtheitsgebot. Es sind daher die von der Kommission und Rechtsprechung entwickelten Grundsätze darauf zu untersuchen, ob das Institut der Rechtsnachfolge im Kartellbußgeldrecht insgesamt mit dem Bestimmtheitsgebot vereinbar ist.

i. Die echte Rechtsnachfolge: funktionale und wirtschaftliche Kontinuität

Zu beleuchten sind zunächst die Fälle der echten Rechtsnachfolge. Diese Konstellation liegt vor, wenn die Rechtspersönlichkeit einer Einheit im Zuge von Konzernumstrukturierungen, Fusionen oder schlichten Neugründungen verloren geht oder geändert wird. Dann geht die Haftung der aufgelösten Gesellschaft für ihre Verstöße auf den Rechtsnachfolger über, also diejenige Gesellschaft, in der die erstere aufgeht.[372] Ob die alte Gesellschaft lediglich in eine neue umgewandelt wird, den Namen ändert, oder ob tatsächlich eine Verschmelzung mit anderen Gesellschaften unter Verlust der eigenen Rechtspersönlichkeit erfolgt, ist dabei unerheblich.[373] Maßgebend ist nur der Verbleib der Ressourcen der in Rede stehenden Einheit, soweit eine „funktionale und wirtschaftliche Kontinuität" erkennbar ist.[374] Das gilt auch dann, wenn die ehemalige Mutter der unter Verlust der eigenen Rechtspersönlichkeit veräußerten Gesellschaft weiterhin existiert und nach den allgemeinen Kriterien zur Haftungszurechnung in

372 Vgl. EuGH vom 16.12.1975 – Rsen. 40–73 bis 48–73, 50–73, 54/-73 bis 56–73, 111–73, 113–73 und 114–73 – *Suiker Unie*, Slg. 1975, 1663 Rn. 77 ff.; vom 08.07.1999 – Rs. C-49/92 P – *Anic Partecipazioni*, Slg. 1999, I-4125 Rn. 139 ff.; EuG vom 17.12.1991 – Rs. T-6/89 – *Enichem Anic*, Slg. 1991, II-1623 Rn. 236 f. KOMM vom 23.11.1984 – 85/74/EWG – *Peroxyd-Produkte*, ABl. EG 1985 Nr. L 35/1 Rn. 49.

373 KOMM vom 16.07.1969 – 69/240/EWG – *Internationales Chininkartell*, ABl. EG 1969 Nr. L 192/5 Rn. 40; vom 13.07.1994 – 94/601/EG – *Karton*, ABl. EG 1994 Nr. L 243/1 Rn. 149 am Ende.

374 KOMM vom 23.04.1986 – 86/398/EWG – *Polyprophylen*, ABl. EG 1986 Nr. L 230/1 Rn. 100; vom 13.07.1994 – 94/601/EG – *Karton*, ABl. EG 1994 Nr. L 243/1 Rn. 145, 154; vom 27.07.1994 – 94/599/EG – *PVC*, ABl. EG 1994 Nr. L 239/14 Rn. 41 f.

Anspruch genommen werden könnte.[375] Hintergrund dieser Regelung ist, dass sich ein Unternehmen nicht durch rein formale gesellschaftsrechtliche Änderungen der bußgeldrechtlichen Verantwortlichkeit entziehen können soll, dass also durch Änderung der Rechtsform oder Aufgabe der eigenen Rechtspersönlichkeit keine Haftungslücken entstehen.[376]

Dies erscheint im System des funktionalen Unternehmensbegriffs nicht überraschend. Schwer vorhersehbar sind indes auch hier die Kriterien, wann eine derartige funktionale und wirtschaftliche Kontinuität vorliegen soll. Maßgeblich ist letztlich wiederum nur eine wertende Betrachtung im Einzelfall.[377] Die Begründungen sind dabei wenig aussagekräftig. So wird teilweise lediglich festgestellt, dass von funktionaler und wirtschaftlicher Kontinuität ausgegangen werden müsse[378], evtl. mit dem Hinweis, die bisher rechtlich eigenständige Gesellschaft sei (trotz der Fusion und dem damit verbundenen Verlust der Rechtspersönlichkeit) weiterhin als Einheit erkennbar. Eine positive Ausnahme stellen hingegen die Ausführungen der Kommission in der *Polyprophylen*-Entscheidung dar, wo die funktionale und wirtschaftliche Kontinuität von Saga Petrokjemi innerhalb von Statoil anhand zahlreicher Fakten erläutert wird.[379] Die Aufstellung allgemeiner Kriterien lässt allerdings auch diese Entscheidung vermissen.

ii. Die unechte Rechtsnachfolge

Nicht zugerechnet werden können dagegen die Handlungen von Gesellschaften, die diese vor ihrer Übernahme und Eingliederung in den Konzern begangen haben, sofern sie danach noch als selbstständige Rechtspersönlichkeiten weiterbestehen. Denn in diesem Fall fehlt schon die abstrakte Kontrollmöglichkeit der neuen Konzernmutter für das Verhalten der Tochter vor deren Eintritt

375 EuG vom 14.12.2006, Rsen. T-259/02 bis T-264/02 und T-271/02 – *Lombardclub*, Slg. 2006, II-5169 Rn. 329.

376 EuG vom 20.04.1999 – Rsen. T-305/94, T-306/94, T-307/94, T-313/94 bis T-316/94, T-318/94, T-325/94, T-328/94, T-329/94 und T-335/94 – *Limburgse Vinyl Maatschappij*, Slg. 1999, II-931 Rn. 953; KOMM vom 23.04.1986 – 86/398/EWG – *Polyprophylen*, ABl. EG 1986 Nr. L 230/1 Rn. 97 ff., insbes. 101; vom 13.07.1994 – 94/601/EG – *Karton*, ABl. EG 1994 Nr. L 243/1 Rn. 144.

377 Vgl. auch KOMM vom 13.07.1994 – 94/601/EG – *Karton*, ABl. EG 1994 Nr. L 243/1 Rn. 145.

378 KOMM vom 16.07.1969 – 69/240/EWG – *Internationales Chininkartell*, ABl. EG 1969 Nr. L 192/5 Rn. 40; vom 13.07.1994 – 94/601/EG – *Karton*, ABl. EG 1994 Nr. L 243/1 Rn. 154; vom 27.07.1994 – 94/599/EG – *PVC*, ABl. EG 1994 Nr. L 239/14 Rn. 43.

379 KOMM vom 23.04.1986 – 86/398/EWG – *Polyprophylen*, ABl. EG 1986 Nr. L 230/1 Rn. 100 f.

in den Konzern, so dass eine entsprechende Verantwortlichkeit nicht in Frage kommt.[380] Daher kann unproblematisch die Tochter als Rechtsperson selbst in Anspruch genommen werden.[381] Gehörte die Gesellschaft zum Zeitpunkt des geahndeten Verstoßes zu einem anderen Konzern, kommt daneben auch nach dem Ausscheiden eine Haftung der ehemaligen Mutter in Betracht. Die Haftung richtet sich in diesen Fällen nach den allgemeinen Kriterien, es kommt also auf die tatsächliche Kontrolle des Verhaltens der Tochter durch die Mutter im alten Konzern an.[382] Dementsprechend gelten die selben Bedenken in Bezug auf den Bestimmtheitsgrundsatz.

Hatte die von der Mutter abgegebene Sparte im alten Unternehmen dagegen gar keine eigene Rechtspersönlichkeit, sondern erlangt diese erst mit der Loslösung, so bleibt grundsätzlich das rechtlich selbstständige „Restunternehmen“ verantwortlich für die Verstöße, die die abgespaltene Sparte zuvor begangen hat, da dieses Verhalten unzweifelhaft der Rechtsperson zuzuordnen ist, der die entsprechende Sparte angehörte.[383]

Streng genommen handelt es sich in diesen Fällen also gar nicht um eine Frage der Rechtsnachfolge, denn die juristische Person, die den Verstoß begangen hat, existiert nach wie vor.[384] Vielmehr ist lediglich zu klären, an welche Rechtsperson die Bußgeldentscheidung zu adressieren ist (unechte Rechtsnachfolge).

Diese logische Regel wird jedoch in der Praxis nicht immer eingehalten. Vielmehr werden auch Zweckmäßigkeitsgesichtspunkte in die Entscheidungen einbezogen. Dadurch wird die Vorhersehbarkeit nicht unerheblich eingeschränkt. So ist bei Zahlungsschwierigkeiten der bisherigen Gesellschaft trotz deren eigener Rechtspersönlichkeit auf die übernehmende Gesellschaft abgestellt

380 Vgl. EuGH vom 16.11.2000 – Rs. C-286/98P – *Stora Kopparbergs Bergslags, Slg. 2000, I-9925 Rn. 39.*

381 EuGH vom 16.11.2000 – Rs. 279/98 P – *Cascades*, Slg. 2000, I-9693 Rn. 77 ff.

382 EuGH vom 16.11.2000 – Rs. C-286/98 P – *Stora Kopparbergs Bergslags,* Slg. 2000, I-9925 Rn. 37 f.; vom 16.11.2000 – Rs. C-297/98 P – *SCA Holding*, Slg. 2000, I-10101 Rn. 27. EuG vom 13.12.2001 – Rsen. T-48/98 und 47/98 – *Krupp Thyssen*, Slg. 2001, II-3757 Rn. 57 ff. KOMM vom 13.07.1994 – 94/601/EG – *Karton*, ABl. EG 1994 Nr. L 243/1 Rn. 145. Daneben bleibt das „alte“ Unternehmen ebenfalls haftbar, wenn der Geschäftsbereich, in dem der Kartellverstoß begangen und der in der Folge veräußert wurde, keine eigene Rechtspersönlichkeit hatte, vgl. EuGH vom 08.07.1999 – Rs. C-49/92 P – *Anic Partecipazioni*, Slg. 1999, I-4125 Rn. 139 ff.; KOMM vom 27.11.2004 – 2004/104/EG – *Methylglukamin*, ABl. EU 2004 Nr. L 38/18 Rn. 204 ff.

383 EuGH vom 16.11.2000 – Rs. C-297/98 P – *SCA Holding*, Slg. 2000, I-10101 Rn. 27.

384 Vgl. EuGH vom 08.07.1999 – Rs. C-49/92 P – *Enichem Anic*, Slg. 1999, I-4125 Rn. 145.

worden.[385] Darüber hinaus ließ das EuG in der Entscheidung *NMH Stahlwerke* die neue Muttergesellschaft NMH entgegen der sonstigen Entscheidungspraxis für die zum Zeitpunkt des Erlasses der Entscheidung noch rechtlich selbstständige Tochter Eisenwerk-Gesellschaft auch für die Zeit vor deren Übernahme haften, obwohl sie die rechtliche Kontinuität zwischen Eisenwerk-Gesellschaft und NMH ausdrücklich verneinte.[386] Stattdessen stellte es, wie in den Fällen, in denen die übernommene Einheit keine rechtliche Selbstständigkeit besitzt, auf die wirtschaftliche Kontinuität ab[387] und setzte sich so über die weiterhin bestehende rechtliche Trennung der Gesellschaften hinweg. Begründet wurde dies damit, dass die NMH einzig zu dem Zweck gegründet wurde, die Tätigkeit der Eisenwerk Gesellschaft weiterzuführen und zu erhalten[388]. Als weiteres Argument diente wie oft die wirksame Anwendung der Wettbewerbsregeln.[389]

Anlass für erhebliche Kritik bietet auch das Verfahren *ThyssenKrupp Nirosta*[390]. Hier hatte Thyssen Stahl im Bereich der nichtrostenden Flachstahlerzeugnisse eine Zuwiderhandlung begonnen, im Verlauf aber diese Sparte mit der von Krupp auf dem gleichen Gebiet zusammengelegt, woraus letztlich die Gesellschaft ThyssenKrupp Nirosta entstand. Die Kommission erlegte das Bußgeld nach Abgabe einer entsprechenden Übernahmeerklärung ThyssenKrupp Nirosta auch für den Zeitraum auf, in dem noch Thyssen Stahl für die nichtrostenden Flachstahlerzeugnisse verantwortlich war. ThyssenKrupp Nirosta rügte im Rechtsmittelverfahren vor dem EuGH u.a. einen Verstoß gegen den Bestimmtheitsgrundsatz, da keine Rechtsgrundlage existiere, die den Haftungsübergang für Bußgelder durch die Abgabe privater Erklärungen ermögliche und die Reichweite eines solchen Haftungsübergangs nicht erkennbar sei. Vielmehr gelte der Grundsatz, dass private Vereinbarungen öffentlich-rechtliche Pflichten nicht ändern können (*ius publicum privatorum pactis mutari non potest*).[391] Der EuGH wies diese Rüge mit der Argumentation zurück, dass ThyssenKrupp

385 Vgl. KOMM vom 13.07.1994 - 94/601/EG - *Karton*, ABl. EG 1994 Nr. L 243/1 Rn. 152 f.
386 KOMM vom 11.03.1999 – Rs. T-134/94 – *NMH Stahlwerke*, Slg. 1999, II-239 Rn. 34 ff.
387 KOMM vom 11.03.1999 – Rs. T-134/94 – *NMH Stahlwerke*, Slg. 1999, II-239 Rn. 37.
388 KOMM vom 11.03.1999 – Rs. T-134/94 – *NMH Stahlwerke*, Slg. 1999, II-239 Rn. 38, 42.
389 KOMM vom 11.03.1999 – Rs. T-134/94 – *NMH Stahlwerke*, Slg. 1999, II-239 Rn. 37.
390 EuGH vom 29.03.2011 – Rs. C-352/09 P – *ThyssenKrupp Nirosta*, Slg. 2011, I-2359.
391 EuGH vom 29.03.2011 – Rs. C-352/09 P – *ThyssenKrupp Nirosta*, Slg. 2011, I-2359 Rn. 141 f.

Nirosta entgegen ihrer Darstellung bei Abgabe der Übernahmeerklärung sehr wohl um die bußgeldrechtlichen Folgen gewusst habe und des Weiteren den entsprechenden Einwand erstmals vor dem EuGH erhoben habe, 13 Jahre nach Abgabe der Übernahmeerklärung. Sie habe die bußgeldrechtliche Haftung somit sehr genau vorhersehen können.[392]

Zwar sind die Beweggründe der Entscheidung des EuGH nachvollziehbar, insbesondere angesichts der Tatsache, dass der Vorwurf gegenüber Thyssen Stahl nunmehr verjährt ist und der Eindruck entsteht, als habe ThyssenKrupp Nirosta auch deswegen die eigene Haftung bestritten, um so die Verhängung eines Bußgeldes insgesamt abwenden zu können. Gleichwohl ist es rechtsstaatlich äußerst bedenklich, allgemeine Rechtsgrundsätze aus derart pragmatischen Gründen unberücksichtigt zu lassen und eine Art „Rechtsverwirkung“ im Kartellbußgeldverfahren zu ermöglichen.[393] Denn es sind – wie ThyssenKrupp Nirosta zutreffend ausführte[394] – weder Grundlage noch Grenzen einer solchen Haftungsübernahme erkennbar. Eine derart wesentliche Regelung, die zur Haftungsbegründung führt, müsste vom Gesetzgeber vorgesehen sein und zudem in einer Weise ausgestaltet werden, die die Anwendung für die betroffenen Unternehmen vorhersehbar macht. Die Annahme einer Haftungszurechnung durch Übernahmeerklärung verstößt mithin gegen den Bestimmtheitsgrundsatz, namentlich gegen den Grundsatz *nullum crimen sine lege parlamentaria.* In seiner Argumentation verkennt der EuGH offensichtlich, dass Vorhersehbarkeit i.S.d. Bestimmtheitsgrundsatzes bzw. des Grundsatzes der Rechtssicherheit nicht auf den Verlauf des konkreten Verfahrens beschränkt ist, sondern zuvörderst ein Postulat an den Gesetzgeber richtet. Erst in einem zweiten Schritt ist dann zu fragen, ob die Anwendungspraxis der in

---

392 EuGH vom 29.03.2011 – Rs. C-352/09 P – *ThyssenKrupp Nirosta*, Slg. 2011, I-2359 Rn. 146 ff.

393 Diese Argumentation erinnert an zivilrechtliche Figuren wie das *venire contra factum proprium* oder eine zivil- bzw. verwaltungsprozessrechtliche Präklusion. Dies ist nur nicht vereinbar mit der quasi-strafrechtlichen Rechtsnatur des Kartellbußgeldes, sondern entspricht auch nicht dem dem EuGH zustehenden Recht auf uneingeschränkte Überprüfung gem. Art. 31 S. 1 VO 1/2003. Jüngst hat die Kommission im *Grolsch*-Verfahren sogar die Zulässigkeit eines so noch nicht im Verwaltungsverfahren formulierten Klagegrundes unter dem Gesichtspunkt der Verwirkung in Abrede gestellt, EuG vom 15.09.2011 – Rs. T-234/07 – *Grolsch*, Slg. 2011, II-6169 Rn. 33 f. Dem hat das EuG jedoch u.a. mit Hinweis auf das Fehlen einer Rechtsgrundlage für die Verwirkung eine klare Absage erteilt, EuG vom 15.09.2011 – Rs. T-234/07 – *Grolsch*, Slg. 2011, II-6169 Rn. 37.

394 EuGH vom 29.03.2011 – Rs. C-352/09 P – *ThyssenKrupp Nirosta*, Slg. 2011, I-2359 Rn. 142.

Frage stehenden gesetzlichen Grundlagen zur Vorhersehbarkeit einer Sanktion führt. Keinesfalls kann aber ausschließlich auf den Einzelfall abgestellt werden. Die Kartellbußgeldnorm des Art. 23 VO 1/2003 droht sonst zu einer allgemeinen Sanktionierungsgrundlage für missbilligenswertes Verhalten von Unternehmen zu werden, welcher jegliche Konturen fehlen.[395]

d. Das Auswahlermessen im Verhältnis Mutter/Tochter[396]

Nach dem bislang Ausgeführten kann man den Eindruck gewinnen, die Konzernmutter müsse grundsätzlich damit rechnen, für die Kartellverstöße ihrer Töchter zu haften, so dass jedenfalls insoweit eine gewisse Vorhersehbarkeit bestünde. Auch dies ist jedoch nicht der Fall, da die Möglichkeit der Zurechnung über die wirtschaftliche Einheit die Kommission nicht gleichzeitig eine derartige Pflicht konstituiert. Vielmehr kann nach der bisherigen Praxis gleichwohl die handelnde Tochter (allein oder zusammen mit der Mutter) Adressatin der Bußgeldentscheidung sein.[397] Die tatsächliche Kontrolle durch die Mutter entlastet somit die Tochter nicht.[398] Teilweise wird die Entscheidung an die Mutter gerichtet, ohne dass ihr selbst immer ein expliziter Vorwurf gemacht wird. Die Kommission hält die Haftung der Mutter dann lediglich für „sachgerecht" oder „zweckmäßig".[399] Anderseits verzichtete die Kommission in der *Karton*-Entscheidung zum Teil darauf, um „Streitigkeiten (bei denen dann die Unterscheidung zwischen 'Gesellschaft' und 'Unternehmen' verwischt würde) darüber zu vermeiden, ob die Muttergesellschaft des Konzerns für die Handlungen sogenannter 'selbstständiger Tochtergesellschaften' verantwortlich zu machen ist"[400]. Der Kommission wird also ein weites (gerichtlich nur

---

395 Zu den Hintergründen der Entscheidung noch im Rahmen des Schuldprinzips.

396 Das allgemeine Ermessen ist auf Rechtsfolgenebene zu behandeln. An dieser Stelle geht es lediglich um die direkten Konsequenzen des funktionalen Unternehmensbegriffs.

397 Vgl. EuG vom 29.04. 2004, – Rsen. T-236/01, T-239/01, T-244/01 bis T-246/01, T-251/01 und T-252/01 – *Tokai Carbon,* Slg. 2004, II-1181 Rn. 278 ff.; KOMM vom 20.09.2000 – 2001/146/EG – *Opel,* ABl. EG 2001 Nr. L 59/1 Rn. 171; vom 03.09.2004 – 2006/485/EG – *Kupfer-Installationsrohre,* ABl. EG 2006 Nr. L 192/21 Rn. 5 f.

398 Vgl. auch *Lipowsky,* S. 158.

399 KOMM vom 21.12.1988 – 89/190/EWG – *PVC I,* ABl. EG 1989 Nr. L 74/1 Rn. 45; vom 21.12.1988 – 89/191/EWG – *LDPE,* ABl. EG 1989 Nr. L 74/21 Rn. 55; vom 13.07.1994 – 94/601/EG – *Karton,* ABl. EG 1994 Nr. L 243/1 Rn. 149 f. Vgl. auch KOMM vom 24.07.2002 – 2003/207/EG – *Industriegase und medizinische Gase,* ABl. EU 2007 Nr. L 84/1 Rn. 398 ff.

400 KOMM vom 13.07.1994 – 94/601/EG – *Karton,* ABl. EG 1994 Nr. L 243/1 Rn. 143.

eigeschränkt überprüfbares Auswahl-) Ermessen bei der Auswahl der Adressaten der Entscheidung zugestanden.[401]

Festzustellen ist dazu zunächst, dass das geschriebene Recht keine Anhaltspunkte für ein derartiges Ermessen enthält.[402] Dies ist auf das Fehlen einer gesetzlichen Regelung des funktionalen Unternehmensbegriffs insgesamt zurückzuführen, da die mögliche Auswahl zwischen mehreren Adressaten erst dadurch zustande kommt, dass ein Unternehmen i.S.d. Art. 101 Abs. 1 AEUV nach der Kommissions- und Gerichtspraxis aus mehreren juristischen Personen bestehen kann. Die, wie bereits dargelegt, gegen den „Verordnungsvorbehalt" verstoßende Abwesenheit einer Regelung über ein derartiges Verständnis des Unternehmensbegriffs darf aber freilich nicht dazu führen, dass sich die Kommission den Adressaten der Entscheidung auch noch aussuchen kann, ohne dass dafür eine gesetzliche Grundlage existiert.[403] Erforderlich wäre daher neben der gesetzlichen Verankerung des Unternehmensbegriffs auch die Normierung eines derartigen Ermessens.

Selbst wenn man die Notwendigkeit einer gesetzlichen Regelung des Auswahlermessens außer Acht lässt, ist in tatsächlicher Hinsicht eine einheitliche Linie bislang nicht zu erkennen.[404] Vielmehr scheinen Zweckmäßigkeitsgesichtspunkte im Vordergrund zu stehen.[405] Bedenken gegen ein derart weites Ermessen meldete auch *GA Mischo* in den Schlussanträgen im Fall *SCA Holding* an, und

---

401 EuG vom 14.12.2006 – Rsen. T-259/02 bis T-264/02 und T-271/02 – *Lombardclub*, Slg. 2006, II-5169 Rn. 331 ff.; KOMM vom 19.01.2005 – C(2004) 4876 final – COMP/E-1/C.37.773 – *MCAA*, Rn. 260. So im Ergebnis auch EuG vom 20.04.1999 – Rsen. T-305/94, T-306/94, T-307/94, T-313/94 bis T-316/94, T-318/94, T-325/94, T-328/94, T-329/94 und T-335/94 – *Limburgse Vinyl Maatschappij*, Slg. 1999, II-931 Rn. 990. *Lange* WuB V. E. Art. 81 EG 1.10 (103) spricht von einem dem deutschen Recht unbekannten Maß an Ermessen. Vgl. auch *Bechtold* WuW 2009, 1115.

402 Zwar räumt Art. 23 Abs. 2 VO 1/2003 der Kommission nach seinem Wortlaut Ermessen ein („Die Kommission kann gegen Unternehmen…"). Dass dieses Ermessen sich aber nicht lediglich auf die Frage bezieht, ob die Kommission überhaupt ein Bußgeld verhängt, sondern auch auf die Frage, gegen welche juristische Person innerhalb eines Unternehmens im funktionalen Sinne das Bußgeld gerichtet wird, wird jedoch nicht klar.

403 So auch die Argumentation von Elf Aquitaine in EuGH vom 29.09.2011 – Rs. C-521/09 P – *Elf Aquitaine*, Slg. 2011, I-8947 Rn. 84.

404 So *Meyring* WuW 2010, 157 (167) explizit für die Haftung in Gemeinschaftsunternehmen.

405 Vgl. *Dannecker/Biermann* in: Immenga/Mestmäcker, vor Art. 23 ff. VO 1/2003 Rn. 103; *Kling* WRP 2010, 506 (517) m.w.N.

befürchtete für den Fall, dass die Kommission ihre Ermessensentscheidungen nicht begründen müsse, sogar die Gefahr von Willkür.[406] Der EuGH setzte sich jedoch nicht mit der Problematik auseinander, da er sie nicht für entscheidungserheblich ansah.[407] Somit verbleibt es trotz der Rüge *GA Mischos* bislang bei dem weiten Ermessen der Kommission. Dabei wäre eine klare Entscheidungspraxis in Bezug auf die Adressatenauswahl gerade angesichts des zu unbestimmten Unternehmensbegriffs geboten. Denn neben diesem führt ein derartiges Auswahlermessen dazu, dass von Vorhersehbarkeit i.S.d. Bestimmtheitsgrundsatzes bei der Feststellung des Bußgeldadressaten keine Rede mehr sein kann.[408]

e. Zusammenfassung

Es hat sich gezeigt, das der Unternehmensbegriff im EU-Kartellrecht in seiner jetzigen Form nicht an die Rechtspersönlichkeit der in Frage kommenden Normadressaten anknüpft. Zwar wäre dies für sich genommen noch hinnehmbar, allerdings fehlt es an rechtlich verbindlichen Anhaltspunkten oder Konkretisierungen, welche Gebilde im Einzelnen dem Begriff unterfallen sollen. Umso mehr befremdet, dass es Kommission und Gerichten bislang kaum gelungen ist, wenigstens durch eine stringente Praxis für vorhersehbare Entscheidungen zu sorgen. Der Terminus der wirtschaftlichen Einheit ist lediglich eine Leerformel, die wenig inhaltlichen Wert besitzt. Allgemeingültige Konkretisierungen oder Kriterienkataloge dieses Begriffs existieren nicht, stattdessen entsteht der Eindruck, Ziel eines jeden Verfahrens sei es, die Haftung weitestmöglich auszudehnen.

Selbst von der weitestmöglichen Ausdehnung der Zurechnung existieren aber Ausnahmen, wie bspw. in der *Pioneer*-Entscheidung, in der die beteiligten Gesellschaften, obwohl kapitalmäßig miteinander verflochten[409], als separate Unternehmen bezeichnet wurden und eine Bußgeld-Zurechnung nicht einmal im Wege der gesamtschuldnerischen Haftung erfolgte.[410] Dies führt dazu, dass es für Konzerne nur äußerst schwer vorhersehbar ist, wann welchen Konzerngesellschaften ein Kartellverstoß zur Last gelegt werden kann.

Weiterhin bestehen Unklarheiten bzgl. der Rechtsnachfolge von Unternehmen. So ist nicht eindeutig erkennbar, unter welchen Umständen zwischen

---

406 *GA Mischo*, Schlussanträge vom 18.05.2000 – Rs. C-297/98 P – *SCA Holding*, Slg. 2000, I-10101 Rn. 34 ff.

407 EuGH vom 16.11.2000 – Rs. C-297/98 P – *SCA Holding*, Slg. 2000, I-10101 Rn. 31.

408 Vgl. auch *Thomas* in: FS Möschel, S. 675 (678 f.).

409 KOMM vom 14.09.1972 – 80/256 EWG – *Pioneer*, ABl. EG 1980 Nr. L 60/21 Rn. 7, 14.

410 KOMM vom 14.09.1972 – 80/256 EWG – *Pioneer*, ABl. EG 1980 Nr. L 60/21 Art. 3.

Alt-Gesellschaft und Übernehmer von einer wirtschaftlichen Kontinuität gesprochen werden kann, welche einen Haftungsübergang auf den Übernehmer rechtfertigt. Auch hier scheinen Zweckmäßigkeitserwägungen eine nicht unerhebliche Rolle zu spielen.

Die Praxis vergrößert mithin die Rechtsunsicherheit eher noch, als dass sie den unbestimmten Unternehmensbegriff konkretisiert.[411] Dieser Zustand ist umso weniger akzeptabel angesichts der Tatsache, dass die Bestimmung des handelnden Unternehmens nicht nur strafbegründenden Charakter hat, also festlegt, welche natürlichen und juristischen Personen als ein Unternehmen gelten und somit für die Tätigkeit zur Verantwortung gezogen werden können.[412] Vielmehr wird dies auch bei der Strafzumessung berücksichtigt, bei der auf den Unternehmensumsatz abgestellt wird. Zusätzlich ist an das weite Ermessen der Kommission bei der Auswahl des Adressaten und sogar der in die Haftung einzubeziehenden Gesellschaften zu erinnern, welches der Kommission zugebilligt wird. Als Konsequenz dieses Ermessens kann die Kommission sich letztlich den Schuldner aussuchen, mitsamt dessen Umsatz, welcher für die Bußgeldobergrenze maßgebend ist. Deshalb ist ein derart offenes Tatbestandsmerkmal, wie das des Unternehmens in Kumulation mit der pragmatischen Entscheidungspraxis von Kommission und Gerichten, mit dem im Bußgeldverfahren geltenden strafrechtlichen Bestimmtheitsgrundsatz nicht zu vereinbaren. Es widerspricht insbesondere dem Grundsatz, dass die Tatbestandsbestimmtheit mit der Höhe der angedrohten Sanktion steigen muss.[413] Vielmehr entsteht der Eindruck, dass die Kommission nur nach Wegen sucht, einen liquiden Verantwortlichen zu finden und die verhängbare Bußgeldhöhe nach oben zu treiben, um Verstöße gegen das Kartellverbot möglichst hart bestrafen zu können.[414] Dieser Eindruck wird

---

411 *de Bronett* EWS 2012, 113 (122) geht sogar von einem Bruch mit der bis zu diesem Zeitpunkt ergangenen, konkretisierenden Rechtsprechung durch das *Akzo Nobel*-Urteil (EuGH vom 10.09.2009 – Rs. C-97/08 P – Slg. 2009, I-8237) aus und sieht darin einen Verstoß gegen den aus dem Bestimmtheitsgrundsatz folgenden Verordnungvorbehalt bzw. *nulla poena sine lege*.

412 Vgl. auch *de Bronett* EWS 2012, 113 f.

413 S.o. Kapitel II.B.II.1)a).

414 Vgl. auch *Kellerbauer/Weber* EuZW 2011, 666 (667), denen zufolge es von den fiskalischen Interessen der Kommission abhängen soll, welchem Gesamtschuldner das Bußgeld auferlegt wird.

durch die Abschreckungswirkung bestärkt, die das Kartellbußgeld erzielen soll[415], und worauf die Kommission ausdrücklich hinweist[416].

Festzuhalten ist letztendlich, dass es sich angesichts der weitreichenden Konsequenzen bei der Bestimmung des Täterkreises im Kartellbußgeldrecht um eine wesentliche Entscheidung handelt, welche vom Gesetzgeber in eindeutiger Weise zu treffen ist.[417] Es hat sich aber gezeigt, dass der Begriff „Unternehmen" ein unbestimmter Rechtsbegriff ist, der Raum für vielgestaltige Auslegungsmöglichkeiten lässt und letztlich ein völlig offenes Tatbestandsmerkmal darstellt. Schon aufgrund dessen ist der Unternehmensbegriff weder mit dem Verordnungs- bzw. Wesentlichkeitsvorbehalt, noch mit dem Gebot der Rechtsklarheit vereinbar. Die Unbestimmtheit des Normenwortlauts wird durch die dargestellte mangelhafte Entscheidungspraxis von Kommission und Gerichten anschaulich verdeutlicht. Der dort entwickelte kartellrechtlich-funktionale Unternehmensbegriff verschlimmert aber die bestehende Rechtsunsicherheit sogar noch, anstatt wenigstens durch eine klare Entscheidungspraxis faktisch für Vorhersehbarkeit zu sorgen. Aufgrund all dessen besteht in dieser Hinsicht dringender Handlungsbedarf auf Seiten des europäischen Gesetzgebers.

b) Die Unternehmensvereinigung

Desweiteren können gem. Art. 23 VO 1/2003 Unternehmensvereinigungen mit einem Bußgeld belegt werden. Die Organisationsform der Verbindung spielt im Einzelnen keine Rolle, erforderlich ist lediglich, dass sie zwecks Wahrnehmung der Interessen der Unternehmen besteht, welche an ihr beteiligt sind.[418]

i) Die Rechtsfähigkeit

Anders als beim Unternehmensbegriff ist es in Bezug auf die Unternehmensvereinigung allgemein anerkannt, dass die Rechtsfähigkeit keine notwendige

---

415 Leitlinien für das Verfahren zur Festsetzung von Geldbußen gemäß Artikel 23 Absatz 2 Buchstabe a) der Verordnung (EG) Nr. 1/2003 vom 01.09.2006, ABl. EU 2006 Nr. C 210/02, Tz. 4, 30 f. mit ausdrücklichem Hinweis auf EuGH vom 07.06.1983 – Rsen. 100/80 bis 103/80 – *Musique Diffusion française*, Slg. 1983, 1825, Rn. 106.

416 Vgl. nur die Mitteilung der Kommission an das Europäische Parlament und den Rat vom 29.04.2009 – KOM (2009) 206 endgültig – Bericht über das Funktionieren der Verordnung (EG) Nr. 1/2003 des Rates, Tz. 17.

417 Art. 290 Abs. 1 UAbs. 2 S. 2 AEUV, vgl. oben Kapitel II.B.1). Vgl. auch *Schwarze/Bechtold/Bosch*, S. 81.

418 *Dannecker/Biermann* in: Immenga/Mestmäcker, vor Art. 23 ff. VO 1/2003 Rn. 121; *Roth/Ackermann* in: FK-Kartellrecht, Art. 81 Abs. 1 EG Grundfragen Rn. 130.

Voraussetzung für das Bestehen einer Unternehmensvereinigung i.S.d. EU-Kartellrechts ist.[419] Etwaige Bußgeldentscheidungen sind daher in diesem Fall an die einzelnen Mitglieder der Vereinigung zu richten.[420] Es stellt sich auf dieser Ebene dann wiederum das Problem des Unternehmensbegriffs in Bezug auf die einzelnen Mitglieder der Vereinigung.

Der Verzicht auf die Rechtspersönlichkeit der Vereinigung ist hier auch durchaus sinnvoll, da es, wie dargelegt, nicht auf die Organisationsform ankommt und es sich aus der Natur der Vereinigung ergibt, dass weniger diese „selbst“, als ihre Mitglieder als die Vereinigung bildende Gesamtheit Täter des Wettbewerbsverstoßes sein sollen. Allerdings ist zu beachten, dass es dann auch hier zur Differenzierung zwischen materiellen und verfahrensrechtlichen Adressaten kommt, was sich aus dem Wortlaut nicht unmittelbar ergibt.[421]

Anders als beim Unternehmen legt der Begriff „Unternehmensvereinigung“ es zwar auch schon vom Wortsinn nahe, dass es sich nicht um eine rechtsfähige Einheit handeln muss. Jedoch ist Art. 23 Abs. 2 UAbs. 1 VO 1/2003 an dieser Stelle insofern misslungen, als dass es dort nur heißt, dass gegen Unternehmensvereinigungen Bußgelder verhängt werden können. Es fehlt also eine klarstellende Regelung, dass Bußgeldentscheidungen für Verstöße von Unternehmensvereinigungen an ihre Mitglieder zu richten sind, soweit die Vereinigung selbst nicht rechtsfähig ist. Ebenso wie beim Unternehmensbegriff wäre hier eine eindeutige Entscheidung des Gesetzgebers erforderlich.

ii) Das Verhältnis von Verstößen von Unternehmensvereinigungen zu Handlungen ihrer Mitglieder

Inhaltlich bestehen an der weiten Auslegung des Begriffs der Unternehmensvereinigung zunächst einmal keine grundsätzlichen Bedenken in Bezug auf den Bestimmtheitsgrundsatz. Denn aus dem Charakter als Umgehungstatbestand folgt sogleich, dass jegliche Form von Zusammenschlüssen zwischen Unternehmen erfasst sein soll. Der Anwendungsbereich des Tatbestandsmerkmals erscheint mithin, trotz seiner Weite, auf den ersten Blick vorhersehbar.

Bei genauerer Betrachtung zeigen sich jedoch erhebliche Probleme, die aus der Konzeption des Tatbestandsmerkmals als Umgehungstatbestand resultieren.

---

419 Vgl. KOMM vom 29.12.1970 – 71/23/EWG – *Keramische Fliesen*, ABl. EG 1971 Nr. L 10/15, 18; vom 07.12.1984 – 85/76/EWG – *Milchförderungsfonds*, ABl. EG 1985 Nr. L 35/35 Rn. 27; *Emmerich*, § 3 Rn. 40; *Kindhäuser/Meyer* in: FK-Kartellrecht, Art. 101 AEUV Bußgeldrechtliche Folgen Rn. 156.

420 *Emmerich* in: Immenga/Mestmäcker, Art. 101 Abs. 1 AEUV, Rn. 38.

421 S. zu den Bedenken gegen eine derartige Aufspaltung schon oben Kapitel III.B.2)a)ii).

Unklar ist nämlich das Verhältnis von Unternehmen zu den Verstößen von Unternehmensvereinigungen. Auch Unternehmensvereinigungen können Vereinbarungen treffen und Beschlüsse können – jedenfalls begrifflich – auch Vereinbarungen zwischen Unternehmen oder abgestimmte Verhaltensweisen darstellen;[422] zudem ist die Gründung einer Unternehmensvereinigung bzw. deren Satzung eine Vereinbarung ihrer Mitglieder[423]. Es fragt sich also, wie es zu beurteilen ist, wenn ein und dasselbe Verhalten sowohl für die Unternehmensvereinigung, als auch für ihre Mitglieder unter das Kartellverbot fällt.

Art. 23 Abs. 2 VO 1/2003 enthält dazu keine Regelung, so dass sowohl die Haftung der Unternehmensvereinigung, als auch die der einzelnen Mitglieder in Frage kommt. Eine derartige Auswahlmöglichkeit ist jedoch überaus bedenklich, da für die Beteiligten wenigstens aus organisatorischen Gründen klar sein muss, wer damit zu rechnen hat, Adressat einer Entscheidung zu werden. Hierbei geht es um das grundlegende Verhältnis zwischen der Haftung der Unternehmensvereinigung und ihren Mitgliedern. Dies erfordert eine Regelung durch den Gesetzgeber. Zwar kann aus dem Wortlaut Art. 101 Abs. 1 AEUV i.V.m. Art. 23 Abs. 2 UAbs. 1 lit. a) VO 1/2003 geschlossen werden, dass sowohl für Unternehmensvereinigungen als auch für ihre Mitglieder eine (gleichzeitige) Haftung in Betracht kommt, es fehlt jedoch jegliche Konkretisierung, wie in derartigen Fällen zu verfahren ist. Dies gilt auch für die Rechtsfolgen. Denn die Bestimmung des Art. 23 Abs. 2 UAbs. 3 VO 1/2003 hilft insofern auch nicht weiter, gilt sie doch nur für die Haftung der Unternehmensvereinigung, nicht aber für das Zusammentreffen von Verstößen von Vereinigung und Mitgliedern. Der bußgeldrechtlichen Haftung von Unternehmensvereinigungen und ihren Mitgliedern bei kumulierten bzw. übereinstimmenden Verstößen fehlt es somit an grundlegender Bestimmtheit.

Faktische Rechtssicherheit schafft aber auch die Praxis nicht. In der Regel verhängen Kommission und Gerichte bei wettbewerbsbeschränkendem Verhalten von Unternehmensvereinigungen Bußgelder, entweder nur gegen die Vereinigung, oder nur gegen ihre Mitglieder.[424] Es scheint jedoch kein festes

---

422 *Roth/Ackermann* in: FK-Kartellrecht, Art. 81 Abs. 1 EG Grundfragen Rn. 149; so sind wohl auch KOMM vom 30.07.1991 – 91/480/EWG – *IATA Passenger Agency Programme*, ABl. EG 1991 Nr. L 258/18 Rn. 47; vom 30.07.1991 – 91/481/EWG – *IATA Cargo Agency Programme*, ABl. EG 1991 Nr. L 258/29 Rn. 42 zu verstehen.

423 KOMM vom 26.10.1999 – 2000/117/EG – *Nederlandse Federatieve*, ABl. EG 2000 Nr. L 39/1 Rn. 95.

424 Vgl. EuG vom 15.03.2000 – Rsen. T-25/95 u.a. – *Cimenteries*, Slg. 2000, II- 491 Rn. 485.

Regel-Ausnahme-Verhältnis zu geben, ob die Vereinigung oder ihre Mitglieder haften.[425]

Etwas anderes kann darüber hinaus aber dann gelten, wenn die *individuelle* Beteiligung einzelner Unternehmen festgestellt werden kann. An sie können dann nach Ansicht von Kommission und Gerichten neben dem Bußgeld für die Vereinigung gesondert Entscheidungen gerichtet werden[426], so dass das wettbewerbswidrige Verhalten dann sowohl der Vereinigung, als auch den einzelnen Mitgliedern individuell zum Vorwurf gemacht wird.[427]

Dies wirft mehrere Probleme auf. Zum einen ist die Kumulation von Vorwürfen gegenüber der Unternehmensvereinigung und ihren Mitgliedsunternehmen weder in Art. 101 Abs. 1 AEUV, noch in der VO 1/2003 vorgesehen. Wie bereits angesprochen, schließt der Wortlaut von Art. 101 Abs. 1 AEUV und Art. 23 Abs. 2 UAbs. 1 VO 1/2003 eine derartige Kumulation aber auch nicht klar aus. Zum anderen werden die Mitglieder der Unternehmensvereinigung, oder jedenfalls einige von ihnen, in aller Regel in die Entscheidungsprozesse der Vereinigung einbezogen sein.[428] Es kann somit kaum sauber zwischen Tätigkeit der Vereinigung und Tätigkeit der Mitglieder differenziert werden. Selbst wenn eine Handlung eindeutig einem Mitgliedsunternehmen zugeschrieben werden kann, ist damit noch nicht geklärt, ob diese im Rahmen der Mitgliedschaft der

425 Vgl. KOMM vom 30.11.1994 – 94/815/EG – *Zement*, ABl. EG 1994 Nr. L 343/1 Abs. 65 Rn. 8, wo wohl davon ausgegangen wird, das i.d.R. die Unternehmen zu bebußen sind. *Roth/Ackermann* in: FK-Kartellrecht, Art. 81 Abs. 1 EG Grundfragen Rn. 149 geht hingegen davon aus, dass – die Rechtsfähigkeit vorausgesetzt – das Bußgeld grundsätzlich der Unternehmensvereinigung aufzuerlegen ist. In diese Richtung wohl auch EuG vom 23.02.2994 – Rsen. T-39/92 und T-40/92 – *Europay*, Slg. 1992, II-49 Rn. 139.

426 Vgl. die Darstellung in EuG vom 16.12.2003 – Rsen. T-5/00 und T-6/00 – *Nederlandse Federatieve*, Slg. 2003, II-5761 Rn. 348 ff.; KOMM vom 30.11.1994 – 94/815/EG – *Zement*, ABl. EG 1994 Nr. L 343/1 Abs. 65 Rn. 3; vom 26.10.1999 – 2000/117/EG – *Nederlandse Federatieve*, ABl. EG 2000 Nr. L 39/1 Rn. 31, 69 f., 85, 93, 144. In diese Richtung auch schon KOMM vom 10.07.1986 – 86/339/EWG – *Dach- und Dichtungsbahnen*, ABl. EG 1986 Nr. L 232/15.

427 Auf möglicherweise bestehende Bedenken in Bezug auf das Doppelbestrafungsverbot, wenn von der Kommission die Zugrundelegung des Umsatzes der Mitglieder für die Berechnung der Geldbuße für die Vereinigung damit begründet wird, dass in Wahrheit erstere die wettbewerbswidrigen Entscheidungen träfen (Argumentation der KOMM, wiedergegeben in EuG vom 23.02.2994 – Rsen. T-39/92 und T-40/92 – *Europay*, Slg. 1992, II-49 Rn. 132), kann an dieser Stelle nicht eingegangen werden.

428 Vgl. die soeben genannte Argumentation der Kommission in EuG vom 23.02.2994 – Rsen. T-39/92 und T-40/92 – *Europay*, Slg. 1992, II-49 Rn. 132.

Vereinigung begangen wurde, oder als individuelles Verhalten anzusehen ist. Allgemeingültige Kriterien für die Abgrenzung existieren im geschriebenen Recht ebenso wenig wie in der Kommissions- und Gerichtspraxis.

Daraus ergibt sich ein weiteres Problem. Denn offensichtlich wird auch begrifflich nicht immer zwischen den Rollen der Mitglieder als Bestandteil der Vereinigung einerseits und eigenständigem Unternehmen andererseits differenziert.[429] So wurde im Fall *Nederlandse Federatieve* der Unternehmensvereinigung FEG ein Bußgeld einerseits für eine Verabredung und aufeinander abgestimmte Verhaltensweisen mit einer anderen Unternehmensvereinigung, und andererseits für das Ausarbeiten von ihre Mitglieder bindenden Beschlüssen auferlegt.[430] Der TU, welche das größte Mitglied der FEG war, wurde darüber hinaus ein eigenes Bußgeld auferlegt, und zwar sowohl, weil sie über die Aktivitäten der FEG hinausgehend eigenständig Druck auf Vertragspartner ausgeübt habe, als auch, weil sie als größtes und bedeutendstes Mitglied der FEG eine besonders wichtige Rolle in letzterer eingenommen habe.[431] Sie habe somit an den Zuwiderhandlungen der FEG aktiv teilgenommen.[432]

Dies erweist sich als nicht stichhaltig. Soweit es um das Zustandekommen von Beschlüssen der FEG ging, kann der Vorwurf, TU habe eine besonders wichtige Rolle in der FEG gespielt, nämlich nicht als Begründung für die Verhängung eines eigenständigen Bußgeldes dienen. Dies ergibt sich schlicht daraus, dass wettbewerbsbeschränkende Beschlüsse gem. Art. 101 Abs. 1 AEUV nur der Unternehmensvereinigung selbst vorgeworfen werden können. Entgegen der

429 So auch *Roth/Ackermann* in: FK-Kartellrecht, Art. 81 Abs. 1 EG Grundfragen Rn. 149.

430 KOMM vom 26.10.1999 – 2000/117/EG – *Nederlandse Federatieve*, ABl. EG 2000 Nr. L 39/1 Art. 1, 2, 5 (1).

431 KOMM vom 26.10.1999 – 2000/117/EG – *Nederlandse Federatieve*, ABl. EG 2000 Nr. L 39/1 Rn. 31, 58, 69 f., 85, 93, 106, 144. So auch nochmals ausdrücklich in EuG vom 16.12.2003 – Rsen. T-5/00 und T-6/00 – *Nederlandse Federatieve*, Slg. 2003, II-5761 Rn. 348.

432 KOMM vom 26.10.1999 – 2000/117/EG – *Nederlandse Federatieve*, ABl. EG 2000 Nr. L 39/1 Art. 3. Versteht man „Teilnahme" im technischen Sinne, so fehlt es schon an der Sanktionierbarkeit an sich, da weder der Vertrag, noch die VO 1/2003 die Teilnahme an Kartellverstößen behandelt. Dementsprechend läge zweifellos ein Verstoß gegen das Gesetzlichkeitsprinzip und gegen den Bestimmtheitsgrundsatz vor. Dazu noch sogleich unten beim Merkmal der Wettbewerbsbeschränkung Kapitel III.B.I.2)c)i).

Auffassung des EuG[433] reicht auch der maßgebliche Einfluss eines Unternehmens am Zustandekommen der Beschlüsse nicht aus, und zwar auch dann nicht, wenn die Beschlüsse zusammen mit abgestimmten Verhaltensweisen eine einheitliche Zuwiderhandlung darstellen. Die selbstständige Bebußung von Unternehmen für die Beteiligung an Beschlüssen entbehrt einer gesetzlichen Grundlage.[434]

Davon ausgehend kann die Einbeziehung von Unternehmensvereinigungen in das Bußgeldregime von Art. 23 Abs. 2 UAbs. 1 VO 1/2003 i.V.m. Art. 101 Abs. 1 AEUV nur als misslungen angesehen werden. Denn das Zusammenfallen von Verstößen der Unternehmensvereinigung und Verstößen ihrer Mitglieder ist zwar vom Wortlaut des Art. 101 Abs. 1 AEUV erfasst, die bußgeldrechtliche Behandlung jedoch nicht in der entsprechenden Bußgeldnorm geregelt. Aufgrund der dargestellten Überschneidungen besteht erhebliche Unklarheit bezüglich der Sanktionierbarkeit in derartigen Fällen. Aus Art. 23 Abs. 2 VO 1/2003 geht nicht hervor, inwieweit und unter welchen Gesichtspunkten Unternehmensvereinigungen und ihre Mitgliedsunternehmen für einheitliche oder zusammenhängende Wettbewerbsverstöße gleichzeitig bußgeldrechtlich haftbar sind. Es fehlt somit diesbezüglich jegliche Vorhersehbarkeit und gesetzliche Bestimmtheit, was durch die undifferenzierte Argumentation von Kommission und Gerichten nur noch verschlimmert wird. Dabei könnte eine entsprechende Regel hinsichtlich der Rechtsfolgen, etwa durch Einfügen eines zusätzlichen Absatzes oder Unterabsatzes in Art. 23 VO 1/2003, leicht für das erforderliche Maß an Bestimmtheit sorgen.

iii) Exkurs: Verstöße gegen das Analogieverbot

Wie auch das Bestimmtheitsgebot folgt das Analogieverbot aus dem Gesetzlichkeitsprinzip.[435] Es verbietet die Anwendung von Strafnormen über die Wortlautgrenze hinaus. Somit überschneidet es sich mit dem Bestimmtheitsgebot insofern, als dass beide Grundsätze eine gesetzlich normierte Grundlage als Ausgangspunkt der strafrechtlichen Ahndbarkeit fordern (Gebot gesetzlicher Bestimmtheit). Geht es maßgeblich um die Auslegung über den Wortlaut hinaus,

---

433 EuG vom 16.12.2003 – Rsen. T-5/00 und T-6/00 – *Nederlandse Federatieve*, Slg. 2003, II-5761 Rn. 370 ff.

434 Vgl. auch EuG vom 23.02.2994 – Rsen. T-39/92 und T-40/92 – *Europay*, Slg. 1992, II-49 Rn. 139, wo noch ausdrücklich darauf hingewiesen wurde, dass es sich bei der Zugrundelegung des Mitgliederumsatzes bei der Bemessung des Bußgeldes für die Vereinigung nicht um ein Bußgeld gegen die Mitglieder handele.

435 Vgl. *Dannecker/Biermann* in: Immenga/Mestmäcker EG, vor Art. 23 ff. VO 1/2003 Rn. 41, 56 ff.

so ist das Analogieverbot einschlägig. Obgleich dies nicht Thema der vorliegenden Arbeit ist, so soll an dieser Stelle aufgrund der genannten Überschneidungen der Grundsätze gleichwohl kurz auf das Analogieverbot eingegangen werden. Im Rahmen der Unternehmensvereinigungen ergeben sich zwei Probleme:

a. Vereinigungen von Unternehmensvereinigungen

Über den Wortlaut des Art. 101 Abs. 1 AEUV hinaus sollen auch Vereinigungen von Unternehmensvereinigungen vom Kartellverbot erfasst sein, da das Tatbestandsmerkmal der Unternehmensvereinigung ohnehin der Umgehung des Kartellverbots durch indirekte Organisation vorbeugen solle[436] und es lediglich darauf ankomme, dass durch einen Beschluss die einzelnen Mitglieder der Vereinigung gebunden werden.[437] Maßgelblich ist also nur, dass die von der Vereinigung getroffenen Maßnahmen sich letztlich auf die einzelnen auf dem jeweils in Rede stehenden Markt tätigen Unternehmen auswirken.[438] Insbesondere eine eigene wirtschaftliche Tätigkeit der Unternehmensvereinigung ist nicht erforderlich.[439] Es handelt sich somit um einen Auffangstatbestand, welcher weit ausgelegt wird.[440] Dies ist zwar in zivilrechtlicher Hinsicht nachvollziehbar, für die bußgeldrechtliche Haftung kann aber nur der Normenwortlaut ausschlaggebend sein. Das bedeutet, dass ohne Anpassung des Wortlauts von Art. 101 Abs. 1 AEUV gegen Vereinigungen von Unternehmensvereinigungen keine Bußgelder verhängt werden dürfen. Eine derartige Bebußung würde gegen das aus dem Gesetzlichkeitsprinzip folgende Analogieverbot verstoßen, Art. 49 Abs. 1, 52 Abs. 1 S. 1 GRC.

b. Vereinbarungen zwischen Unternehmensvereinigungen

Entgegen dem Wortlaut des Art. 101 Abs. 1 AEUV gilt nach allgemeiner Ansicht die Modalität der Vereinbarungen sowohl für Unternehmen, als auch für

---

436 Vgl. EuGH vom 29.10.1980 – Rsen. 209/78 bis 215/78 und 218/78 – *van Landewyck u. a.*, Slg. 1980, 3125 Rn. 88; *Kindhäuser/Meyer* in: FK-Kartellrecht, Art. 101 AEUV Bußgeldrechtliche Folgen Rn. 156; *Lübbig* in: Wiedemann, § 7 Rn. 8.

437 KOMM vom 07.12.1984 – 85/76/EWG – *Milchförderungsfonds*, ABl. EG 1985 Nr. L 35/35 Rn. 27; *Emmerich* in: Immenga/Mestmäcker, Art. 101 Abs. 1 AEUV Rn. 40.

438 KOMM vom 30.11.1994 – 94/815/EG – *Zement*, ABl. EG 1994 Nr. L 343/1 Abs. 44 Rn. 2.

439 EuGH vom 29.10.1980 – Rsen. 209/78 bis 215/78 und 218/78 – *van Landewyck u. a.*, Slg. 1980, 3125 Rn. 88.

440 *Lübbig* in: Wiedemann, § 7 Rn. 8; *Roth/Ackermann* in: FK-Kartellrecht, Art. 81 Abs. 1 EG Grundfragen Rn. 130.

Unternehmensvereinigungen.[441] Es ist kein Grund ersichtlich, warum Vereinbarungen von Unternehmensvereinigungen nicht erfasst sein sollten. Da auch die Rechtsfolgen für alle Tathandlungen gleich sind, erscheint eine Differenzierung in der Tat nicht zwingend notwendig. Jedoch müsste dies auch gesetzlich geregelt sein. Die Ahndung von Vereinbarungen zwischen Unternehmensvereinigungen ist aber nicht vom Wortlaut des Art. 101 Abs. 1 AEUV gedeckt. Eine Ausdehnung der Bußgeldhaftung auch auf Vereinbarungen zwischen Unternehmensvereinigungen verstößt mithin gegen das Analogieverbot. Es ist daher erforderlich, die Geltung aller Tathandlungen sowohl für Unternehmen, als auch für Unternehmensvereinigungen im Vertragstext eindeutig festzuhalten, um dem Gesetzlichkeitsprinzip gerecht zu werden.[442]

c) Der Taterfolg

i) Die Wettbewerbsbeschränkung

Taterfolg des Art. 101 Abs. 1 AEUV ist die „Verhinderung, Einschränkung oder Verfälschung des Wettbewerbs". Diese Umschreibung wird unter dem Begriff Wettbewerbsbeschränkung zusammengefasst. Welcher Art die Beschränkung ist, ist irrelevant, solange sie durch Vereinbarungen von Unternehmen, Beschlüsse von Unternehmensvereinigungen oder abgestimmten Verhaltensweisen bezweckt oder bewirkt wird. Erfasst ist jede Einschränkung der wirtschaftlichen Handlungsmöglichkeiten, also die Wirkung des entsprechenden Verhaltens auf dem betroffenen Markt.[443] Dass der Wettbewerb zulasten der Endverbraucher eingeschränkt wird, ist demnach nicht erforderlich.[444] Da die Möglichkeiten, den freien Wettbewerb zu manipulieren und einzuschränken, äußerst vielfältig sind, ist die Eingrenzung des Taterfolgs auf näher umschriebene negative Auswirkungen auf den Markt oder die Marktteilnehmer auch nicht sinnvoll. Das Tatbestandsmerkmal ist somit sehr weit und konturlos. Art. 101 Abs. 1 HS 2 AEUV enthält lediglich eine Aufzählung sog. Hardcore-Kartelle, die immer wettbewerbsbeschränkenden Charakter haben, ist aber nicht abschließend und bietet insbesondere keine Kriterien, wann im Übrigen von einer Wettbewerbsbeschränkung auszugehen ist. Gleichwohl ist es in

---

441 Vgl. nur *Emmerich* in: Immenga/Mestmäcker, Art. 101 Abs. 1 AEUV Rn. 55; *Roth/Ackermann* in: FK-Kartellrecht, Art. 81 Abs. 1 EG Grundfragen Rn. 137 m.w.N.

442 Vgl. auch oben S. 93 f.

443 *Böse* in: Graf/Jäger/Wittig, Art. 23 KartVO Rn. 18; *Roth/Ackermann* in: FK-Kartellrecht, Art. 81 Abs. 1 EG Grundfragen Rn. 305 ff.

444 EuGH vom 04.06.2009 – Rs. C-8/08 – *T-Mobile Netherlands*, Slg. 2009, I-4529 Rn. 38 f.; vom 06.10.2009 – Rsen. C-501/06 P, C-513/06 P, C-515/06 P und C-519/06 P – *GSK*, Slg. 2009, I-9291 Rn. 63.

der Praxis in aller Regel möglich, die markteinschränkende Wirkung bestimmter Vereinbarungen, Beschlüsse oder abgestimmter Verhaltensweisen einzuschätzen. Erforderlich ist nur eine einzelfallbezogene Analyse der Auswirkungen der entsprechenden Maßnahmen auf den betroffenen Markt. In diesem Zusammenhang ist darauf hinzuweisen, dass die Unternehmen und Unternehmensvereinigungen als Akteure auf einem bestimmten Markt diesen selbst sehr genau analysieren müssen, um überhaupt konkurrenzfähig zu sein. Um den wirtschaftlichen Erfolg zu erhöhen, ist es dementsprechend für sie notwendig, die Auswirkungen von geplantem Marktverhalten vor der tatsächlichen Umsetzung im Voraus abzuschätzen. Es kann daher davon ausgegangen und im Rahmen ordentlicher Unternehmensführung auch verlangt werden, dass die Marktteilnehmer die möglichen Auswirkungen bestimmter Maßnahmen auf den entsprechenden Markt sehr genau vorhersehen können. Sie können demnach einschätzen, welche Arten von Vereinbarungen, Beschlüssen oder abgestimmten Verhaltensweisen zu einer Einschränkung der Handlungsmöglichkeiten auf dem Markt führen können. Kann der Erfolgseintritt aber derart vorhergesehen werden, so genügt auch ein sehr weit gefasster Taterfolg dem Bestimmtheitsgrundsatz. Denn dass jegliche negativen Auswirkungen auf die Freiheit des Wettbewerbs verhindert werden sollen, ist vom Gesetzgeber klar festgeschrieben worden.

ii) Die Spürbarkeit der Wettbewerbsbeschränkung

Eine Einschränkung erfährt das extrem weite Tatbestandsmerkmal der Wettbewerbsbeschränkung durch das Kriterium der Spürbarkeit. Demnach sind nur spürbare Wettbewerbsbeschränkungen vom Verbot des Art. 101 Abs. 1 AEUV erfasst. Es handelt sich dabei nach wohl nach h.M. um ein ungeschriebenes Tatbestandsmerkmal,[445] welches von Kommission und Gerichten entwickelt wurde[446] und nunmehr in der De-minimis-Bekanntmachung der Kommission[447]

---

445 *Emmerich* in: Immenga/Mestmäcker, Art. 101 Abs. 1 AEUV Rn. 142; differenzierend *Fuchs* ZWeR 2007, 369 (386 ff.), nach dessen Ansicht das Kriterium je nach Verständnis des Verhältnisses zum Erfordernis „gewisser Marktmacht" seine eigenständige Funktion als materielles Tatbestandsmerkmals verliere und lediglich verfahrensmäßig relevant bleibe. Die Frage kann an dieser Stelle allerdings dahinstehen.

446 Der EuGH forderte die Spürbarkeit der Wettbewerbsbeschränkung von Beginn an, vgl. EuGH vom 30.06.1966 – Rs. 56/65 – *LTM/MBU*, Slg. 1966, 282 (303). Allgemein und zur Entwicklung des Merkmals eingehend und mit entsprechenden Nachweisen: *Emmerich* in: Immenga/Mestmäcker, Art. 101 Abs. 1 AEUV Rn. 142 ff.

447 Bekanntmachung über Vereinbarungen von geringer Bedeutung, die im Sinne des Artikels 101 Absatz 1 des Vertrags über die Arbeitsweise der Europäischen Union

näher ausgestaltet ist. Da es sich um ein für die Beschuldigten Unternehmen günstiges – da einschränkendes – Merkmal handelt, ist dies jedoch aus Bestimmtheitsgesichtspunkten grundsätzlich nicht bedenklich. Gleichwohl kann es im Einzelfall schwierig sein, das Vorliegen dieses Kriteriums einzuschätzen.[448] Es sollte daher großzügig ausgelegt werden.

iii) Die Marktabgrenzung

Um eine Beschränkung des Wettbewerbs und deren Spürbarkeit auf einem Markt feststellen zu können, ist es zunächst erforderlich, den entsprechenden Markt zu identifizieren. Das ergibt sich nicht aus dem Wortlaut von Art. 101 Abs. 1 AEUV, ist aber eine logische Voraussetzung, um die Auswirkungen von Vereinbarungen, Beschlüssen oder aufeinander abgestimmten Verhaltensweisen feststellen zu können.[449] Die Identifikation des relevanten Marktes geschieht durch die Marktabgrenzung, bei der der jeweilige Markt in sachlicher, örtlicher und (eingeschränkt auch) zeitlicher Hinsicht bestimmt wird.[450]

Aufgrund ihrer Rolle als Voraussetzung für das Feststellen von Wettbewerbsbeschränkungen und deren Spürbarkeit ist die Marktabgrenzung kein eigentliches (ungeschriebenes) Tatbestandsmerkmal[451], welches zu erfüllen wäre, sondern stellt eine vorgelagerte Voraussetzung dar. Denn es ist klar, dass unabhängig vom Anbieterverhalten für alle Produkte ein bestimmter Markt besteht, lediglich wie sich dieser definiert, muss geklärt werden. Mit anderen Worten geht es also niemals um die Frage des „Ob", sondern bloß um das „Wie" des Marktes.

Diese Stellung der Voraussetzung „Marktabgrenzung" führt dazu, dass ihr Fehlen im Wortlaut von Art. 101 Abs. 1 AEUV insoweit nicht bedenklich ist, als es um die Existenz der Voraussetzung überhaupt geht, da sie, wie gesagt, Grundvoraussetzung für die Frage der Wettbewerbsbeschränkung bzw. deren Spürbarkeit ist und sich dies mithin vorhersehen lässt.

---

den Wettbewerb nicht spürbar beschränken (De-minimis-Bekanntmachung), ABl. EU 2014 Nr. C 291/1.

448 Vgl. *Montag/Rosenfeld* ZWeR 2003, 107 (121), dort allerdings in anderem Zusammenhang.

449 Vgl. auch die Bekanntmachung der Kommission über die Definition des relevanten Marktes im Sinne des Wettbewerbsrechts der Gemeinschaft, ABl. EG 1997 Nr. C 372/5 im Folgenden: Bekanntmachung zur Marktdefinition), Tz. 11.

450 *Roth/Ackermann* in: FK-Kartellrecht, Art. 81 Abs. 1 EG Grundfragen Rn. 365. Vgl. auch die Bekanntmachung zur Marktdefinition, Tz. 2.

451 So auch *Roth/Ackermann* in: FK-Kartellrecht, Art. 81 Abs. 1 EG Grundfragen Rn. 365.

Allerdings bleibt die Frage offen, auf welche Weise die Marktabgrenzung vorzunehmen ist. Da es mehrere Möglichkeiten gibt, den relevanten Markt zu bestimmten, welche zu abweichenden Ergebnissen führen können, führt das Fehlen einer Regelung zu Rechtsunsicherheit. Es handelt sich dabei aber um eine Kernfrage für die Feststellung von Kartellverstößen. Art. 101 Abs. 1 AEUV ist daher insoweit nicht ausreichend bestimmt.

Diese Unsicherheit soll durch die Bekanntmachung der Kommission über die Definition des relevanten Marktes abgemildert werden. Dies ist zwar insoweit begrüßenswert, als dass die Entscheidungspraxis dadurch eine gewisse Vorhersehbarkeit erhält[452], kann aber den Mangel an *gesetzlicher* Bestimmtheit nicht ausgleichen, da es sich nicht um zwingendes Recht handelt, sondern lediglich um eine Art Katalog von Verwaltungsvorschriften, die allenfalls zur Selbstbindung der Kommission führen können.

Kommission und Rechtsprechung wenden für die Marktdefinition vorrangig das sog. Bedarfsmarktkonzept an, welches darauf abstellt, ob ein bestimmtes Produkt aus Nachfragesicht durch ein Ähnliches ersetzt werden kann (Nachfragesubstitution).[453] Für die Beantwortung dieser Frage stellt die Kommission zusätzlich auf den SSNIP (small but significant non-transitory increase in price)-Test ab, welcher Auswirkungen von geringen, aber spürbaren Preiserhöhungen eines Produkts auf das Nachfrageverhalten analysiert.[454] Darüber hinaus kann aber auch die Angebotssubstituierbarkeit einbezogen werden.[455]

Über die mangelnde Festlegung des europäischen Gesetzgebers in Bezug auf das Verfahren zur Marktabgrenzung hinaus, birgt die Anwendung der Verfahren selbst Probleme. Denn da die Übergänge fließend sind, ist es für ein einzelnes Unternehmen ohne die Ermittlungsbefugnisse der Kommission kaum möglich, sichere Voraussagen über die Grenzen eines Marktes zu machen und so eine exakte Marktabgrenzung durchzuführen. Selbst bei Vorliegen eindeutiger Regeln

---

452 So das erklärte Ziel der Kommission in der Bekanntmachung zur Marktdefinition, Tz. 4.

453 Bekanntmachung zur Marktdefinition, Tz. 7 ff., 13; EuG vom 04.07.2006 – Rs. T-177/04 – *easyJet Airline*, Slg. 2006, II-1931 Rn. 99; vgl. auch *Roth/Ackermann* in: FK-Kartellrecht, Art. 81 Abs. 1 EG Grundfragen Rn. 365 f.

454 Bekanntmachung zur Marktdefinition, Tz. 11; vgl. auch *Roth/Ackermann* in: FK-Kartellrecht, Art. 81 Abs. 1 EG Grundfragen Rn. 373 f.

455 Bekanntmachung zur Marktdefinition, Tz. 20. Inhaltlich kann hier nicht näher auf die Abgrenzungsinstrumente eingegangen werden. S. dazu bspw. *Roth/Ackermann* in: FK-Kartellrecht, Art. 81 Abs. 1 EG Grundfragen Rn. 379 ff. sowie die Bekanntmachung zur Marktdefinition.

ist das Kriterium der Marktabgrenzung somit in der Praxis kaum handhabbar.[456] Deswegen werden Zweckmäßigkeitserwägungen in die Unterteilungen einbezogen, welche – so die Kommission ausdrücklich – ein gewisses Maß an Willkür enthalten, um zu praktikablen Ergebnissen zu kommen.[457] Obgleich derartige Zweckmäßigkeitsentscheidungen zulasten der Rechtssicherheit – sofern sie jedenfalls als Grundlage für die bußgeldrechtliche Verantwortlichkeit eines Unternehmens dienen – äußerst bedenklich sind[458], so erscheint jedoch eine grundlegende Änderung des Kriteriums der Marktabgrenzung mangels Alternativen nicht möglich, so dass an der bisherigen Marktabgrenzung festzuhalten sein dürfte. Notwendig ist allerdings die Festlegung der Abgrenzungsmethode in einer verbindlichen Norm. Die Regelung in einer Bekanntmachung der Kommission reicht, wie dargelegt, nicht aus.

d) Exkurs: Das Tätermodell im Europäischen Kartellbußgeldrecht

Die Weite von gesetzlich beschriebener Tathandlung und Taterfolg sowie das Fehlen allgemeiner Regelungen führt dazu, dass im Europäischen Kartellbußgeldrecht (auch ohne explizite Anordnung wie in § 14 Abs. 1 OWiG) ein Einheitstätermodell herrscht, da fast alle Verhaltensweisen, die sich negativ auf den Wettbewerb auswirken, unter Art. 101 Abs. 1 AEUV fallen. Eine Teilnahme nach dem existierenden System ist somit nicht erforderlich, um derartiges Verhalten von Unternehmen zu ahnden.[459] Irreführend sind daher die Ausführungen des Generalanwalts *Bot* in der Sache *ThyssenKrupp Nirosta*, wenn es dort heißt, eine natürliche oder juristische Person könne nicht haftbar gemacht werden, wenn sie „weder Täter noch Gehilfe einer Zuwiderhandlung" sei.[460] Die Aussage sollte allerdings nicht derart verstanden werden, dass *Bot* trotz Fehlens einer entsprechenden gesetzlichen Anordnung – und somit unter Verstoß gegen den Grundsatz *nullum crimen sine lege* – die Strafbarkeit der Teilnahme an

---

456 Vgl. *Emmerich* in: Immenga/Mestmäcker, Art. 101 Abs. 1 AEUV Rn. 154; vgl. auch *Roth/Ackermann* in: FK-Kartellrecht, Art. 81 Abs. 1 EG Grundfragen Rn. 372; im Zusammenhang mit Art. 101 Abs. 3 AEUV: *Schwintowski/Klaue* WuW 2005370 (376); im Zusammenhang mit der GVO 2790/1999 *Bechtold* EWS 2001, 49 (51).

457 KOMM vom 22.12.1987 – 88/88/EWG – *Olivetti/Canon*, ABl. EG 1988 Nr. L 52/51 Rn. 34.

458 Kritisch auch *Ackermann* EuZW 1999, 741 (742).

459 Vgl. *Schütz* in: GK, Art. 23 VO 1/2003 Rn. 18; a.A.: *Tiedemann* in: FS Jescheck, S. 1411 (1420 f.).

460 GA *Bot*, Schlussanträge vom 26.10.2010 – Rs. C-352/09 P – *ThyssenKrupp Nirosta*, Slg. 2011, I-2359 Rn. 162.

Wettbewerbsverstößen voraussetzt. Vielmehr ist darin angesichts des soeben Geschilderten eine *falsa demonstratio* zu sehen, da die vermeintlichen Teilnahmehandlungen ohnehin unter das Einheitstätermodell fallen.

Vom Einheitstätermodell gehen auch Kommission und EuG aus. Dies zeigte sich in der Entscheidung *Organische Peroxide* der Kommission und das nachfolgende Urteil des EuG, in welchen die AC Treuhand mit einem (aufgrund der erstmaligen Verhängung in einem derartigen Fall symbolischen) Bußgeld belegt wurde, weil sie die Kartellvereinbarungen anderer Unternehmen im Bereich organischer Peroxide organisierte und somit nach Auffassung von Kommission und Gericht ebenfalls gegen das Verbot von Wettbewerbsbeschränkungen verstieß.[461] Z.T. wird in der Literatur Kritik gegen die Sanktionierbarkeit derartigen Verhaltens (sog. „Kartellwächter") angebracht.[462] Entgegen dieser Kritik ist das Tatbestandsmerkmal der Wettbewerbsbeschränkung hinsichtlich des Bestimmtheitsgrundsatzes jedoch nicht bedenklich, da auch Koordinations- oder Überwachungstätigkeiten, wie in den zugrunde liegenden Entscheidungen, Einschränkungen des freien Wettbewerbs zur Folge haben können und somit eindeutig tatbestandsmäßig sind. Der Wortlaut von Art. 101 Abs. 1 AEUV erfordert nämlich lediglich die Beschränkung des Wettbewerbs innerhalb des Binnenmarktes, nicht aber, dass der Täter auch Marktteilnehmer in dem betroffenen Bereich ist.[463] Die Forderung *Hamanns*, Kriterien für eine Einschränkung des Täterkreises einzuführen[464] und auf diese die Weite des Taterfolges „Wettbewerbsbeschränkung" zu erreichen, ist dagegen in keiner Weise aus dem Normenwortlaut des Art. 101 Abs. 1 AEUV ersichtlich und würde somit gerade das Gegenteil des Gewollten erreichen; nämlich den sehr weiten, aber gesetzlich hinreichend bestimmten und somit vorhersehbaren Taterfolg durch eine

461 EuG vom 08.07.2008 – Rs. T-99/04 – *AC Treuhand*, Slg. 2008, II-1501 Rn. 112 ff.; KOMM vom 10.12.2003 – 2005/349/EG – *Organische Peroxide*, ABl. EU 2005 Nr. L 110/44 Rn. 9, 15. Vgl. zuvor schon die Entscheidung KOMM vom 17.12.1980 – 80/1334/EWG – *Gußglas in Italien*, ABl. EG 1980 Nr. L 383/19 Ziff. II B 4. Dort wurde FiDES eine Wettbewerbsbeschränkung dadurch angelastet, dass sie die ordnungsgemäße Durchführung einer Vereinbarung zwischen Glasherstellern überwachte. Aufgrund der außergewöhnlichen Umstände wurde jedoch insgesamt von der Verhängung von Bußgeldern abgesehen.

462 Vgl. *Dannecker/Biermann* in: Immenga/Mestmäcker, vor Art. 23 ff. VO 1/2003 Rn. 137; *Hamann*, S. 185 ff.; *Kindhäuser* in: FK-Kartellrecht[71], Art. 81 EG Bußgeldrechtliche Folgen, Rn. 109 f.

463 Vgl. *Weitbrecht/Baudenbacher* EuR 2010, 230 (235, 237); explizit auch EuG vom 08.07.2008 – Rs. T-99/04 – *AC Treuhand*, Slg. 2008, II-1501 Rn. 122.

464 *Hamann*, S. 187 f.

teleologische Reduktion des Täterkreises auf eine Art und Weise einzuschränken, die für die Adressaten aus dem Normtext heraus allein nicht mehr erkennbar ist. Dieser Vorschlag ist somit aus Gründen der gesetzlichen Bestimmtheit abzulehnen.[465] Eine Einschränkung muss deshalb auf andere Weise erreicht werden.

e) Bezwecken/Bewirken

Das Merkmal „Bezwecken/Bewirken" der Wettbewerbsbeschränkung begegnet keinerlei Bedenken in Bezug auf den Bestimmtheitsgrundsatz. Die Wettbewerbsbeschränkung ist – unabhängig von tatsächlichen Auswirkungen – bezweckt, wenn die konkreten Vereinbarungen/Beschlüsse/abgestimmten Verhaltensweisen potentiell wettbewerbsschädlich sind und die beteiligten Unternehmen diesen Effekt erreichen wollten.[466] Das Bewirken erfordert dagegen eine tatsächlich eingetretene Wettbewerbsbeschränkung, unabhängig vom Willen der beteiligten Unternehmen.[467]

II. Probleme in Bezug auf das Schuldprinzip

Viele der soeben dargestellten materiellrechtlichen Problemkreise sind nicht nur auf Fragen der Bestimmtheit beschränkt, sondern haben auch Auswirkungen in Bezug auf das Schuldprinzip. Im Folgenden soll die Tatbestandsseite des EU-Kartellbußgeldrechts in dieser Hinsicht untersucht werden. Zu den rechtlichen Grundlagen und soweit sich Fragen des Schuldprinzips aus den Ausführungen zur Bestimmtheit ergeben, wird auf die obigen Ausführungen verwiesen.

---

465 Aus rechtspolitischer Sicht mag etwas anderes gelten. Dann muss jedoch der Tatbestand des Art. 101 Abs. 1 AEUV insgesamt geändert werden. Dazu noch unten III.

466 GA *Kokott*, Schlussanträge vom 19.02.2009 – C-8/08 – *T-Mobile Netherlands*, Slg. 2009, I-4529 Rn. 47; *Emmerich* in: Immenga/Mestmäcker, Art. 101 Abs. 1 AEUV Rn. 172; *Hengst* in: Langen/Bunte, Art. 101 AEUV Rn. 218, 221; *Kjølbye* ECLR 2004, 566 (569); *Roth/Ackermann* in: FK-Kartellrecht, Art. 81 Abs. 1 EG Grundfragen Rn. 311.

467 *Hengst* in: Langen/Bunte Art. 101 AEUV Rn. 234; *Roth/Ackermann* in: FK-Kartellrecht, Art. 81 Abs. 1 EG Grundfragen Rn. 310. Zum Bezwecken: EuGH vom 14.03.2013 – Rs. C-32/11 – Allianz Hungária (in der digitalen Sammlung veröffentlicht), Rn. 38; vom 04.06.2009 – C-8/08 – *T-Mobile Netherlands*, Slg. 2009, I-4529 Rn. 31; GA *Kokott*, Schlussanträge vom 19.02.2009 – C-8/08 – *T-Mobile Netherlands*, Slg. 2009, I-4529 Rn. 42 ff.; a.A. *Emmerich* in: Immenga/Mestmäcker, Art. 101 Abs. 1 AEUV Rn. 179.

1) *Der funktionale Unternehmensbegriff*

a) *Allgemeine Bedenken gegen den funktionalen Unternehmensbegriff in Bezug auf das Schuldprinzip*

Neben den oben[468] diskutierten Bestimmtheitsproblemen des kartellrechtlich-funktionalen Unternehmensbegriffs besteht des Weiteren die Gefahr, dass an sich unbeteiligte juristische Personen über diesen erweiterten Unternehmensbegriff haftbar gemacht werden.[469] Der EuGH sieht die im funktionalen Unternehmensbegriff angelegte Gefahr von Verstößen gegen das Schuldprinzip nicht. Dies ist vor allem darauf zurückzuführen, dass der Begriff der persönlichen Verantwortlichkeit nicht auf die einzelne Rechtsperson, sondern das gesamte Unternehmen bezogen wird.[470] Aus dieser Sichtweise ergibt sich für die persönliche Verantwortlichkeit in der Tat kein Problem. Denn der Verstoß der Tochtergesellschaft wird innerhalb des Komplexes, welcher die wirtschaftliche Einheit ausmacht, vorwerfbar begangen.

Der Grundsatz der persönlichen Verantwortlichkeit muss sich aber – wie der Begriff schon sagt – auf eine Person beziehen, sei es eine Natürliche, sei es eine Juristische.[471] Das bedeutet, dass grundsätzlich von der Eigenverantwortlichkeit jeder Rechtsperson ausgegangen werden muss. Nur die eigene Rechtsfähigkeit kann auch eigene Verantwortungsfähigkeit bedeuten.[472] Mithin ist der Ansatz des EuGH verfehlt, die persönliche Verantwortlichkeit auf die wirtschaftliche

---

468 Kapitel III.B.I.2)a).

469 Vgl. *Voet van Vormizeele* WuW 2010, 1008 (1014), der von verschuldensunabhängiger Erfolgshaftung spricht. Für den Fall der Rechtsnachfolge vgl. *Bauer/Reisner* WuW 2007, 737 (742).

470 Vgl. EuGH vom 11.12.2007 – Rs. C-280/06 – *Autorità Garante*, Slg. 2007, I-20897 Rn. 38 f.; vom 20.01.2011 – Rs. C-90/09 P – *General Química*, Slg. 2011, I-1 Rn. 35 f.; vom 29.03.2011 – Rsen. C-201/09 P und C-216/09 P – *ArcelorMittal Luxembourg*, Slg. 2011, I-2239 Rn. 95, 101; vom 29.09.2011 – C-520/09 P – *Arkema*, Slg. 2011, I-8901 Rn. 37; vom 22.01.2013 – Rs. C-286/11 P – *Tomkins* (in der digitalen Sammlung veröffentlicht), Rn. 33 ff. vom 18.07.2013 – Rs. C-499/11 P – *Dow Chemical u. a.* (in der digitalen Sammlung veröffentlicht), Rn. 48; audrücklich EuG vom 27.09.2012 – T-347/06 – *Nynäs* Petroleum (in der digitalen Sammlung veröffentlicht), Rn. 40; vom 11.07.2014 – Rs. T-543/08 – *RWE und RWE Dea* (noch nicht in den amtlichen Sammlung veröffentlicht, zugänglich über curia.europa.eu), Rn. 68 ff.; vgl. auch *Leupold* ECLR 2013, 570 (579).

471 Vgl. *Böse* in: Graf/Jäger/Wittig, Art. 23 KartellVO Rn. 7; *de Bronett* EWS 2012, 113 (122); *Leupold* ECLR 2013, 570 (579).

472 Vgl. auch die Argumentation von Elf Aquitaine in EuGH vom 29.09.2011 – Rs. C-521/09 P – *Elf Aquitaine*, Slg. 2011, I-8947 Rn. 31.

Einheit zu beziehen. Diese Konstruktion gewährleistet für die einzelne Gesellschaft keinen ausreichenden Schutz vor bußgeldrechtlicher Haftung, ohne selbst vorwerfbar gegen das Kartellrecht verstoßen zu haben.

Überdies hält sich die Praxis selbst nicht stringent an die Gesamtschau des Unternehmens im funktionalen Sinne. So führt die Haftung der Muttergesellschaft nicht dazu, dass die Verantwortlichkeit der Tochter entfällt. Vielmehr stellte der EuG jüngst ausdrücklich klar, die Haftung der Mutter enthebe die Tochter „nicht ihrer eigenen Verantwortung als juristische Person".[473] Diese Sichtweise stimmt nicht mit der sonstigen Bezugnahme auf den funktionalen Unternehmensbegriff bei der Frage der persönlichen Verantwortlichkeit überein. Denn, wie soeben dargestellt, gibt es demnach nur eine Verantwortlichkeit des gesamten Unternehmens. Bei ganz strenger Auslegung wäre die Annahme des EuG ihrem Wortlaut nach noch nicht einmal mit Art. 101 Abs. 1 AEUV vereinbar, da es dort – den funktionalen Unternehmensbegriff zugrunde gelegt – nicht um die Verantwortung der einzelnen juristischen Person, sondern nur die des Unternehmens als Normadressat geht.

Zusätzlich problematisch sind die Formulierungen, die sich in Bezug auf den Grund der Haftung der Mutter an den entsprechenden Stellen finden. So wird teilweise von einer Zurechnung des Verstoßes der Tochter zur Mutter bzw. der Ermöglichung der Verpflichtung auch der Mutter aufgrund der wirtschaftlichen Einheit gesprochen[474], teilweise davon, dass durch die wirtschaftliche Einheit auch die Mutter am Verstoß beteiligt gewesen sei bzw. alle in Rede stehenden Konzernunternehmen den Verstoß begangen hätten.[475] Mitunter wechseln die Formulierungen sogar innerhalb einer Entscheidung.[476] Ein inhaltlicher Unterschied soll darin wohl nicht bestehen, außer wenn erwiesen ist, dass die Mutter selbst aktiv an dem Verstoß beteiligt war.[477] Von einem eigenen Verstoß der

473 EuG vom 03.03.2011 – Rsen. T-122/07 bis 124/07 – *Siemens VA Tech*, Slg. 2011, II-793 Rn. 196.

474 EuG vom 10.09.2009 – C-97/08 P – *Akzo Nobel*, Slg. 2009, I-8237 Rn. 58; vom 20.01.2011 – Rs. C-90/09 P – *General Química*, Slg. 2011, I-1 Rn. 102; vom 15.09.2011 – Rs. T-234/07 – *Grolsch*, Slg. 2011, II-6169 Rn. 90; vom 29.09.2011 – Rs. C-520/09 P – *Arkema*, Slg. 2011, I-8901 Rn. 38.

475 KOMM vom 08.11.2005 – K(2006) 5342 endg. – *Stahlträger*, Zusammenfassung in ABl. EU 2008 Nr. C 235/4 Rn. 3 f.

476 Z. B. in KOMM vom 21.12.2005 – COMP/F/38.443 – *Kautschukchemikalien*, Rn. 248, 264, 265.

477 Vgl. EuG vom 31.03.2009 – Rs. T-405/06 – *ArcelorMittal Luxembourg*, Slg. 2009, II-789 Rn. 100.

Mutter kann jedoch keine Rede sein, wenn sie selbst keinerlei Maßnahmen – gleich welcher Art – getroffen hat, welche zu dem Verstoß beigetragen haben können, es aber nur auf die Einflussnahme der Mutter auf die Tochter ankommen soll. In diese Richtung geht auch das *Grolsch*-Urteil des EuG, in dem festgestellt wurde, dass nicht von unmittelbarer Beteiligung der Mutter ausgegangen werden kann, wenn ihr selbst keinerlei Aktivitäten in Bezug auf den Verstoß nachgewiesen werden können.[478] Allerdings wurde eine Differenzierung hier lediglich unter dem Gesichtspunkt der Möglichkeit der Widerlegung der 100 %-Vermutung gefordert.[479] Eine Auseinandersetzung mit der Frage der Schuld fand dagegen nicht statt. Auch in anderen Urteilen wird darauf hingewiesen, dass die Haftung der Mutter nicht an eine persönliche Beteiligung an dem Verstoß anknüpft, sondern lediglich an die (vermutete) Steuerungsfähigkeit der Tochter.[480] Damit wird der Mutter jedoch kein Verstoß vorgeworfen, sondern nur noch die Verantwortlichkeit für den Verstoß der Tochter zugewiesen. Es wird ihr so ein Verhalten zum Vorwurf gemacht, welches nicht selbst einen Verstoß gegen das Kartellrecht darstellt, sondern nur den Verstoß der Tochter ermöglicht. Dies entspricht jedoch nicht dem strafrechtlichen Schuldbegriff im Sinne der individuellen Vorwerfbarkeit der Verwirklichung eines Straf- bzw. Bußgeldtatbestands. Um eine derartige Verantwortlichkeit der Mutter bußgeldrechtlich festzulegen, wäre es notwendig, einen entsprechenden Zurechnungstatbestand zu normieren. Selbst wenn der funktionale Unternehmensbegriff hinreichend gesetzlich geregelt wäre und dem Bestimmtheitsgrundsatz genügen würde, so fehlte es doch immer noch an einem Vorwurf gegenüber der Mutter. Denn die konzernmäßige Verbindung allein stellt keinen Verstoß gegen Art. 101 Abs. 1 AEUV dar und kann der Mutter folglich nicht zum Vorwurf gereichen.

b) Die Differenzierung zwischen materiellem und Verfahrensrecht sowie die Inkonsequenz bei der Anwendung

Zunächst problematisch ist die Differenzierung zwischen dem materiellen und verfahrensrechtlichen Unternehmensbegriff. Denn durch die Möglichkeit der Zurechnung des Verhaltens einer funktionalen Einheit zu einem mit jener nicht deckungsgleichen Rechtsträger entsteht die Gefahr, dass eine juristische Person

---

478 EuG vom 15.09.2011 – Rs. T-234/07 – *Grolsch*, Slg. 2011, II-6169 Rn. 84 ff.

479 EuG vom 15.09.2011 – Rs. T-234/07 – *Grolsch*, Slg. 2011, II-6169 Rn. 86 ff.

480 EuGH vom 20.01.2011 – Rs. C-90/09 P – *General Químicia*, Slg. 2011, I-1 Rn. 38; vom 29.03.2011 – Rsen. C-201/09 P und C-216/09 P – *ArcelorMittal Luxembourg*, Slg. 2011, I-789 Rn. 88; vom 29.09.2011 – Rs. C-521/09 P – *Elf Aquitaine*, Slg. 2011, I-8947 Rn. 55.

Adressat eines Bußgeldbeschlusses wird, obwohl sie für den Verstoß nicht verantwortlich ist.[481] Dies gilt umso mehr, als dass sich aus den unterschiedlichen Zurechnungsmodellen von Kommission und Gerichten[482] auch Konsequenzen für die Frage der Schuld ergeben. Soweit nämlich die Zurechnung lediglich erfolgt, um den Beschluss zustellen zu können, liegt darin kein eigener (Schuld-) Vorwurf, vielmehr handelt es sich um reine Zweckmäßigkeit. Geht man jedoch mit der *Akzo Nobel*-Rechtsprechung[483] vom Vorliegen eines einheitlichen Unternehmens aus, so wird der Vorwurf gegen den materiellrechtlichen Adressaten durch die Adressierung an die Rechtsperson auch auf diese ausgedehnt. Entsprechend gilt der Vorwurf, welcher für die materiellrechtliche Verantwortlichkeit über die Figur der wirtschaftlichen Einheit konstruiert wird, im letzteren Falle auch für die juristische Person, die Adressatin des Beschlusses ist. Zwar mag dies praktisch keine Auswirkung haben, da in beiden Fällen derselbe Rechtsträger Adressat der Bußgeldentscheidung ist, jedoch besteht ideell gesehen ein erheblicher Unterschied, ob sich die Haftung lediglich aus Zweckmäßigkeitsgesichtspunkten ergibt, oder ob mit ihr ein entsprechender Verhaltensvorwurf einhergeht. Eine Auseinandersetzung mit diesem Problem im Hinblick auf das Schuldprinzip findet sich in der Praxis jedoch nicht. Die Trennung und uneinheitliche Handhabung des Unternehmensbegriffs ist mithin auch unter dem Gesichtspunkt der Schuld im Sinne persönlicher Vorwerfbarkeit bedenklich.

c) Die tatsächliche Einflussnahme

Auch bei der Konstruktion der wirtschaftlichen Einheit bestehen Bedenken hinsichtlich der Einhaltung des Schuldprinzips. Dies betrifft zunächst den Nachweis der tatsächlichen Einflussnahme. Hier gilt nach der Entscheidungspraxis von Kommission und Gerichten, wie oben[484] bereits dargestellt, die Regel, dass die tatsächliche Einflussnahme der Muttergesellschaft auf das Verhalten der Tochter vermutet wird, wenn ihre Beteiligung an der Tochter nahezu 100 % beträgt. Der konkrete Nachweis einer Verhaltenssteuerung ist dann also nicht mehr notwendig. Das EuG geht nunmehr sogar davon aus, der Umstand, dass ein Mitarbeiter der Geschäftsleitung der Mutter dem Geschäftsführer der Tochter die Teilnahme an kartellrechtswidrigen Absprachen untersagt habe, widerlege die Vermutung nicht. Dieser spreche im Gegenteil für das Vorliegen eines

---

481 Vgl. *Böse* in: Graf/Jäger/Wittig, Art. 23 KartellVO Rn. 7.

482 S.o. Kapitel III.B.I.2)a)iii)a.

483 Vgl. oben Kapitel III.B.I.2)a)iii)b.

484 Kapitel III.B.I.2)a)iii)b.

bestimmenden Einflusses der Mutter auf die Tochter, da schwer vorstellabr sei, dass eine solche Weisung erteilt würde, wenn sie nicht durchsetzbar wäre.[485] Die Haftungszurechnung kann infolge dessen in vielen Fällen allein auf die konzernmäßige Verbindung der Gesellschaften gestützt werden. Ist aber allein die kapitalmäßige Beteiligung für die Haftung maßgebend, so wird die bußgeldrechtliche Verantwortlichkeit völlig vom individuellen Verhalten einer (Mutter-) Gesellschaft gelöst. Zwar ist weiterhin erforderlich, dass die Vermutung aufgrund der konzernmäßigen Verbindung nicht widerlegt wird. Es folgt in derartigen Fällen in der Regel eine Aufzählung von Indizien dafür, dass die Mutter tatsächlich einen bestimmenden Einfluss auf die Tochter gehabt habe[486], so dass dann im Ergebnis doch ein konkreter Vorwurf gemacht wird. Die Aussage, die Verbindung zweier Gesellschaften zu einem Unternehmen reiche als Vorwurf aus, wird somit entschärft. Dies ist jedoch in Ansehung der Vermutungsregel nicht zwingend und wird lediglich als Argumentationshilfe eingesetzt.[487] Wird der Mutter aber die Erbringung des Gegenbeweises aufgebürdet, hat das zur Folge, dass, wenn ihr dies – aus welchen Gründen auch immer – nicht gelingt, sie bußgeldrechtlich haften muss, auch wenn sie im Einzelfall tatsächlich keinerlei Einfluss auf das zum Kartellverstoß führende Verhalten der Tochter hatte. Für sich genommen bedeutet dann der bloße Vorwurf der unternehmensmäßigen Verbindung als Begründung für die Zurechnung auf die einzelne Gesellschaft als Rechtsperson bezogen eine verschuldensunabhängige Haftung[488] und damit (über das Problem, was im Falle der Zurechnung überhaupt vorgeworfen wird hinaus) einen Verstoß gegen das Schuldprinzip.[489] Denn es besteht die Gefahr,

---

485 EuG vom 23.01.2014 – Rs. T-391/09 – *Evonik Degussa und AlzChem* (in der digitalen Sammlung veröffentlicht), Rn. 90 ff.

486 EuGH vom 10.09.2009 – C-97/08 P – *Akzo Nobel*, Slg. 2009, I-8237 Rn. 77; KOMM vom 20.10.2004 – COMP/C.38.238/B.2 – *Rohtabak Spanien* Rn. 372; vom 19.01.2005 – C(2004) 4876 final – COMP/E-1/C.37.773 – *MCAA*, Rn. 227 ff., 239 ff.; vom 21.12.2005 – COMP/F/38.443 – *Kautschukchemikalien*, Rn. 257 f.

487 Vgl. EuGH vom 16.11.2000 – Rs. C-286/98 P – *Stora Koppabergs Bergslags*, Slg. 2000, I-9925 Rn. 29 und die Auslegung dieses Urteils in EuGH vom 10.09.2009 – C-97/08 P – *Akzo Nobel*, Slg. 2009, I-8237 Rn. 62; vom 20.01.2011 – Rs. C-90/09 P – *General Quimicia*, Slg. 2011, I-1 Rn. 41; vom 29.03.2011 – Rsen. C-201/09 P und C-216/09 P – *ArcelorMittal Luxembourg*, Slg. 2011, I-789 Rn. 99; vom 29.09.2011 – Rs. C-521/09 P – *Elf Aquitaine*, Slg. 2011, I-8947 Rn. 80.

488 So auch *Thomas* KSzW 2011, 10 (12 f.); *Voet van Vormizeele* WuW 2010, 1008 (1014). Im Ansatz auch *Pohlmann*, S. 42.

489 Mit Bedenken auch *Papakiriakou*, S. 231 f.; a.A. *Heinichen*, S. 106. Darüber hinaus bestehen Bedenken in Bezug auf die Unschuldsvermutung, vgl. nur *Dannecker/*

dass die im Einzelfall völlig unbeteiligte Mutter ohne vorwerfbare eigene Mitwirkung haftbar gemacht, also schuldlos sanktioniert wird, insbesondere weil der Gegenbeweis kaum zu erbringen ist.[490] Trotz dieser Bedenken macht die Kommission von dieser Vermutungsregelung – und spätestens seit dem *Akzo Nobel*-Urteil auch mit ausdrücklicher Billigung durch den EuGH[491] – regelmäßig Gebrauch[492]. Das EuG hat dies auch erst jüngst ausführlich damit gerechtfertigt, dass in einem Konzern eine einheitliche geschäftliche Interessenlage bestehe, die die Anwendung der Vermutungsregel gebiete.[493] Dabei gesteht der EuGH zwar zu, dass die Widerlegung der Vermutung schwierig sei, jedoch sei eine leicht zu

---

Biermann in: Immenga/Mestmäcker, vor Art. 23 ff. VO 1/2003 Rn. 99; *Heinichen*, S. 105 f.; *La Rocca*, ECLR 2011, 68 (73); *Voet van Vormizeele* WuW 2010, 1008 (1013). Darauf soll hier jedoch nicht näher eingegangen werden.

490 *Kling* ZWeR 2011, 169 (178); *Thomas* KSzW 2011, 10 (12); *Voet van Vormizeele* WuW 2010, 1008 (1012 ff.). Arkema, Elf Aquitaine und FLS Plast unterstellen gar eine unwiderlegliche Vermutung, vgl. EuGH vom 29.09.2011 – Rs. C-520/09 P – *Arkema*, Slg. 2011, I-8901 Rn. 43 f.; vom 29.09.2011 – Rs. C-521/09 P – *Elf Aquitaine*, Slg. 2011, I-8947 Rn. 42 ff., vom 19.06.2014 – Rs. C-243/12 P – *FLS Plast* (in der digitalen Sammlung veröffentlicht), Rn. 16 ff.; s. dazu schon Kapitel III.B.II.2)a)iii) b, in diese Richtung auch *Leupold*, ECLR 2013, 570 (571 ff., 582). Tatsächlich ist der Gegenbeweis soweit ersichtlich noch nie erbracht worden, vgl. auch *Kellerbauer/Weber* EuZW 2014, 688 (689). Immerhin hat der EuGH nunmehr entschieden, dass die Kommission in ihrer Mitteilung der Beschwerdepunkte bei Inanspruchnahme einer Muttergesellschaft für den Verstoß der Tochter klar machen muss, dass ihr kein eigener Vorwurf gemacht wird, sondern die Haftung sich aus dem bestimmenden Einfluss auf die Tochter ergibt, vgl. EuGH vom 27.03.2014 – Rs. C-612/12 P – *Ballast Nedam NV* (noch nicht in den amtlichen Sammlung veröffentlicht, zugänglich über curia.europa.eu), Rn. 22 ff.

491 EuGH vom 10.09.2009 – C-97/08 P – *Akzo Nobel*, Slg. 2009, I-8237 Rn. 60 ff.

492 Eine Ausnahme stellt in der jüngeren Kommissionspraxis insofern nur die Entscheidung *Rohtabak Spanien* (KOMM vom 20.10.2004 – COMP/C.38.238/B.2 – Rn. 375 f.) dar, in der die Kommission trotz 100 %iger Beteiligung die Verfügung in zwei Fällen nicht an die Mütter richtete. Zwar stellte sie zunächst fest, dass grundsätzlich die Mütter aufgrund ihrer Beteiligung verantwortlich seien. Da in besagten zwei Fällen aber keine Indizien für eine Beteiligung an dem kartellrechtswidrigen Verhalten der Töchter vorlagen, sei es nicht angebracht, die Entscheidungen an die Mütter zu richten. Die Entscheidung stellt somit aber die Vermutungsregel im Falle 100 %iger Beteiligung nicht in Abrede.

493 EuG vom 11.07.2014 – Rs. T-543/08 – *RWE und RWE Dea* (noch nicht in den amtlichen Sammlung veröffentlicht, zugänglich über curia.europa.eu), Rn. 50. Dagegen hatte der EuGH 1979 noch festgestellt, dass durch das Bestehen wirtschaftlicher Abhängigkeit zwischen Mutter- und Tochtergesellschaft weder Verhaltens- noch

widerlegende Vermutung praktisch nutzlos.[494] Allerdings wurden in den Urteilen *General Química*, *Grolsch* und *Elf Aquitaine* die Anforderungen an die Entscheidungsbegründungen der Kommission präzisiert.[495] Auf diese Weise kann die Gefahr der Haftung ohne eigene Mitwirkung – sei es auch nur durch die Verhaltenssteuerung – eingeschränkt werden, da sich die Kommission genau mit den Indizien für die Unabhängigkeit von Tochtergesellschaften auseinandersetzen muss, um ihre Zurückweisung ausreichend begründen zu können. Als gebannt kann die Gefahr schuldloser Haftung dadurch gleichwohl nicht gelten.[496] Nach zutreffendem Verständnis des Prinzips der persönlichen Verantwortlichkeit bzw. des Schuldprinzips ist die 100 %-Vermutung mithin schon im Ansatz unzulässig, da sie nicht notwendigerweise die individuelle Verantwortung der bebußten Rechtsperson voraussetzt, sondern sich im Einzelfall mit der Unwiderlegbarkeit der Vermutung zufrieden gibt.

In der Sache *Aristrain* weitete der EuG die Grundsätze der 100 %-Vermutung sogar noch aus und ließ die bloße konzernmäßige Verbindung und gleichförmiges Verhalten von Schwestergesellschaften für die Bejahung einer wirtschaftlichen Einheit genügen. Eine tatsächliche Kontrolle musste ebenso wenig nachgewiesen werden wie ein Abhängigkeitsverhältnis aufgrund kapitalmäßiger Beteiligung untereinander.[497] Mit einer derartigen Zurechnung würde jedoch der Begriff „wirtschaftliche Einheit“ dazu verwendet, sich der Aufklärungs- und Beweislast zu entziehen. Denn die Kommission müsste streng genommen schon die bloße Einflussmöglichkeit einer Gesellschaft auf eine andere nicht mehr nachweisen, von deren tatsächlicher Ausübung ganz zu schweigen. Dies könnte zu zufälligen Ergebnissen führen. Eine derartige Zurechnung verstieße jedoch klar gegen das Schuldprinzip[498], da nur derjenige bestraft werden kann, dessen Verantwortlichkeit für ein Verhalten zweifelsfrei feststeht. Das ist indes gerade nicht der Fall, wenn lediglich ein Verstoß festgestellt ist, aber nicht mit Sicherheit

---

Interessenunterschiede ausgeschlossen würden, EuGH vom 12.07.1979 – Rsen. 32/78, 36/78 bis 82/78 – *BMW Belgium*, Slg. 1979, 2435 Rn. 24.

494 EuGH vom 29.09.2011 – Rs. C-521/09 P – *Elf Aquitaine*, Slg. 2011, I-8947 Rn. 61; vom 30.04.2014 – Rs. C-238/12 P – *FLSmidth* (noch nicht in den amtlichen Sammlung veröffentlicht, zugänglich über curia.europa.eu), Rn. 28; vom 19.06.2014 – Rs. C-243/12 P – *FLS Plast* (in der digitalen Sammlung veröffentlicht), Rn. 30.

495 S. zum Inhalt dieser Urteile oben Kapitel III.B.I.2)a)iii)b.

496 Kritisch auch *Leupold* ECLR 2013, 570 (571 ff.).

497 EuG vom 11.03.1999 – Rs. T-156/94 – *Aristrain*, Slg. 1999, II-645 Rn. 64. Vgl. schon oben Kapitel III.B.I.2)a)iii)b.

498 So auch *Steinle* EWS 2004, 118 (122).

gesagt werden kann, in welchem Umfang dieser auf welche Gesellschaft tatherrschaftlich zurückgeht. Dies sah aber auch der EuGH, weswegen er der Argumentation des EuG nicht folgte.[499]

Begründet wird die Vermutungsregel – wenn überhaupt – mit Zweckmäßigkeitserwägungen. So könne in der Sphäre der Betroffenen am besten ermittelt werden, ob die Vermutung zutreffe.[500] Nicht zuletzt diene die Regel (selbstverständlich) dem Ziel, Wettbewerbsverstöße zu unterbinden und Wiederholungen verhindern.[501] Die Vermutung diene dem Ausgleich dieses Ziels mit Beschuldigtenrechten, wie u. a. der Unschuldsvermutung[502] (und damit einhergehend auch dem Schuldprinzip). Diese Behauptung überzeugt angesichts der aufgezeigten Gefahren der Bußgeldhaftung ohne eigenes Fehlverhalten indes keinesfalls.

d) Die Rechtsnachfolge

Die Rechtsnachfolge bei der Bußgeldhaftung stellt ein grundsätzliches Problem in Bezug auf das Schuldprinzip bzw. das Prinzip der persönlichen Verantwortung dar, wenn man dies richtigerweise auf die einzelne juristische Person bezieht. Man könnte zwar mit der Parallele zu natürlichen Personen argumentieren, bei denen die strafrechtliche Haftung nicht auf die Erben übergeht. Stellt man demnach einzig auf die gesellschaftsrechtlichen Grenzen ab, so können wertende Gesichtspunkte an sich keine Rolle spielen. Die persönliche Verantwortlichkeit endet, wenn die Person aufhört zu existieren.

Dieser Grundsatz lässt sich jedoch nicht ohne weiteres auf juristische Personen übertragen. Vielmehr müssen, wie bereits angedeutet, im Bereich der Haftung juristischer Personen Ausnahmen gelten. Die Notwendigkeit der Rechtsnachfolge ergibt sich schon daraus, dass anderenfalls eine Gesellschaft durch Änderung ihrer Rechtsform trotz inhaltlich gleichbleibender Identität jeglicher Bußgeldhaftung entgehen könnte. Auch rein rechtlich gesehen ist aber eine Differenzierung angezeigt. Denn juristische Personen handeln nicht durch sich selbst, sondern durch natürliche Personen, deren Handeln im Rahmen der Tätigkeit für die juristische Person letzterer im Rahmen von gesetzlichen Wertungen zugerechnet wird. Der Grundsatz der persönlichen Verantwortlichkeit ist im Fall von juristischen Personen daher ohnehin modifiziert. Bei Änderung der Rechtsform oder Verlust der Rechtsfähigkeit einer juristischen Person durch

---

499 EuGH vom 02.03.2003 – Rs. C-196/99 P – *Aristrain*, Slg. 2003, I-11005 Rn. 94 ff.
500 EuGH vom 29.09.2011 – Rs. C-521/09 P – *Elf Aquitaine*, Slg. 2011, I-8947 Rn. 60.
501 EuGH vom 29.09.2011 – Rs. C-521/09 P – *Elf Aquitaine*, Slg. 2011, I-8947 Rn. 59.
502 EuGH vom 29.09.2011 – Rs. C-521/09 P – *Elf Aquitaine*, Slg. 2011, I-8947 Rn. 59.

Übernahme hören somit die unmittelbar Handelnden – anders als beim Tod natürlicher Personen – nicht auf zu existieren. Es fällt lediglich die rechtliche Hülle weg, die sie bislang hatten.

Differenziert werden muss bei der näheren Betrachtung wiederum zwischen der echten und der unechten Rechtsnachfolge.

i) Die echte Rechtsnachfolge

Grund für die Haftung in den Fällen echter Rechtsnachfolge (Verlust der bisherigen Rechtspersönlichkeit) ist, wie oben dargestellt[503], die Verhinderung von Umgehungen durch gesellschaftsrechtliche Umwandlungen. Bei der bloßen Änderung der Rechtsform liegt dies ohne weiteres auf der Hand. Da hier die juristische Person inhaltlich gleich bleibt (funktionale und inhaltliche Kontinuität) und lediglich ihre „äußere Erscheinung" ändert, stellt diese Konstellation nur bei formalistischer Betrachtung ein Problem dar. Aufgrund der inhaltlichen Identität kann das Prinzip der persönlichen Verantwortlichkeit hier jedoch ohne weiteres Anwendung finden. Es bestehen insoweit keine Bedenken hinsichtlich des Schuldprinzips.

Auch bei einer echten Übernahme ist diese Praxis durchaus nachvollziehbar. Denn geht die Rechtspersönlichkeit bei der Übernahme verloren, so kann die übernommene Einheit nicht mehr selbst nach den oben genannten Grundsätzen haften. Dass die übernehmende Gesellschaft haftbar gemacht wird, ist nach Begründung der Kommission eine notwendige Folge, da die Bußgeldentscheidung nicht an den rechtlich nicht mehr selbstständigen Verursacher des Kartellverstoßes gerichtet werden kann.[504] Diese Regelung stimmt im Ergebnis mit den allgemeinen Grundsätzen zur Rechtsnachfolge aus dem Gesellschaftsrecht überein (freilich ohne dass die Kommission darauf abstellen würde). Wenn die übernehmende Rechtsperson also die Ressourcen und das Personal – als quasi den von der rechtlichen Hülle entkleideten tatsächlichen Kern – der Übernommenen erhält und das Geschäft fortführt, erscheint es angemessen, auch die Belastungen auf sie übergehen zu lassen. Die Haftung verbleibt damit bei denjenigen, die die durch Wertungsgesichtspunkte auf die juristische Person übertragene eigentliche Verantwortung für kartellrechtswidriges Handeln tragen. Diese Sicht erlaubt einen Haftungsübergang unter Beachtung des (modifizierten) Prinzips der Verantwortlichkeit.

---

503 Kapitel III.B.I.2)a)iii)c.i.

504 KOMM vom 23.04.1986 – 86/398/EWG – *Polyprophylen*, ABl. EG 1986 Nr. L 230/1 Rn. 101.

Neben der Haftung der übernehmenden Gesellschaft für das nunmehr rechtlich unselbstständige erworbene Geschäftsfeld müsste darüber hinaus nach den allgemeinen Kriterien zur Verantwortlichkeit der wirtschaftlichen Einheit auch eine Haftung der „alten“ Inhaberin weiterhin möglich sein, sofern hier eine tatsächliche Kontrolle erfolgte.[505] Es stellen sich sodann wieder die allgemeinen Probleme des funktionalen Unternehmensbegriffs in Bezug auf das Schuldprinzip.

ii) Die unechte Rechtsnachfolge

Nach den Grundregeln der unechten Rechtsnachfolge geht die Rechtspersönlichkeit der übernommenen Gesellschaft nicht verloren, so dass die Bußgeldentscheidung an sie adressiert wird. Die übernehmende Mutter, der ein vorausgegangener Verstoß der neuen Tochter mangels Steuerungsfähigkeit nicht vorgeworfen werden könnte, wird so nicht zur Verantwortung gezogen. Diese Grundregeln der unechten Rechtsnachfolge sind somit nicht bedenklich hinsichtlich des Schuldprinzips, denn die tatsächlich verantwortliche Rechtsperson wird in Haftung genommen.

In der Praxis besteht durch das Einfließen von Zweckmäßigkeitsgesichtspunkten[506] aber die Gefahr von verschuldensloser Haftung.[507] Deutlich wird dies insbes. in den Haftungsübernahmefällen, jüngst etwa im Verfahren *ThyssenKrupp Nirosta.*[508] ThyssenKrupp Nirosta wurde hier das Bußgeld auch für einen Verstoß von Thyssen Stahl auferlegt, aus der erstere entstanden war. Dies war auf die schriftliche Übernahme der Haftung durch ThyssenKrupp Nirosta zurückzuführen. Wie schon ausgeführt[509], ist dies mit den Anforderungen des Gebots gesetzlicher Bestimmtheit nicht vereinbar. Die Problematik, der sich der EuGH in diesem Fall ausgesetzt sah, wurde jedoch von Kommission und EuG erst heraufbeschworen. Deren Haltung bietet noch größeren Anlass zur Sorge,

---

505 So wohl KOMM vom 23.04.1986 – 86/398/EWG – *Polyprophylen*, ABl. EG 1986 Nr. L 230/1 Rn. 96; vom 13.07.1994 – 94/601/EG – *Karton*, ABl. EG 1994 Nr. L 243/1 Rn. 155; vom 24.07.2002 – 2003/207/EG – *Industriegase und medizinische Gase*, ABl. EU 2003 Nr. L 84/1 Rn. 404 f. (mit ausdrücklicher Vereinbarung bzgl. der Haftung zwischen der Kommission und der Holding der inzwischen veräußerten und rechtlich nicht mehr selbstständigen Tochter).

506 S.o. Kapitel III.B.I.2)a)iii)d.

507 Kritisch auch *Thomas*, S. 95 ff.

508 EuGH vom 29.03.2011 – Rs. C-352/09 P – *ThyssenKrupp Nirosta*, Slg. 2011, I-2359; zuvor bereits KOMM vom 21.01.1998 – 98/247/EGKS – *Legierungszuschlag*, ABl. EG 1998 Nr. L 100/55 Rn. 14.

509 S. schon oben Kapitel III.B.I.2)a)iii)c.ii.

da sie die Übernahmeerklärung von ThyssenKrupp Nirosta ohne weiteres akzeptierten, ohne zu hinterfragen, ob eine derartige Haftungsübernahme mit dem EU-Kartellbußgeldrecht vereinbar ist.[510] Da in einem i.w.S. strafrechtlichen Verfahren grundsätzlich die Haftung nicht durch private Vereinbarungen von Dritten übernommen werden kann, steht eine derart gestaltete Haftungsübernahme nicht zur Disposition der betroffenen Unternehmen. Dies ergibt sich aus dem Schuldprinzip, welches die persönliche Verantwortlichkeit des Täters für die Tat voraussetzt.[511] Im vorliegenden Fall wurde diese Auffassung auch von Generalanwalt *Bot* geteilt.[512] Die Annahme einer Haftungszurechnung durch Übernahmeerklärung verstößt mithin auch gegen das Schuldprinzip.[513]

e) Das Auswahlermessen im Verhältnis Mutter/Tochter

Auch das Auswahlermessen der Kommission im Verhältnis zwischen Mutter und Tochtergesellschaft innerhalb eines Unternehmens ist mit dem Schuldprinzip nicht vereinbar. Das ergibt sich jedoch nicht aus ermessensspezifischen Überlegungen, sondern ist eine logische Folge der Unvereinbarkeit der Zurechnung über den funktionalen Unternehmensbegriff an sich mit dem Schuldprinzip. Denn der Kommission darf freilich kein Ermessen eingeräumt werden, welches ihr die Sanktionierung von unschuldigen (Mutter-) Gesellschaften erlaubt.

Dagegen sieht der EuGH in dem Auswahlermessen kein Problem bzgl. des Grundsatzes der persönlichen Verantwortlichkeit,[514] da er diesen, wie dargelegt, zu Unrecht auf das gesamte Unternehmen und nicht auf die einzelnen Gesellschaften bezieht.

---

510 Ohne Bedenken auch zuvor bereits EuG vom 13.12.2001 – Rsen. T-45/98 und T-47/98 – *Krupp Thyssen Stainless u. a.*, Slg. 2001, II-3757 Rn. 62.

511 Gelockert ist das Prinzip der persönlichen Verantwortlichkeit im deutschen Ordnungswidrigkeitenrecht lediglich in Bagatellfällen, wenn statt eines Bußgelds nur ein Verwarnungsgeld erhoben wird. Die Begleichung des Verwarnungsgeldes beendet das Verfahren unabhängig davon, ob dies durch den Täter, oder einen Dritten geschieht. Eine Übertragung dieses Verfahrens auf das EU-Kartellbußgeldverfahren ist jedoch ohne gesetzliche Regelung nicht möglich und wäre auch nicht sachgerecht, da angesichts der enormen Bußgeldsummen nicht von Bagatellfällen die Rede sein kann.

512 GA *Bot*, Schlussanträge vom 26.10.2010 – Rs. C-352/09 P – *ThyssenKrupp Nirosta*, Slg. 2011, I-2359 Rn. 162.

513 So auch *Heinichen*, S. 349 f.

514 EuGH vom 24.09.2009 – Rsen. C125/07 P, C133/07 P, C135/07 P und C137/07 P – *Erste Group Bank AG*, Slg. 2009, I-8681 Rn. 82; vom 10.04.2014 – Rsen. C-231/11 P bis C-233/11 P – *Siemens AG Österreich u. a.* (noch nicht in den amtlichen Sammlung veröffentlicht, zugänglich über curia.europa.eu), Rn. 56.

f) *Zusammenfassung*

Nach alledem ist die Zurechnung über den funktionalen Unternehmensbegriff mit dem Schuldprinzip nicht vereinbar. Kommission und Gerichte scheinen vor allem darauf erpicht zu sein, möglichst viele Konzernteile für (mit-)verantwortlich zu erklären und somit in Haftung zu nehmen. Dies geschieht, wie bereits dargestellt, oftmals sogar ohne explizite Darlegung von Gründen für die Zurechnung oder unter Heranziehung der Vermutungsregelung. Es besteht dadurch die Gefahr, dass im Einzelfall Gesellschaften schuldlos über das Kriterium der wirtschaftlichen Einheit in die Haftung hineingezogen werden, namentlich wenn bei 100 %iger Beteiligung die tatsächliche Einflussnahme vermutet wird und aufgrund der Organisationsstrukturen des Konzerns ein Gegenbeweis nicht erbracht werden kann. Zu erinnern ist in diesem Zusammenhang ferner an die Rechtsprechung des EGMR zu Art. 6 Abs. 2 EMRK, welche bei einer Verschuldensvermutung jedenfalls den positiven Nachweis des Tatbestands fordert.[515] Zwar wird in der vorliegenden Konstellation nicht das Verschulden vermutet, dennoch kann aus der Rechtsprechung des EGMR geschlossen werden, dass das Vorliegen aller Tatbestandsvoraussetzungen stets positiv festgestellt werden muss, was durch die 100 %-Regel in Bezug auf die Unternehmens- und damit die Tätereigenschaft umgangen wird. Somit ist fraglich, ob eine derartige Entscheidungspraxis vor dem EGMR Bestand hätte. Interessant wäre in diesem Zusammenhang auch eine Auseinandersetzung des EuGH mit dieser Frage vor dem Hintergrund der Verbindlichkeit des inhaltsgleichen Art. 48 Abs. 2 GRC.

Die jüngst durch den EuGH gebilligte Verantwortungsübernahme einer Gesellschaft für das Verhalten einer anderen Rechtsperson[516] – ähnlich einer zivilrechtlichen Schuldübernahme – ist weder positiv-rechtlich vorgesehen, noch mit dem Grundsatz der persönlichen Verantwortlichkeit vereinbar. Hier hat sich die Kommission offensichtlich ebenfalls von Praktikabilitätserwägungen leiten lassen.

Auch in Bezug auf das Schuldprinzip besteht also Änderungsbedarf, da der kartellrechtlich-funktionale Unternehmensbegriff die Einhaltung dieses Grundsatzes nicht gewährleisten kann und in der Praxis dagegen verstoßen wird.

2) *Unternehmensvereinigungen*

Nach dem Wortlaut von Art. 23 Abs. 2 UAbs. 1 VO 1/2003 ist klar, dass die Bußgeldentscheidung für die Zuwiderhandlung der rechtsfähigen Unternehmensvereinigung auch an diese adressiert werden kann. Art. 23 Abs. 2 UAbs. 3 VO 1/2003

515 S.o. Kapitel II.C.II.

516 EuGH vom 29.03.2011 – Rs. C-352/09 P – *ThyssenKrupp Nirosta*, Slg. 2011, I-2359.

ermöglicht es, in diesem Fall bei der Bemessung der Geldbuße nicht den (geringen) Umsatz der Vereinigung zugrunde zu legen, sondern auf den Umsatz der an der Vereinigung beteiligten Unternehmen abzustellen, auf deren Markt sich die Zuwiderhandlung ausgewirkt hat. Die Rechtsprechung beschränkt die Zugrundelegung des Mitgliederumsatzes auf die Fälle, in denen die Vereinigung „kraft ihrer Satzung ihre Mitglieder verpflichten kann".[517] Diese Regelung soll es ermöglichen, eine (schuld-) angemessene Höhe des Bußgeldes zu bestimmten, da die Vereinigungen selbst regelmäßig keinen großen Umsatz haben, die vereinbarten Wettbewerbsverstöße selber nicht umsetzen können und auch nicht unmittelbar von ihnen profitieren. Vielmehr kommt es auf die Größe der Mitglieder der Vereinigung an, da die Zuwiderhandlungen sich unmittelbar auf ihr Marktverhalten auswirken.[518] Das Abstellen auf den Umsatz der an der Vereinigung beteiligten Mitglieder entspricht auch dem Charakter der Regelung als Umgehungstatbestand. Der Vorwurf, der bei einer derartigen Bußgeldberechnung gemacht wird, gilt jedoch noch immer der Unternehmensvereinigung.[519] Das Abstellen auf den Umsatz der Mitglieder ändert also an der Sanktionsrichtung nichts.

Die Entscheidung für Zuwiderhandlungen nicht rechtsfähiger Unternehmensvereinigungen ist dagegen nach dem oben Ausgeführten[520] grundsätzlich an die (rechtsfähigen) Unternehmen zu richten, die die Vereinigung bilden. Dass dann, soweit sie von der Vereinigung verpflichtet werden können, ebenfalls auf den Umsatz der Mitglieder abgestellt werden kann, muss dann freilich erst recht gelten.

Soweit es darum geht, dass die an der jeweiligen Unternehmensvereinigung beteiligten Unternehmen identifiziert werden müssen, um die Unternehmensvereinigung selbst zu umschreiben, drohen keine Verstöße gegen das Schuldprinzip. Denn dies ist schon allein aus dem Grunde erforderlich, die relevanten Umsätze für die Ermittlung der Bußgeldhöhe gem. Art. 23 Abs. 2 UAbs. 3 VO 1/2003 in Erfahrung bringen zu können. Gerade dieses Abstellen auf die Mitglieder der Vereinigung ist aber in anderer Hinsicht sehr problematisch. Das – mit Ausnahme von Art. 23 Abs. 2 UAbs. 3 VO 1/2003 – gesetzlich nicht geregelte Verhältnis zwischen Unternehmensvereinigungen und ihren Mitgliedern

517 EuG vom 23.02.1994 – Rsen. T-39/92 und 40/92 – *Europay*, Slg. 1992, II-49 Rn. 136; vom 21.02.1995 – Rs. T-29/92 – *SPO*, Slg. 1995, II-289 Rn. 385; vom 22.10.1997 – Rsen. T-213/95 und T-18/96 – *SCK und FNK*, Slg. 1997, II-1739 Rn. 252 f.

518 Vgl. auch EuG vom 23.02.1994 – Rsen. T-39/92 und 40/92 – *Europay*, Slg. 1992, II-49 Rn. 137; vom 21.02.1995 – T-29/92 – *SPO*, Slg. 1995, II-289 Rn. 385.

519 Vgl. EuG vom 23.02.1994 – Rsen. T-39/92 und 40/92 – *Europay*, Slg. 1992, II-49 Rn. 139.

520 Kapitel III.B.II.2)a).

in Kombination mit der Entscheidungspraxis der Kommission und der Gerichte bietet nämlich die Gefahr schuldloser Haftung für Unternehmen. Zu unterscheiden sind hier drei Konstellationen: die Adressierung der Entscheidung an die Unternehmensvereinigung selbst, die Adressierung der Entscheidung an die Mitglieder und die eigenständige Haftung von Mitgliedern für die „Beteiligung“ an Verstößen von Vereinigungen.

a) Die Adressierung der Entscheidung an die Unternehmensvereinigung selbst

Wird die Bußgeldentscheidung an die Unternehmensvereinigung adressiert, so bestehen formal gesehen keinerlei Probleme, da auch der Schuldvorwurf ausschließlich die Vereinigung trifft.[521] Zu beachten ist allerdings die Durchgriffshaftung gem. Art. 23 Abs. 4 UAbs. 1 VO 1/2003, so dass mittelbar doch die Mitgliedsunternehmen haften können. Da diese Haftung aber anders als die direkte Adressierung des Bußgeldes an ein Unternehmen nicht mit einen eigenen Schuldvorwurf gegen die Unternehmen einher geht, sondern lediglich die Zahlungspflicht den an der beschuldigten Unternehmensvereinigung beteiligten Mitgliedern auferlegt wird, ist diese Konstellation mit dem Schuldprinzip vereinbar.

b) Die Adressierung der Entscheidung an die Mitglieder

Die Fälle, in denen zwar der Vorwurf der Unternehmensvereinigung gemacht wird, die Bußgeldentscheidung aber nicht an sie selbst, sondern an ihre Mitglieder gerichtet wird, sind differenziert zu betrachten. Soweit die Mitglieder sich intern in der Vereinigung an dem Verstoß beteiligt haben, ist ihnen dies jedenfalls moralisch vorwerfbar. Faktisch haben sie selbst damit gleichwohl noch immer keinen Verstoß begangen. Dabei handelt es sich aber eher um ein Problem der Bestimmtheit bzw. der gesetzlichen Regelung.[522] Versteht man Schuld unter dieser Voraussetzung auch als Vorwerfbarkeit im rein materiellen Sinne, so ist die Zahlung des Bußgeldes für den Verstoß der Vereinigung insoweit nicht bedenklich. Da das Schuldprinzip aber als Vorwurf einen Verstoß gegen eine im weiteren Sinne strafrechtliche Norm voraussetzt, ist ein derartiger Rückgriff auf die Unternehmen an sich nicht mit dem Schuldprinzip vereinbar, solange der Gesetzgeber dies nicht selbst ausdrücklich anordnet und die „Beteiligung“ von

---

521 Vgl. EuG vom 23.02.1994 – Rsen. T-39/92 und 40/92 – *Europay*, Slg. 1992, II-49 Rn. 139.

522 Vgl. oben Kapitel III.B.I.2)b)ii).

Unternehmen an dem Verstoß der Unternehmensvereinigung – sei es auch anstelle der Haftung der Vereinigung – unter Strafe stellt.

Noch problematischer ist die Behandlung von Mehrheitsentscheidungen in Unternehmensvereinigungen durch die Praxis. Die Beteiligung an Unternehmensvereinigungen, deren Beschlüsse für ihre Mitglieder bindend sind, bedeutet für die Mitglieder nämlich, dass die Pflicht zu Ausführung wettbewerbswidriger Beschlüsse auch dann besteht, wenn sie nicht dafür gestimmt haben oder diese gar missbilligen. Es stellt sich die Frage, wie dies bußgeldrechtlich zu bewerten ist.

Im *Van Landewyck*-Urteil wird auch ein derartiges Verhalten für tatbestandsmäßig gehalten und die Abstellungsverfügung an Van Landewyck gerichtet, da das Unternehmen gemäß Satzung an die Beschlüsse der Unternehmensvereinigung FEDETAB (faktisch) gebunden gewesen sei.[523] (Ein Bußgeld wurde in der Entscheidung nicht verhängt.) Im Hinblick auf die Bindung durch die in Rede stehende Empfehlung (welche als Beschluss einer Unternehmensvereinigung angesehen wurde,) könne auch eine dieser entgegenstehende Absichtserklärung von Jubilé und Vander Elst keine Berücksichtigung bei der Beurteilung finden, ob die Entscheidung auch an die Klägerinnen zu richten gewesen sei.[524]

Eine derart generalisierende Betrachtung ist in Bezug auf Bußgeldentscheidungen nicht zulässig. Das Schuldprinzip erfordert, dass in jedem Fall zu fragen ist, ob ein bestimmtes Verhalten dem Unternehmen zum Vorwurf im Sinne von Schuld gemacht werden kann. Wird das Bußgeld für den Verstoß der Vereinigung nicht gegen diese, sondern direkt gegen ihre Mitglieder verhängt, enthält der Bußgeldbeschluss einen entsprechenden Vorwurf. Hat ein Unternehmen aber nichts zum Zustandekommen des Beschlusses beigetragen, sei es aufgrund von Abwesenheit bei der Beschlussfassung, jedenfalls aber bei aktivem Widerspruch[525], so ist dieser Vorwurf unbegründet. Wird in derartigen Fällen dennoch ein Bußgeld gegen das Unternehmen verhängt, wie es nach der soeben dargestellten Argumentation im *van Landewyck*-Urteil vom EuGH scheinbar für möglich gehalten wird, verstößt dies gegen das Schuldprinzip.

---

523 EuGH vom 29.10.1980 – Rsen. 209/78 bis 225/78 und 218/78 – *Van Landewyck*, Slg. 1980, 3125 Rn. 90 f.

524 EuGH vom 29.10.1980 – Rsen. 209/78 bis 225/78 und 218/78 – *Van Landewyck*, Slg. 1980, 3125 Rn. 156. Auch hier trennte der EuGH offensichtlich nicht sauber zwischen dem Verhalten der Unternehmensvereinigung und dem individuellen Verhalten ihrer Mitglieder, vgl. dazu oben Kapitel III.B.I.2)b)ii).

525 Vgl. für widersprechende Unternehmen *Böse* in: Graf/Jäger/Wittig, Art. 23 KartVO Rn. 17; *Roth/Ackermann* in: FK-Kartellrecht, Art. 81 Abs. 1 EG Grundfragen Rn. 149.

Faktisch ist der Vorwurf somit momentan schon darin zu sehen, dass das Unternehmen sich durch seine Mitgliedschaft in der Unternehmensvereinigung – soweit die Beschlüsse bindend sind – seiner Entscheidungsfreiheit begeben hat und im Rahmen dieser Mitgliedschaft ein Wettbewerbsverstoß i.S.d. Art. 101 Abs. 1 AEUV begangen wurde. Es handelt sich somit um eine Art Gefährdungsdelikt,[526] da schon die Beteiligung an der Unternehmensvereinigung haftungsbegründend sein kann, während der Erfolg der Wettbewerbsbeschränkung nicht durch den Täter (das Unternehmen) direkt verursacht wird. Da aber Art. 23 Abs. 2 UAbs. 1 VO 1/2003 nicht schon die Beteiligung an einer wettbewerbswidrig handelnden Unternehmensvereinigung unter Strafe stellt, sondern nur die Verursachung von Wettbewerbsbeschränkungen, kann auch der Vorwurf gegenüber den Unternehmen nicht derart vorverlagert werden. Notwendig ist dementsprechend immer die Erteilung der Zustimmung, also ein „Tatbeitrag" zum Zustandekommen des konkreten Beschlusses als vorwerfbares Verhalten.[527]

c) Die eigenständige Haftung von Mitgliedern für die „Beteiligung" an Verstößen von Vereinigungen

Über die dargestellten Probleme in Bezug auf die Verstöße von Unternehmensvereinigungen hinaus ist auch die Kumulation von Verstößen der Unternehmensvereinigung mit eigenständigen Verstößen ihrer Mitglieder schwierig.

Hier zeigt sich die fehlende Dogmatik in Bezug auf Unternehmensvereinigungen. Denn aus der Argumentation von Kommission und EuG im Fall *Nederlandse Federatieve*, die maßgebliche Beteiligung von TU an der Zuwiderhandlung der FEG führe zu ihrer eigenen Haftung[528], wird auch ein grundsätzliches Problem des Begriffs der Unternehmensvereinigung deutlich. Grund der Einbeziehung von Unternehmensvereinigungen in das Kartellverbot und in Konsequenz der Bußgeldvorschrift ist, wie bereits gesagt, die Unterbindung von Umgehungen des Unternehmenstatbestandes. Dies vorausgesetzt, muss die nächste Frage sein,

---

526 Im Hinblick auf die Struktur vergleichbar mit § 231a StGB, freilich mit dem Unterschied, dass das haftungsbegründende Vorverhalten nicht schon für sich genommen strafbar ist.

527 Etwas anderes gilt selbstverständlich, wenn die mit der Durchführung des wettbewerbsbeschränkenden Beschlusses bereits begonnen wurde, da dann die Befolgung gleichsam als faktische Billigung bzw. Inkorporation des Beschlusses zu verstehen ist.

528 KOMM vom 26.10.1999 – 2000/117/EG – *Nederlandse Federatieve*, ABl. EG 2000 Nr. L 39/1 Art. 3; EuG vom 16.12.2003 – Rsen. T-5/00 und T-6/00 – *Nederlandse Federatieve*, Slg. 2003, II-5761 Rn. 344 ff.

welcher Vorwurf diesem Verbot und der bußgeldlichen Ahndbarkeit innewohnt. Dabei ist Art. 23 Abs. 2 UAbs. 3 VO 1/2003 zu beachten, welcher die Berücksichtigung der Umsätze der Vereinigungsmitglieder erlaubt. Folgt man den zutreffenden Begründungsansätzen der Kommission und des EuG für diese Regelung, nämlich dass es maßgeblich auf den Einfluss der Mitglieder der Vereinigung ankommt und diese in Wahrheit hinter den Wettbewerbsverstößen der Vereinigung stehen, so zeigt sich, dass die Unternehmensvereinigungen selbst bußgeldrechtlich allenfalls von nachrangigem Interesse sind. Zum gleichen Ergebnis kommt man bei der Betrachtung der (allerdings, wie gezeigt, nicht vom Verordnungswortlaut gedeckten) Begründung des EuG für die eigene Haftung der TU im Fall *Nederlandse Federatieve*, soweit es um die Beteiligung an der FEG ging. Wenig überraschend ist, dass sich diese Sicht mit der Umgehungsfunktion der Verbotserstreckung auf die Vereinigungen deckt. In diesen Fällen wird deutlich, dass das eigentliche materielle Unrecht nicht bei der Unternehmensvereinigung zu suchen ist. Vielmehr bedienen sich die Mitglieder lediglich der Vereinigung, um ihr Verhalten zu koordinieren. Dies dient nicht zuletzt der Vereinfachung von Absprachen. Die Vereinigung hat also lediglich die Rolle eines Werkzeugs. Das gilt umso mehr, wenn die Beschlussorgane der Vereinigungen sich aus Mitgliedern der beteiligten Unternehmen zusammensetzen.[529] Die „Nutzung" der Vereinigung zur Verabredung oder Koordination wettbewerbsbeschränkender Maßnahmen bedeutet allerdings nicht, dass die Vereinigungen keinerlei eigene Verantwortung tragen, da sie die Wettbewerbsbeschränkungen jedenfalls unterstützen bzw. fördern.[530] Eine herausragende oder gar tragende Rolle kommt den Unternehmensvereinigungen selbst aber in aller Regel nicht zu.

d) *Zusammenfassung und Lösungsansatz*

Zusammenfassend ist festzustellen, dass die Einbeziehung von Beschlüssen von Unternehmensvereinigungen in den Tatbestand von Art. 101 Abs. 1 AEUV und Art. 23 Abs. 2 UAbs. 2 lit. a) VO 1/2003 zwar Sinn ergibt, um Umgehungen des Kartellverbots zu verhindern. Aus der Bewertung der Rollen von Unternehmensvereinigungen und ihren Mitgliedern folgt aber, dass schon der Ansatz der bisherigen Ahndbarkeit des Verhaltens von Unternehmensvereinigungen und ihren Mitgliedern im Hinblick auf das Schuldprinzip verfehlt ist. Diese Probleme

---

529 Vgl. z. B. KOMM vom 26.10.1999 – 2000/117/EG – *Nederlandse Federatieve*, ABl. EG 2000 Nr. L 39/1 Rn. 65, 69.

530 Vgl. auch KOMM vom 10.07.1986 – 86/339/EWG – *Dach- und Dichtungsbahnen*, ABl. EG 1986 Nr. L 232/15 Rn. 102 f., 114 f.

sind konsequent nur mit einer Änderung des Bußgeldtatbestands zu lösen. Dem Sinn und Zweck der Verhängung von Bußgeldern in dieser Konstellation kann nur dann ausreichend Rechnung getragen werden, wenn im Rahmen von Unternehmensvereinigungen nicht, wie bislang, die Bebußung der Vereinigung im Vordergrund steht und sich der Vorwurf gegenüber den Mitgliedsunternehmen lediglich aus der Begründung der Entscheidung und der Bußgeldhöhe ergibt. Vielmehr muss die Rolle der Mitgliedsunternehmen bei Zuwiderhandlungen in den Vordergrund gerückt und jenen tatbestandlich direkt vorgeworfen werden, um zu schuldangemessenen Ergebnissen zu kommen.

Richtigerweise ist nach dem soeben Gesagten – also auch bei Wettbewerbsverstößen von Unternehmensvereinigungen – der Hauptvorwurf den Unternehmen für ihre jeweilige Beteiligung am Gesamtverstoß gegen das Kartellverbot zu machen. Konsequent umgesetzt würde so die in der Praxis kaum mögliche Differenzierung zwischen Beteiligung im Rahmen der Mitgliedschaft in der Vereinigung und selbstständiger Beteiligung an der Zuwiderhandlung entfallen. Die jeweilige Rolle eines Unternehmens könnte im Zusammenhang betrachtet und bewertet werden. Ein derartiger Ansatz würde jedoch eine Änderung des Vorwurfs gegenüber den Mitgliedsunternehmen erfordern. Denn wenn die Unternehmensvereinigung lediglich als „Werkzeug" für die Verhaltenskoordination der einzelnen Unternehmen benutzt wird, so stellt die bloße Beteiligung an ihnen noch keinen ahndbaren Kartellverstoß dar. Stattdessen müsste die Beteiligung an oder Ermöglichung von Wettbewerbsbeschränkungen durch Unternehmen im Rahmen der Mitgliedschaft in Unternehmensvereinigungen zur Bußgeldhaftung führen. So könnte die Rolle jedes Mitgliedsunternehmens für sich betrachtet und schuldangemessene Ergebnisse erzielt werden. Eine aktive Mitwirkung bei der Beschlussfassung oder der Beginn der Umsetzung könnte strafschärfend berücksichtigt werden, der ausdrückliche Widerspruch gegen wettbewerbsbeschränkende Beschlüsse würde dagegen zum Ausschluss der Verantwortlichkeit führen.

Die problematische Haftung der Mitglieder für Verstöße der Vereinigung würde in diesem System entfallen. Ebenso könnte auch bei der Bebußung der Unternehmensvereinigung selbst allein auf deren Umsatz abgestellt werden, da die Beteiligung der umsatzstarken Mitglieder der Unternehmensvereinigung eindeutig separat geregelt wäre.

Eine derartige Bußgeldhaftung müsste freilich zusätzlich in Art. 23 Abs. 2 UAbs. 1 VO 1/2003 eingefügt werden. Art. 23 Abs. 2 UAbs. 3 VO 1/2003 wäre demgegenüber zu streichen.

Das Abstellen auf die individuelle Beteiligung der Mitgliedsunternehmen würde auch für mehr Rechtsklarheit sorgen und so, anders als der bisherige Verordnungwortlaut, die Bestimmtheit der Sanktion garantieren. Im bisherigen System verschwimmen dagegen die Vorwürfe; individualisierte Vorwürfe gegen Vereinigung und/oder Mitglieder sind so kaum möglich.

3) Exkurs: Zum Tätermodell im Europäischen Kartellbußgeldrecht

Auf das Einheitstätermodell, das bedingt durch die Fassung der Tatbestände im Europäischen Kartellbußgeldrecht gilt[531], ist auch in Bezug auf das Schuldprinzip kurz einzugehen.

So lässt sich fragen, ob die Weite des Merkmals „Wettbewerbsbeschränkung" zu schuldunangemessenen Ergebnissen führt, wenn auch marginale Handlungen, die klassischerweise als Beihilfehandlungen zu qualifizieren wären, unter den normierten Taterfolg fallen. Namentlich geht es um die Fälle der „Kartellwächter", die selbst überhaupt nicht auf dem vom Kartell betroffenen Markt tätig sind, sondern lediglich die Verstöße der eigentlichen Marktteilnehmer koordinieren. Dazu ist jedoch festzustellen, dass es erstmals im Fall *AC Treuhand* überhaupt zu einer Bebußung eines Kartellwächters gekommen ist und hier lediglich ein symbolischer Betrag verhängt wurde.[532] Daraus kann gefolgert werden, dass auch die Kommission derartiges Verhalten üblicherweise nicht für strafwürdig erachtet. Der Weite des Taterfolges kann zudem, wie die Entscheidung zeigt, auf Rechtsfolgenseite ausgleichend Rechnung getragen werden.

Nichtsdestotrotz lässt sich die Frage stellen, ob es sachgerecht und dem tatsächlichen Verhaltensvorwurf angemessen ist, auch typische Beihilfetätigkeiten, wie die Kartellwächterfälle, unter die täterschaftliche Begehung eines Verstoßes gem. Art. 101 Abs. 1 AEUV zu fassen.[533] Denn zum einen bestehen in tatsächlicher Hinsicht erhebliche Unterschiede hinsichtlich der Verhaltensweisen zwischen Koordinatoren und Ausführenden einer Wettbewerbsbeschränkung. Auch werden Kartellwächter i.d.R. keine übermäßigen Gewinne aus der Wettbewerbsbeschränkung ziehen, da sie ja gerade nicht auf den entsprechenden Märkten tätig sind. Zum anderen kann mit der Heraufsetzung des Bußgeldrahmens und

---

531 S. Kapitel III.B.I.2)d).

532 KOMM vom 10.12.2003 – 2005/349/EG – *Organische Peroxide*, ABl. EU 2005 Nr. L 110/44 Rn. 9, 15. Die Klage von AC Treuhand wurde abgewiesen in EuG vom 08.07.2008 – Rs. T-99/04 – *AC Treuhand*, Slg. 2008, II-1501.

533 So auch *Dannecker/Biermann* in: Immenga/Mestmäcker, vor Art. 23 VO 1/2003 Rn. 137; *Weitbrecht/Baudenbacher* EuR 2010, 230 (237).

seiner Ausschöpfung durch die Kommission – über die Jahre jedenfalls gefühlt – eine Steigerung des Unwerturteils verzeichnet werden, welche der Verhängung eines Kartellbußgeldes anhaftet. Auch durch die mediale Aufmerksamkeit, die großen Kartellverfahren mitsamt ihrer immensen Bußgeldbeträge zuteil wird, kann der Ruf der Beteiligten erheblich leiden. Obgleich dies freilich nichts an der Rechtsnatur der Kartellbußen ändert, denen nach wie vor das sozialethische Unwerturteil der Kriminalstrafen fehlt, so geht doch damit eine gewisse Missbilligung einher.[534] Es wäre daher – wenn auch nicht zwingend, um das Schuldprinzip einzuhalten – aus klarstellenden Gründen angemessen, Teilnahmehandlungen, namentlich die Beihilfe der Kartellwächter, aus dem Anwendungsbereich von Art. 101 Abs. 1 AEUV auszunehmen und gesondert zu regeln. Dabei wäre dann wiederum auf die Einhaltung des Bestimmtheitsgrundsatzes zu achten.

4) Bezwecken/Bewirken

In Bezug auf das Schuldprinzip ist auch das Tatbestandsmerkmal „Bezwecken oder Bewirken" der Wettbewerbsbeschränkung problematisch. Geht es beim Bezwecken unabhängig von tatsächlichen Auswirkungen lediglich darum, ob die konkreten Vereinbarungen/Beschlüsse/abgestimmten Verhaltensweisen potentiell wettbewerbsschädlich sind – auch als Gefährdungstatbestand bezeichnet[535] –, so erfordert das Bewirken eine tatsächlich eingetretene Wettbewerbsbeschränkung.[536] Es besteht also formal Alternativität zwischen den beiden Varianten.

Die Kommission schließt daraus, dass auf das Bewirken i.d.R. nur dann abgestellt werden muss, wenn ein Bezwecken nicht nachgewiesen werden kann.[537]

---

534 Vgl. auch GA *Kokott*, Schlussanträge vom 28.02.2013 – Rs. C-681/11 – *Schenker & Co AG u. a.* (in der digitalen Sammlung veröffentlicht), Rn. 59.

535 GA *Kokott*, Schlussanträge vom 19.02.2009 – C-8/08 – *T-Mobile Netherlands*, Slg. 2009, I-4529 Rn. 47; *Emmerich* in: Immenga/Mestmäcker, Art. 101 Abs. 1 AEUV Rn. 172; *Hengst* in: Langen/Bunte, Art. 101 AEUV Rn. 218, 221; *Kjølbye* ECLR 2004, 566 (569); *Roth/Ackermann* in: FK-Kartellrecht, Art. 81 Abs. 1 EG Grundfragen Rn. 311.

536 *Hengst* in: Langen/Bunte Art. 101 AEUV Rn. 234; *Roth/Ackermann* in: FK-Kartellrecht, Art. 81 Abs. 1 EG Grundfragen Rn. 310. Zum Bezwecken: EuGH vom 14.03.2013 – Rs. C-32/11 – Allianz Hungária (in der digitalen Sammlung veröffentlicht), Rn. 38; vom 04.06.2009 – C-8/08 – *T-Mobile Netherlands*, Slg. 2009, I-4529 Rn. 31; GA *Kokott*, Schlussanträge vom 19.02.2009 – C-8/08 – *T-Mobile Netherlands*, Slg. 2009, I-4529 Rn. 42 ff.; a.A. *Emmerich* in: Immenga/Mestmäcker, Art. 101 Abs. 1 AEUV Rn. 179.

537 Vgl. die Bekanntmachung der Kommission, Leitlinien zur Anwendung von Artikel 81 Absatz 3 EG-Vertrag, ABl. EU 2004 Nr. C 101/97 Tz. 20; KOMM vom 13.07.1994 – 94/601/EG – Karton, ABl. EG 1994 Nr. L 243/1 Rn. 135; vom 20.09.2000 – 2001/146/

Darüber hinaus wird bisweilen nicht klar zwischen den Varianten des Bezweckens und Bewirkens differenziert.[538] Schließlich fehlt in einigen Entscheidungen die Auseinandersetzung mit dem Bezwecken oder Bewirken der Wettbewerbsbeschränkung insgesamt. Die Kommission begnügt sich dann mit der Feststellung einer Wettbewerbsbeschränkung.[539] Diese Praxis ist jedoch jedenfalls im Bußgeldrecht nicht akzeptabel. Zwar kommt es für die Tatbestandsmäßigkeit des in Rede stehenden Verhaltens nur darauf an, ob eine Variante erfüllt ist, so dass eine Differenzierung oder Prüfung auch des Bewirkens nach Bejahung des Bezweckens insoweit überflüssig ist. Im Rahmen der Bußgeldhaftung ist es für die Feststellung der Schwere der Schuld aber an sich notwendig, die Art und den Umfang des Verstoßes so genau wie möglich festzustellen. Das bedeutet, dass klar festgestellt werden muss, ob es sich um das Bezwecken oder das Bewirken einer Wettbewerbsbeschränkung handelt. Allerdings kann die Kommission aus Opportunitätsgründen zugunsten der Unternehmen die Prüfung abbrechen, wenn sie eine Alternative bejaht hat. Denn dann kommt es den Unternehmen zugute, wenn nicht ein weitergehender Vorwurf gemacht wird. Ein gänzlicher Verzicht auf die Prüfung des Bezweckens/Bewirkens verbietet sich aber im Hinblick auf das Schuldprinzip.

In der Regel prüft die Kommission jedoch entgegen ihrer eigenen Regel sowohl das Bezwecken, als auch das Bewirken.[540] Diese Vorgehensweise ist darauf zurückzuführen, dass Bezwecken und Bewirken sich in der Praxis überschneiden können und einheitlich zu bewertende Wettbewerbsbeschränkungen

---

EG – *Opel*, ABl. EG 2001 Nr. L 59/1 Rn. 135; vom 29.09.2004 – 2005/503/EG – *Kronenbourg/Heineken*, ABl. EU 2005 Nr. L 184/57 Rn. 9.

538 Z.B. KOMM vom 12.01.1990 – 90/46/EWG – *ALCATEL/ESPACE/ANT*, ABl. EG 1990 Nr. L 32/19 Rn. 14 Nr. 2, 3; vom 27.11.2002 – 2004/104/EG – COMP/E-2/37.978 – *Methylglukamin*, ABl. EG 2004 Nr. L 38/18 Rn. 179, 183 f.

539 Vgl. z.B. KOMM vom 16.07.1969 – 69/243/EWG – *Farbstoffe*, ABl. EG 1969 Nr. L 195/11 (12 ff.); vom 23.07.1984 – 84/388/EWG – *Flachglas Benelux*, ABl. EG 1984 Nr. L 212/13 Rn. 37 ff.; vom 26.10.1999 – 2000/117/EG – *Nederlandse Federatieve*, ABl. EG 2000 Nr. L 39/1 Rn. 103 ff.

540 Vgl. z.B. KOMM vom 10.07.1987 – 87/406/EWG – *Tipp-Ex*, ABl. EG 1987 Nr. L 222/1 Rn. 59; vom 21.12.1988 – 89/190/EWG – *PVC*, ABl. EG 1989 Nr. L 74/1 Rn. 37; vom 13.07.1994 – 94/601/EG – Karton, ABl. EG 1994 Nr. L 243/1 Rn. 135; vom 24.02.1999 – 1999/230/EG – *Whitbread*, ABl. EG 1999 Nr. 88/26 Rn 102 ff.; 135; vom 21.12.2005 – COMP/F/38.443 – *Kautschukchemikalien*, Rn. 226 ff., vom 23.01.2008 – C(2008)282 final – COMP/38.628 – *Nitril-Butadien-Kautschuk*, Rn. 139 ff.; ansatzweise auch KOMM vom 20.09.2000 – 2001/146/EG – *Opel*, ABl. EG 2001 Nr. L 59/1 Rn. 118 ff.

oftmals aus mehreren Maßnahmen bestehen, die sich unterschiedlich auswirken. Es handelt sich dann also nicht um eine Vermischung der Tatbestandsvarianten, sondern um eine umfassende Prüfung aller Facetten des Verstoßes. Dies wird den Anforderungen des Schuldprinzips gerecht und ist positiv zu bewerten.

Somit ist festzuhalten, dass die Kommission den Mindestanforderungen bei der Prüfung des Bezweckens oder Bewirkens nicht immer gerecht wird. In den meisten Fällen geht die Prüfung der Kommission jedoch über diese Anforderungen hinaus und trägt dem Schuldprinzip ausreichend Rechnung. Die Praxis muss insoweit nicht geändert werden.

III. Lösungsansätze

Als nicht vereinbar mit dem Bestimmtheitsgrundsatz und Schuldprinzip hat sich vor allem der funktionale Unternehmensbegriff mit seinem Zurechnungsmodell erwiesen. Die Zurechnung von Kartellverstößen in Konzernen ist angesichts der Unternehmensstrukturen im modernen Wirtschaftsleben nachvollziehbar und notwendig, da vielfach einzelne Aufgabenbereiche einer Unternehmensgruppe von rechtlich selbstständigen (Tochter-)Gesellschaften übernommen werden.[541] Die vollständige Erfassung des gesamten Unrechts eines Kartellverstoßes und eine entsprechend angemessene Sanktionierung kann demgemäß nur durch eine Betrachtung des Gesamtverhaltens der beteiligten Konzerne erfolgen. Es ist aber nach den dargestellten Problemen hinsichtlich Bestimmtheitsgrundsatz und Schuldprinzip fraglich, auf welche Weise eine Zurechnung erfolgen kann, ohne diese Fundamentalgarantien zu verletzen.

1) Konkretisierung des funktionalen Unternehmensbegriffs

Ansatzpunkt soll zunächst das bestehende System sein. Gegen eine Loslösung des unionsrechtlichen Unternehmensbegriffs von der gesellschaftsrechtlichen Rechtspersönlichkeit bestehen im Hinblick auf Bestimmtheitsgrundsatz und Schuldprinzip keine grundsätzlichen Bedenken. Vielmehr lässt der Wortlaut von Art. 101 Abs. 1 AEUV einen Unternehmensbegriff zu, der sich nicht nach der Rechtsfähigkeit richtet.[542] Allerdings darf ein funktionaler Unternehmensbegriff nicht dazu führen, dass im Einzelfall nicht mehr vorhersehbar ist, welche Einheiten – um in der Terminologie der Kommission und Gerichte zu bleiben – unter diesen Begriff fallen. Eine Verklammerung mehrerer Gesellschaften zu

541 Vgl. die Argumentation der Kommission in KOMM vom 09.12.2004 – COMP IV/ E-2/37.533 – *Cholinchlorid*, Rn. 173 f.

542 Vgl. dazu eingehend *Heinichen*, S. 45 ff.

einer wirtschaftlichen Einheit birgt, wie dargestellt, erhebliche Gefahren für die Vorhersehabrkeit, welche sich auch auf den Sanktionsrahmen, also die möglichen Rechtsfolgen, sowie die Einhaltung des Schuldprinzips auswirkt. Soll deshalb an dem funktionalen Unternehmensbegriff festgehalten werden, ist es in einem ersten Schritt dringend erforderlich, dass Kommission und Gerichte ihre Entscheidungspraxis vereinheitlichen und klarere Kriterien aufstellen, wann mehrere rechtlich selbstständige Unternehmen zu einer wirtschaftlichen Einheit i.S.d. Unternehmensbegriffs zusammengefasst werden können und wie das Zurechnungsmodell genau ausgestaltet sein soll. Insbesondere sollte auf Anscheinsbeweise verzichtet werden und der Kommission die Darlegungs- und eindeutige Beweislast auferlegt werden, um eine Verflechtung mehrerer Gesellschaften und eine entsprechende Weisungsbindung von Tochtergesellschaften zu verifizieren. Das *Aristrain*-Urteil des EuGH[543] geht diesbezüglich in die richtige Richtung und muss einmal mehr positiv hervorgehoben werden. Die gleichen Anforderungen müssen auch für den Nachweis der wirtschaftlichen und faktischen Kontinuität bei der echten Rechtsnachfolge gelten.

Gleichwohl wird unter Beibehaltung des bisherigen Systems eine ausreichende Bestimmtheit – einhergehend damit die Einhaltung des Schuldprinzips – ohne gesetzliche Konkretisierung kaum zu erreichen sein. Zwar ist eine richterrechtliche Konkretisierung unbestimmter Rechtsbegriffe möglich.[544] Jedoch führt sie dann nicht weiter, wenn letztlich Exekutiv- und Judikativentscheidungen die Aufgabe des Gesetzgebers übernehmen. Wie bereits ausgeführt, kann die Praxis einer unbestimmten Norm nicht zu *gesetzlicher* Bestimmtheit verhelfen, sondern allenfalls zu einem größeren Maß an Vorhersehbarkeit. Zu effektiver gesetzlicher Bestimmtheit würde deshalb nur die Normierung von Kriterien führen, welche für die Annahme eines einheitlichen Unternehmens erfüllt sein müssen.[545] Dadurch könnte eine Systematisierung der Prüfung für die Kommission erreicht werden, die einerseits dem Bestimmtheitsgrundsatz genügen und andererseits die Arbeit der Kommission erleichtern würde. Darüber hinaus wäre für EuG und EuGH vergleichsweise leicht kontrollierbar, ob die Kommission das Vorliegen der Kriterien tatsächlich hinreichend geprüft hat. Zwar erscheint es schlechterdings unmöglich, einen abschließenden Kriterienkatalog aufzustellen, mit dem sich alle Fälle tatsächlicher Abhängigkeit bzw. wirtschaftlicher Einheit sowie wirtschaftlicher und faktischer Kontinuität erfassen lassen. Doch schon

543 EuGH vom 02.03.2003 – Rs. C-196/99 P – *Aristrain*, Slg. 2003, I-11005.

544 Vgl. oben Kapitel II.B.II.1)a).

545 Mit ähnlichem Ergebnis *Voet van Vormizeele* WuW 2010, 1008 (1019).

eine Auflistung von Regelbeispielen („Ein Unternehmen liegt insbesondere vor, wenn…") würde die Bestimmtheit und Vorhersehbarkeit erheblich erhöhen. Dieser Katalog könnte anhand der bisherigen Erfahrungen aus der langjährigen Praxis aufgestellt werden. Begrüßenswert wäre daher das Einfügen eines entsprechenden zusätzlichen Absatzes in Art. 101 AEUV.

Auch denkbar wäre der Erlass einer Rats-Verordnung zur Konkretisierung des Unternehmensbegriffs, welche ebenfalls Bindungswirkung hätte. In diesem Zusammenhang kann überlegt werden, die Verordnung als Konkretisierung nur für die Verhängung von Bußgeldern zu verwenden. Denn vor allem im strafrechtlich relevanten Bereich besteht aufgrund der in dieser Arbeit behandelten Rechtsgrundsätze das Bedürfnis nach einem höheren Grad von Bestimmtheit und Verknüpfung mit Schuld i.S.v. individueller Verantwortlichkeit. Das Kartellverbot des Art. 101 Abs. 1 AEUV an sich sowie die zivilrechtliche Nichtigkeitswirkung des Art. 101 Abs. 2 AEUV blieben dann davon unberührt, so dass der Normappell sich nicht ändern und der Anwendungsbereich mithin nicht verkürzt würde. Der Nachteil einer derartigen Konstruktion wäre allerdings die Aufspaltung des Tatbestandsmerkmals „Unternehmen" in einen verwaltungs- und zivilrechtlichen sowie einen strafrechtlichen Begriff (dann sogar *expressis verbis*). Dies wäre zwar gesetzlich bestimmt, könnte jedoch andererseits wiederum zu mehr faktischer Unklarheit führen.[546] Bei derart gravierenden Abweichungen zwischen der dann zivilrechtlich weiter gangbaren aktuellen Praxis und der Neuregelung für die Verhängung von Bußgeldern erscheint eine derartige Aufteilung nicht akzeptabel – die Verwirrung wäre komplett. Zudem würde eine derartige Aufspaltung zwischen dem Unternehmen als Adressaten des Kartellverbots von Art. 101 Abs. 1 AEUV und dem Unternehmen als Bußgeldadressat i.S.d. Art. 23 Abs. 2 UAbs. 1 lit. a) VO 1/2003 Probleme hinsichtlich des Schuldprinzips mit sich bringen. Denn auch eine gesetzlich angeordnete Spaltung der Unternehmensbegriffe würde an der „Übertragungsproblematik" nichts ändern.

Es ist mithin festzustellen, dass der funktionale Unternehmensbegriff auch bei gesetzlicher Bestimmung die zuvor geäußerten Bedenken nicht völlig auszuräumen vermag.

2) Weitergehender Ansatz für die Konzernzurechnung

a) Grundlage: Der juristische Unternehmensbegriff

Neben der Konkretisierung der bisherigen Entscheidungspraxis ist daher eine grundlegende Novellierung des Zurechnungsmodells durch Änderung des

546 Vgl. auch *Steinle* EWS 2004, 118 (122); *Thomas*, S. 198.

Unternehmensbegriffs in Augenschein zu nehmen. Naheliegenderweise kann der Unternehmensbegriff (neben der allgemein anerkannten Voraussetzung einer wirtschaftlichen Tätigkeit), wie in den Rechtsordnungen der Mitgliedstaaten, an der Rechtspersönlichkeit festgemacht werden.[547] Adressaten von Art. 101 AEUV wären damit vor allem (aber nicht ausschließlich)[548] Gesellschaften nach den nationalen Rechtsordnungen und dem Unionsrecht.

Ansatzpunkt kann nach diesem Modell die bisherige Rechtsprechung des EuGH sein, der (anders als bisweilen die Kommission und der EuG)[549] die Handlungen von beherrschten Gesellschaften der herrschenden Muttergesellschaft zurechnet und sie dabei als unterschiedliche Unternehmen ansieht. Dazu ist allerdings eine Konkretisierung der vorwerfbaren Verhaltensweisen notwendig, um zu vorhersehbaren und schuldangemessenen Ergebnissen zu kommen. Als Orientierungsmaßstab bieten sich (aus deutscher Sicht) hier die Regeln von Täterschaft und Teilnahme des allgemeinen Strafrechts an.[550]

Dabei sind freilich die Unterschiede zwischen der Verantwortlichkeit von wirtschaftlich tätigen Gebilden und natürlichen Personen zu berücksichtigen, auf die das Strafrecht mit seinen Rechtsgarantien zugeschnitten ist. Eine simple Übertragung des Systems des allgemeinen Strafrechts ist allein deshalb schon nicht möglich; das wird spätestens bei den Rechtsnachfolgefällen klar.[551] Diese in der Natur der Sache liegenden Unterschiede führen aber – und das sieht ja auch die heute ganz h.M. genauso[552] – nicht dazu, dass strafrechtliche Rechtsgrundsätze keine Anwendung finden. Deshalb ist es verfehlt, trotz der Anerkennung der Geltung strafrechtlicher Grundsätze die Unterschiede zwischen Unternehmenshaftung und derjenigen natürlicher Personen als Begündung heranzuziehen, dieselben Grundsätze zu verwässern. Denn genau das hat der funktionale Unternehmensbegriff nach seiner bisherigen Anwendung durch Kommission und Gerichte, wie aufgezeigt, zur Folge. Erkennt man also die Geltung strafrechtlicher Rechtsgrundsätze – vorliegend insbesondere des Bestimmtheitsgrundsatzes und

---

547 Vgl. auch *Dannecker/Fischer-Fritsch*, S. 273; *Lipowsky*, S. 55; *Pohlmann*, S. 41 ff.; *Steinle* EWS 2004, 118 (122).

548 Daneben auch bspw. Einzelkaufleute, rechtsfähige Vereine, juristische Personen des öffentlichen Rechts etc., soweit sie wirtschaftlich tätig werden.

549 S.o. Kapitel III.2)a)iii)a.

550 Vgl. auch *Tiedemann* in: Freiburg-Symposium, S. 3 (5 ff.), wonach Grunderfordernisse des Allgemeinen Teils, darunter Täterschaft und Teilnahme, auch für Verwaltungssanktionen gelten müssen.

551 Einzelheiten dazu sogleich.

552 S.o. Kapitel II.A.

Schuldprinzips – im Kartellbußgeldrecht an, so müssen sie auch ungeachtet der damit verbundenen Anwendungsprobleme des materiellen Rechts durchgehend beachtet werden. Soweit eine Übertragung der Regeln aus dem allgemeinen Strafrecht aufgrund struktureller Differenzen zwischen natürlichen Personen und Gesellschaften nicht möglich ist, müssen diese so modifiziert werden, dass ein äquivalentes Schutzniveau erreicht wird.

b) Argumente gegen den gewählten Ansatz

Gegen die Anknüpfung des Unternehmensbegriffs an die Rechtspersönlichkeit wird angeführt, eine Beschränkung auf diese formalen Grenzen gefährde die Effektivität des Wettbewerbsschutzes. Der wertende, kartellrechtlich-funktionale Unternehmensbegriff sei zur Durchsetzung des Wettbewerbsrechts besser geeignet.[553] So argumentiert etwa *Heinichen*, auch unselbstständige Handlungssubjekte könnten in tatsächlicher Hinsicht wettbewerbsbeschränkend handeln. Effektiver Wettbewerbsschutz sei deshalb nur dann möglich, wenn auch derartiges Verhalten unter Art. 101 Abs. 1 AEUV subsummiert werden könne.[554] Diese Schlussfolgerung ist aber keinesfalls zwingend. Zwar bedarf es, wie bereits ausgeführt, einer wertenden Betrachtung, um den Wettbewerb effektiv zu schützen. Dies wird jedoch durch eine klare Trennung anhand der Rechtspersönlichkeit keineswegs ausgeschlossen. Lediglich die Kriterien, die zur Zurechnung fremder Verstöße und somit zur Haftung führen, müssen für diese Konstruktion geändert werden. Die Zurechnung findet dann nämlich nicht über den Täterbegriff statt, sondern wird davon abgekoppelt und gesondert behandelt. Über die einzelnen Zurechnungskriterien fließen aber selbstverständlich ebenfalls gewisse Wertungen ein, die einen effektiven Wettbewerbsschutz ermöglichen.

Als weiteres Argument gegen die Anknüpfung an die Rechtspersönlichkeit wird vorgebracht, auf diese Weise liege es in der Hand der Mitgliedstaaten, die Adressaten des EU-Kartellrechts festzulegen. Dies widerspreche der einheitlichen Anwendung des Unionsrechts.[555] Auf dem Papier ist dieses Argument nicht zu widerlegen. Es ist aber nicht vorstellbar, dass die Mitgliedstaaten ihr Gesellschaftsrecht derart ausgestalten, dass wirtschaftlich tätige Einheiten in keiner Weise Rechtspersönlichkeit besitzen und so aus dem Anwendungsbereich des EU-Kartellrechts herausfallen. Denn die Rechtsfähigkeit ist schon nach nationalem Recht Voraussetzung, um im Geschäftsleben tätig werden zu können.

553 S.o. Kapitel III.B.I.2)a)i).
554 *Heinichen*, S. 53 f.
555 *Heinichen*, S. 67 f.

Selbst wenn es einer Einheit an Rechtsfähigkeit fehlt, so wie dies nach früherer Ansicht bei der deutschen GbR der Fall war, so muss im Hintergrund immer mindestens eine rechtsfähige natürliche oder juristische Person stehen, welche Verträge im geschäftlichen Verkehr abschließen kann. Eine Zurechnung müsste dann in diesem Fall derart erfolgen, dass nicht die nicht rechtsfähige Einheit als Täter angesehen wird, sondern der rechtsfähigen natürlichen oder juristischen Person das Verhalten der nicht rechtsfähigen Einheit als gesetzlicher Vertreter zugerechnet wird. Die Kriterien einer solchen Zurechnung sollen wiederum mit dem vorliegenden Ansatz herausgearbeitet werden. Auch hier zeigt sich also, dass die Effektivität des Wettberwerbsschutzes nicht allein vom wirtschaftlichen Unternehmensbegriff abhängt.

Heinichen und *Lessenich* hingegen gehen davon aus, dass sich die Rechtspersönlichkeit einer Einheit im Unionsrecht aus ihrer Nennung als Verhaltensadressat in einer Norm ergeben kann.[556] Das Unternehmen im funktionalen Sinn sei also deshalb (teil-)rechtsfähig, weil es in Art. 101 Abs. 1 AEUV bzw. Art. 23 VO 1/2003 als Normadressat genannt werde. Wenngleich dieser Ansatz angesichts der Autonomie des Unionsrechts denkbar ist, so stößt er im geltenden Unionsrecht doch auf erhebliche Bedenken. Es darf nämlich bezweifelt werden, ob eine derartige Bestimmung von Rechtssubjektivität im Unionsrecht vorgesehen ist. Vielmehr spricht die Schaffung unionsrechtlicher Gesellschaftsformen (SE, EWIV) durch Verordnungen und darin enthaltener ausdrücklicher Festsetzung der Rechtspersönlichkeit[557] dafür, dass auch im Unionsrecht einer Einheit die Rechtspersönlichkeit nur explizit und kraft eines Legislativakts verliehen werden kann. Ebenso sind gem. Art. 267 UAbs. 4 AEUV nur natürliche und juristische Personen vor den Unionsgerichten klagebefugt. Hätte das kartellrechtlich-funktionale Unternehmen tatsächlich kraft Nennung als Verhaltensadressat einer unionsrechtlichen Norm Rechtspersönlichkeit, so wäre es inkonsequent, ihm nicht auch Klagebefugnis vor den Unionsgerichten einzuräumen. Insofern führt auch das Argument nicht weiter, gegen die Anknüpfung an die (herkömmliche) Rechtspersönlichkeit spreche, dass das Konstrukt der juristischen Person nicht für die Zwecke des Kartellrechts geschaffen worden sei.[558] Ob der Zweck der Schaffung

---

556 *Heinichen*, S. 77 ff.; *Lessenich*, S. 35 ff.

557 Vgl. Art. 1 Abs. 3 Verordnung (EG) Nr. 2157/2001 des Rates vom 08.10.2001 über das Statut der Europäischen Gesellschaft (SE), ABl. EG 2001 Nr. L 294/1; Art. 1 Abs. 2 Verordnung (EWG) Nr. 2137/85 des Rates vom 25.07.1985 über die Schaffung einer Europäischen wirtschaftlichen Interessenvereinigung (EWIV), ABl. EG 1985 Nr. L 199/1.

558 *Ackermann* ZWeR 2010, 329 (346); *Heinichen*, S. 78 f.

juristischer Personen überhaupt eine Rolle für die Anwendung des Kartellrechts spielen kann, mag dabei dahinstehen. Jedenfalls hätte der europäische Gesetzgeber die Möglichkeit gehabt, die Frage der Rechtsfähigkeit von Unternehmen i.S.d. EU-Kartellrechts ausdrücklich zu regeln, hat dies aber nicht getan.

Darüber hinaus stellt sich für die Konzeption *Heinichens* und *Lessenichs* die Frage der prozessualen Durchsetzbarkeit. Denn da es der EU an der Kompetenz zur Zustellung und Vollstreckung von Bußgeldentscheidungen fehlt, muss hier auf das Zivilprozessrecht der Mitgliedstaaten und deren Zustellungs- bzw. Vollstreckungsbehörden zurückgegriffen werden.[559] Zwar hält *Lessenich* es für ohne weiteres möglich, die nationalen Behörden auch gegen Unternehmen als lediglich unionsrechtliche Rechtssubjekte tätig werden zu lassen, da sie ohnehin als Vollzugsbehörden des Unionsrechts handelten.[560] Dabei ist aber zu berücksichtigen, dass die nationalen Behörden die jeweils geltenden nationalen Vollstreckungsvorschriften anwenden (Art. 299 Abs. 2 S. 1 AEUV) und aufgrund dessen auch an das jeweilige Handels- und Gesellschaftsrecht gebunden sind. Um auch auf Unternehmen als Rechtspersonen des Unionsrechts zugreifen zu können, müsste dies folglich in den nationalen Zivilprozessvorschriften vorgesehen werden. Denn nur mit einem entsprechenden Ermächtigungstitel darf ein hoheitlicher Eingriff erfolgen. Eine gegenteilige Aussage kann den Mitgliedstaaten als Vertragsparteien und Gesetzgeber des Art. 299 AEUV nicht unterstellt werden. Vielmehr müsste ein entsprechender Gesetzgebungsauftrag explizit an die Mitgliedstaaten gerichtet werden.

Heinichen geht nicht so weit wie *Lessenich*, sondern nimmt lediglich eine kartellrechtliche Teilrechtsfähigkeit der Unternehmen an,[561] die er auch auf die Verhängung von Bußgeldern beziehen möchte.[562] Lediglich für die verfahrensrechtliche Durchsetzung des Bußgeldes sei aufgrund der Geltung nationalen Zivilprozessrechts auf die Rechtspersönlichkeit abzustellen.[563] Die damit als Konsequenz in Kauf genommene Spaltung des Unternehmensbegriffs – in nach seinem Verständnis sogar drei Unternehmensbegriffe[564] – ist jedoch nicht

---

559 *Ruffert* in: Calliess/Ruffert EUV/AEUV, Art. 299 AEUV Rn. 4.

560 *Lessenich*, S. 36 f.

561 *Heinichen*, S. 78 f.

562 *Heinichen*, S. 133 ff.

563 *Heinichen*, S. 157.

564 Nämlich den täterschaftlichen, den bußgeldrechtlichen und verfahrensrechtlichen Unternehmensbegriff, *Heinichen*, S. 35 ff., 121 ff., 154 ff.

wünschenswert und deshalb wenig überzeugend. Sie vergrößert letztlich nur die Schwierigkeiten bei der Rechtsanwendung.[565]

Schließlich kritisiert *Heinichen* die Anknüpfung des Unternehmensbegriffs an die Durchsetzung des Bußgeldes mittels mitgliedstaatlichen Zivilprozessrechts (und damit an die Rechtsfähigkeit) und wendet den Vorrang des Unionsrechts ein. Das nationale Zivilprozessrecht könne nicht die Auslegung des unionsrechtlichen Unternehmensbegriffs vorgeben.[566] Dieser Grundsatz steht außer Frage, so dass in der Tat aus dem nationalen Zivilprozessrecht nicht auf den unionsrechtlichen Unternehmensbegriff geschlossen werden kann. Jedoch sieht der vorliegende Vorschlag auch keine zwingende Folgerung von nationalem Zivilprozessrecht auf das Unionsrecht vor, sondern strebt eine Änderung des unionsrechtlichen Unternehmensbegriff an, um die aufgezeigten Probleme mit dem Bestimmtheitsgrundsatz und Schuldprinzip zu lösen. Dabei stellt eine gemeinsame Anknüpfung von nationalem Zivilprozessrecht und Unionsrecht an die Rechtspersönlichkeit nur ein weiteres, praktisches Argument für diesen Ansatzpunkt dar.

Aufgrund all dieser Bedenken gegen die Argumente aus der Literatur, ist es nach wie vor möglich und sinnvoll, an die in den nationalen Rechtsordnungen und im Unionsrecht explizit genannten Gesellschaften mit Rechtspersönlichkeit anzuknüpfen. Durchgreifende Einwände bestehen nicht.

c) Täterschaft und Teilnahme im bisherigen System

Vorab sei auf die Charakteristik des Art. 101 Abs. 1 AEUV eingegangen. Das Kartellverbot setzt notwendigerweise mehrere Beteiligte voraus, nämlich diejenigen Unternehmen, die wettbewerbseinschränkendes Verhalten in einer vom Tatbestand erfassten Form verabreden bzw. faktisch durchführen.[567] Das Vorliegen eines „Einzeltäters" ist demnach im Rahmen von Art. 101 Abs. 1 AEUV überhaupt nicht denkbar. Art. 23 Abs. 2 UAbs. 1 lit. a) Alt. 1 VO 1/2003 erfordert somit eine Art notwendige Teilnahme, vergleichbar mit

565 Dass *Heinichen*, S. 134 f., als Argument für eine einheitliche Auslegung von täterschaftlichem und bußgeldrechtlichem Unternehmensbegriff die Einheit der Rechtsordnung anführt, erscheint inkonsequent angesichts der von ihm postulierten Trennung von täterschaftlichem und bußgeldrechtlichen Unternehmensbegriff einerseits, sowie verfahrensrechtlichem Unternehmensbegriff andererseits.

566 *Heinichen*, S. 56 ff., 156.

567 Vgl. EuG vom 08.07.2008 – Rs. T-99/04 – *AC-Treuhand*, Slg. 2008, II-1501 Rn. 130.

den Konvergenzdelikten.[568] Gleichwohl soll diese Konstellation nicht dazu verleiten, von vornherein in diesen Fällen von Mittäterschaft nach dem Verständnis des deutschen § 25 Abs. 2 StGB, nämlich wechselseitiger Zurechnung von Verursachungsbeiträgen aufgrund geplanten gemeinschaftlichen Zusammenwirkens, auszugehen.

Zwar verwendete das EuG im Fall *AC-Treuhand* ausdrücklich diese Terminologie[569] und auch *Kindhäuser/Meyer*[570] scheinen auf Grundlage dieses Urteils einem derartigen Verständnis zugeneigt zu sein. Dagegen spricht jedoch, dass diese Dogmatik in der sonstigen Entscheidungspraxis keine Erwähnung findet und auch eine Zurechnung von Verursachungsbeiträgen, wie sie die Mittäterschaft i.S.d. § 25 Abs. 2 StGB erfordert, zwischen den einzelnen am Kartell beteiligten Unternehmen nicht erfolgt. Das geht auch aus dem *AC-Treuhand*-Urteil hervor. Dort heißt es, dass die Verantwortung eines Unternehmens für die gesamte Zuwiderhandlung einschließlich des auf den selben Wettbewerbsverstoß gerichteten Verhaltens anderer beteiligter Unternehmen nicht ausgeschlossen werden könne, weil sich jedes Unternehmen auf seine eigene Weise an der Zuwiderhandlung beteilige.[571] Vielmehr ändere eine (nur) geringfügige Beteiligung an der Verantwortlichkeit für die Zuwiderhandlung nichts.[572] Diese Ausführungen bedeuten nichts anderes, als dass die „Mittäterschaft“ lediglich die notwendige Mitwirkung von mindestens zwei Unternehmen dergestalt darstellt, dass es zu einer Vereinbarung, einem Beschluss oder einer abgestimmten Verhaltensweise kommt (der Zuwiderhandlung). Sobald eine derartige Mitwirkung festgestellt ist, wird jedes Unternehmen für sich betrachtet. Vorgeworfen wird jedem Unternehmen also im Ergebnis nur der eigene „Verursachungsbeitrag“, also dasjenige Verhalten des Unternehmens selbst, welches zu dem Verstoß führt.

Mithin kennt die Praxis bislang keine echte Mittäterschaft oder sonstige Beteiligungsformen, es gilt vielmehr ein Einheitstätermodell.[573] Ausgehend von diesem Verständnis soll nun also eine Form von Täterschaft und Teilnahme herausgearbeitet werden, die den Regeln des deutschen allgemeinen Strafrechts nahe kommt.

---

568 S. allgemein zur notwendigen Teilnahme: *Heine/Weißer* in: Schönke/Schröder, vor §§ 25 ff. Rn. 41 ff.

569 EuG vom 08.07.2008 – Rs. T-99/04 – *AC-Treuhand*, Slg. 2008, II-1501 Rn. 130 ff.

570 *Kindhäuser/Meyer* in: FK-Kartellrecht, Art. 101 AEUV Bußgeldrechtliche Folgen Rn. 181.

571 EuG vom 08.07.2008 – Rs. T-99/04 – *AC-Treuhand*, Slg. 2008, II-1501 Rn. 131.

572 EuG vom 08.07.2008 – Rs. T-99/04 – *AC-Treuhand*, Slg. 2008, II-1501 Rn. 132.

573 S.o. Kapitel III.B.I.2)d).

d) Die Systematisierung von Täterschaft und Teilnahme

Denkbar ist danach zunächst eine Form der mittelbaren Täterschaft für die steuernde Konzernmutter. Das Fehlen eigener Entscheidungsgewalt bei der Tochter würde nach diesem Ansatz dazu führen, dass erstere von der Verantwortung frei würde und begründete gleichzeitig die Sanktionierbarkeit der Mutter. Es müsste also festgestellt werden, dass die Tochter nur aufgrund von Weisungen gegen das Kartellrecht verstoßen hat, und dass sie faktisch keine Möglichkeit hatte, sich dem zu widersetzen. Dagegen könnte sprechen, dass die Tochter gesetzlich verpflichtet ist, keine Kartellverstöße zu begehen. Man könnte also von der Tochter verlangen, dem Druck der Mutter mit Hinweis auf das Kartellverbot stand zu halten. In vielen Fällen kann diese Argumentation greifen, beispielsweise wenn sich die Tochter (bzw. deren Personal) ohne nennenswerten Protest den Weisungen der Mutter fügt. Die Verantwortung der Tochter kann aber ausgeschlossen sein, wenn eine Fallkonstellation vorliegt, die mit denen vergleichbar ist, welche bei natürlichen Personen gem. § 25 Abs. 1 Alt. 2 StGB die mittelbare Täterschaft begründen (und die nicht mit der Figur des „Täters hinter dem Täter" vergleichbar ist).[574] In Betracht kommen hier vor allem Nötigungs- oder nötigungsähnliche Situationen, etwa wenn erheblicher Druck aufgebaut wird oder sogar mit Abmahnungen oder Kündigungen gedroht werden, wenn die verantwortlichen Mitarbeiter der Tochter sich den Weisungen der Mutter nicht fügen. Auch das Hervorrufen oder Unterhalten eines Irrtums der Tochter durch die Mutter könnte zum Ausschluss der Verantwortlichkeit der Tochter führen, dies allerdings nur in Ausnahmefällen, weil die Tochter eine eigene Prüfungspflicht hinsichtlich der Vereinbarkeit mit dem Kartellrecht trifft.[575] Sanktioniert würde dann also ein eigenes vorwerfbares Handeln der Mutter, nämlich das Ausüben der Entscheidungsgewalt in kartellrechtswidriger Weise. In diesem Rahmen könnte –sofern dies gewollt ist – beim Umfang der Verantwortlichkeit noch immer auf den Gesamtumsatz der beteiligten Unternehmen abgestellt werden, da der Mutter als mittelbarer Täterin der Umsatz der gesteuerten Tochter gleichsam zugerechnet werden kann.[576] Klar ist nach diesem Modell in jedem Fall, dass auf den Umsatz der Muttergesellschaft abgestellt werden kann. Gleichzeitig muss

574 S. dazu nur *Heine/Weißer* in: Schönke/Schröder, § 25 Rn. 22 ff.

575 S. dazu eingehend Kapitel IV.C.II.2) und Kapitel IV.E.VI.

576 Ähnlich schon *Dannecker/Fischer-Fritsch*, S. 277, die allerdings beim bisherigen Unternehmensbegriff ansetzen.

jedoch – anders als nach der bisherigen Praxis[577] – die Haftung der gezwungenen Tochter entfallen, da nur so dem tatsächlich begangenen Unrecht und dem daran anknüpfenden Vorwurf, welcher die Sanktion begründet, Rechnung getragen werden kann.

Demgegenüber würde ein eigenständiges täterschaftliches Handeln der Tochter i.d.R. dazu führen, dass die Mutter mangels eigener Tatherrschaft nicht mehr als mittelbare Täterin für dieses Verhalten in Betracht käme. Anderenfalls würden zwei (juristische) Personen für ein und denselben Verstoß verantwortlich gemacht und der Mutter ein Taterfolg zur Last gelegt, den sie mangels eigener Tatherrschaft gar nicht selbst steuern konnte. In der Sanktionierung einer letztlich unvermeidbaren (weil von der Mutter erzwungenen) Handlung läge wiederum ein Verstoß gegen das Schuldprinzip.[578]

Des Weiteren können auch Regeln zur Verantwortlichkeit durch Unterlassen aufgestellt werden, welche die Zurechnung von Handlungen der Tochter zu der (garanten)pflichtwidrig untätigen Mutter an feststehende Voraussetzungen knüpfen. Diese Konstellation kommt primär dann in Betracht, wenn die abstrakte Einflussmöglichkeit der Mutter auf die Tochter festgestellt wurde, die Mutter diese aber nicht ausgeübt hat.[579] Legt man tatsächlich die strengen Maßstäbe des deutschen Strafrechts an, ist dazu aber, anders als nach der bisherigen Entscheidungspraxis, die tatsächliche Kenntnis von dem Verhalten der Tochter notwendig, um die Mutter für ein vorsätzliches Unterlassen haftbar machen zu können. Der Vorwurf gegen die Mutter wäre dementsprechend die Duldung des kartellrechtswidrigen Verhaltens der Tochter, obwohl für sie durch die Ausübung von konzerninterner Kontrolle die Möglichkeit bestanden hätte, dieses Verhalten zu unterbinden. Fraglich ist allerdings, inwieweit für eine derartige Haftung noch Raum ist. Denn handelt die Tochter wissentlich kartellrechtswidrig, so wird sie in der Regel auch selbst als Aktivtäterin haften. Begreift man aber Täterschaft mit der h.M.[580] als Tatherrschaft, so scheidet in Unterlassungsfällen die Täterschaft regelmäßig dann aus, wenn neben dem Unterlassenden ein Aktivtäter vorhanden ist.

---

577 Vgl. nur EuG vom 29.04. 2004, – Rsen. T-236/01, T-239/01, T-244/01 bis T-246/01, T-251/01 und T-252/01 – *Tokai Carbon*, Slg. 2004, II-1181 Rn. 278 ff.

578 Gewisse Ausnahmekonstellationen, in denen doch sowohl Mutter als auch Tochter verantwortlich sein könnten, erscheinen denkbar, dies lässt aber den Kern der Überlegung unberührt.

579 Mit leicht abweichendem Ansatz auch *Pohlmann*, S. 377.

580 Vgl. allgemein Lackner/*Kühl*, vor §§ 25 ff. Rn. 4 m.w.N.; für Täterschaft durch Unterlassen *Joecks* in: MüKo-StGB § 25 Rn. 270 m.w.N.

Zu einer Haftung der Mutter durch Unterlassen käme man indes mit den Grundsätzen der Lehre von den Pflichtdelikten.[581] Demnach begründen die Voraussetzungen, die Unterlassen einem aktiven Tun gleichstellen – nämlich das Vorliegen einer tatsächlich möglichen und zumutbaren Handlungsmöglichkeit sowie einer Garantenstellung – die Täterschaft durch Unterlassen. Auf das Kartellrecht übertragen bedeutet das, dass die Mutter, sofern sie die tatsächliche Kontrolle abstrakt inne hat (entspricht der tatsächlichen und zumutbaren Handlungsmöglichkeit), diese auch tatsächlich ausüben, bzw. die Tochter jedenfalls genau überwachen muss, damit es nicht zu Wettbewerbsverstößen durch letztere kommt (entspricht der Garantenstellung). Insoweit besteht dann eine gewisse Ähnlichkeit zum Organisationsverschulden[582], mit der Abweichung, dass auf die Organisation des Verhaltens der Tochtergesellschaft abgestellt wird, und nicht auf die Organisation des Verhaltens der eigenen Organe der Mutter. Ob eine täterschaftliche Haftung der Mutter neben der Tochter in diesem Fall aber überhaupt noch notwendig ist, kann an dieser Stelle offen bleiben. Denkbar wäre sie aber in jedem Fall.

Die beiden soeben aufgezeigten Konstellationen kommen den bisher gegenüber Muttergesellschaften gemachten Vorwürfen am nächsten. Darüber hinaus lassen sich aber auch weitere Fälle systematisieren, die bislang nicht gesondert behandelt werden. So lässt sich eine (echte) Mittäterschaft zwischen mehreren gleichgeordneten Gesellschaften oder auch zwischen Mutter und Tochter konstruieren, soweit sie planmäßig zusammen vorgegangen sind. Der Vorwurf gegenüber allen Beteiligten ist dann der gleiche. Erfasst sind also Fälle, in denen gerade keine einseitige Kontrolle von einer Gesellschaft auf nachgeordnete Töchter ausgeübt wird. Gut handhabbar werden dadurch auch Fälle, in denen durch die planmäßige Zusammenarbeit innerhalb eines Konzerns die Schäden für den Wettbewerb noch intensiviert oder eine Aufdeckung des Kartells erschwert wird. Soweit sich dies nachweisen lässt, kann dann auch die Höhe der Geldbuße entsprechend angehoben werden.

Unternehmen, die nur unwesentlich zum Kartell beigetragen haben, namentlich kleinere unbedeutende Marktteilnehmer, können demgegenüber als bloße Gehilfen eine obligatorische Strafmilderung erhalten und damit auch begrifflich von den Hauptverantwortlichen abgegrenzt werden. Dies kommt auch für Gesellschaften in Frage, die nach der bisherigen Praxis zwar vom Konzern

---

581 Vgl. nur *Roxin* AT II, § 31 Rn. 140 ff.

582 Vgl. dazu *Dannecker/Fischer-Fritsch*, S. 289; *Heine*, S: 261 ff.; *Hirsch*, S. 25 ff.; *Otto*, S. 28 ff.; *Tiedemann* NJW 1988, 1170 (1172 ff.).

unabhängig sind, jedoch diesen nahe stehen, bspw. durch Exklusivverträge, und somit faktisch ein Kartell mittragen. Letztlich kann auch ein Verhalten der Tochter derartig geahndet werden, wenn sie zwar lediglich Weisungen der Mutter befolgt hat, aber faktisch noch die Möglichkeit hatte, diese nicht zu befolgen oder jedenfalls zu hinterfragen und auf eine Änderung der Konzernpolitik hinzuwirken. Umgekehrt können Muttergesellschaften als Gehilfen bebußt werden, sofern man in den Unterlassungsfällen eine eigene Täterschaft aufgrund der Verantwortung der Töchter verneint.[583] Schließlich kommt Anstiftung in Betracht, wenn die Mutter die Tochter zum Kartellverstoß drängt, letztere aber täterschaftlich verantwortlich bleibt, weil die Anforderungen an die mittelbare Täterschaft nicht erreicht sind.

Ebenfalls kann eine eindeutige Trennung zwischen vorsätzlicher und fahrlässiger Begehung erfolgen, mit entsprechend normierten unterschiedlichen Bußgeldrahmen. Dies dient vor allem der Schuldangemessenheit im Einzelfall. Denn die Arten der Beteiligung an Kartellabsprachen gestalten sich als derart unterschiedlich, dass eine klare Trennung auch hier, anders als im allgemeinen Ordnungswidrigkeitenrecht, angebracht erscheint.[584]

Gegen eine derartige Ausrichtung des Kartellbußgeldrechts am juristischen Unternehmensbegriff wird eingewandt, sie erfordere die Feststellung eigener Schuld jedes Rechtssubjekts. Dies könne zu erheblichen Beweisschwierigkeiten führen. Darüber hinaus könnten unterschiedliche gesellschaftsrechtliche Strukturen die strafrechtliche Verfolgung wirtschaftlich betrachtet gleicher Sachverhalte verzerren.[585] Letzteres mag im Einzelfall nicht auszuschließen sein. Allerdings bietet das Recht von Täterschaft und Teilnahme nach dem hier vorgeschlagenen System ausreichende Zurechnungsmöglichkeiten auf Tatbestandsebene, deren konsequente Anwendung auch eine befürchtete Verzerrung unwahrscheinlich erscheinen lässt. Kann danach die Täterschaft (oder Teilnahme) bejaht werden, etwa aufgrund der Zurechnung fremden Verhaltens über die Grundsätze der mittelbaren Täterschaft oder des täterschaftsbegründenden Unterlassens, so wird der entsprechenden Gesellschaft i.d.R. auch ein individueller Vorwurf für eben das zur Zurechnung führende Verhalten gemacht werden können. Die Präzisierung des Verhaltensvorwurfs führt mithin dazu, dass die Verantwortlichkeit ebenfalls leichter festgestellt werden kann.

---

583 Für die Beteiligung eines Vorstandsmitglieds an der Zuwiderhandlung einer Niederlassung im deutschen Kartellbußgeldrecht: BGH WuW/E 2394 (2397 f.); *Rengier* in: KK-OWiG, § 14 Rn. 67; *Tiedemann* NJW 1979, 1849 (1852).

584 S. dazu noch ausführlich Kapitel IV.E.VI.3) und 4).

585 *Hamann*, S. 193.

Soweit auf Beweisschwierigkeiten verwiesen wird, so zeigt sich einmal mehr das im europäischen Kartellbußgeldrecht verbreitete pragmatische Denken, welches mit strafrechtlichen Rechtsgrundsätzen nicht vereinbar ist. Freilich lässt sich argumentieren, bei wertender Betrachtung stellten sich Mutter- und Tochtergesellschaften als eine Einheit dar. Im Kriminalstrafrecht käme aber doch auch niemand auf die Idee, einen Beteiligten zusammen mit seinem Komplizen als eine strafrechtliche Einheit zu betrachten und sie auf dieser Grundlage gemeinschaftlich als Gesamtschuldner zu bestrafen. Ebenso wenig kann die Schuld nur eines Beteiligten der gesamten „Einheit" zugerechnet werden. Lässt sich die Schuld eines Beteiligten nicht nachweisen, so ist dieser nun einmal frei zu sprechen.

Diese Vergleiche mögen befremdlich klingen. Sie verdeutlichen aber anschaulich, dass es verfehlt ist, die Verantwortlichkeit an der Rechtspersönlichkeit vorbei zu konstruieren. Die Qualifizierung einer wie auch immer gearteten Einheit als Träger von Rechten und Pflichten macht diese zu einem rechtlichen Individuum, das Verantwortung zunächst einmal nur für sich selbst allein trägt. Dementsprechend kann ihr lediglich ein individueller Vorwurf für eigenes Verhalten gemacht werden. Das besagt das Schuldprinzip. Die Zurechnung an der Rechtspersönlichkeit vorbei mag zwar oftmals zu richtigen Ergebnissen kommen. Ihr fehlt aber die zwingende Bindung an den individuellen Vorwurf gegen das Rechtssubjekt, welche sicher stellt, dass der für ein Verhalten tatsächlich Verantwortliche zur Rechenschaft gezogen wird.

Dieses Problem wird auch in der Kritik von *Hamann* gegen die Ausrichtung an der Rechtspersönlichkeit innerhalb nur eines Absatzes klar: So spricht er sich einerseits gegen diesen Ansatz mit dem Hinweis aus, eine Zurechnung der Schuld der Tochtergesellschaft zur Mutter könne auf dieser Basis nicht erfolgen, da sie mit dem Schuldgrundsatz nicht vereinbar sei, hat aber andererseits mit der Zurechnung über die wirtschaftliche Einheit kein Problem (da dann die Schuld der Tochter ja nicht einem anderen Täter zugerechnet werde).[586] Dabei drängt sich doch die Frage auf, wo bei wertender Betrachtung der Unterschied zwischen den beiden Konstruktionen liegen soll. Um keine Missverständnisse aufkommen zu lassen noch einmal in aller Deutlichkeit: In der Tat ist eine Zurechnung der persönlichen Verantwortlichkeit eines von einer Norm adressierten Rechtssubjekts zu einem anderen nicht mit dem Schuldprinzip vereinbar. Nach dem hier verfolgten Ansatz muss jedoch für jedes Rechtssubjekt die individuelle Schuld festgestellt werden. Es kommt also gar nicht zur Zurechnung.[587]

586 *Hamann*, S. 193.

587 Vgl. auch *Ransiek*, S. 332. Zu einem ähnlichen Ergebnis, basierend auf dem funktionalen Unternehmensbegriff kommt *Thomas*, S. 153, insbes. Fn. 778.

e) *Konsequenzen für die Rechtsnachfolge*

Darüber hinaus stellt sich bei einer Ausrichtung an der Rechtspersönlichkeit die Frage, wie die Rechtsnachfolge zu behandeln ist. Ein Rückgriff auf das deutsche allgemeine Strafrecht (i.e.S.) kommt hierbei freilich nicht in Betracht, da eine Unternehmensstrafbarkeit derzeit nicht existiert und ein Übergang der strafrechtlichen Haftung unter natürlichen Personen unter dem geltenden Schuldprinzip nicht denkbar ist. Anhaltspunkte kann aber das deutsche Kartellordnungswidrigkeitenrecht geben, in dem die echte Rechtsnachfolge nunmehr sogar in § 30 Abs. 2a OWiG ausdrücklich angesprochen wird.

Für die unechte Rechtsnachfolge bietet es sich zunächst an, an der bisherigen Praxis festzuhalten, selbstverständlich unter Anwendung der soeben dargestellten Regeln bzgl. Täterschaft und Teilnahme. Haften würde danach die jeweils für den Verstoß verantwortliche Gesellschaft, unabhängig welchem Konzern sie zum Zeitpunkt der Bußgeldentscheidung angehört. Diesem Grundsatz folgend enthält auch § 30 Abs. 2a OWiG zur unechten Rechtsnachfolge keine Aussage, da die Haftung gem. § 30 Abs. 1 OWiG ohnehin nur für Einheiten mit Rechtspersönlichkeit gilt und damit klar ist, dass die Gesellschaft haftet, deren Organ den Verstoß begangen hat. Jedenfalls kommt eine Haftung der neuen Mutter für einen vor dem Erwerb von der Tochter begangenen Verstoß nicht in Betracht.

Etwas schwieriger ist die Situation in Fällen der echten Rechtsnachfolge. Hier überzeugt die Argumentation der Kommission und Gerichte, dass es nicht möglich sein darf, sich durch Aufgabe der Rechtspersönlichkeit der Haftung zu entziehen. Der Ansatz muss also tatsächlich dahin gehen, die bußgeldrechtliche Verantwortlichkeit der alten Gesellschaft auf den Gesamtrechtsnachfolger zu übertagen. Der im Zuge der 8. GWB-Novelle neu eingefügte § 30 Abs. 2a OWiG soll diese Problematik im deutschen Recht lösen, erfasst aber nur einen Teil der möglichen Konstellationen der echten Rechtsnachfolge.[588] So wird neben der Gesamtrechtsnachfolge nur die Auf- nicht aber die Abspaltung und eine Übertragung durch Einzelrechtsnachfolge im Rahmen von *asset deals* gar nicht erfasst.[589] Auch die der Gesetzesnovelle vorausgehende Rechtsprechung hilft nicht weiter, weil der BGH die echte Rechtsnachfolge in die Bußgeldhaftung bislang nur unter engen Voraussetzungen (nahezu Identität bei wirtschaftlicher Betrachtung) zugelassen hatte. Im Übrigen hatte der BGH Bedenken im Hinblick auf das

588 Vgl. *Dannecker/Müller* in: Wabnitz/Janovsky, Kap. 18 Rn. 144.

589 Stellungnahme des Bundeskartellamts zum Regierungsentwurf zur 8. GWB-Novelle vom 22.06.2012, S. 13 ff.; *Heinichen*, WRP 2012, 159 (165).

Analogieverbot gem. Art. 103 Abs. 2 GG und verwies auf ein Tätigwerden des Gesetzgebers.[590]

Da die Annäherung an das deutsche Recht also nicht zielführend ist, kann auf eine Parallele zum Gesellschaftsrecht zurückgegriffen werden. Zusammen mit den zivilrechtlichen Rechten und Pflichten[591] lässt sich nämlich (entgegen der soeben genannten bisherigen Rechtsprechung zum deutschen Recht) auch die bußgeldrechtliche Haftung dem Erwerber auferlegen, wenn dies normativ festgelegt wird. In Zusammenhang mit dem juristischen Unternehmensbegriff ist beim Rechtsübergang auch eine eindeutigere Bestimmung der verantwortlichen Einheit möglich. Es stellt sich dann nur noch die Frage des Verhältnisses zwischen einer evtl. weiterbestehenden alten Mutter und dem Rechtsnachfolger, wenn eine Tochtergesellschaft übertragen wird und sie dabei ihre Rechtspersönlichkeit verliert. Zu beachten ist jedoch, dass die Verantwortlichkeit im Verhältnis zwischen der alten Mutter und ihrer ehemaligen Tochter nach dem hier vorgeschlagenen Modell schon geklärt ist und es danach zu keiner doppelten Haftung, wie nach der bisherigen Praxis, kommen kann. Ist demnach die alte Mutter als mittelbare Täterin zu behandeln, entfällt die Täterschaft der Tochter, so dass auch eine Haftung der Rechtsnachfolgerin nicht in Betracht kommt. Möglich ist dann nur noch eine Beihilfe, der selbstredend ein eigener Verhaltensvorwurf innewohnt. Die Beihilfehaftung ist dann wiederum auf den Rechtsnachfolger übertragbar. Ist dagegen die Tochter Täterin, so kann die Mutter für dieses Verhalten nicht selbst verantwortlich gemacht werden. Das Verhalten der Tochter kann dann einzig ihrer Rechtsnachfolgerin angelastet werden. Die alte Mutter kann höchstens ein eigener Vorwurf als Unterlassungs- oder Mittäterin gemacht werden, für den sie dann konsequenterweise selbst haften muss.

Diesem Ansatz wird entgegengehalten, eine Zurechnung der bußgeldrechtlichen Verantwortlichkeit könne nicht erfolgen, da der Rechtsnachfolger keine Möglichkeit gehabt habe, im Vorhinein auf das Verhalten der übernommenen Gesellschaft einzuwirken. Dies könnte einen Verstoß gegen das Schuldprinzip darstellen.[592] Zwar kann bei der Rechtsnachfolge in der Tat nicht an die Ausübung von Aufsichtspflichten angeknüpft werden. Dieses Problem stellt sich aber gleichfalls bei der Anwendung des funktionalen Unternehmensbegriffs. Das ist jedoch hier wie dort nicht der Ansatz der Lösung, denn es wird der übernehmenden Gesellschaft kein eigener Vorwurf gemacht. Vielmehr wird das Verhalten

590 BGH NJW 2012, 164 ff.

591 Vgl. § 20 Abs. 1 Nr. 1, ggfs. i.V.m. §§ 123, 174 ff. UmwG.

592 *Hamann*, S. 206; in Bezug auf das deutsche Recht *Heinichen* WRP 2012, 159 (164, 166).

der übernommenen Gesellschaft dem neuen Rechtssubjekt ebenso auferlegt wie zivil- und öffentlich-rechtliche Pflichten. Die Verantwortlichkeit für den Verstoß ist gewissermaßen Teil der übernommenen Gesellschaft und bezieht sich auch nur auf diese. Insofern kann man jedenfalls wertungsmäßig von Haftungskontinuität sprechen (welche dann gesetzlich vorgegeben über die vom BGH für das deutsche Recht geforderte „Nahezu-Identität" hinausgeht).

Ein derartiger Haftungsübergang von einer auf eine andere Person ist zwar zugegebenermaßen dem allgemeinen Strafrecht fremd: Eine Übertragung der strafrechtlichen Verantwortlichkeit ist im allgemeinen Strafrecht tatsächlich nicht vereinbar mit dem Schuldprinzip. Allerdings richtet sich dieses an natürliche Personen. Die vorliegende Problematik stellt sich für natürliche Personen nicht in dieser Weise. Denn eine Verschmelzung oder Übernahme von Rechtssubjekten ist dort nicht denkbar. Die Rechtsnachfolge bei Unternehmen ist daher nicht allein mit Kriterien des allgemeinen Strafrechts zu lösen.

Wertend betrachtet bedeutet die Übertragung der bußgeldrechtlichen Verantwortlichkeit auf die übernehmende Gesellschaft keinen Verstoß gegen das Schuldprinzip. Denn mit der Übernahme und Eingliederung der erworbenen Gesellschaft geht auch der Vorwurf über, der dieser gemacht wird. Die Einheit, welcher der individuelle Vorwurf zu machen ist, ist also in ihren Einzelteilen nach wie vor vorhanden, nunmehr als unselbstständiger Teil eines anderen Rechtssubjekts. Der Vorwurf, der dem Rechtsnachfolger gemacht wird, bezieht sich also (auch vom Umfang her) nur auf die Einheit, welche innerhalb des Rechtsnachfolgers weiterbesteht.[593] Ob sie dabei organisatorisch als Einheit bestehen bleibt, oder in der Organisation des Rechtsnachfolgers weiterbesteht, macht wirtschaftlich und wertungsmäßig keinen Unterschied. Der Vergleich *Hamanns* mit der sukzessiven Mittäterschaft[594] geht daher schon im Ansatz fehl. Denn bei der sukzessiven Mittäterschaft wird fremdes Verhalten einer anderen Person nachträglich als eigenes zugerechnet. Bei der Rechtsnachfolge wird dagegen auf das eigene Verhalten der ehemals rechtlich selbstständigen Gesellschaft abgestellt, die lediglich durch die Übernahme Teil eines anderen Rechtssubjekts geworden ist. Es verbleibt damit bei einem einzigen Adressaten. Dass dieser durch die Rechtsnachfolge ein anderer wird, als der ursprüngliche Täter, ist nur die unvermeidliche Konsequenz des Gesellschaftsrechts.

593 So auch *Thomas*, S. 193 f. auf Grundlage des funktionalen Unternehmensbegriffs.

594 *Hamann*, S. 206 f.

f) Konsequenzen für die Ermessensproblematik

Werden die soeben beschriebenen Grundsätze konsequent angewandt, ist schließlich zu erwarten, dass sich die Problematik des weiten Ermessens der Kommission von selbst erledigt, vor allem hinsichtlich der Adressatenauswahl. Die Regeln von Täterschaft und Teilnahme sind nämlich im Gegensatz zu anderen Vorschriften des Allgemeinen Teils derart differenziert, dass eine klare Einordnung der jeweiligen Fälle möglich erscheint und so erst gar keine Notwendigkeit für Ermessensentscheidungen – gleich welcher Art – entsteht. Für ein derartiges Ermessen scheint aus diesem Grunde ohnehin denklogisch nur ein geringer Raum zu bestehen.[595] Möglich erscheint dies allenfalls bei der Abgrenzung zwischen (Mit-)Täterschaft und bloßer Beihilfe. Auch hier sind jedoch die Grenzen des Bestimmtheitsgrundsatzes einzuhalten[596], so dass die Anwendung der Regeln konsistent sein muss, um eine entsprechende Vorhersehbarkeit zu garantieren.

Beim Entschließungsermessen sind weniger strenge Maßstäbe anzulegen. Zwar gilt im deutschen Straf- bzw. Strafprozessrecht i.e.S. grundsätzlich das Legalitätsprinzip, dessen Übertragung in das EU-Kartellbußgeldrecht konsequent erscheint, wenn man sich auch hinsichtlich der Täterschaft und Teilnahme am deutschen Recht orientiert. Allerdings wird das Legalitätsprinzip schon im deutschen Recht (durch §§ 153 ff. StPO und die Möglichkeit, in Einzelfällen von Strafe abzusehen) vom Opportunitätsprinzip durchbrochen. In den nationalen Strafprozessrechtsordnung vieler Mitgliedstaaten existieren vergleichbare Durchbrechungen, zum Teil gilt sogar grundsätzlich das Opportunitätsprinzip.[597] Dementsprechend ist analog zu diesen Juristiktionen auch für

---

595 Vgl. *Hamann*, S. 189. Im deutschen Strafrecht i.e.S., dem das hier verwendete Modell entstammt, ist ein Ermessen größeren Ausmaßes schon gar nicht denkbar aufgrund des geltenden Legalitätsprinzips, das seine Grundlage im Demokratie- und Rechtsstaatsprinzip, im allgemeinen Gleichheitssatz und nicht zuletzt auch im Bestimmtheitsgrundsatz hat, vgl. *Erb*, S. 68 f.; *Roxin/Schünemann*, § 14 Rn. 2.

596 Zur Geltung des Bestimmtheitsgrundsatzes im AT vgl. *Jähnke* in: FS 50 Jahre BGH, S. 393 (397).

597 *Oehler*, Rn. 946; für Belgien: *Pesquié* in: Delmas-Marty/Spencer, S. 103; für England: *Darbyshire* in: Vogler/Huber, S. 87 f.; *Spencer* in: Delmas-Marty/Spencer, S. 170 f.; für Finland: *Frände* in: Arbour/Eser/Ambos/Sanders, S. 318; für Frankreich: *Dervieux* in: Delmas-Marty/Spencer, S. 232 *Rohrer*, S. 79 ff.; *Vogler* in: Vogler/Huber, S. 183; für Italien: *Illuminati* in: Arbour/Eser/Ambos/Sanders, S. 371 f.; *Van Cleave* in: Bradley, S. 334; für die Niederlande: *Groenhuijsen/Simmelink* in: Vogler/Huber, S. 392 f.; für Österreich: *Triffterer* in: Arbour/Eser/Ambos/Sanders, S. 215; für Slowenien: *Šugman Stubbs* in: Vogler/Huber, S. 493 f.; für Spanien: *Gascón Inchausti/*

das EU-Kartellbußgeldrecht hinsichtlich der Entschließung zur Einleitung oder Einstellung von Bußgeldverfahren jedenfalls eine begrenzte Durchbrechung des Legalitätsprinzips denkbar.

g) Ergänzung der VO 1/2003

Art. 23 Abs. 2 UAbs. 1 lit. a) sanktioniert den Verstoß eines Unternehmens oder einer Unternehmensvereinigung gegen Art. 101, 102 AEUV. Eine Differenzierung zwischen verschiedenen Arten der Täterschaft und Beteiligungsformen ist in Ermangelung eines kodifizierten allgemeinen Teils des EU-Kartellbußgeldrechts nicht vorgesehen. Zwar kommt die Praxis auf Basis dieser wenig aussagekräftigen Täterumschreibung zu den bislang geltenden Zurechnungskriterien. Denn das bisherige Zurechnungsmodell ist darauf ausgerichtet, das Unternehmen (bzw. die Unternehmensvereinigung) zu einem Einheitstäter zu machen, welcher unter den Wortlaut des Art. 23 Abs. 2 UAbs. 1 lit. a) subsummierbar ist, ohne dass es allgemeinen Vorschriften zur Täterschaft und Teilnahme bedürfte. Der hier vorgeschlagene Lösungsansatz bricht jedoch mit dem Einheitstätermodell und sieht eine Differenzierung als notwendig für die Einhaltung des Bestimmtheitsgrundsatzes und des Schuldprinzips an. Eine derart tiefgreifende Novellierung des Systems des Kartellbußgeldrechts erscheint auf Grundlage des bisher geltenden Rechts nicht möglich. Es ist daher *de lege ferenda* eine Regelung in die VO 1/2003 einzufügen, welche die verschiedenen Formen der Täterschaft – ggfs. durch Unterlassen – enthält und die Teilnahme ebenfalls sanktioniert.

h) Ergebnis

Es zeigt sich also, dass durch das Abstellen auf den juristischen Unternehmensbegriff und der Übertragung der strafrechtlichen Grundsätze von Täterschaft und Teilnahme eine Systematisierung und Klarstellung der Haftungsvoraussetzung erreicht werden kann, die die bisherige Rechtslage und Praxis bei Weitem übertrifft und auch die individuelle Schuld bzw. Vorwerfbarkeit berücksichtigt. Dies gilt sowohl für die einfache Verantwortlichkeit von Rechtssubjekten für ein bestimmtes Verhalten, als auch für die Fragen der Rechtsnachfolge. Natürlich kann auch dieses Modell nicht darüber hinweg gehen, dass für die Begründung einer Haftung stets die Tatsachen des Einzelfalles herangezogen werden müssen. Die nähere Bestimmung der Haftungsvoraussetzungen sollte jedoch auch

---

Villamarín López in: Vogler/Huber, S. 558 f.; für die Tschechische Republik: *Růžička* in: Arbour/Eser/Ambos/Sanders, S. 284 f.; für Ungarn: *Györgyi* in: Arbour/Eser/Ambos/Sanders, S. 352 f.

diesbezüglich zu Erleichterungen führen, weil die maßgeblichen Kriterien für die Haftung feststehen, so dass die Kommission von Anfang an in die entsprechende Richtung ermitteln kann.

Nicht zu übersehen ist bei alledem freilich, dass eine derartige Änderung der bußgeldrechtlichen Verantwortlichkeit die Sanktion systematisch näher an das Strafrecht i.e.S. rückt. Es ist deshalb fraglich, ob diese Konstruktion noch mit den bisherigen Grundsätzen zur Sanktionierbarkeit von Unternehmen vereinbar ist. Erneut zu diskutieren wäre auch die Reichweite der unionsrechtlichen Kompetenzbefugnisse. Indes würde sich am Inhalt der Sanktion sowie dem „Verwaltungsverfahren“ zu deren Verhängung nichts Grundlegendes ändern, so dass jedenfalls nicht zwingend von einer Änderung der Rechtsnatur der Geldbußen ausgegangen werden müsste. Zwar führt das System von Täterschaft und Teilnahme nach deutschem Vorbild, wie bereits angesprochen, zu einer derartigen Systematisierung, dass ein Ermessen sowohl aus Gründen des allgemeinen Gleichheitssatzes und des Schuldprinzips, als auch denklogisch kaum noch in Frage kommt. Insofern erfolgt für die hier vorgeschlagene Rechtsänderung durch den weitestgehenden Wegfall des Ermessens eine Entfernung vom bislang geltenden Opportunitätsprinzip und eine Annäherung an das Legalitätsprinzip quasi kraft Natur der Sache.[598] Das bedeutet aber nicht gleichzeitig eine Verschiebung der Begründung des Kartellbußgeldes hin zu den Theorien des Strafrechts i.e.S.[599]. Denn die Zielsetzung des Bußgeldes, die wirksame Durchsetzung der Wettbewerbsregeln, wird dadurch nicht angetastet. Vielmehr ist ein klares, vorhersehbares Regime mit einem eindeutigen Normenappell sogar besser geeignet, die Unternehmen zur Ausrichtung ihres Verhaltens auf die Einhaltung des Kartellrechts anzuhalten.

Schließlich ist zu beachten, dass die Rechtsnatur des Kartellbußgelds und das Verfahren ohnehin nicht eindeutig einem mitgliedstaatlichen Regime zuzuordnen sind. Eine Vermischung von Figuren unterschiedlicher Rechtsgebiete ist daher nicht bedenklich, solange die elementaren Rechtsgrundsätze eingehalten werden. Gerade dies bezweckt der hier unterbreitete Vorschlag. Denn auch wenn es sich beim EU-Kartellbußgeld zwar, wie eingangs dargestellt[600], formal gesehen nicht um Strafrecht i.e.S. handelt, darf man angesichts der mittlerweile enormen Höhe der verhängbaren Bußgelder letztlich auch mit Recht die Frage stellen, ob

598 Vgl. zum Verhältnis von Legalitäts- und Opportunitätsprinzip *Erb*, S. 68 f.

599 Zu den Straftheorien des deutschen Rechts vgl. z.B. *Hassemer/Neumann* in: NK-StGB, vor § 1 Rn. 269 ff.

600 S.o. Kapitel II.A.

die faktische Nähe zum Strafrecht i.e.S. und die Geltung entsprechender Grundsätze nicht ohnehin der Realität angemessen ist.[601]

i) Fazit

Die Diskussion macht nur allzu deutlich, dass dem EU-Kartellbußgeldrecht ein kodifizierter allgemeiner Teil fehlt. Die bisherige Praxis zeigt - auch wenn Verbesserungen durchaus sichtbar sind –, dass es nicht nur den verschiedenen Entscheidungsinstanzen an Einheitlichkeit fehlt, sondern dass auch innerhalb der Instanzen ein Mangel an Kontinuität herrscht. Dies ist umso bedenklicher, als dass vor allem die Kommissionsentscheidungen kaum ausreichende Begründungen für die Art und Weise der Zurechnung enthalten. Die Formalisierung der Zurechnungskriterien würde deshalb maßgeblich zu höherer Bestimmtheit und Rechtssicherheit beigetragen und zu schuldangemessenen Ergebnissen führen. Zum einen wäre die Zurechnung schon anhand der Normen nachvollziehbar und schuldangemessen zu konstruieren. Zum anderen würde dies gleichzeitig dazu führen, dass eine Begründung sich an festgeschriebenen Kriterien orientieren könnte, so dass auch im Einzelfall Nachvollziehbarkeit erzielt würde.

Auf welche Weise eine Systematisierung erreicht wird, ist letztlich ohne Belang. Fest steht aber, dass die bisherige Rechtslage und Praxis weder dem Bestimmtheitsgrundsatz, noch dem Schuldprinzip ausreichend Rechnung trägt. Eine Konkretisierung der Grundsätze zur bußgeldrechtlichen Verantwortlichkeit ist daher unabdingbar.

601 Vgl. auch *Ackermann* ZWeR 2010, 329 (334); *Schwarze* EuR 2009, 171 (187). Letzterer plädiert daher a.a.O. (181 ff., 187 f.) für die durchgängige Anwendung strafrechtlicher Rechtsgrundsätze.

Kapitel IV. Die Freistellungstatbestände des Art. 101 Abs. 3 AEUV und das Legalausnahmeprinzip

Art. 101 Abs. 3 AEUV enthält die sog. Freistellungstatbestände. Hierbei handelt es sich um Konstellationen, die, obwohl sie an sich unter den Tatbestand[602] von Art. 101 Abs. 1 AEUV fallen, gleichwohl nicht verboten sein sollen. Dies ist der Fall, wenn die negativen Auswirkungen von Wettbewerbsbeschränkungen durch damit einhergehenden Vorteile derart ausgeglichen werden, dass erstere als hinnehmbar angesehen werden, um in den Genuss der Vorteile zu kommen, oder die Wettbewerbsziele sogar ausnahmsweise durch wettbewerbsbeschränkende Vereinbarungen besser erreicht werden können, als ohne sie.[603] Die Norm verankert mithin eine Möglichkeit zur Relativierung der starren Kriterien von Art. 101 Abs. 1 AEUV durch differenziertere Betrachtungen und Abwägungen, sie ermöglicht also eine gewisse „Rule of Reason“[604]. Sie bildet eine logisch untrennbare Einheit mit Art. 101 Abs. 1 AEUV,[605] da dessen starre Regelungen ohne ein Korrektiv nicht zu sinnvollen Ergebnissen führen könnten.[606]

Ein Bußgeld gem. Art. 23 Abs. 2 UAbs. 1 lit. a) Var. 1 VO 1/2003 kann nur verhängt werden, wenn zuvor geprüft wurde, dass die Voraussetzungen von Art. 101

---

602 Erfasst sind alle Varianten von Art. 101 Abs. 1 AEUV, also Vereinbarungen zwischen Unternehmen, Beschlüsse von Unternehmensvereinigungen und aufeinander abgestimmte Verhaltensweisen. Aus Gründen der Lesbarkeit und Verständlichkeit wird in der Folge aber lediglich von Vereinbarungen die Rede sein. Eine Einschränkung von Art. 101 Abs. 3 AEUV wird dadurch weder unterstellt, noch gefordert.

603 Vgl. KOMM vom 16.12.1971 – 72/22/EWG – *Vereneging van Cementhandelaren*, ABl. EG 1972 Nr. L 13/34 Rn. 21; vom 22.12.1976 – 77/66/EWG – *Gerofabriek*, ABl. EG 1977 Nr. L 16/8, II. 4. B; ausführlich und differenzierend *Pohlmann* in: FK-Kartellrecht, Art. 81 Abs. 3 EG Grundfragen Rn. 32 ff.

604 Der Begriff entstammt dem US-amerikanischen Antitrust Law, soll aber im Unionskartellrecht nicht in seiner ursprünglichen Ausprägung, sondern untechnisch verstanden werden. Vgl. auch *Kjølbye* ECLR 2004, 566.

605 EuGH vom 06.04.1962 – Rs. 13/61 – *Kledingverkoopbedrijf de Guis/Bosch*, Slg. 1962, 99 (112); vom 30.04.1986 – Rsen. 209–213/84 – *Ministère Public/Asjes u. a.*, Slg. 1986, 1425 Rn. 64 f.; *Kindhäuser/Meyer* in: FK-Kartellrecht, Art. 101 AEUV Bußgeldrechtliche Folgen Rn. 69; *Schuhmacher* in: Grabitz/Hilf/Nettesheim, Art. 101 Rn. 267.

606 *Kindhäuser/Meyer* in: FK-Kartellrecht, Art. 101 AEUV Bußgeldrechtliche Folgen Rn. 69.

Abs. 3 AEUV nicht vorliegen, so dass es sich bei den Kriterien der Norm um negative Tatbestandsmerkmale handelt.[607]

A. Systematische Grundlagen

Musste das Vorliegen dieser Freistellungstatbestände unter Geltung der alten Rechtslage noch von der Kommission vorab festgestellt werden (Art. 9 VO 17/62), so gilt die Freistellung mit Einführung der VO 1/2003 nunmehr gem. Art. 1 Abs. 2 VO 1/2003 unmittelbar, also ohne dass es einer Entscheidung der Kommission bedarf.[608] Mit dieser Legalausnahme fällt die Vorab-Einschätzung des Vorliegens der Voraussetzungen von Art. 101 Abs. 3 AEUV nunmehr in die Zuständigkeit der Unternehmen und Unternehmensvereinigungen selbst (sog. self-assessment).[609]

Diese Systemänderung hat für die Praxis weitreichende Auswirkungen. Den Unternehmen und Unternehmensvereinigungen wird dadurch die bisherige Möglichkeit genommen, durch die Vorlage von Vereinbarungen, Beschlüssen und abgestimmten Verhaltensweisen bei der Kommission bindende Freistellungsentscheidungen zu erwirken und sich damit Rechtssicherheit zu verschaffen.[610] Mithin entsteht für die Unternehmen ein Risiko, welches sie unter der alten Regelung durch die Vorlage bei der Kommission zur Vorabentscheidung aus der Welt schaffen konnten.

Es sind hierbei zwei Arten von Unsicherheitsfaktoren zu unterscheiden. Einerseits enthält Art. 101 Abs. 3 AEUV zahlreiche unbestimmte Rechtsbegriffe. Es stellt sich folglich die Frage, ob die Norm hinreichend gesetzlich bestimmt ist.

---

607 Vgl. *Dreher/Thomas* WuW 2004, 8 (17); *Kindhäuser/Meyer* in: FK-Kartellrecht, Art. 101 AEUV Bußgeldrechtliche Folgen Rn. 69; *Schütz* in: Gemeinschaftskommentar, Art. 23 VO 1/2003 Rn. 15; ferner *Montag/Rosenfeld* ZWeR 2003, 107 (118). Die teilweise verwendete Bezeichnung als Rechtfertigung ist daher untechnisch und nicht i.S.d. deutschen dreistufigen Verbrechensaufbaus im Strafrecht zu verstehen. Die in diesem Zusammenhang geführte Diskussion um die Beweislastregel des Art. 2 S. 2 VO 1/2003 soll an dieser Stelle nicht behandelt werden.

608 Schon gegen den Systemwechsel an sich werden z. T. Bedenken hinsichtlich der Vereinbarkeit mit dem Wortlaut von Art. 101 Abs. 3 AEUV („können für nicht anwendbar erklärt werden") geäußert, vgl. nur *Dreher/Thomas* WuW 2004, 8 (15, Fn. 38). Darauf soll hier jedoch nicht eingegangen werden.

609 *Dannecker/Biermann* in: Immenga/Mestmäcker, Art. 23 VO 1/2003 Rn. 87; *Dreher/Thomas* WuW 2004, 8 (9); *Kindhäuser/Meyer* in: FK-Kartellrecht, Art. 23 VO 1/2003 Rn. 45; *Montag/Rosenfeld* ZWeR 2003, 107 (114); *Weitbrecht* EuZW 2003, 69 (70).

610 *Deselaers/Obst* EWS 2000, 41 (44); *Dreher/Thomas* WuW 2004, 8 (12).

Darüber hinaus verlangt Art. 101 Abs. 3 AEUV in tatsächlicher Hinsicht die Prognostizierung schwieriger Sachverhalte bzw. wirtschaftlicher Zusammenhänge. Bei diesem Problem geht es schwerpunktmäßig nicht um die Unbestimmtheit des Vertragstextes, sondern um die Schwierigkeit der Subsumtion unter den Tatbestand, da die zur Subsumtion erforderlichen Tatsachen nur schwer zu ermitteln bzw. zu prognostizieren sind. Betroffen ist damit eher die Rechtssicherheit i.w.S., die nicht unter den strafrechtlichen Bestimmtheitsgrundsatz fällt.[611] Vielmehr ist diesbezüglich fraglich, inwieweit eine zuverlässige Einschätzung im Einzelfall möglich ist, bzw. ob und wann Fehleinschätzungen dem Unternehmen vorwerfbar sind. Diese Fragestellung betrifft also das Schuldprinzip bzw. das Prinzip der persönlichen Vorwerfbarkeit.

B. Probleme in Bezug auf den Bestimmtheitsgrundsatz

Teile der Literatur kritisieren das neue System insofern, als dass der Wegfall des Anmeldeverfahrens den Bestimmtheitsgrundsatz, jedenfalls aber die Rechtssicherheit betreffe, bzw. die Tatbestandsbestimmtheit darunter leide, dass rechtliche Unsicherheiten nicht mehr durch Vorabentscheidung geklärt werden können.[612] Auf den strafrechtlichen Bestimmtheitsgrundsatz gestützt geht diese Kritik indessen jedenfalls in ihrer Pauschalität am eigentlichen Problem vorbei. Sie fördert vielmehr (erneut) ein Verständnis des Bestimmtheitsgrundsatzes zutage, das mit den zu Beginn dieser Arbeit herausgearbeiteten Anforderungen nicht vereinbar ist.[613] Noch einmal: Nach dem hier zugrunde gelegten Verständnis fordert der Bestimmtheitsgrundsatz die gesetzliche Bestimmtheit

---

611 Vgl. auch *Pelka*, S. 71, der das Problem dogmatisch gesehen ebenfalls nicht beim Bestimmtheitsgebot verortet, aber eine vergleichbare Interessenlage der Normadressaten annimmt. Auch er schlägt aber eine Lösung durch Irrtumsregelungen vor.

612 *Dannecker/Biermann* in: Immenga/Mestmäcker, Art. 23 VO 1/2003 Rn. 87; *Koch* ZHR 169 (2005), 623 (627). In diese Richtung auch *Fuchs* ZWeR 2005, 1 (3), der die Unbestimmtheit von Art. 101 Abs. 3 AEUV nunmehr durch konkretisierende GVOen abmildern will. *Burrichter*, in: Ehlermann/Atanasiou, European Competition Law Annual 2000, S. 529 (546) forderte dagegen vor Einführung der VO 1/2003 in Hinsicht auf die Rechtssicherheit von Art. 101 Abs. 3 AEUV lediglich die Konkretisierung durch präzise und verlässliche Leitlinien. Vgl. ferner *Dreher/Thomas* WuW 2004, 8 (17), die den Verstoß gegen den Bestimmtheitsgrundsatz im Zusammenhang mit Irrtumsregelungen unter dem Legalausnahmeprinzip diskutieren. Im Hinblick auf Rechtssicherheit *Möschel* JZ 2000, 61 (64). *Emmerich* WRP 2000, 858 (862) hält Art. 101 Abs. 3 AEUV aufgrund der zahlreichen unbestimmten Rechtsbegriffe für nicht justiziabel.

613 S.o. Kapitel II.B.II.

von i.w.S. strafrechtlichen Sanktionen. Das bedeutet, dass die notwendige Bestimmtheit bzw. Vorhersehbarkeit sich schon aus der vom Gesetzgeber erlassenen Norm ergeben muss.[614] Muss aber schon die Norm hinreichend bestimmt sein, so kann die Änderung des Verfahrens zur Anwendung dieser Norm selbige nicht bestimmter oder unbestimmter machen, sei es durch Selbstveranlagung oder Geltung von Einschätzungsspielräumen. Genügt eine Norm also dem Bestimmtheitsgrundsatz nicht, so kann kein wie auch immer geartetes Verfahren zur Anwendung dieser Norm daran etwas ändern.

Klarzustellen ist in diesem Zusammenhang, dass Art. 101 Abs. 3 AEUV (bzw. dessen Vorgängernormen) zunächst keine unmittelbare Geltung hatte und der alte Bußgeldtatbestand des Art. 15 Abs. 2 lit. a) VO 17/62 sich nicht auf die Freistellungstatbestände des Abs. 3 bezog.[615] Dementsprechend wurde das Erreichen von Rechtssicherheit unter Geltung der VO 17/62 von Anfang an eben nicht durch den Normenwortlaut, sondern durch die Bindungswirkung der Einzelfreistellungsentscheidungen der Kommission angestrebt.[616] Die Offenheit der Tatbestandsmerkmale von Art. 101 Abs. 3 AEUV war somit gewissermaßen systembedingt einkalkuliert und bußgeldrechtlich unproblematisch, da gar nicht direkt von der Bußgeldvorschrift erfasst.

Es ist auch durchaus einsichtig, durch Zuhilfenahme eines derartigen Systems über die Probleme der unbestimmten Rechtsbegriffe einer Norm hinwegzuhelfen und faktisch für Rechtssicherheit zu sorgen. Schließlich soll Art. 101 Abs. 3 AEUV Ausnahmen vom starren Art. 101 Abs. 1 AEUV für Fälle zulassen, welche bei wertender Betrachtung die Nachteile der Wettbewerbsbeschränkung durch gewisse Vorteile ausgleichen. Derartige Wertungen können naturgemäß von den Marktteilnehmern selbst nur schwer vorgenommen werden.[617] All dies hat aber nicht direkt mit der Frage der Bestimmtheit der Norm zu tun, welche der Entscheidung zugrunde liegt. Denn im alten System stellte sich das Problem schlichtweg nicht. Die Unternehmen konnten sich im Bußgeldverfahren nicht einfach auf die Freistellungstatbestände berufen, sie mussten ihre Vereinbarungen gem. Art. 4 Abs. 1 VO 17/62 grundsätzlich im Vorhinein bei der Kommission anmelden und auf das

---

614 So in Bezug auf das Kartellbußgeldrecht ausdrücklich *Bechtold* in: Schwarze, Rechtsschutz und Wettbewerb, S. 97 (99 f.). Mit Blick auf die unmittelbare Wirkung von Art. 101 Abs. 3 AEUV auch *Odudu* ECLR 2002, 17 (24).

615 Klarstellend auch *Venit* CMLR 2003, 545 (575).

616 *Dreher/Thomas* WuW 2004, 8 (15, Fn. 38); mit zutreffender Einordnung auch *Pelka*, S. 193 f.

617 Vgl. auch *Odudu* ECLR 2002, 17 (24).

Eingreifen eines Freistellungstatbestandes hin prüfen lassen.[618] Die Verhängung eines Bußgeldes im Zusammenhang mit Art. 101 Abs. 3 AEUV kam nur dann in Betracht, wenn entweder keine Einzelfreistellung bei der Kommission beantragt worden war, oder aber die Vereinbarung trotz Versagung der Freistellung durch die Kommission durchgeführt wurde. Mithin konnte also stets an eindeutige Voraussetzungen angeknüpft werden (wenngleich die Entscheidungen der Kommission freilich auf einer offenen Norm beruhten). Wird dementgegen nun ausdrücklich von einem Problem der Tatbestandsbestimmtheit durch die Änderung des Verfahrens zum Legalausnahmeprinzip gesprochen[619], so ist dies zwar letztlich nicht falsch, aber in dieser Allgemeinheit doch schief.

Die oftmals kritisierte Unsicherheit durch den Systemwechsel[620] ist daher nicht automatisch mit gesetzlicher Unbestimmtheit gleichzusetzen, sondern eine rein faktische Betrachtung, welche sicherlich zutreffend ist. In Bezug auf den strafrechtlichen Bestimmtheitsgrundsatz ist allerdings zu präzisieren, dass dieses Problem zwar durch den Systemwechsel aufgekommen ist, aber nur aus dem Grunde, dass erst dadurch das Vorliegen der Freistellungsvoraussetzungen Prüfungsgegenstand der Bußgeldtatbestände geworden ist.[621] Erst seitdem muss Art. 101 Abs. 3 AEUV also am strafrechtlichen Bestimmtheitsgrundsatz gemessen werden.

Ein Vorwurf der Unbestimmtheit in Zusammenhang mit dem Legalausnahmeprinzip zeigt daher vielmehr, dass nicht etwa das Verfahren, sondern Art. 101 Abs. 3 AEUV selbst problematisch hinsichtlich ausreichender Bestimmtheit ist.[622] Die Vereinbarkeit von Art. 101 Abs. 3 AEUV mit dem strafrechtlichen Bestimmtheitsgrundsatz ist daher primär unabhängig von der Systemfrage zu beurteilen.

I. Vorfrage: Die Bedeutung der Leitlinien und Gruppenfreistellungsverordnungen

Hilfen bei der Auslegung von Art. 101 Abs. 3 AEUV sollen zunächst die Leitlinien der Kommission zur Anwendung von Art. 81 Abs. 3 EG (jetzt Art. 101 Abs. 3

618 Vgl. nur KOMM vom 28.01.1998 – 98/273/EG – *VW*, ABl. 1998 Nr. L 124/60 Rn. 188.

619 So ausdrücklich *Dannecker/Biermann* in: Immenga/Mestmäcker, Art. 23 VO 1/2003 Rn. 87.

620 Vgl. nur *Montag/Rosenfeld* ZWeR 2003, 107 (116 f.).

621 Vgl. im Ansatz *Kindhäuser* in: FK-Kartellrecht[71], Art. 23 VO 1/2003 Rn. 39.

622 *Montag/Rosenfeld* ZWeR 2003, 107 (114) weisen daher zutreffend darauf hin, dass die Unternehmen auch nach der alten Rechtslage eine Selbsteinschätzung vorgenommen haben, bevor sie problematische Fälle zur Kommission gebracht haben.

AEUV)[623] für horizontale Zusammenarbeit[624], für vertikale Beschränkungen[625] sowie zu Technologietransfervereinbarungen[626] bieten. Obwohl auch in anderen Bereichen des EU-Kartellrechts als Hilfsmittel eingesetzt, sind die Leitlinien zu Art. 101 Abs. 3 AEUV aber als problematisch anzusehen. Denn aufgrund der in Art. 101 Abs. 3 AEUV enthaltenen unbestimmten Rechtsbegriffe sind sie in der Praxis besonders bedeutsam für die Auslegung und Anwendung der Norm. Da sie jedoch nicht rechtsverbindlich sind, können sie lediglich Anhaltspunkte geben und zur Selbstbindung der Kommission führen.[627] Sie tragen damit formalrechtlich gesehen nicht zur gesetzlichen Bestimmtheit von Art. 101 Abs. 3 AEUV bei und binden insbesondere nicht die Gerichte.[628] Da sie auch von der Kommission jederzeit geändert werden können, bieten sie also allenfalls vorübergehende Sicherheit in tatsächlicher Hinsicht.

Zudem dürfen die Leitlinien nicht dazu führen, dass Art. 101 Abs. 3 AEUV über seinen Wortlaut hinaus ausgelegt bzw. angewendet wird.[629] Das bedeutet, dass die Kommission in den Leitlinien ihre Ansicht zu Art. 101 Abs. 3 AEUV nicht in einer Weise darlegen oder „klarstellen" darf, die mit seinem Wortlaut nicht mehr vereinbar ist. Dies würde gegen die Gewaltenteilung und das Gesetzlichkeitsprinzip verstoßen.

Darüber hinaus kann es aber auch bei den unterschiedlichen Leitlinien zu Überschneidungen kommen, deren Behandlung nicht ganz eindeutig ist und

---

623 Bekanntmachung der Kommission, Leitlinien zur Anwendung von Artikel 81 Absatz 3 EG-Vertrag, ABl. EU 2004 Nr. C 101/97.

624 Mitteilung der Kommission, Leitlinien zur Anwendbarkeit von Artikel 101 des Vertrags über die Arbeitsweise der Europäischen Union auf Vereinbarungen über horizontale Zusammenarbeit, ABl. EU 2011 Nr. C 11/1, im Folgenden: Horizontal-Leilinien.

625 Europäische Kommission, Leitlinien für vertikale Beschränkungen, ABl. EU 2010 Nr. C 130/1, im Folgenden: Vertikal-Leitlinien.

626 Bekanntmachung der Kommission, Leitlinien zur Anwendung von Artikel 81 EG-Vertrag auf Technologietransfer-Vereinbarungen, ABl. EU 2004 Nr. C 101/2.

627 So ausdrücklich die Vertikal-Leitlinien, Tz. 3 f. Dies übersieht *Geiger* EuZW 2000, 165 (167), wenn er die Justiziabilität von Art. 101 Abs. 3 AEUV mit der Konkretisierung durch Leitlinien der Kommission begründet.

628 Vgl. auch *Bueren* WRP 2004, 567 (575); *Geiger* EuZW 2000, 325 (328). *Möschel* JZ 2000, 61 (64) kritisiert die Leitlinientechnik auch im Hinblick auf die fehlende Eignung zur Hilfe bei der Selbsteinschätzung der Unternehmen aufgrund der faktischen Probleme bei der Anwendung von Art. 101 Abs. 3 AEUV als „Scheinsicherheit". S. dazu noch sogleich unter Kapitel IV.C.

629 *Jaeger* WuW 2000, 1062 (1070).

somit zusätzliche Unklarheit schafft.[630] Die Leitlinien der Kommission sind demnach mit Vorsicht zu genießen.[631]

Trotz alledem kann aber nicht außer Acht gelassen werden, dass sie für ihre Geltungsdauer eine faktische Bindungswirkung entfalten und somit Art. 101 Abs. 3 AEUV näher konkretisieren. Dies kann bei der Auslegung berücksichtigt werden.

Weiterhin erlassen Rat und Kommission Gruppenfreistellungsverordnungen (GVOen), welche ganze Bereiche von Vereinbarungen vom Kartellverbot des Art. 101 Abs. 1 AEUV ausnehmen, indem sie die Voraussetzungen von Art. 101 Abs. 3 AEUV für erfüllt erklären, wenn die in der jeweiligen GVO genannten Voraussetzungen erfüllt sind. Die GVOen sollen im neuen System der Legalausnahme (u.a.) die Rechtssicherheit erhöhen.[632] Zwar sind die GVOen als echte Verordnungen anders als die Leitlinien rechtsverbindlich[633] (vgl. Art. 288 Abs. 2 AEUV), doch decken sie nur einen Teil möglicher Vereinbarungen ab, so dass die Tatbestandsmerkmale von Art. 101 Abs. 3 AEUV nach wie vor von Bedeutung sind und für alle Vereinbarungen geprüft werden müssen, die nicht den GVOen unterfallen. Die GVOen können dann allenfalls als Vergleichsmaßstab für ähnlich gelagerte Fälle herangezogen werden, entfalten aber freilich insoweit keine Bindungswirkung. Im Übrigen führt die Ausweitung des GVO-Systems zwar dazu, dass die Tatbestandsmerkmale von Art. 101 Abs. 3 AEUV seltener angewendet werden müssen und vielen Unternehmen Probleme abnehmen mag (und insoweit tatsächlich für Rechtssicherheit sorgen).[634] Es ändert aber nichts an der Bestimmtheit der Norm. Insoweit führen also auch die GVOen für die Fragen des Bestimmtheitsgrundsatzes in Bezug auf Art. 101 Abs. 3 AEUV nicht weiter.

II. Die tatbestandliche Bestimmtheit des Art. 101 Abs. 3 AEUV

Das Verbot des Art. 101 Abs. 1 AEUV greift nicht ein, wenn Vereinbarungen, Beschlüsse oder aufeinander abgestimmte Verhaltensweisen unter angemessener Beteiligung der Verbraucher an dem entstehenden Gewinn zur Verbesserung

---

630 Eingehend dazu: *Pohlmann* in: FK-Kartellrecht, Art. 81 Abs. 3 EG Grundfragen Rn. 164 ff.

631 Kritisch auch *Basedow* WuW 2007, 712 (713 ff.), der den Leitlinien sogar jegliche Leitfunktion abspricht.

632 Kommission, Weißbuch über die Modernisierung der Vorschriften zur Anwendung der Artikel 85 und 86 EG-Vertrag, ABl. EG 1999 Nr. C 132/01, Tz. 71, 85; *Pohlmann* in: FK-Kartellrecht, Art. 81 Abs. 3 EG Grundfragen Rn. 87.

633 *Ellger* in: Immenga/Mestmäcker, Art. 101 Abs. 3 AEUV Rn. 2; *Pelka*, S. 173.

634 Vgl. *Schaub* in: Fordham 1999, S. 143 (158 f.).

der Warenerzeugung oder -verteilung oder zur Förderung des technischen oder wirtschaftlichen Fortschritts beitragen, ohne dass den beteiligten Unternehmen Beschränkungen auferlegt werden, die für die Verwirklichung dieser Ziele nicht unerlässlich sind, oder Möglichkeiten eröffnet werden, für einen wesentlichen Teil der betreffenden Waren den Wettbewerb auszuschalten. Das Hauptproblem auf Tatbestandsseite des Art. 101 Abs. 3 AEUV sind die darin verwendeten unbestimmten Rechtsbegriffe.[635] Durch sie wird Art. 101 Abs. 3 AEUV zu einer ihrem Wortlaut nach sehr offenen und unbestimmten Norm. Es ist daher zu untersuchen, ob diese Begriffe einer konkretisierenden Auslegung zugänglich sind, die sie für die Rechtsanwender vorhersehbar, d.h. ausreichend bestimmt macht.

Vorab sollen zudem Problempunkte angesprochen werden, welche sich nicht aus den einzelnen Tatbestandsmerkmalen, sondern aus dem Gesamtkonzept von Art. 101 Abs. 3 AEUV ergeben. Wie bereits angesprochen, dient die Norm dem Ausgleich des starren Art. 101 Abs. 1 AEUV durch die Einbeziehung von weitergehenden Wertungen, so dass sich die Frage stellt, inwieweit derartige Wertungen einfließen können, ohne den Anwendungsbereich von Art. 101 Abs. 3 AEUV unbestimmbar ausufern zu lassen.

Überdies soll in diesem Zusammenhang auf Probleme eingegangen werden, die sich aus der Natur der soeben angesprochenen Prognosen ergeben und die daher für alle Merkmale von Art. 101 Abs. 3 AEUV von Belang sind.

Letztlich stellt die Ausgestaltung von Art. 101 Abs. 3 AEUV einen einzigen Abwägungstatbestand dar, dessen einzelne Merkmale lediglich unterschiedliche bei der Abwägung zu berücksichtigende Gesichtspunkte enthalten. Deshalb ist neben den einzelnen Tatbestandsmerkmalen auch eine Gesamtbetrachtung vorzunehmen, um zu einem Gesamtergebnis kommen zu können. Auch kann nur auf dieser Grundlage ein sinnvoller Lösungsvorschlag für die bestehenden Probleme unterbreitet werden. Denn eine auf Anknüpfungspunkte der einzelnen Tatbestandsmerkmale reduzierte Untersuchung liefe Gefahr, die Justierung des Tatbestandes und die darin zur Geltung gebrachte gesetzgeberische Einschätzung insgesamt auszuhebeln.

1) Systematische Grundprobleme

Ein erstes Problem von Art. 101 Abs. 3 AEUV liegt in der Struktur und Funktion der Norm an sich. Da es im Kern um den Ausgleich von nachteiligen Auswirkungen einer Wettbewerbsbeschränkung durch anderweitige Vorteile geht,

---

635 Vgl. *Deselaers/Obst* EWS 2000, 41 (44); *Koch* ZHR 169 (2005), 625 (627 f.); *Montag/Rosenfeld* ZWeR 2003, 107 (113); *Rittner* DB 1999, 1485.

stellt sich zunächst die Frage, welche Vorteile dazu überhaupt geeignet sind. Die eindeutige Beantwortung dieser Frage ist allein aus dem Wortlaut von Art. 101 Abs. 3 AEUV nicht möglich. Vielmehr sind über den Wortlaut hinaus Wertungen vorzunehmen, um die Norm zu konkretisieren. Die Einbeziehung wertender Gesichtspunkte ist aber auch bei klassischen (Wirtschafts-)Straftatbeständen nicht unüblich und verstößt nicht per se gegen das Bestimmtheitsgebot. Es fragt sich also, ob diese wertenden Gesichtspunkte bei der Anwendung von Art. 101 Abs. 3 AEUV die Grenzen dessen einhalten, was insofern noch mit dem Bestimmtheitsgebot vereinbar erscheint.

a) Der relevante Markt

Zunächst stellt sich die Frage, ob bei der Prüfung von Art. 101 Abs. 3 AEUV nur auf den von der zuvor festgestellten Wettbewerbsbeschränkung betroffenen Markt abgestellt werden darf, oder ob die von Art. 101 Abs. 3 AEUV beschriebenen positiven Effekte sich auch auf anderen Märkten ergeben dürfen. Der Wortlaut von Art. 101 Abs. 3 AEUV beantwortet diese Frage nicht eindeutig, vielmehr fehlt eine Aussage zu den relevanten Märkten. Allenfalls dem Verbot der völligen Ausschaltung des Wettbewerbs lässt sich entnehmen, dass insoweit auf den Markt abgestellt werden muss, den die Vereinbarung betrifft.[636] Im Übrigen lässt der Wortlaut von Art. 101 Abs. 3 AEUV selbst also die Auswirkungen auf jeglichen Märkten zu.

Gleichwohl sind sich die Unionsorgane und die Literatur weitestgehend einig, dass die Vorteile sich auch auf dem durch die Vereinbarung im Wettbewerb beschränkten Markt auswirken müssen.[637] Denn grundsätzlich wird im Rahmen von Art. 101 AEUV nur auf die Auswirkungen von Vereinbarungen auf im Rahmen der Prüfung zu bestimmende spezifische Märkte abgestellt. Dabei können auch mehrere nachgelagerte Marktstufen betroffen sein, wenn sich die Vereinbarung entsprechend auswirkt.[638] Dies lässt sich insbes. aus dem Verbraucherbegriff des Art. 101 Abs. 3 AEUV schließen.[639]

---

636 *Pohlmann* in: FK-Kartellrecht, Art. 81 Abs. 3 EG Grundfragen Rn. 203.

637 EuG vom 21.03.2002 – Rs. T-131/99 – *Shaw*, Slg. 2002, II-2023 Rn. 163; Leitlinien zur Anwendung von Artikel 81 Absatz 3 EG Tz. 43; KOMM vom 23.05.2013 – AT.39595 – *Continental/United/Lufthansa/AirCanada*, Rn. 56; *Kjølbye* ECLR 2004, 566 (571); *Pohlmann* in: FK-Kartellrecht, Art. 81 Abs. 3 EG Grundfragen Rn. 206 m.w.N.; *Schwintowski/Klaue* WuW 2005, 370 (373). Explizit für die Verbraucherbeteiligung: *Gasse*, S. 153. Kritisch: *Lugard/Hancher* ECLR 2004, 410 (418 f.).

638 *Schuhmacher* in: Grabitz/Hilf/Nettesheim, Art. 101 AEUV Rn. 317.

639 S. dazu unten Kapitel IV.B.II.3)a).

Allerdings sollen entsprechend dem Wortlaut, der ja auch eine weitere Auslegung zulässt, Ausnahmen von diesem Grundsatz möglich sein. So sieht das EuG im Wortlaut von Art. 101 Abs. 3 AEUV keinen Anhaltspunkt zur Beschränkung der Vorteile auf dem für die Wettbewerbsbeschränkung relevanten Markt.[640] Eine marktübergreifende Betrachtung ist demnach nicht ausgeschlossen, laut Kommission kommt sie jedenfalls dann in Betracht, wenn es um eng verknüpfte Märkte geht.[641] Entsprechendes gilt für die Gewinnbeteiligung der Verbraucher.[642] Voraussetzung muss jedoch sein, dass die Verbraucher auf dem verknüpften Markt mit denen auf dem beschränkten Markt (nahezu) identisch sind.[643] Dies lässt sich schon aus dem Wortlaut von Art. 101 Abs. 3 AEUV herleiten, der hinsichtlich der betroffenen Verbraucher keine Einschränkung enthält.[644] Ausdrücklich ergibt sich dies auch aus Tz. 84 der Leitlinien, wonach die Verbraucher alle Nutzer der Produkte sind, auf die sich die Vereinbarung bezieht.[645] Die Kommission hat im Einzelfall auch auf die Verbraucher der nachgelagerten Marktstufe abgestellt, allerdings nur neben den Verbrauchern auf dem betroffenen Markt.[646] Auch dann muss aber ein enger Zusammenhang zwischen den betroffenen Märkten bestehen.

---

640 Vgl. EuG vom 28.02.2002 – Rs. T-86/95 – *Compagnie Générale Maritime*, Slg. 2002, II-1011 Rn. 343; vom 27.09.2006 – Rs. T-168/01 – *GSK*, Slg. 2006, II-2969 Rn. 248.

641 Leitlinien zur Anwendung von Artikel 81 Absatz 3 EG Tz. 43.; KOMM vom 23.05.2013 – AT.39595 – *Continental/United/Lufthansa/AirCanada*, Rn. 57 ff.; so auch *Kjølbye* ECLR 2004, 566 (572); *Pohlmann* in: FK-Kartellrecht, Art. 81 Abs. 3 EG Grundfragen Rn. 205.

642 Vgl. KOMM vom 23.05.2013 – AT.39595 – *Continental/United/Lufthansa/AirCanada*, Rn. 74 ff.

643 Leitlinien zur Anwendung von Artikel 81 Absatz 3 EG Tz. 43; *Kjølbye* ECLR 2004, 566 (571).

644 Vgl. aber KOMM vom 21.12.1994 – 94/986/EG – *Philips/Osram*, ABl. EG 1994 Nr. L 378/37 Rn. 27; KOMM vom 24.01.1999 – 2000/475/EG – *CECED*, ABl. EG 1999 Nr. L 187/47 Rn. 55 f. Kritisch dazu *Monti* CMLR 2002, 1057 (1076 f.). In beiden Entscheidungen ergeben sich die Vorteile aber jedenfalls auch für die Verbraucher auf den entsprechenden Märkten.

645 Leitlinien zur Anwendung von Artikel 81 Absatz 3 EG Tz. 84.

646 Vgl. KOMM vom 23.07.2003 – 2003/778/EG – *UEFA Champions Leaugue*, ABl. EG 2003 Nr. L 291/25 Rn. 170 ff., als bei der Prüfung der Verbrauchervorteile der einheitlichen Vermarktung der Champions Leaugue-Rechte durch die UEFA statt der einzelnen Vereine nicht nur auf Vorteile der Medienbetreiber, sondern auch der Fußballzuschauer abgestellt wurde. Hier folgte aus dem besseren Zugang der Medien auch ein besserer Zugang für die Zuschauer.

Anzusprechen ist darüber hinaus die (ältere) Entscheidung der Kommission im Fall *Bayer/Gist-Brocades*. Dort legte die Kommission bei der vierten Voraussetzung von Art. 101 Abs. 3 AEUV (keine Ausschaltung des Wettbewerbs für einen wesentlichen Teil der betreffenden Waren) nicht die Marktanteile der Adressaten auf dem damaligen Gemeinschaftsmarkt, sondern diejenigen auf dem Weltmarkt zugrunde, da die Verhältnisse miteinander verflochten seien und eine isolierte Betrachtung aufgrund dieser Verhältnisse ausscheide. Die entsprechenden Produkte würden auf dem Weltmarkt gehandelt, und zwar unabhängig sowohl von ihrer Herkunft, als auch von der Herkunft der Hersteller.[647] Verallgemeinert man den Tenor der *Bayer/Gist-Brocades*-Entscheidung, so müssen Unternehmen eine Bewertung vornehmen, ob maßgelblich nur der Binnenmarkt der Union ist, oder ob für die Berechnung der Marktanteile sogar der Weltmarkt in Bezug zu nehmen ist. Obgleich diese globale Betrachtung auf den ersten Blick durchaus überraschend erscheint, so ist sie doch letztlich nur eine Konsequenz der Marktabgrenzung. Wenn nun kein auf die EU begrenzter Markt für eine Ware/Dienstleistung besteht, sondern von einem Weltmarkt auszugehen ist, so muss sich auch die Prüfung von Art. 101 Abs. 3 AEUV auf diesen beziehen. Eine gesonderte Prüfung wird den Unternehmen dabei nicht abverlangt.

Es fragt sich nun zunächst, ob die grundsätzliche Beschränkung auf den betroffenen Markt mit hinreichender Bestimmtheit dem Gesetz zu entnehmen ist. Obgleich der Wortlaut von Art. 101 Abs. 3 AEUV eine derartige Beschränkung der Anwendbarkeit ‚wie bereits gesagt, nicht erkennen lässt, so lässt sich dies doch aus der Systematik des EU-Wettbewerbsrechts ableiten, insbesondere wenn man Art. 101 Abs. 1 AEUV zur Auslegung heranzieht. Denn dort wird stets ein Markt identifiziert und die Auswirkungen einer Vereinbarung auf diesen Markt bewertet. Wenn man also die beiden Absätze, die eine untrennbare Einheit bilden, zusammen liest, lässt sich die Beschränkung auf den von der Vereinbarung beeinträchtigten Markt klar erkennen. Zudem widerspräche es den Zielen des Wettbewerbsrechts, auf der einen Seite Nachteile für Verbraucher zuzulassen und dafür anderen Verbrauchern Vorteile zukommen zu lassen. Eine derartige, willkürliche Umverteilung kann nicht vom Unionsgesetzgeber gewollt sein, was bei verständiger Auslegung der Norm auch erkennbar ist.[648] Diese Auslegbarkeit normativer Tatbestandsmerkmale bedeutet nichts anderes als Bestimmbarkeit, welche dem Bestimmtheitsgebot genügt.

---

647 KOMM vom 15.12.1975 – 76/172/EWG – *Bayer/Gist-Brocades*, ABl. 1976 Nr. L 30/13, III. 4. a).

648 Vgl. auch *Pohlmann* in: FK-Kartellrecht, Art. 81 Abs. 3 EG Grundfragen Rn. 206;

Problematischer erscheinen dagegen die Ausnahmen, die hinsichtlich benachbarter Märkte zugelassen werden. Diese Differenzierung mag auf den ersten Blick nicht ganz in die bereits angesprochene, sonst so strikt auf die Marktabgrenzung abstellende Systematik von Art. 101 und auch 102 AEUV passen.[649] Fraglich ist jedoch, ob dies schon die Bestimmtheit von Art. 101 Abs. 3 AEUV beeinträchtigt.

Hält man sich das Ziel von Art. 101 Abs. 3 AEUV vor Augen, kann auch diese Differenzierung letztlich nicht überraschen. Sie spiegelt nämlich die Realität wieder, in der wirtschaftliche Zusammenhänge komplex sein können und oftmals keine so starren Grenzen zwischen verschiedenen Märkten existieren, wie eine Marktanalyse es auf dem Papier erscheinen lässt. So macht eine Vereinbarung oftmals nicht an einer Marktgrenze halt, weder hinsichtlich der Wettbewerbsbeschränkung, noch bei den positiven Auswirkungen.

Nun ist die Figur des „benachbarten Marktes" wiederum ein wertungsbedürftiger Begriff, über den angesichts unterschiedlicher Umstände und Verflechtungen ähnlicher Märkte kaum allgemeine Aussagen getroffen werden können. Zudem ist nicht klar, in welchen Fällen überhaupt benachbarte Märkte berücksichtigt werden dürfen. Auch dies könnte dazu führen, dass Art. 101 Abs. 3 AEUV nicht ausreichend bestimmt ist. Zwar wird durch die mögliche Berücksichtigung benachbarter Märkte bei den Vorteilen der Wettbewerbsbeschränkung der Rahmen, in dem eine Freistellung in Betracht kommt, zugunsten der Unternehmen erweitert. Jedoch würde eine Unbestimmtheit auch in dieser Konstellation dazu führen, dass die Unternehmen dem Tatbestand nicht entnehmen können, wann sie gegen die Norm verstoßen.

Im Ergebnis ist aber nicht von einem Mangel an gesetzlicher Bestimmtheit auszugehen. Denn genauso wie in anderen Fällen unbestimmter Rechtsbegriffe gibt es auch hier klare Fälle und eben solche, die im Grenzbereich liegen. Ein Restrisiko, die Grenze so eben überschritten zu haben, besteht in diesen Konstellationen immer. Dem Gesamttatbestand von Art. 101 Abs. 1 und 3 AEUV ist aber, wie gezeigt, zu entnehmen, dass als Ausgangspunkt nur der von der Vereinbarung betroffene Markt in Bezug genommen werden soll. Bei einer Auslegung nach Sinn und Zweck der Norm ist es jedoch durchaus erkenn- und vorhersehbar, dass eng verwandte Märkte ebenso berücksichtigt werden können, wenn die Bestimmung anderenfalls keinen Sinn ergeben würde. Fehlt eine enge Verflechtung von Märkten, muss dies ausscheiden. Eine genauere Bestimmbarkeit kann

---

649 Auf den zu dieser Frage bestehenden Streit soll an dieser Stelle nicht näher eingegangen werden.

aber von unbestimmten Rechtsbegriffen nicht verlangt werden und erscheint auch in einem von wirtschaftlichen Überlegungen geprägten Gebiet, wie dem Kartellrecht, nicht möglich. Dies gilt erst recht unter dem Gesichtspunkt, dass es sich beim Kartellbußgeldrecht nicht um Strafrecht i.e.S. handelt. Die letzten Unsicherheiten sind ein Risiko des Einzelfalles: Wann eine enge Verflechtung vorliegt, wird oftmals auf der Hand liegen, ebenfalls wann eine solche nicht vorliegt. Nur die Grenzfälle bleiben unsicher. Für die Frage des von Art. 101 Abs. 3 AEUV in Bezug genommenen Marktes bedeutet dies, dass der Tatbestand bei der gebotenen Zusammenschau mit Art. 101 Abs. 1 AEUV dem Bestimmtheitsgrundsatz insoweit genügt.

b) Einbeziehung der Ziele des Unionsrechts

Ein darüber hinaus gehendes Problem liegt darin begründet, dass Art. 101 Abs. 3 AEUV über die Merkmale der angemessenen Verbraucherbeteiligung und der Verbesserung der Warenerzeugung oder -verteilung bzw. der Förderung des technischen oder wirtschaftlichen Fortschritts die Berücksichtigung von Zielsetzungen des EU-Wettbewerbsrechts in der Prüfung vorsieht. Die Norm erhält auf diese Weise eine politische Färbung. Dies ist auch gewollt, denn Art. 101 Abs. 3 AEUV soll ja gerade eine Abwägung zwischen den Nachteilen eines eingeschränkten Wettbewerbs und Vorteilen anderer Art ermöglichen. Auf diese Weise muss entschieden werden, welche Vor- und Nachteile als gewichtiger anzusehen sind, welche Zielsetzungen also Vorrang haben sollen.

Die in diesem Zusammenhang zu prüfenden Vorteile sind an sich als Tatbestandsmerkmale (Effizienzgewinne und auch Verbraucherbeteiligung) in Art. 101 Abs. 3 AEUV abschließend benannt. Gleichwohl kommt die Frage auf, inwiefern die allgemeinen Ziele des Unionsrechts[650] bei der Anwendung der Norm zu berücksichtigen sind. Denn das Wettbewerbsrecht ist ein wichtiger Teil des Gesamtprojekts „Europäische Integration“ und sollte dementsprechend dabei helfen, die Ziele der Union zu verwirklichen.[651] Fahrt aufgenommen hat die Diskussion um diese Frage vor allem seit der Umstellung auf das Legalausnahmeprinzip, da die

---

650 Vgl. Art. 2, 3 EU. Eine abschließende Identifikation der Ziele des Unionsrechts im Allgemeinen und des EU-Wettbewerbsrechts im Besonderen sowie die Klärung des Verhältnisses der einzelnen Ziele zueinander soll an dieser Stelle nicht vorgenommen werden. Im Hinblick auf den strafrechtlichen Bestimmtheitsgrundsatz können diese Fragen zwar theoretisch auch von Belang sein, vorrangig geht es hier aber um das Problem, ob überhaupt außerwettbewerbliche Ziele bei der Prüfung von Art. 101 Abs. 3 AEUV berücksichtigt werden können oder müssen.

651 Vgl. *Monti* CMLR 2002, 1057 (1057, 1069 f.).

etwaige Berücksichtigung von Zielen des Unionsrechts nun auch in die Zuständigkeit der Unternehmen fallen würde.[652]

Grundsätzlich muss nach der jetzigen Rechtslage eine Berücksichtigung der Ziele des Unionsrechts über die in Art. 101 Abs. 3 AEUV ausdrücklich genannten hinaus ausscheiden, da die Tatbestandsmerkmale von Art. 101 Abs. 3 AEUV die für eine Freistellung relevanten, positiven Aspekte abschließend aufzählen.[653] Das bedeutet also, dass die allgemeinen Unionsziele nicht unabhängig von den Kriterien des Art. 101 Abs. 3 AEUV für die Frage der Freistellung berücksichtigt werden können. Dies ist dem Wortlaut der Norm klar und eindeutig zu entnehmen, so dass ihm keine Unbestimmtheit vorgeworfen werden kann.

Eine Einbeziehung der Unionsziele kommt aber unter diesen Voraussetzungen gleichwohl in Betracht, soweit ein Ziel unter die vorhandenen Tatbestandsmerkmale subsumiert werden kann.[654] Denn dann gehen sie nicht über dasjenige hinaus, was ohnehin dem Wortlaut von Art. 101 Abs. 3 AEUV entnommen werden kann. Die Frage, welche Unionsziele unter die Tatbestandsmerkmale von Art. 101 Abs. 3 AEUV subsummiert werden können, ist somit kein Problem der gesetzlichen Bestimmtheit, welches über die allgemeinen und sogleich zu erörternde Offenheit der einzelnen Tatbestandsmerkmale hinausgeht.[655] Die Subsumtion von Unionszielen unter Art. 101 Abs. 3 AEUV ist vielmehr eine

652 Zur historischen Entwicklung *Koch* ZHR 169 (2005), 625 (626 f.). Eingegangen werden soll jedoch hier nur auf die aktuelle Einordnung. Eine Darstellung und Bewertung des diesbezüglich, vor allem von einem zivilrechtlichen Blickwinkel, geführten Meinungsstreits soll nicht erfolgen, da dieser an der für die hier vorzunehmende strafrechtliche Bewertung nur von begrenzter Relevanz ist. Vielmehr wird lediglich eine Stellungnahme zu der Frage im Hinblick auf die Anforderungen des strafrechtlichen Bestimmtheitsgrundsatzes abgegeben, wobei die zivilrechtliche Literatur in Ansätzen in Bezug genommen wird.

653 *Kjølbye* ECLR 2004, 566 (570); ähnlich auch *Koch* ZHR 169 (2005), 625 (631); kritisch in Bezug auf Kompetenzfragen auch *Venit* CMLR 2003, 545 (579); a.A. noch zum System der Einzelfreistellung: *Bouterse*, S. 49 ff. Dagegen aber KOMM vom 23.12.1992 – 93/49/EWG – *Ford/Volkswagen*, ABl. EG 1993 Nr. L 20/14 Rn. 36.

654 *Gasse*, S. 147 ff.; *Koch* ZHR 169 (2005), 625 (631); *Quellmalz* WRP 2004, 461 (464); *Schumacher* in: Grabitz/Hilf/Nettesheim, Art. 101 AEUV Rn. 269 f. mit Beispielen aus der Praxis; in Bezug auf Umweltziele *Basaran* ECLR 2006, 479 (480, 483); ferner *Pohlmann* in: FK-Kartellrecht, Art. 81 Abs. 3 EG Grundfragen Rn. 38, 67, die sogar eine teleologische Extension über die Wortlautgrenze hinaus für denkbar hält. In Bezug auf das Ermessen der Kommission bei der Entscheidung auch *Odudu* ECLR 2002, 17 (21).

655 So aber *Pelka*, S. 186.

Frage der Normenanwendung bzw. -auslegung. Gleichwohl soll hier kurz auf die Thematik eingegangen werden, da sie jedenfalls im Zusammenhang mit der Bestimmtheit steht.

So hielt bspw. der EuGH im Fall *Metro* die Erhaltung von Arbeitsplätzen für einen gewissen Zeitraum für eine Art der Verbesserung der Warenerzeugung.[656] Auch hielt die Kommission in *Stichting Baksteen* den Abbau von Überkapazitäten in der niederländischen Ziegelsteinindustrie für einen Beitrag zur Verbesserung der Warenerzeugung und zur Förderung des technischen und wirtschaftlichen Fortschritts und begründete dies u.a. auch damit, dass dadurch annehmbare soziale Bedingungen ermöglicht und die Weiterbeschäftigungsmöglichkeiten der betroffenen Arbeitnehmer verbessert würden.[657]

Auch das Merkmal der Verbraucherbeteiligung am entstehenden Gewinn grenzt diese potentielle Weite der relevanten positiven Effekte nicht ein. Vielmehr schließt die Verbraucherbeteiligung logisch an die Verbesserung der Warenerzeugung oder -verteilung oder Förderung des technischen oder wirtschaftlichen Fortschritts an.[658] Die Verbraucher können nämlich grundsätzlich auf jede erdenkliche Weise am Gewinn beteiligt werden, so dass auch hier Ziele außerhalb des Europäischen Wirtschafts- und Wettbewerbsrechts einbezogen werden können.[659] Dem Wortlaut ist insoweit keine Grenze für die Art der Beteiligung bzw. des Gewinns zu entnehmen. Die Kommission ist dabei teilweise sogar so weit gegangen, auch Vorteile zu akzeptieren, die nicht speziell den Verbrauchern auf dem entsprechend betroffenen Markt oder nachgelagerten Märkten Vorteile verschaffen, sondern sich allgemein günstig auswirken.[660] So betrachtete sie in der *Philips/Osram*-Entscheidung (u.a.) auch die Verringerung der Luftverschmutzung als „direkten und indirekten" Vorteil für die Verbraucher.[661] In der *CECED*-Entscheidung wurde unter Hinweis auf ex-Art. 174 EG (jetzt Art. 191 AEUV), welcher die Bekämpfung von Umweltschäden postuliert, die Vermeidung

656 Vgl. EuGH vom 25.10.1977 – Rs. 26/76 – *Metro*, Slg. 1977, 1875 Rn. 43. Mit ähnlichem Ergebnis und weiteren Beispielen *Odudu* ECLR 2002, 17 (21); *Quellmalz* WRP 2004, 461 (465).

657 KOMM vom 29.04.1994 - 94/296/EG – *Stichting Baksteen*, ABl. EG 1994 Nr. L 131/15 Rn. 27 f.

658 Dazu noch sogleich unten Kapitel IV.B.II.3).

659 *Gasse*, S. 153; *Koch* ZHR 169 (2005), 625 (632); ähnlich *Pohlmann* in: FK-Kartellrecht, Art. 81 Abs. 3 EG Grundfragen Rn. 67.

660 S.o. Kapitel IV.B.II.1)a).

661 KOMM vom 21.12.1994 - 94/986/EG – *Philips/Osram*, ABl. EG 1994 Nr. L 378/37 Rn. 27.

von Emissionen als Gewinn für die Verbraucher angesehen, weil dadurch die durch Umweltschäden verursachten Kosten für die Gesellschaft sänken.[662] In der *DSD*-Entscheidung hielt die Kommission dagegen eine Vereinbarung zur Umsetzung der Richtlinie 94/62/EG über Verpackungen und Verpackungsabfälle und damit der umweltpolitischen Ziele der Union für einen Beitrag zu einer Verbesserung der Warenerzeugung und einer Förderung des technischen oder wirtschaftlichen Fortschritts, im Rahmen der Verbrauchervorteile stellte sie dagegen auf dadurch entstehende Kostenersparnisse ab.[663]

Einschränkend sei angemerkt, dass der EuGH im *Metro*-Urteil wohl die Grenzen dessen ausgelotet hat, was noch unter den Wortlaut des Kriteriums „Verbesserung der Warenerzeugung" subsumiert werden kann.[664] Der Fall verdeutlicht aber sogleich das Problem, was aus einem derartigen Verständnis der Auslegbarkeit von Art. 101 Abs. 3 AEUV folgt: Eine Vielzahl von Effekten in anderen vom EU-Recht geschützten Bereichen ist geeignet, sich wirtschaftlich auszuwirken, so dass der Umfang der möglicherweise zu berücksichtigenden Ziele doch schwer überschaubar wird, wenn man all diese Effekte mittelbar in die vier Kriterien von Art. 101 Abs. 3 AEUV einfließen lässt[665] Zudem können ähnliche Gesichtspunkte auch noch bei unterschiedlichen Kriterien verortet werden, wie die Fälle *DSD* und *CECED* zeigen. Denn eine klare Abgrenzung zwischen (zumindest auch) wettbewerblichen und außerwettbewerblichen Zielen ist kaum möglich.[666] Dies belegt auch die Aussage des EuG im *Métropole*-Urteil, wonach Gesichtspunkte des öffentlichen Interesses bei einer Gesamtabwägung im Rahmen von Art. 101 Abs. 3 AEUV in die Entscheidung einfließen könnten.[667]

Mithin werden sich die Ziele des Unionsrechts zwar in vielen Fällen ohne weiteres (und erkennbar) unter die Tatbestandsmerkmale von Art. 101 Abs. 3 AEUV subsumieren lassen. Gleichwohl birgt die Berücksichtigung außerwettbewerblicher Ziele aber die Gefahr, den Anwendungsbereich von Art. 101 Abs. 3 AEUV zu verwässern. Aufgrund dessen ist eine zurückhaltende Auslegung bei der Subsumtion der allgemeinen Unionsziele unter die Merkmale von Art. 101 Abs. 3 AEUV angezeigt, will man nicht lediglich mittelbar wirtschaftliche

---

662 KOMM vom 24.01.1999 – 2000/475/EG – *CECED*, ABl. EG 1999 Nr. L 187/47 Rn. 55 f.

663 KOMM vom 17.09.2001 – 2001/837/EG – *DSD*, ABl. EG 2001 Nr. L 319/1 Rn. 143 ff.

664 Kritisch auch: *Pohlmann* in: FK-Kartellrecht, Art. 81 Abs. 3 EG Grundfragen Rn. 72.

665 *Koch* ZHR 169 (2005), 625 (631 f.); zu den Umweltzielen auch *Basaran* ECLR 2006, 479 (480 f.).

666 Vgl. *Pohlmann* in: FK-Kartellrecht, Art. 81 Abs. 3 EG Grundfragen Rn. 37.

667 EuG vom 11.07.1996 – Rsen. T-528/93, T-543/93 und T-546/93 – *Métropole*, Slg. 1996, II-649 Rn. 118.

Auswirkungen ebenfalls einbeziehen und so den Anwendungsbereich von Art. 101 Abs. 3 AEUV über die Maßen ausdehnen. Auch sollte in diesem Zusammenhang der vom EuGH in *Consten/Grundig* aufgestellte Grundsatz berücksichtigt werden, dass die Verbesserungen objektiv spürbar sein müssen.[668] Wirtschaftlich nicht messbare oder unquantifizierbare Vorteile haben außen vor zu bleiben.[669] Unzulässig ist in jedem Fall auch eine Heranziehung außerwettbewerblicher Ziele zur Begründung der Freistellung in dem Fall, dass die vier Kriterien des Art. 101 Abs. 3 AEUV bei rein wettbewerblicher Auslegung nicht greifen.[670] Dies gilt auch unabhängig davon, dass der Rückgriff auf die Unionsziele den Unternehmen günstig wäre. Anderenfalls bestünde nämlich die Gefahr, dass Art. 101 Abs. 3 AEUV schon allein aufgrund des Umfangs der möglichweise zu berücksichtigenden unterschiedlichen, positiven Effekte der Wettbewerbsbeschränkungen zur Erreichung der allgemeinen Unionsziele für die Unternehmen seine tatbestandlichen Konturen verlieren würde und praktisch nicht mehr handhabbar wäre.[671]

Diese Ansicht teilt (nunmehr) auch die Kommission, indem sie schon im Weißbuch zur Kartellverfahrensreform ausgeführt hat, Art. 101 Abs. 3 AEUV solle nicht den Ausschluss der Wettbewerbsregeln aus politischen Erwägungen ermöglichen.[672] Dementsprechend weist sie in den Leitlinien ausdrücklich darauf hin, dass die allgemeinen Ziele des Unionsrechts lediglich berücksichtigt werden können, „sofern sie den vier Voraussetzungen von Art. 101 Abs. 3 AEUV zugeordnet werden können."[673] Dabei ist es weniger der Wortlaut der Formulierung, als die Klarstellung überhaupt, dass maßgebend nur die vier

---

668 EuGH vom 13.07.1966 – Rsen. 56/64 und 58/64 – *Consten und Grundig*, Slg. 1966, 322 (396 f.).

669 Vgl. *Basaran* ECLR 2006, 479 (480).

670 *Pohlmann* in: FK-Kartellrecht, Art. 81 Abs. 3 EG Grundfragen Rn. 73 f.

671 Vgl. *Basedow* WuW 2007, 712 (714); *Pelka*, S. 186 ff., der allerdings pauschal die Berücksichtigung wettbewerbsferner Ziele als Problem der Normenbestimmtheit sieht; *Schwarze* EuR 2005, 581 (594); ohne Bezugnahme auf die Schwierigkeiten für die Unternehmen auch die Darstellung bei *Koch* ZHR 169 (2005), 625 (629); mit ähnlicher Argumentation gegen die eigenständige Einbeziehung von anderen Unionszielen *Pohlmann* in: FK-Kartellrecht, Art. 81 Abs. 3 EG Grundfragen Rn. 68; *Monti* CMLR 2002, 1057 (1092 f.); *Quellmalz* WRP 2004, 461 (466), der aber ohne vorherige politische Konkretisierung die nichtwettbewerblichen Ziele gänzlich außer Acht lassen möchte.

672 Weißbuch über die Modernisierung der Vorschriften zur Anwendung von Artikel 85 und 86 EG-Vertrag – Korrigendum – KOM/99/0101 endg. – ABl. EG 1999 Nr. C 132/1 Tz. 57.

673 Leitlinien zur Anwendung von Artikel 81 Absatz 3 EG Tz. 42.

Voraussetzungen von Art. 101 Abs. 3 AEUV sind, welche darauf hinweist, dass die Kommission politische Entscheidungen vermeiden und eine rein rechtliche Subsumtion erreichen will. Auch in den allgemeinen Ausführungen der Leitlinien wird als Aufgabe von Art. 101 AEUV der Schutz des Wettbewerbs im Markt zur Förderung des Verbraucherwohlstandes und einer effizienten Ressourcenallokation genannt und nicht auf weitere Ziele des Unionsrechts eingegangen.[674] Angesichts dessen kann davon ausgegangen werden, dass eine derart weite Auslegung, wie speziell in der *Metro*-Entscheidung, auch in der Praxis nicht mehr zu erwarten ist.

Unabhängig davon ist abschließend nochmals darauf hinzuweisen, dass die Berücksichtigung von Unionszielen im Rahmen von Art. 101 Abs. 3 AEUV möglich ist, wenn sie sich unter die Tatbestandsmerkmale subsumieren lassen. Um ein Bestimmtheitsproblem im eigentlichen Sinne handelt es sich hierbei nicht.

c) Das Risiko falscher Prognosen[675]

Wie eingangs ausgeführt, soll die Frage der Prognostizierbarkeit des Eintritts der Freistellungsvoraussetzungen an dieser Stelle nicht behandelt werden.

Allerdings stellt sich in diesem Zusammenhang ein weiteres – praktisches – Problem, welches bei der Tatbestandsbestimmtheit verortet werden kann und das für alle Tatbestandsmerkmale gilt: Prognosen beinhalten stets das Risiko, dass sie nicht eintreten.[676] Bei einer Norm, die an einen zukünftig eintretenden Umstand anknüpft, muss aber vorhersehbar sein, welche Anforderungen sie an die Wahrscheinlichkeit des zukünftigen Umstandes stellt. Anderenfalls kann man ihr nicht hinreichend klar (bestimmt) entnehmen, welches Verhalten bzw. welcher Erfolg tatbestandsmäßig sein soll. Es fragt sich nun, wie Art. 101 Abs. 3 AEUV dieses Risiko behandelt.

Die Problemstellung ist den Unternehmen an sich nicht fremd. Denn sie sind es gewöhnt, unternehmensstrategische und -politische Entscheidungen auf Grundlage von Prognosen zu treffen und dazu die Marktgegebenheiten zu analysieren. Ohne vorab derartige Analysen vorgenommen zu haben, werden sie auch keine Vereinbarung schließen. Schließlich müssen sie sich über die wirtschaftlichen Folgen jedenfalls grob im Klaren sein, um den Nutzen des

---

674 Leitlinien zur Anwendung von Artikel 81 Absatz 3 EG Tz. 13.

675 Unter diesem Punkt soll nicht die Frage der prozessualen Beweislast für die Voraussetzungen des Art. 101 Abs. 3 AEUV behandelt werden, sondern der Umgang mit zukunftsgerichteten Prognosen und das materielle Risiko, dass diese nicht eintreffen.

676 S. dazu auch *Pelka*, S. 191.

entsprechenden Handelns abschätzen zu können. Zu berücksichtigen ist aber, dass die unternehmenspolitischen Konsequenzen derartiger Prognosen anders ausfallen können, als die rechtlichen. Denn ökonomisch betrachtet kann es lohnenswert sein, bestimmte Risiken und Unwägbarkeiten einzugehen, wenn die zu erwartenden Gewinne im dem Fall, dass die Risiken sich nicht realisieren, hoch ausfallen. Die Entscheidung ist dann eine „einfache" Abwägung, die sich als Ausfluss der Unternehmenspolitik im weitesten Sinne darstellt.

Die rechtliche Behandlung solcher Risiko-Entscheidungen steht jedoch auf einem anderen Blatt. Es stellt sich hier die Frage, wie hoch die Wahrscheinlichkeit des Eintritts der Prognosen sein muss, damit das Vorliegen der Voraussetzungen von Art. 101 Abs. 3 AEUV nicht verneint wird. Mit anderen Worten: Welche Risiken dürfen Unternehmen eingehen? Art. 101 Abs. 3 AEUV ist dazu nichts zu entnehmen. Auch die Leitlinien behandeln dieses Problem nicht im Kern. Sie enthalten lediglich Vorgaben, auf welche Weise die Unternehmen Nachweis für ihre Annahmen erbringen müssen.[677] Hier stellen die Leitlinien sehr hohe Anforderungen. Klar ist also, dass die Unternehmen alles dafür tun müssen, dass die Prognosen auf belastbaren Grundlagendaten basieren. Ferner darf keine Analyse „über den Daumen gepeilt" sein, sondern muss stets so genau wie möglich vorgenommen werden.[678] Selbst wenn diese Kriterien erfüllt werden und das betroffene Unternehmen die entsprechenden Nachweise ausreichender Vorausberechnungen erbringen, ist damit aber weder gesichert, dass die Prognosen auch eintreten werden, noch treffen die Leitlinien eine Aussage über den erforderlichen Wahrscheinlichkeitsgrad.

Während das Risiko, dass die Prognosen nicht eintreffen, ein tatsächliches und darüber hinaus als systemimmanent nicht zu beseitigen ist[679], bleibt fraglich, wie hoch die Wahrscheinlichkeit sein muss, dass sich prognostizierte Ergebnisse einstellen, um den Anforderungen von Art. 101 Abs. 3 AEUV zu genügen.

Die Kommission hat sich unter Geltung der VO 17/62 zum Teil mit oberflächlicheren Erwägungen begnügt, als sie jetzt in den Leitlinien den Unternehmen

---

677 Leitlinien zur Anwendung von Artikel 81 Absatz 3 EG Tz. 51–58.

678 Man kann wohl davon ausgehen, dass die Anforderungen an die Beschaffung und Bewertung der den Prognosen zugrunde liegenden Daten vergleichbar hoch sind wie die von GA *Kokott* in ihren Schlussanträgen vom 28.02.2013 – Rs. C-681/11 – *Schenker & Co AG u. a.* (in der digitalen Sammlung veröffentlicht), Rn. 62 ff. aufgestellten Anforderungen im Zusammenhang mit der Einholung von Rechtsrat und der Beachtlichkeit von Rechtsirrtümern.

679 So auch KOMM vom 17.07.1968 - 68/319/EWG - *ACEC-Berliet*, ABl. EG 1968 Nr. L 201/7 III 1.

abverlangt.[680] So wurden bspw. in der *Rockwell/Iveco*-Entscheidung lediglich zum Kriterium der Unerlässlichkeit etwas umfangreichere Ausführungen gemacht.[681] In der *Philips/Osram*-Entscheidung beschränkte sich die Kommission dagegen in Bezug auf die Verbraucherbeteiligung am Gewinn auf kurze, nicht näher begründete Behauptungen.[682] In der *Lufthansa/SAS*-Entscheidung wurden die Effizienzgewinne ausführlich geprüft,[683] die restlichen Kriterien aber nur recht oberflächlich angeschnitten und im Übrigen auf die zu erteilenden Bedingungen und Auflagen verwiesen.[684] Im Rahmen der Bedingungen und Auflagen wurden die einzelnen Maßnahmen zwar umfangreich erläutert, ihre Notwendigkeit jedoch – wenn überhaupt – nur recht pauschal begründet und auf die Verbraucherbeteiligung gar nicht mehr eingegangen.[685] In anderen – vor allem jüngeren – Entscheidungen ging die Kommission hingegen detailliert auf die einzelnen Voraussetzungen ein und nahm Stellung auch zur Wahrscheinlichkeit des Eintritts der Voraussetzungen.[686] Dies deckt sich mit den Leitlinien der Kommission, in denen sie die Substantiierung der geltend gemachten Effizienzgewinne von den Unternehmen fordert[687] und somit dafür sorgt, dass ihr mehr und verlässlichere Daten zur Verfügung gestellt werden. Gleichwohl unterscheiden sich die Ausführungen zu den Prognosen im Rahmen von Art. 101 Abs. 3 AEUV mitunter erheblich im Umfang. Diese Diskrepanz ist zum Teil mit der Unterschiedlichkeit der zu beurteilenden Fälle zu erklären. So ist eine detaillierte Untersuchung und Begründung der Prognose nicht erforderlich, wenn ein Kriterium offensichtlich nicht erfüllt ist. Zu beachten ist überdies, dass auch im

---

680 *Lugard/Hancher* ECLR 2004, 410 (419 f.).

681 KOMM vom 13.07.1983 – 83/390/EWG – *Rockwell/Iveco*, ABl. EG 1983 Nr. L 224/19, II. 8.–11.

682 KOMM vom 21.12.1994 – 94/986/EG – *Philips/Osram*, ABl. EG 1994 Nr. L 378/37 Rn. 27.

683 KOMM vom 16.01.1996 – 96/180/EG – *Lufthansa/SAS*, ABl. EG 1996 Nr. L 54/28 Rn. 64 ff.

684 KOMM vom 16.01.1996 – 96/180/EG – *Lufthansa/SAS*, ABl. EG 1996 Nr. L 54/28 Rn. 74 ff.

685 KOMM vom 16.01.1996 – 96/180/EG – *Lufthansa/SAS*, ABl. EG 1996 Nr. L 54/28 Rn. 86 ff.

686 Z.B. KOMM vom 16.07.2003 – 2004/207/EG – *T-Mobile Deutschland/O2 Germany*, ABl. EG 2003 Nr. L 75/32 Rn. 121 ff.; vom 23.07.2003 – 2003/778/EG – *UEFA Champions Leaugue*, ABl. EG 2003 Nr. L 291/25 Rn. 136 ff.; vom 07.04.2004 – COMP/38.284/D2 – *Société Air France/Alitalia Linee Aeree Italiane S.p.A.*, Rn. 131 ff., insbes. 137; vom 23.05.2013 – AT.39595 – *Continental/United/Lufthansa/AirCanada*, Rn. 55 ff.

687 Leitlinien zur Anwendung von Artikel 81 Absatz 3 EG Tz. 51.

System der Einzelfreistellung die Unternehmen entsprechende Nachweise für das Vorliegen der Freistellungsvoraussetzungen zu erbringen hatten und die Prüfung der Kommission oberflächlich ausfallen konnte, wenn die Unternehmen nur wenige Beweismittel vorgetragen hatten. Sichere Anhaltspunkte für den Prüfungsmaßstab der Kommission sind der Entscheidungspraxis aber deshalb kaum zu entnehmen.

Die zur Frage der Wahrscheinlichkeit existierende Rechtsprechung ist nicht ganz einheitlich. Das EuG ist zunächst in mehreren Entscheidungen davon ausgegangen, dass die Erfüllung der Voraussetzungen von Art. 101 Abs. 3 AEUV wahrscheinlicher sein müsse, als die Nichterfüllung.[688] Das Eintreffen der Voraussetzungen von Art. 101 Abs. 3 AEUV müsste danach also zu mehr als 50 % wahrscheinlich sein. Der EuGH hat dagegen in der Folge erklärt, es seien bei der Prüfung der voraussichtlichen Entwicklung die verschiedenen Ursache-Wirkungs-Ketten vor Augen zu führen und von denjenigen mit der größten Wahrscheinlichkeit auszugehen.[689] Danach würde bei mehr als zwei Alternativen bereits das einfache Überwiegen der Wahrscheinlichkeit, dass die Voraussetzungen von Art. 101 Abs. 3 AEUV erfüllt werden, ausreichen. Auf dieses Urteil hat auch das EuG in einem weiteren Fall[690] abgestellt, um sodann unter Bezugnahme auf alle diese vorangegangenen Fälle wiederum zu erklären, die Kommission habe zu analysieren, was wahrscheinlicher ist: „dass die in Rede stehende Vereinbarung das Erreichen spürbarer objektiver Vorteile ermöglicht oder dass dies nicht der Fall ist.“[691] Gleichwohl spricht der EuGH bei der Bestätigung des letztgenannten Urteils von einer hinreichenden Wahrscheinlichkeit.[692] Aus alledem lässt sich folgern, dass die Erfüllung der Voraussetzungen von Art. 101 Abs. 3 AEUV wahrscheinlicher sein muss, als die Nichterfüllung. Im Fall von nur zwei Entwicklungsalternativen ist also eine Wahrscheinlichkeit von mehr als 50 % erforderlich, bei mehr als zwei Möglichkeiten genügt das einfache Überwiegen. Dann kann von hinreichender Wahrscheinlichkeit gesprochen werden. Damit

688 EuG vom. 28.02.2002 – Rs. T-86/95 – *Compagnie Générale Maritime*, Slg. 2002, II-1011 Rn. 365; vom 23.10.2003 – Rs. T-65/98 – *Van den Bergh Foods*, Slg. 2003, II-4653 Rn. 143.

689 EuGH vom 15.02.2005 – Rs. C-12/03 P – *Tetra Laval*, Slg. 2005, I-987 Rn. 43.

690 EuG vom 14.12.2005 – Rs. T-210/01 – *General Electric*, Slg. 2005, II-5575 Rn. 64.

691 EuG vom 27.09.2006 – Rs. T-168/01 – *GSK*, Slg. 2006, II-2969 Rn. 249; bestätigt durch EuGH vom 06.10.2009 – Rsen. C-501/06 P, C-513/06 P, C-515/06 P und C-519/06 P– *GSK*, Slg. 2009, I-9291 Rn. 94.

692 EuGH vom 06.10.2009 – Rsen. C-501/06 P, C-513/06 P, C-515/06 P und C-519/06 P – *GSK*, Slg. 2009, I-9291 Rn. 93.

stellen die Gerichte keine überzogenen Anforderungen an die Unternehmen. Es kann auch nicht als unvorhersehbar angesehen werden, dass bei der Prognose das Eintreten der Voraussetzungen von Art. 101 Abs. 3 AEUV als hinreichend wahrscheinlich in diesem Sinne erscheinen muss. Das ergibt sich, wie bereits oben angesprochen, nicht direkt aus dem Wortlaut der Norm, wohl aber aus dem erkennbaren Sinn und Zweck.

Das Problem verliert möglicherweise unter Geltung der VO 1/2003 zunehmend an praktischer Bedeutung, weil die Kontrolle durch die Kommission nun eben erst im Nachhinein erfolgt, wenn sich also in vielen Fällen schon gezeigt hat, ob die antizipierten Folgen eingetreten sind, also etwa entsprechende Effizienzgewinne erzielt wurden und die Verbraucher an dem Gewinn beteiligt worden sind. Gleichwohl bleibt es jedenfalls auf dem Papier bestehen, zumal die Unternehmen grundsätzlich jederzeit mit einer Überprüfung durch die Kommission rechnen müssen.

Eindeutig ist davon abgesehen, dass die Unternehmen die Vereinbarung nicht mehr anwenden dürfen, wenn sie feststellen, dass die Prognosen nicht zutreffend waren, weil beispielsweise die Vorteile der Vereinbarung wesentlich geringer ausfallen, als erwartet.[693] In dieser Konstellation stellt sich allenfalls die Frage, ob und ggfs. wie lange noch abgewartet werden darf, ob lediglich eine zeitliche Verzögerung eingetreten ist und die prognostizierten Effekte später doch noch eintreten. Dabei dürfte es sich jedoch um Fragen des Einzelfalles handeln, die mit wirtschaftlicher Expertise gelöst werden können und nicht den Bestimmtheitsgrundsatz tangieren.

d) Die Gefahr der Änderung der Gegebenheiten

An das Prognoserisiko schließt sich ein weiteres Problem für die Unternehmen bei der Selbstveranlagung an. Denn selbst wenn die Prognosen, auf deren Grundlage die Vereinbarung geschlossen wurde, sich als richtig erweist, besteht weiterhin das Risiko, dass sich die Marktgegebenheiten in der Folge ändern, sei es durch Änderungen des Marktverhaltens von nicht an der Vereinbarung beteiligten Mitbewerbern, sei es durch geändertes Verbraucherverhalten oder sonstige Veränderungen im Laufe der Zeit. Die Voraussetzungen von Art. 101

693 Leitlinien zur Anwendung von Artikel 81 Absatz 3 EG Tz. 44; *Bosch* in: Bechtold/Bosch/Becker/Hirsbrunner, Art. 81 EG Rn. 141; *Schwintowski/Klaue* WuW 2005, 370 (374). S. dazu auch noch sogleich Kapitel IV.B.II.1)d).

Abs. 3 AEUV müssen aber prinzipiell zu jeder Zeit gegeben sein, solange die Vereinbarung angewandt wird, um einen Wettbewerbsverstoß auszuschließen.[694]

Die Leitlinien lassen zwar eine Ausnahme für irreversible Ergebnisse von Vereinbarungen zu, bei denen ausschließlich die *ex-ante*-Sicht maßgeblich ist[695], dies findet im Wortlaut von Art. 101 Abs. 3 AEUV aber keinerlei Anhalt und ist dementsprechend nicht bindend. Als explizite Ausnahme bestätigt diese Regelung aber den Grundsatz, dass Änderungen der Auswirkungen von Vereinbarungen im Laufe der Zeit zu berücksichtigen sind. Das bedeutet, dass die Unternehmen stets über die relevanten Umstände und Auswirkungen der Vereinbarungen im Bilde sein müssen, die sie in der Vergangenheit geschlossen haben und noch umsetzen. Um die Gefahr eines ahndbaren Verstoßes gegen Art. 101 Abs. 1 AEUV auszuschließen, müssen sie bei Wegfall auch nur einer der Voraussetzungen des Abs. 3 die entsprechende Vereinbarung sofort aufkündigen und ihre Durchführung aussetzen.[696]

Dies ergibt sich aus dem Wortlaut von Art. 101 Abs. 3 AEUV ohne weiteres und ist damit kein direktes Problem des Bestimmtheitsgrundsatzes. Richtig ist auch, dass eine Vereinbarung, die die Voraussetzungen von Art. 101 Abs. 1 AEUV erfüllt, nicht mehr erlaubt sein darf, wenn zunächst vorhandene anderweitige Vorteile entfallen und damit kein Ausgleich mehr für die Wettbewerbsbeschränkung besteht.[697] Es ist aber aus Gründen der Rechtssicherheit kaum zumutbar, den Unternehmen abzuverlangen, dass sie sich zu jeder Zeit über alle möglichweise relevanten Änderungen der Umstände im Klaren sein müssen.[698] Dies gilt jedenfalls dann, wenn dies unmittelbar eine bußgeldrechtliche Ahndbarkeit nach sich zieht. Die Gefahr des Wegfalls einer der Voraussetzungen von Art. 101 Abs. 3 AEUV hängt dann stets wie ein Damokles-Schwert über den Köpfen der Unternehmen und nimmt der Selbstveranlagung die praktische

694 *Lugard/Hancher* ECLR 2004, 410 (417 f.); *Schwintowski/Klaue* WuW 2005, 370 (373). Auf das Kriterium der Unerlässlichkeit der Wettbewerbsbeschränkung bezogen auch *Jaeger* WuW 2000, 1062 (1073). Zur alten Rechtslage KOMM vom 03.03.1999 – 1999/242/EG – *TPS*, ABl. 1999 Nr. L 90/6, Rn. 139 f. Im System der Einzelfreistellung wurden deshalb Freistellungen immer nur für eine gewisse Zeit gewährt, wobei nach Ablauf der Freistellung eine Verlängerung beantragt werden konnte, wenn die Freistellungsvoraussetzungen weiterhin vorlagen, Art. 8 Abs. 1, 2 VO 17/62.

695 Leitlinien zur Anwendung von Artikel 81 Absatz 3 EG Tz. 45.

696 Vgl. *Ellger* in: Immenga/Mestmäcker, Art. 101 Abs. 3 AEUV Rn. 264; ferner *Kamann/Bergmann* BB 2003, 1743 (1747), welche auf vertragliche Regelungsmöglichkeiten zwischen den Unternehmen für derartige Fälle eingehen.

697 Entsprechend *Kjølbye* ECLR 2004, 566 (572 f.).

698 Kritisch auch *Schwintowski/Klaue* WuW 2005, 370 (376).

Durchführbarkeit: Ein Unternehmen, welches eine Vereinbarung mit Blick auf Art. 101 Abs. 3 AEUV eingeht, spielt stets mit dem Risiko, dass die Freistellung plötzlich wegfällt und die Vereinbarung damit zum bußgeldbedrohten Verstoß gegen Art. 101 Abs. 1 AEUV wird. Art. 101 Abs. 3 AEUV wird dadurch für die nicht von GVOen abgedeckten Bereiche – vor allem auch mit Blick auf das frühere System – seines Sinnes weitestgehend beraubt.

Daran ändern auch die Leitlinien nichts Grundsätzliches. Zwar sollen danach lediglich „wesentliche Änderungen bei den Fakten" in die Beurteilung einfließen.[699] Diese Regelung knüpft damit an die alter Regelung nach Art. 8 Abs. 3 lit. a) VO 17/62 an, wonach eine erteilte Freistellungserklärung widerrufen werden konnte, wenn sich die tatsächlichen Verhältnisse in einem für die Erklärung wesentlichen Punkt geändert hatten. Diese Regel ist aber insofern problematisch, als sie eben zum einen nicht bindend ist und zum anderen im Vertrag keine Stütze findet. Auch die VO 1/2003 enthält dazu keine Regelung, da es ja für die Geltung von Art. 101 Abs. 3 AEUV keines Verfahrens mehr bedarf. Die Privilegierung kann daher jederzeit entfallen. Zusätzlich kommt damit die Frage auf, wann eine Änderung bei den Fakten wesentlich ist. Hierbei handelt es sich um einen zusätzlichen, unbestimmten Rechtsbegriff, durch den Rechtssicherheit kaum zu erlangen ist. Mithin lockert die Beschränkung der Kommission auf die Berücksichtigung nur wesentlicher Änderungen zwar die Anforderungen an die Unternehmen, vermag aber das Risiko der nachträglichen Unvereinbarkeit der Vereinbarung mit Art. 101 Abs. 3 AEUV aufgrund der Unbestimmtheit dieses Beschränkungskriteriums nicht zu beseitigen. Vielmehr wird die tatsächliche Unsicherheit (stetige Beobachtung und Bewertung der Marktgegebenheiten) um eine rechtliche (Wesentlichkeit) ergänzt. Auch aus der Anknüpfung der Leitlinien an Art. 8 Abs. 3 lit. a) VO 17/62 ergibt sich kein anderes Ergebnis, da freilich auch damals das Kriterium der Wesentlichkeit schon unbestimmt war. Zwar kann die alte Entscheidungspraxis zu Art. 8 Abs. 3 lit. a) VO 17/62 als Orientierungshilfe herangezogen werden, allerdings ist die Kommission an diese Entscheidungen schon aufgrund des Systemwechsels nicht mehr gebunden. Zudem genügt dies für eine *gesetzliche* Bestimmtheit nicht.

Festzuhalten ist also, dass die Voraussetzungen von Art. 101 Abs. 3 AEUV dem Wortlaut nach jederzeit vorliegen müssen. Die Norm ist nicht unbestimmt. Die mit diesem Erfordernis verbundene ständige Kontrolle ist aber praktisch für die Unternehmen kaum zu leisten, so dass Einschränkungen notwendig sind. Die in den Leitlinien enthaltene Beschränkung auf „wesentliche Änderungen" ist aber zum

---

699 Leitlinien zur Anwendung von Artikel 81 Absatz 3 EG Tz. 44.

einen wenig bestimmt und zum anderen rechtlich nicht bindend. Wünschenswert wäre deshalb die Einführung einer rechtsverbindlichen und klaren Regelung, welche die Anforderungen an die Unternehmen zur Kontrolle des Vorliegens der Voraussetzungen von Art. 101 Abs. 3 AEUV konkretisieren und einschränken.

2) Das erste Kriterium: Effizienzgewinne

a) Der Begriff des Effizienzgewinns

Das erste Tatbestandsmerkmal ist der Beitrag zur Verbesserung der Warenerzeugung oder -verteilung oder zur Förderung des technischen oder wirtschaftlichen Fortschritts. Dieses Merkmal wird allgemein als „Effizienzgewinn“[700] verstanden. Mit diesem Sammelbegriff wird deutlich, dass die Kommission keine genaue Abgrenzung zwischen den einzelnen Alternativen des ersten Kriteriums vornimmt, sondern vielmehr in einer Gesamtwürdigung alle Vorteile der wettbewerbsbeschränkenden Vereinbarung identifiziert. Eine klare Abgrenzung hält sie nicht für zweckdienlich.[701] Dem ist insofern zuzustimmen, als dass eine Vereinbarung vielgestaltige wirtschaftliche Konsequenzen haben kann, die nicht notwendigerweise stets nur einem der unter dem ersten Kriterium zusammengefassten Alternativen zuzuordnen sein können. Vielmehr sind Überschneidungen zu erwarten. Für die Unternehmen erweist sich diese Anwendung der Norm darüber hinaus jedenfalls nicht als negativ, da, wenn überhaupt, eine Berücksichtigung von Vorteilen über den Wortlaut der vier Alternativen hinaus zu ihren Gunsten in Betracht kommt. Darüber hinaus geht die Kommission nicht so weit, dass sie eine Prüfung völlig unabhängig von den im Vertragstext genannten Alternativen „im luftleeren Raum“ durchführt, sondern letztlich die in Betracht kommenden Vorteile einer Alternative zuordnet. Es soll lediglich klargestellt werden, dass nicht alle wirtschaftlichen Auswirkungen trennscharf und jeweils ausschließlich einer der vier Alternativen zugeordnet werden können. Bedenken hinsichtlich der Bestimmtheit ergeben sich insoweit also nicht.

b) Die Identifikation der Vorteile

Im Rahmen des Merkmals „Effizienzgewinn“ müssen die Unternehmen einschätzen, welche Vorteile die Vereinbarung bringt und ob diese die zu erwartenden Nachteile der einhergehenden Beschränkung des Wettbewerbs ausgleichen. Sie müssen also den Marktzustand mit und ohne die Vereinbarung im Vorhinein

---

700 Leitlinien zur Anwendung von Artikel 81 Absatz 3 EG 3.2.

701 Leitlinien zur Anwendung von Artikel 81 Absatz 3 EG Tz. 59.

vergleichen.[702] Die Vorteile dürfen sich dabei nicht allein für die beteiligten Unternehmen ergeben, vielmehr ist eine objektive Auswirkung auf den gesamten Markt erforderlich.[703] Auch müssen sich die Vorteile nicht direkt aus der Vereinbarung ergeben, vielmehr genügt auch eine indirekte Auswirkung. Der Wortlaut von Art. 101 Abs. 3 AEUV lässt dies zu und das EuG hat der gegenteiligen Auffassung der Kommission eine eindeutige Absage erteilt.[704] Auch ergibt sich aus Sinn und Zweck von Art. 101 AEUV insgesamt, dass nicht schon die Vorteile genügen, welche die an der Vereinbarung beteiligten Unternehmen aus derselben ziehen. Anderenfalls wäre jede Wettbewerbsbeschränkung unerlässlich i.S.d. dritten Kriteriums, weil die Unternehmen logischerweise eine Vereinbarung nur dann treffen werden, wenn sie für sie vorteilhaft ist.[705]

Bei der Identifikation der Vorteile stellt sich nun die Frage, was alles unter das Kriterium zu fassen ist. Das Merkmal der Verbesserung der Warenerzeugung oder verteilung ist zwar schon weit gefasst, aber doch recht anschaulich, da es um konkrete Prozesse geht. Dem Wortlaut ist darüber hinaus zu entnehmen, dass jegliche Verbesserung auf diesen Gebieten erfasst sein sollen. Eine nähere Konkretisierung ist angesichts der völlig unterschiedlichen Märkte auch kaum denkbar.

Anders liegt es hingegen mit den Begriffen des technischen oder wirtschaftlichen Fortschritts, welche stark wertungsabhängig[706] und weitestgehend offen sind. Ihre Handhabung fällt daher schwer. Die Offenheit folgt dabei aus der faktischen Schwierigkeit, die sich im Rahmen des Merkmals stellt. Denn zum einen können je nach Markt völlig unterschiedliche Vor- und Nachteile auftreten, da für unterschiedliche Produkte die erstrebenswerten Folgen bzw. deren Gewichtung stark divergieren können. Und zum anderen müssen bei

702 KOMM vom 16.12.1971 – 72/22/EWG – *Vereneging van Cementhandelaren*, ABl. EG 1972 Nr. L 13/34 Rn. 21; vom 22.12.1976 – 77/66/EWG – *Gerofabriek*, ABl. EG 1977 Nr. L 16/8, II. 4. b; *Kamann/Bergmann* BB 2003, 1743 (1745).

703 EuGH vom 13.07.1966 – Rsen. 56/64 und 58/64 – *Consten und Grundig*, Slg. 1966, 322 (396 f.); vom 06.10.2009 – Rsen. C-501/06 P, C-513/06 P, C-515/06 P und C-519/06 P – *GSK*, Slg. 2009, I-9291 Rn. 92; Leitlinien zur Anwendung von Artikel 81 Absatz 3 EG Tz. 50; *Kamann/Bergmann* BB 2003, 1743 (1746); *Pohlmann* in: FK-Kartellrecht, Art. 81 Abs. 3 EG Grundfragen Rn. 229; *Schuhmacher* in: Grabitz/Hilf/Nettesheim, Art. 101 AEUV Rn. 286. So zu verstehen ist auch EuGH vom 29.10.1980 – Rsen. 209–215/78 und 218/78 – *Van Landewyk*, Slg. 1980, 3125 Rn. 184 f.

704 EuG vom 27.09.2006 – Rs. T-168/01 – *GSK*, Slg. 2006, II-2969 Rn. 280; zustimmend auch *Pohlmann* in: FK-Kartellrecht, Art. 81 Abs. 3 EG Grundfragen Rn. 235.

705 Vgl. EuGH vom 13.07.1966 – Rsen. 56/64 und 58/64 – *Consten und Grundig*, Slg. 1966, 322 (396 f.).

706 *Koch* ZWeR 2005, 380 (381). S. auch schon oben Kapitel IV.B.II.1)b).

der Abwägung unter Umständen völlig unterschiedliche Kriterien in Relation zueinander gesetzt werden. Eine Verallgemeinerung ist daher schon aus diesen Gründen kaum möglich.[707] Die Weite des Tatbestandsmerkmals ist somit eine Folge der zahlreichen Möglichkeiten, wie sich Beschränkungen des Wettbewerbs auch positiv auswirken können. Den Unternehmen stehen daher entsprechend potentiell sehr viele und ganz unterschiedliche Effekte zur Verfügung, die sie für die Nichtanwendbarkeit von Art. 101 Abs. 1 AEUV ins Felde führen können.[708] Der Tatbestandsintention zufolge wirkt sich die Offenheit des Merkmals damit positiv für die Unternehmen aus, da es sich ja um ein Einfallstor für Ausnahmen vom Kartellverbot handelt. Unter diesen Voraussetzungen kann die Offenheit des ersten Merkmals auch mit strafrechtlichen Grundsätzen vereinbar sein. Dies allerdings nur dann, wenn es ersichtlich und damit vorhersehbar ist, dass die Freistellungsmerkmale grundsätzlich jede Art von Vorteilen im wirtschaftlichen Sinn erfassen sollen. Das ist hier jedenfalls dann der Fall, sofern von einer weiten Auslegung der vom Tatbestand erfassten Vorteile ausgegangen wird. Denn das offene Merkmal des (im weitesten Sinne) wirtschaftlichen Vorteils schließt dann lediglich solche Fälle aus, die Vorteile im nicht-wirtschaftlichen Bereich betreffen, was aus der Norm ohne weiteres hervorgeht. Mithin ist die Weite der in Betracht kommenden Vorteile im Rahmen des ersten Merkmals von Art. 101 Abs. 3 AEUV zwar beträchtlich, ist aber für sich genommen im System der Norm unbedenklich hinsichtlich des Bestimmtheitsgrundsatzes, da dies dem Wortlaut (und bei einer Auslegung nach Sinn und Zweck) klar zu entnehmen ist.

c) Die Höhe der Effizienzgewinne

Es ist nun fraglich, wie groß die Vorteile im Rahmen des ersten Kriteriums sein müssen, welche die Vereinbarung mit sich bringen. Der Normenwortlaut enthält dazu keine genauen Angaben, vielmehr könnte danach grundsätzlich jeder „Beitrag“ zur Verbesserung der Warenerzeugung etc. ausreichend sein.

Die Frage ist bislang nicht eindeutig beantwortet. Auch die Entscheidungen von Kommission und Gerichten enthalten unterschiedliche Formulierungen. Erstmals beschäftigte sich der EuGH in dem Urteil *Consten/Grundig*[709] näher

---

707 Vgl. auch die Beispiele aus der Rechtsprechung bei *Kamann/Bergmann* BB 2003, 1743 (1746).

708 Die Kommission nennt in den Leitlinien beispielhaft Kosteneinsparungen und qualitative Effizienzgewinne, also verbesserte oder neue Produkte, vgl. Leitlinien zur Anwendung von Artikel 81 Absatz 3 EG Tz. 63 ff. Diese Beispiele sind naheliegend, aber – wie auch die Kommission selbst betont – keinesfalls abschließend.

709 EuGH vom 13.07.1966 – Rsen. 56/64 und 58/64 – *Consten und Grundig*, Slg. 1966, 322.

mit den Voraussetzungen des heutigen Art. 101 Abs. 3 AEUV. Er führte darin aus: „Die Frage, ob die für die Freistellung erforderliche Verbesserung der Warenerzeugung oder -verteilung vorliegt, ist nach dem Sinn des Artikels 85 [= Art. 101 AEUV] zu beantworten."[710] Und weiter: „Im übrigen weist gerade der Umstand, daß der Vertrag eine für die hier erörterte Verbesserung ‘unerläßliche ‘Wettbewerbsbeschränkung verlangt, klar auf die Bedeutung hin, welche dieser Verbesserung zukommen muß. Sie muß insbesondere spürbare objektive Vorteile mit sich bringen, die geeignet sind, die mit ihr verbundenen Nachteile für den Wettbewerb auszugleichen."[711] Die bislang wohl überwiegende Auffassung und auch mehrere Entscheidungen der Kommission und Gerichte schloss aus diesen Formulierungen, dass im Rahmen des Kriteriums „Effizienzgewinn" eine genaue Abwägung zwischen Vor- und Nachteilen der wettbewerbsbeschränkenden Vereinbarung zu erfolgen habe. Unklar ist innerhalb dieser Meinungsgruppe weiterhin, ob die Effizienzgewinne die Nachteile der Wettbewerbsbeschränkung nur aufwiegen[712], oder gar überwiegen[713] müssen.

---

710 EuGH vom 13.07.1966 – Rsen. 56/64 und 58/64 – *Consten und Grundig*, Slg. 1966, 322 (396).

711 EuGH vom 13.07.1966 – Rsen. 56/64 und 58/64 – *Consten und Grundig*, Slg. 1966, 322 (396 f.).

712 EuGH vom 29.10.1980 – Rsen. 209–215/78 und 218/78 – *Van Landewyk*, Slg. 1980, 3125 Rn. 185; vom 06.10.2009 – Rsen. C-501/06 P, C-513/06 P, C-515/06 P und C-519/06 P – *GSK*, Slg. 2009, I-9291 Rn. 92; GA *VerLoren van Themaat*, Schlussanträge vom 18.10.1983 – Rsen. 43/82 und 63/82 – *VBVB/VBBB*, Slg. 1984, 19 (88); KOMM vom 29.12.1970 – 71/23/EWG – *Wand- und Bodenfliesenwerke*, ABl. 1971 Nr. L 10/15 (22); vom 22.12.1976 – 77/66/EWG – *Gerofabriek*, ABl. EG 1977 Nr. L 16/8, II. b); vom 15.08.1978 – 78/670/EWG – *FEDETAB*, ABl. EG 1978 Nr. L 224/29 Rn. 130 ff.; wohl auch *Meessen* in: Loewenheim/Meessen/Riesenkampff, Art. 81 Abs. 3 Rn. 30; *Teichmann*, S. 42; mit Verweis auf *Consten und Grundig*, aber im Maßstab unklar auch KOMM vom 05.12.1984 – 85/75/EWG – *Feuerversicherung*, ABl. 1985 Nr. L 35/20 Rn. 41 ff. und diese Entscheidung bestätigend EuGH vom 27.01.1987 – Rs. 45/85 – *Verband der Sachversicherer*, Slg. 1987, 405 Rn. 58 ff., die beide einen Effizienzgewinn jedoch deshalb verneinen, weil die Wettbewerbsbeschränkung über das Maß dessen hinausgehe, was zur Erreichung der identifizierten Vorteile erforderlich gewesen sei. Dabei handelt es sich aber – wie sogleich dargelegt werden wird – um einen Test im Rahmen des Kriteriums der Unerlässlichkeit; mit gleicher Begründung auch KOMM vom 11.03.1998 – 98/531/EG – *van den Bergh Foods*, ABl. 1998 Nr. L 246/1 Rn. 237 f.

713 KOMM vom 13.03.1969 – 69/90/EWG – *Europäische Werkzeugmaschinen-Ausstellungen*, ABl. EG 1969 Nr. L 69/13 III. 1.; vom 24.09.1971 – 71/337/EWG – *CEMATEX*, ABl. EG 1971 Nr. L 227/26 III. 1.; unklar vom 16.12.1971 – 72/22/EWG – *Vereneging*

Dem kann jedoch nicht gefolgt werden. Die vorgenannte Ansicht beruht nämlich auf einer Fehlinterpretation des *Consten/Grundig*-Urteils. Denn in dem zu entscheidenden Fall ging es an sich gar nicht um das Kriterium des Effizienzgewinns, sondern um die Unerlässlichkeit der Wettbewerbsbeschränkung. Vielmehr hatte die Kommission in der zu Grunde liegenden Entscheidung das Vorliegen von Effizienzgewinnen unterstellt und die Versagung der Freistellung mit dem Fehlen der übrigen Freistellungsvoraussetzungen begründet.[714] Der EuGH bezog sich dementsprechend auch ausdrücklich auf die Argumentation der angefochtenen Kommissionsentscheidung, dass „das Tatbestandsmerkmal des Artikels 85 Absatz 3 Buchstabe a nicht erfüllt sei"[715] und die daran anknüpfende Rüge der deutschen Regierung. Dazu bemerkte er, die Ausführungen der deutschen Regierung zur Unerlässlichkeit der Wettbewerbsbeschränkung gingen u.a. deswegen fehl, weil die deutsche Regierung von einem falschen – nämlich subjektiven – Verständnis der Effizienzgewinne ausgegangen sei. Sodann erläuterte der EuGH, dass aber, wie bereits oben[716] erläutert, ein objektiver Maßstab zu gelten habe, weil die Annahme eines subjektiven Maßstabs dazu führen würde, dass alle Wettbewerbsbeschränkungen unerlässlich wären und dieses Kriterium dann leer liefe. Auf die Anforderungen des Merkmals Effizienzgewinne kam der EuGH also nur zu sprechen, um das Nichtvorliegen des Unerlässlichkeitskriteriums zu erläutern. Dem EuGH kam es dabei nur darauf an, den objektiven Maßstab für die Prüfung der Effizienzgewinne festzulegen, weil dies zur Erläuterung notwendig war. Über die Qualität der Effizienzgewinne im Übrigen wollte er sich gar nicht äußern, weil dies zur Klärung der eigentlich behandelten Rechtsfrage (Anforderungen an das Unerlässlichkeitskriterium) nicht notwendig war. Selbst wenn man den Halbsatz, in dem der EuGH vom Ausgleich der Nachteile durch die Vorteile spricht, nicht in diesem Zusammenhang ignorieren möchte, so hat er aber jedenfalls nicht das Gewicht, welches ihm

---

van Cementhandelaren, ABl. EG 1972 Nr. L 13/34 III. 21.; *Bechtold/Bosch/Brinker*, Art. 101 AEUV Rn. 156; *Lugard/Hancher* ECLR 2004, 410 (417); *Mestmäcker/Schweitzer*, § 13 Rn. 44, 50; Europäische Kommission, Entwurf von Leitlinien zur Anwendbarkeit von Artikel 81 EG-Vertrag auf Vereinbarungen über horizontale Zusammenarbeit, ABl. EG 2000 Nr. C 118/14 Tz. 33. Mit Bezug darauf auch *Geiger* EuZW 2000, 325 (328).

714 KOMM vom 23.06.1964 – 64/566/EWG – *Grundig/Consten*, ABl. EG 1964 Nr. P 161/2545 III. 3.

715 EuGH vom 13.07.1966 – Rsen. 56/64 und 58/64 – *Consten und Grundig*, Slg. 1966, 322 (396).

716 Kapitel IV.B.II.2)b).

zugeschrieben wird. Wie aus dem Zusammenhang der Passage auch klar wird, handelt es sich nämlich keinesfalls um ein *obiter dictum*, mit dem der EuGH trotz Entscheidungsunerheblichkeit die Rechtslage klären wollte, sondern mehr um einen Reflex, um das Anknüpfen an objektive Vorteile zu erklären.

Darüber hinaus folgt aus dem zitierten Absatz über die Effizienzgewinne auch nicht, dass diese die Nachteile der Wettbewerbsbeschränkung aufwiegen müssen, sondern lediglich, dass sie dazu geeignet sein müssen.[717] Wenn im Rahmen des ersten Kriteriums aber nur die Eignung zum Aufwiegen der Nachteile erforderlich sein soll, bedeutet das nichts anderes, als dass die Prüfung, ob dies tatsächlich der Fall ist, an dieser Stelle gerade nicht vorgenommen werden muss. Dementsprechend geht *Pohlmann* davon aus, die eigentliche Abwägung der Vor- und Nachteile erfolge erst beim Kriterium der angemessenen Verbraucherbeteiligung.[718] Sie weist zudem zutreffend darauf hin, dass der EuGH weder in *Consten/Grundig*, noch in den späteren, dieses Urteil zitierenden, Entscheidungen tatsächlich eine konkrete Abwägung vorgenommen hat.[719] Auch viele Kommissionsentscheidungen nehmen keine Abwägung vor, sondern beschränken sich im Rahmen des ersten Kriteriums mehr oder minder auf eine Identifikation der Vorteile der Vereinbarung.[720] Eine konkrete Abwägung ist – wenn man schon streng am Wortlaut von *Consten/Grundig* bleiben möchte – an dieser Stelle der Prüfung auch nur schwer möglich, da bei der bloßen Prüfung der Eignung dem Wortsinn nach schon keine Gegenüberstellung der identifizierten Vorteile und Nachteile erfolgen kann.[721] Im Rahmen der Identifizierung der

---

717 Darauf weist auch *Pohlmann* in: FK-Kartellrecht, Art. 81 Abs. 3 EG Grundfragen Rn. 231 hin. Einige Kommissionsentscheidungen zitieren das Urteil Consten und Grundig entsprechend, ohne aber auf die „Eignung“ tatsächlich abzustellen, z.B. KOMM vom 05.12.1984 – 85/75/EWG – *Feuerversicherung*, ABl. 1985 Nr. L 35/20 Rn. 41; KOMM vom 29.11.1995 – 95/551/EG – *Stichting Certificatie Kraanverhuurbedrijf u. a.*, ABl. EG 1995 Nr. L 312/79 Rn. 33.

718 *Pohlmann* in: FK-Kartellrecht, Art. 81 Abs. 3 EG Grundfragen Rn. 232.

719 *Pohlmann* in: FK-Kartellrecht, Art. 81 Abs. 3 EG Grundfragen Rn. 231.

720 Vgl. z. B. KOMM vom 13.07.1983 – 83/390/EWG – *Rockwell/Iveco*, ABl. EG 1983 Nr. L 224/19, II. 8.; vom 21.12.1994 – 94/986/EG – *Philips/Osram*, ABl. EG 1994 Nr. L 378/37 Rn. 25 f.; vom 16.01.1996 – 96/180/EG – *Lufthansa/SAS*, ABl. EG 1996 Nr. L 54/28 Rn. 64 ff.; vom 16.07.2003 – 2004/207/EG – *T-Mobile Deutschland/O2 Germany*, ABl. EG 2003 Nr. L 75/32 Rn. 122 ff.; vom 07.04.2004 – COMP/38.284/D2 – *Société Air France/Alitalia Linee Aeree Italiane S.p.A.*, Rn. 132; vom 23.05.2013 – AT.39595 – *Continental/United/Lufthansa/AirCanada*, Rn. 64 f.

721 A.A. *Teichmann*, S. 42 f., die aber nicht erläutert, wie eine konkrete Abwägung der Vor- und Nachteile im Rahmen eines bloßen Eignungstests erfolgen soll. Dagegen

Effizienzgewinne – so *Pohlmann* – sei also quantitativ lediglich notwendig, dass die Effizienzgewinne abstrakt geeignet seien, die Nachteile der Wettbewerbsbeschränkung auszugleichen.[722]

In diese Richtung geht auch eine Feststellung der Kommission in der Entscheidung *Glaxo Wellcome u. a.*[723]. Glaxo Wellcome hatte im Verfahren gefordert, die Kommission müsse losgelöst von den einzelnen Kriterien des (heutigen) Art. 101 Abs. 3 AEUV die Vor- und Nachteile der Wettbewerbsbeschränkung abwägen.[724] Die Kommission wies dagegen darauf hin, dass alle vier Voraussetzungen von Art. 101 Abs. 3 AEUV vorliegen müssen, um zu einer Freistellung zu gelangen. Eine Abwägung könne entsprechend erst dann stattfinden, wenn festgestellt sei, dass die ersten beiden Kriterien, nämlich Effizienzgewinne und angemessene Verbraucherbeteiligung, gegeben seien.[725] Auch wenn die Kommission mit diesen Ausführungen nicht ausdrücklich zum Prüfungsinhalt der ersten Voraussetzung Stellung nahm, so bringt sie doch zum Ausdruck, dass erst nach Bejahung der Effizienzgewinne eine Abwägung vorzunehmen ist.

Die aktuellen Leitlinien der Kommission scheinen diese Sichtweise zu stützen, sind aber alles andere als eindeutig. So wird an einer Stelle in Bezug auf die Effizienzgewinne ausgeführt, diese müssten identifiziert werden, um im Rahmen des Kriteriums der angemessenen Verbraucherbeteiligung abgewogen zu werden.[726] Auch in der Folge wird der Abwägeprozess meist in Zusammenhang mit dem Kriterium der Verbraucherbeteiligung genannt.[727] Dagegen findet sich in Tz. 50

---

wird in einigen älteren Kommissionsentscheidungen offenbar eine konkrete Abwägung vorgenommen, dabei aber auf das tatsächliche Überwiegen der Vorteile abgestellt und nicht bloß auf die Eignung der Vorteile zum Auf- bzw. Überwiegen der Nachteile, wie das *Consten/Grundig*-Urteil es formuliert: vgl. KOMM vom 13.03.1969 – 69/90/EWG – *Europäische Werkzeugmaschinen-Ausstellungen*, ABl. EG 1969 Nr. L 69/13 III. 1.; vom 22.07.1969 – 69/242/EWG – *Jaz-Peter*, ABl. EG 1969 Nr. L 195/5 III. 9.–14.; vom 24.09.1971 – 71/337/EWG – *CEMATEX*, ABl. EG 1971 Nr. L 227/26 III. 1.;

722 *Pohlmann* in: FK-Kartellrecht, Art. 81 Abs. 3 EG Grundfragen Rn. 232.

723 KOMM vom 08.05.2001 – 2001/791/EG – *Glaxo Wellcome u. a.*, ABl. EG 2001 Nr. L 302/1 Rn. 150 ff.

724 KOMM vom 08.05.2001 – 2001/791/EG – *Glaxo Wellcome u. a.*, ABl. EG 2001 Nr. L 302/1 Rn. 92 ff.

725 KOMM vom 08.05.2001 – 2001/791/EG – *Glaxo Wellcome u. a.*, ABl. EG 2001 Nr. L 302/1 Rn. 151.

726 Leitlinien zur Anwendung von Artikel 81 Absatz 3 EG Tz. 55.

727 Leitlinien zur Anwendung von Artikel 81 Absatz 3 EG Tz. 85, 86, 90, 91, 101; unter Zitierung von Tz. 86 auch KOMM vom 19.12.2007 – COMP/34.579 – *MasterCard*, Rn. 734.

im Zusammenhang mit der Identifizierung der Effizienzgewinne die Formulierung, für die Anwendungen von Art. 81 Abs. 3 EG (= Art. 101 Abs. 3 AEUV) müssten die wettbewerbsfördernden Wirkungen einer Vereinbarung die wettbewerbswidrigen Wirkungen aufwiegen,[728] was wiederum dafür sprechen könnte, dass eine konkrete Abwägung schon beim ersten Kriterium zu erfolgen hat.[729] Dagegen wird in der folgenden Tz. aufgezählt, was im Rahmen des Kriteriums Effizienzgewinne nachgeprüft werden müsse. Hier werden z. B. die Art der Effizienzgewinne und der voraussichtliche Eintritt genannt, nicht aber die konkrete Höhe.[730] Auch sonst finden sich in diesem Zusammenhang keine Erläuterungen zu einem etwaigen Abwägungsprozess. Es liegt also näher, die Formulierung in Tz. 50 als unglücklich anzusehen, ihr aber keine Bedeutung im Hinblick auf den von der Kommission angenommenen Prüfungsumfang beim ersten Kriterium zuzumessen. Vielmehr dürfte der angesprochene Satz die (in der Folge vorzunehmende) Abwägung nur als Begründung nennen, um die im Rahmen des ersten Kriteriums erforderliche Identifikation der Vorteile zu erklären.

Letztlich spricht auch gegen eine konkrete Abwägung im Rahmen des ersten Kriteriums, dass es schwer vorstellbar scheint, wie Vor- und Nachteile isoliert, also ohne die im Rahmen des zweiten Kriteriums zu prüfenden Auswirkungen

---

728 Leitlinien zur Anwendung von Artikel 81 Absatz 3 EG Tz. 50. Darauf Bezug nehmend auch KOMM vom 19.12.2007 – COMP/34.579 – *MasterCard*, Rn. 671.

729 Zusätzlich verwirrend ist, dass in dieser Tz. die Sprachfassungen inhaltlich voneinander abweichen. So fordert die deutsche Fassung, dass die positiven Wirkungen die wettbewerbswidrigen Wirkungen der Vereinbarung „aufwiegen“ müssen, also dass die Vorteile den Nachteilen zumindest gleichwertig sein müssen. Dies entspricht der französischen („compensent“) und italienischen („compensarne“) Version. In der englischen Version der Leitlinien hingegen entspricht dem das Wort „outweigh“, was im allgemeinen Sprachgebrauch „überwiegen“ bedeutet („Be heavier, greater, or more significant than“, http://www.oxforddictionaries.com/definition/english/outweigh – abgerufen am 01.09.2014). Gleiches gilt für das spanische „superar“. Die englischen Versionen der Urteile EuGH vom 13.07.1966 – Rsen. 56/64 und 58/64 – *Consten und Grundig*, englische Version abweichend von der deutschen unter ECR 1966, 299 (348); vom 29.10.1980 – Rsen. 209–215/78 und 218/78 – *Van Landewyk*, Slg. 1980, 3125 Rn. 185; vom 06.10.2009 – Rsen. C-501/06 P, C-513/06 P, C-515/06 P und C-519/06 P – *GSK*, Slg. 2009, I-9291 Rn. 92; KOMM vom 15.08.1978 – 78/670/EWG – *FEDETAB*, ABl. EG 1978 Nr. L 224/29 Rn. 130, benutzen anders als die Leitlinien wiederum das Wort „compensate“. Anders wiederum die englische Fassung der Entscheidung KOMM vom 19.12.2007 – COMP/34.579 – *MasterCard*, Rn. 671, welche den entsprechenden englischen Wortlaut der Leitlinien zitiert.

730 Leitlinien zur Anwendung von Artikel 81 Absatz 3 EG Tz. 51.

auf die Verbraucher, abgewogen werden können.[731] Denn ein Abwägungsprozess muss logischerweise alle relevanten Umstände einbeziehen, um zu einem richtigen Ergebnis kommen zu können. Es bleibt also festzuhalten, dass im Rahmen des ersten Kriteriums keine konkrete Abwägung erfolgen muss und somit auch nicht genau festzustellen ist, ob die Vorteile der Vereinbarung ihre Nachteile auf- oder gar überwiegen. Die Effizienzgewinne müssen nach ihrer Identifikation nur darauf untersucht werden, ob sie objektiv[732] spürbar sind und ob sie abstrakt geeignet sind, die Nachteile der Wettbewerbsbeschränkung aufzuwiegen.

Dieses Auslegungsergebnis ist auch nicht völlig überraschend oder unvorhersehbar, vielmehr findet es eine Stütze im Wortlaut und der Systematik von Art. 101 Abs. 3 AEUV. Die Mitgliedstaaten als Urheber des Vertragstextes haben sich dafür entschieden, die Erfüllung von vier konkret benannten Kriterien zu fordern, damit eine spürbare Wettbewerbsbeschränkung dennoch erlaubt sein kann. Diese Kriterien sind dergestalt aufeinander abgestimmt, dass in den ersten beiden Kriterien die positiven Auswirkungen festgestellt werden und in den letzten beiden Kriterien nochmals auf die negativen Aspekte eingegangen wird. Es kommt so zu einem Ausgleich, ohne dass innerhalb eines bestimmten Kriteriums eine konkrete und direkte Abwägung zwischen Vor- und Nachteilen vorgenommen werden müsste. Eine solche direkte Abwägung ist dem Vertragswortlaut vielmehr nicht zu entnehmen.[733]

Auf Grundlage dieser Auslegung und Verwendung des bereits aus Art. 101 Abs. 1 AEUV bekannten Spürbarkeitsbegriffs dürfte das Kriterium des „Beitrags" insoweit auch hinreichend bestimmbar sein. Zwar ist auch eine Auslegung auf Grundlage der Argumentation mit dem Sinn und Zweck einer Norm – anders als im Zivilrecht – im strafrechtlich relevanten Bereich grundsätzlich nicht dazu geeignet, die Überschreitung der Wortlautgrenze zu rechtfertigen. Das gilt auch unabhängig von einer etwaig bestehenden Entscheidungspraxis durch die Kommission. Eine Auslegung verstößt aber jedenfalls dann nicht gegen den Wortlaut, wenn man das Wort „Beitrag" nicht so versteht, als dass damit jegliche, noch so geringe Verbesserung gemeint ist, sondern es als wertungsoffen ansieht. Und eine extensive Auslegung ist dann nicht zu beanstanden, wenn der Normadressat selbst erkennen kann, wie die Norm vernünftigerweise zu verstehen sein muss – also welche Wertung man hinzudenken muss –, um überhaupt Sinn zu

731 *Pohlmann* in: FK-Kartellrecht, Art. 81 Abs. 3 EG Grundfragen Rn. 232; kritisch auch *Wild*, S. 103.

732 Dazu schon oben Kapitel IV.B.II.2)b).

733 Ein derartiges Verständnis legt auch KOMM vom 08.05.2001 – 2001/791/EG – *Glaxo Wellcome*, ABl. EG 2001 Nr. L 302/1 Rn. 150 ff. nahe.

ergeben. So liegt der Fall hier: Es leuchtet jedem ein, dass nicht jeder noch so kleine Vorteil für eine Freistellung genügen kann, wenn er zur Schwere der Wettbewerbsbeschränkung in keinem Verhältnis steht.[734] Das ergibt sich schon aus den allgemeinen Zielen des Wettbewerbsrechts und insbesondere auch aus der Grundsystematik und dem Ziel von Art. 101 Abs. 3 AEUV, nämlich die starre Regelung des Art. 101 Abs. 1 AEUV einer Abwägung im Einzelfall zugänglich zu machen. Die Nichtanwendbarkeit von Art. 101 Abs. 1 AEUV, der seinerseits nur greift, wenn der Wettbewerb spürbar beschränkt wird, kann nämlich nur dann angezeigt sein, wenn die Wettbewerbsbeschränkung mehr als nur minimale positive Effekte hat. Das insoweit vom EuGH – freiwillig oder unfreiwillig – eingeführte konkretisierende Kriterium der Eignung zum Aufwiegen der Nachteile bzw. die Spürbarkeit der Vorteile bedeutet nichts anderes.

3) Das zweite Kriterium: Angemessene Beteiligung der Verbraucher am Gewinn

Weiterhin erforderlich ist, dass die Verbraucher angemessen an dem Gewinn beteiligt werden, der durch die Vorteile der Wettbewerbsbeschränkung entsteht.

a) Der Verbraucherbegriff

Der Begriff der Verbraucher ist zunächst einmal ein unbestimmter Rechtsbegriff. Er ist, wie bereits oben[735] angesprochen, anders als im deutschen Zivilrecht[736] nicht als nichtgewerblich handelnd zu verstehen, sondern umfasst alle unmittelbaren und mittelbaren Nutzer der jeweiligen Waren oder Dienstleistungen, unabhängig von der gewerblichen oder privaten Nutzung.[737] Da das Unionsrecht autonom auszulegen ist und die (Legal-)Definitionen aus den Rechtsordnungen der Mitgliedstaaten grundsätzlich nicht zur Auslegung unionsrechtlicher Begriffe herangezogen werden können, ist dieses Verständnis unbedenklich. Auch ist es mit dem Wortlaut von Art. 101 Abs. 3 AEUV zu vereinbaren und entspricht Sinn und Zweck der Norm. Die Erstreckung auf alle Nutzer führt zwar einerseits zu einem sehr großen zu berücksichtigenden Personenkreis, andererseits ist aber ebenfalls klar, dass Vorteile für Personengruppen, die die von der jeweiligen Vereinbarung nicht umfassten Waren/Dienstleistungen nicht nutzen, im Rahmen

734 Ähnlich auch *Teichmann*, S. 42.
735 Kapitel IV.B.II.1)a).
736 § 13 BGB.
737 Leitlinien zur Anwendung von Artikel 81 Absatz 3 EG Tz. 84; *Schuhmacher* in: Grabitz/Hilf/Nettesheim, Art. 101 AEUV Rn. 314.

des zweiten Kriteriums außer Betracht bleiben müssen. Von tatbestandlicher Unbestimmtheit kann also insoweit nicht die Rede sein.

Darüber hinaus ist nicht der einzelne Verbraucher maßgeblich, sondern die Verbraucher auf den betroffenen Märkten in ihrer Gesamtheit.[738] Dies ergibt sich aber ebenfalls ohne weiteres aus Sinn und Zweck der Norm.

b) Die Beteiligung am entstehenden Gewinn

Das Merkmal des „entstehenden Gewinns“ bezieht sich auf das erste Kriterium. Gemeint sind also die Effizienzgewinne. Die Leitlinien sprechen insoweit von der Weitergabe der Effizienzgewinne an die Verbraucher.[739] Das bedeutet, dass die Verbrauchervorteile nicht mit den subjektiven Vorteilen der an der Vereinbarung beteiligten Unternehmen übereinstimmen müssen. Dies folgt auch aus einer Analyse von Art. 101 Abs. 3 AEUV. Zwar könnte mit „Gewinn“ theoretisch auch der subjektive Gewinn der Unternehmen gemeint sein, allerdings ist dieser, wie oben[740] dargelegt, im Rahmen des ersten Kriteriums nicht maßgeblich und wird auch sonst in Art. 101 Abs. 3 AEUV nicht angesprochen. Sprachlich liegt es ebenfalls nahe, dass sich der „entstehende Gewinn“ auf die sodann genannten einzelnen Effizienzgewinne bezieht.

Der Begriff der „Beteiligung“ ist ein weiterer, unbestimmter Rechtsbegriff. Durch Auslegung ist zunächst ermittelbar und insofern nicht überraschend, dass hierunter jegliche Art von Vorteil fallen kann. Es genügt folglich, dass die Verbraucher irgendeinen Vorteil aus der Wettbewerbsbeschränkung ziehen. Die Kommission unterscheidet in ihren Leitlinien insoweit zwischen Kosteneinsparungen und sonstigen Vorteilen.[741] Beispielsweise kann ein verbessertes Warenangebot als Gewinn anzusehen sein.[742] Auch über den Umfang Verbrauchervorteile wird an dieser Stelle noch keine Aussage getroffen. So ist es möglich, dass von mehreren Vorteilen nicht alle an die Verbraucher weitergegeben werden.[743] Ob die Vorteile für die Verbraucher insgesamt ausreichend sind, um eine Freistellung

---

738 Leitlinien zur Anwendung von Artikel 81 Absatz 3 EG Tz. 87; vgl. auch KOMM vom 19.12.2007 - COMP/34.579 - *MasterCard*, Rn. 740, 743.

739 Leitlinien zur Anwendung von Artikel 81 Absatz 3 EG Tz. 85 ff. *Pohlmann* in: FK-Kartellrecht, Art. 81 Abs. 3 EG Grundfragen Rn. 260 spricht sogar von Identität.

740 Kapitel IV.B.II.2)b).

741 Leitlinien zur Anwendung von Artikel 81 Absatz 3 EG Tz.95 ff. sowie 102 ff.

742 Leitlinien zur Anwendung von Artikel 81 Absatz 3 EG Tz. 102; EuGH vom 25.10.1977 – Rs. 26/76 – *Metro*, Slg. 1977, 1875 Rn. 48.

743 Leitlinien zur Anwendung von Artikel 81 Absatz 3 EG Tz. 86; zustimmend *Bechtold/Bosch/Brinker*, Art. 101 AEUV Rn. 160; *Pohlmann* in: FK-Kartellrecht, Art. 81 Abs. 3

von Art. 101 Abs. 1 AEUV zu rechtfertigen, ist erst im Rahmen der Angemessenheit der Gewinnbeteiligung zu prüfen. Soweit ist das Kriterium noch nicht problematisch. Insbesondere lässt sich sein Inhalt dem Wortlaut entnehmen.

c) Die Angemessenheit der Verbraucherbeteiligung

Eine wertende Betrachtung ist bei der Frage der Angemessenheit der Verbraucherbeteiligung am entstehenden Gewinn vorzunehmen. Hierbei handelt es sich um ein offenes und ausfüllungsbedürftiges Tatbestandsmerkmal.[744] Es fragt sich also, ob der wertungsoffene Wortlaut des Kriteriums mittels Auslegung so sinnvoll eingegrenzt werden kann, dass er dem Bestimmtheitsgebot genügt.

Zunächst bezieht sich die Angemessenheit der Verbraucherbeteiligung nicht auf die Höhe der Effizienzgewinne, sondern auf die Nachteile der Wettbewerbsbeschränkung.[745] Das bedeutet, dass die Vereinbarung die Verbraucher nicht schon dann angemessen beteiligt, wenn die Verbraucher in hinreichender Weise an den Effizienzgewinnen teilhaben (bspw. Weitergabe niedrigerer Produktionskosten zu einem gewissen Prozentsatz), sondern erst dann, wenn die Verbraucherbeteiligung in einem akzeptablen Verhältnis zu den Nachteilen der Vereinbarung steht. Dieses Verständnis geht nicht aus dem Wortlaut hervor, andererseits schließt der Wortlaut eine derartige Auslegung auch nicht aus. Sie ergibt sich vielmehr aus Sinn und Zweck des Unionskartellrechts. Die Verbraucher sollen nämlich durch eine wettbewerbsbeschränkende Vereinbarung nicht schlechter gestellt werden, als bei unbeschränktem Wettbewerb. Stünde aber das Angemessenheitskriterium nur in Relation zu den Effizienzgewinnen, könnte eine Wettbewerbsbeschränkung die Verbraucher auch dann angemessen beteiligen, wenn sie einerseits nur minimale Effizienzgewinne ergäbe, und diese nahezu vollständig an die Verbraucher weitergäbe, andererseits aber ganz erhebliche Nachteile nach sich zöge. Dass dies nicht den Zielen des Unionskartellrechts entspricht, liegt auf der Hand. Insofern kann deshalb auch von der Unbestimmtheit des Angemessenheitskriteriums nicht die Rede sein.

Die Angemessenheit der Verbraucherbeteiligung steht also in Relation zu den Nachteilen der wettbewerbsbeschränkenden Vereinbarung. Aus der allgemeinen Logik ergibt sich zunächst, dass die Verbraucherbeteiligung mit der Schwere der

---

EG Grundfragen Rn. 275, die diese Frage allerdings im Rahmen der Angemessenheit der Verbraucherbeteiligung diskutiert.

744 Vgl. auch *Koch* ZWeR 2005, 380 (381).

745 Vgl. Leitlinien zur Anwendung von Artikel 81 Absatz 3 EG Tz. 85; *Hengst* in: Langen/Bunte, Art. 101 AEUV Rn 388; *Pohlmann* in: FK-Kartellrecht, Art. 81 Abs. 3 EG Grundfragen Rn. 281.

Wettbewerbsbeschränkung steigen muss.[746] Die Kommission konkretisiert dies in den Leitlinien dergestalt, dass im Rahmen des zweiten Merkmals die negativen Aspekte der Wettbewerbsbeschränkung mindestens ausgeglichen werden müssen, so dass für die Verbraucher wenigstens eine neutrale Bilanz entsteht. Sie dürfen durch die Vereinbarung insgesamt nicht geschädigt werden.[747] Eine Auslegung nach Sinn und Zweck von Art. 101 Abs. 3 AEUV bzw. dem gesamten Art. 101 AEUV ergibt, dass der Ausgleich der Nachteile der Wettbewerbsbeschränkung jedenfalls das Mindestmaß für die Angemessenheit darstellen muss. Denn die hier vertretene Bedeutung des ersten Kriteriums von Art. 101 Abs. 3 AEUV als bloßer Auftrag zur Identifizierung der objektiven Vorteile stellt nicht sicher, dass sich die Wettbewerbsbeschränkung trotz gewisser Vorteile nicht doch insgesamt negativ auswirkt. Die Beschränkung auf den Ausgleich der Nachteile ist demnach zunächst durchaus nachvollziehbar, allerdings nicht zwingend. Vielmehr lässt das Merkmal der Angemessenheit dem Wortlaut nach auch darüber hinausgehende Auslegungen zu. Dementsprechend wird – analog zum ersten Kriterium – in der Literatur teilweise das Überwiegen der Vorteile gefordert.[748] *Pohlmann* begründet dies damit, dass im Fall der Neutralität der Vereinbarung dem unbeschränkten Wettbewerb der Vorrang gebühre.[749] Rechtspolitisch bzw. teleologisch betrachtet ist diese Ansicht aber zweifelhaft. Denn Art. 101 AEUV hat insgesamt nicht die Funktion, den Verbrauchern Vorteile zu verschaffen, sondern die Integrität des Wettbewerbs an sich zu bewahren. Der Norm liegt vielmehr der Gedanke zugrunde, dass Wettbewerb an sich bereits zu Vorteilen für die Verbraucher führt, so dass eine „gesetzliche Anordnung" von

---

746 Vgl. auch die Leitlinien zur Anwendung von Artikel 81 Absatz 3 EG Tz. 90; *Bechtold/Bosch/Brinker*, Art. 101 AEUV Rn. 160.

747 Leitlinien zur Anwendung von Artikel 81 Absatz 3 EG Tz. 85; KOMM vom 19.12.2007 – COMP/34.579 – *MasterCard*, Rn. 734; zustimmend *Bechtold/Bosch/Brinker*, Art. 101 AEUV Rn. 160; *Ellger* in: Immenga/Mestmäcker, Art. 101 Abs. 3 AEUV Rn. 246; *Schuhmacher* in: Grabitz/Hilf/Nettesheim, Art. 101 AEUV Rn. 327, die allerdings im Rahmen des ersten Kriteriums von einem Überwiegen der Vorteile ausgehen; ferner *Schwintowski/Klaue* WuW 2005, 370 (375).

748 *Mestmäcker/Schweitzer*, § 13 Rn. 60 mit hier nicht nachvollziehbarem pauschalen Verweis auf KOMM vom 12.12.1990 – 91/38/EWG – *KSB/Goulds/Lowara/ITT*, ABl. EG 1991 Nr. L 19/25; *Sauter* in: Immenga/Mestmäcker EG[1], Art. 85 Abs. 3 EG C Rn. 20 mit ebenfalls nicht nachvollziehbarem pauschalen Verweis auf KOMM vom 29.12.1970 – 71/23/EWG – *Wand- und Bodenfliesenwerke*, ABl. 1971 Nr. L 10/15 (22); *Pohlmann* in: FK-Kartellrecht, Art. 81 Abs. 3 EG Grundfragen Rn. 274.

749 *Pohlmann* in: FK-Kartellrecht, Art. 81 Abs. 3 EG Grundfragen Rn. 274.

Vorteilen gar nicht notwendig ist.[750] Dies vorausgesetzt, kann bei verständiger Würdigung die Angemessenheit der Verbrauchervorteile nicht erst dann bejaht werden, wenn die Verbraucher durch die wettbewerbsbeschränkende Vereinbarung insgesamt besser oder gar deutlich besser gestellt werden als ohne sie. Vielmehr sind die Wettbewerbsfunktionen bereits bei einer ausgeglichenen Bilanz zwischen Vor- und Nachteilen erfüllt. Auch der Wortlaut von Art. 101 Abs. 3 AEUV legt nahe, dass eine derartige Besserstellung der Verbraucher nicht gefordert wird, auch wenn er dies,wie bereits ausgeführt, nicht ausschließt.

Die Diskussion zeigt, dass gleich welcher Ansicht man folgt, letztlich der Kern des Angemessenheitskriteriums zunächst einmal aus der Norm heraus deutlich wird. Die Schwierigkeiten, Grenzfälle richtig einzuordnen, ist dann aber wiederum ein tatsächliches Problem, welches bei jedem unbestimmten Rechtsbegriff auftaucht, jedoch für sich genommen nicht zur Unbestimmtheit der Norm führt.[751]

Darüber hinaus wird in der Literatur zum Teil kritisiert, die Angemessenheit der Verbraucherbeteiligung werde von der Kommission kaum noch geprüft und dadurch entwertet.[752] Obgleich dies in einigen Entscheidungen tatsächlich zu beobachten ist[753], ist fraglich, ob darin ein genereller Trend zu sehen ist, oder es lediglich den entsprechenden Einzelfällen geschuldet war. Denn die Kommission stellt in den Leitlinien nunmehr ausdrücklich klar, dass sie bei begrenzten wettbewerbsbeschränkenden Wirkungen einer Vereinbarung keine vertiefte Analyse des zweiten Kriteriums durchführt.[754] Darüber hinaus ändert die Anwendung oder Nichtanwendung des Kriteriums nichts an ihrer Bestimmtheit. Denn sein Inhalt wird dadurch weder in Zweifel gezogen, noch geändert.

d) Der Vergleich verschiedenartiger Vor- und Nachteile

Geht man nun mit der Kommission davon aus, dass jegliche Vorteile, also Kosten- sowie sonstige Vorteile, im Rahmen der Verbraucherbeteiligung relevant sind,

---

750 Vgl. *Weiß* in: Caliess/Ruffert, Art. 101 Abs. 3 AEUV Rn. 156.

751 Anderenfalls müssten alle strafrechtlichen Tatbestandsmerkmale, hinsichtlich deren Auslegung Meinungsstreitigkeiten bestehen, als unbestimmt angesehen werden.

752 *Weiß* in: Calliess/Ruffert, Art. 101 AEUV Rn. 163.

753 Z.B. KOMM vom 11.10.1988 – 88/541/EWG – *BBC Brown Boveri*, ABl. EG 1988 Nr. L 301/68 Rn. 24; vom 12.12.19990 – 91/38/EWG – *KSB/Goulds/Lowara/ITT*, ABl. EG 1991 Nr. L 19/25 Rn. 27; vom 13.12.1994 – 94/894/EG – *EUROTUNNEL*, ABl. EG 1994 Nr. L 354/66 Rn. 100; vom 16.01.1996 – 96/180/EG – *Lufthansa/SAS*, ABl. EG 1996 Nr. L 54/28 Rn. 74 Rn. 74 f.

754 Leitlinien zur Anwendung von Artikel 81 Absatz 3 EG Tz. 90.

und dass für die Angemessenheit der Verbraucherbeteiligung der Ausgleich der Nachteile ausreichend ist, so fragt sich als Nächstes, wann im Einzelfall tatsächlich von einem Ausgleich gesprochen werden kann. Dabei sind Vor- und Nachteile, die oftmals ganz unterschiedliche Gesichtspunkte auf dem Markt betreffen, miteinander in Korrelation zu setzen. Dies wirft erhebliche Schwierigkeiten auf, da letztlich nur eine wertende Betrachtung in Betracht kommt, welche die spezifischen Auswirkungen jedes Einzelfalles berücksichtigen muss.[755] Konkrete und nachvollziehbare Berechnungen sind aber in vielen Konstellationen unmöglich. So gibt es keine Regeln dafür, wie sehr sich beispielsweise die Qualität einer Ware verbessern muss, um eine bestimmte Preissteigerung auszugleichen oder eine verminderte Produktauswahl aufzuwiegen. Es handelt sich hierbei um Wertungsfragen, die auch von jedem Verbraucher unterschiedlich beantwortet werden dürften. Objektive Kriterien gibt es nicht. Die Kommission kann sich innerhalb der Bewertungsmöglichkeiten, die das Tatbestandsmerkmal „Angemessenheit" zulässt, über die Einschätzungen der Unternehmen ohne weiteres hinwegsetzen, wenn sie dies nur plausibel begründet. Dies stellt also ein großes, tatsächliches Problem im Rahmen des zweiten Kriteriums dar. Es handelt sich dabei nicht um eine Frage der Klarheit oder Bestimmtheit von Art. 101 Abs. 3 AEUV, da der Inhalt der einzelnen Teile des Tatbestandsmerkmals, wie gezeigt, hinreichend umrissen und verständlich ist, sondern um die Schwierigkeit der Subsumtion unter die gesetzlichen Anforderungen.

4) Das dritte Kriterium: Unerlässlichkeit der Wettbewerbsbeschränkung

a) Anknüpfungspunkt für die Unerlässlichkeitsprüfung

Das Merkmal der Unerlässlichkeit der Wettbewerbsbeschränkung für die Verwirklichung der Vorteile ist hinsichtlich seiner Bestimmtheit zunächst wenig problematisch. Die Unerlässlichkeit bezieht sich auf die im Rahmen des ersten Kriteriums festgestellten Effizienzgewinne.[756] Das legt bereits der Wortlaut bzw. die Grammatik von Art. 101 Abs. 3 AEUV nahe. Mit „Verwirklichung dieser Ziele" wird nämlich lediglich auf die einzelnen Varianten der Effizienzgewinne Bezug genommen, welche Subjekte des Relativsatzes sind, nicht jedoch auf die im Dativ stehenden Verbrauchervorteile, die grammatikalisch betrachtet lediglich

755 Vgl. Leitlinien zur Anwendung von Artikel 81 Absatz 3 EG Tz. 103.

756 *Ellger* in: Immenga/Mestmäcker, Art. 101 Abs. 3 AEUV Rn. 256; *Weiß* in: Calliess/Ruffert, Art. 101 AEUV Rn. 164.

(notwendige) Begleitumstände schildern.[757] Auch handelt es sich logisch betrachtet bei der Verbraucherbeteiligung nicht um ein Ziel der wettbewerbsbeschränkenden Vereinbarung, sondern lediglich um eine Konsequenz, die von Art. 101 Abs. 3 AEUV gefordert wird. Die Unternehmen werden ebenfalls in aller Regel primär auf die Effizienzgewinne bedacht sein und nicht auf die Verbraucherbeteiligung. Teilweise wird dagegen in der Literatur nicht nur auf die Effizienzgewinne, sondern auch auf die Verbrauchervorteile des zweiten Kriteriums abgestellt.[758] Dem kann jedoch aus den soeben genannten Gründen nicht gefolgt werden. Auch die Kommission bezieht die Verbraucherbeteiligung nicht in Prüfung der Unerlässlichkeit ein, sondern stellt in den Leitlinien ausdrücklich klar, dass lediglich die Effizienzgewinne bei der Unerlässlichkeitsprüfung betrachtet werden.[759] Noch deutlicher wird dies dadurch, dass die Kommission die Unerlässlichkeit vor der Verbraucherbeteiligung prüft.[760] Somit kann sie zur Frage, ob die Vereinbarung auch für das Erzielen einer angemessenen Verbraucherbeteiligung unerlässlich ist, an dieser Stelle der Prüfung noch gar keine Aussage treffen. Die Rechtsprechung des EuGH geht in eine ähnliche Richtung.[761]

b) Bedeutung der Unerlässlichkeit

Zunächst ist die Unerlässlichkeit, ebenso wie das erste Kriterium, rein objektiv zu bestimmen. Darauf, dass die Parteien die Vereinbarung in anderer Form nicht geschlossen hätten, kommt es folglich nicht an.[762] Dies ergibt sich sowohl als Konsequenz aus dem ersten Kriterium, als auch aus Sinn und Zweck von Art. 101 Abs. 3 AEUV insgesamt.

Schon der Wortsinn legt nahe, dass es für die Erfüllung des Unerlässlichkeitskriteriums notwendig ist, dass die Effizienzgewinne in der angestrebten Form

757 Die Grammatik der englischen und französischen Fassungen stimmt insoweit mit der deutschen Fassung überein.

758 Vgl. *Odudu*, S. 154; *Pohlmann* in: FK-Kartellrecht, Art. 81 Abs. 3 EG Grundfragen Rn. 281.

759 Leitlinien zur Anwendung von Artikel 81 Absatz 3 EG Tz. 73.

760 Vgl. Leitlinien zur Anwendung von Artikel 81 Absatz 3 EG Tz. 39; KOMM vom 27.11.1985 – 85/559/EWG – *Ivoclar*, ABl. EG 1985 Nr. L 369/1 Rn. 22.

761 Vgl. EuGH vom 13.07.1966 – Rsen. 56/64 und 58/64 – *Consten und Grundig*, Slg. 1966, 322 (396), wo der EuGH die Frage der Unerlässlichkeit ebenfalls anspricht, ohne zuvor die Verbraucherbeteiligung behandelt zu haben.

762 EuGH vom 13.07.1966 – Rsen. 56/64 und 58/64 – *Consten und Grundig*, Slg. 1966, 322 (397); *Ellger* in: Immenga/Mestmäcker, Art. 101 Abs. 3 AEUV Rn. 256; *Pohlmann* in: FK-Kartellrecht, Art. 81 Abs. 3 EG Grundfragen Rn. 283.

ausschließlich durch die fragliche Vereinbarung und ihre negativen Folgen erreicht werden können[763], weil andere Alternativen entweder noch stärkere Wettbewerbsbeschränkungen oder aber nicht dieselben Vorteile nach sich zögen. Es darf also kein milderes Mittel zur Erreichung der positiven Effekte geben, als die fragliche Vereinbarung. Das Kriterium ist mithin nicht erfüllt, wenn die festgestellten Vorteile nicht oder nicht ausschließlich durch die wettbewerbsbeschränkende Vereinbarung erreicht werden können.[764] Das Unerlässlichkeitskriterium ist folglich eine Art Verhältnismäßigkeits- oder genauer gesagt eine Erforderlichkeitsprüfung.[765] Der EuGH hat dies ebenfalls bereits früh so gesehen.[766]

Das Kriterium bezieht sich dabei nicht allein auf die Intensität, sondern gilt auch in zeitlicher Hinsicht. Die Dauer der Geltung der Vereinbarung muss also ebenfalls unerlässlich sein, um die positiven Effekte zu erreichen. Entfällt die Notwendigkeit der wettbewerbsschädigenden Kooperation zur Verwirklichung dieser Effekte, so ist sie nicht mehr unerlässlich und folglich nicht mehr von Art. 101 Abs. 3 AEUV gedeckt.[767] Auch insoweit ist die Auslegung nicht zu

---

763 KOMM vom 08.10.1973 – 73/323/EWG – *Prym/Beka*, ABl. EWG 1973 Nr. L 196/24 III. 3.; *Pohlmann* in: FK-Kartellrecht, Art. 81 Abs. 3 EG Grundfragen Rn. 281. Die Kommission unterscheidet in den Leitlinien nochmals zwischen Notwendigkeit der Vereinbarung zur Erreichung der Effizienzgewinne einerseits und Notwendigkeit der einzelnen damit verbundenen Wettbewerbsbeschränkungen andererseits, Leitlinien zur Anwendung von Artikel 81 Absatz 3 EG Tz. 73. Diese Zweiteilung dient aber lediglich der Strukturierung der Prüfung und ändert nichts an ihrem Inhalt, so dass sie für die Frage der Bestimmtheit nicht von Belang ist.

764 Vgl. KOMM vom 23.09.1964 – 64/566/EWG – *Grundig/Consten*, ABl. EG 1964 Nr. P 161/2545 III. 5.; vom 15.12.1975 – 76/172/EWG – *Bayer/Gist-Brocades*, ABl. EG 1976 Nr. L 30/13 III. 3.vom 15.12.1982 – 82/896/EWG – *UGEL/BNIC*, ABl. EG 1982 Nr. L 379/1 Rn. 69 f.; vom 19.02.1991 – 91/130/EWG – *Screensprot/EBU Mitglieder*, ABl. EG 1991 Nr. L 63/32 Rn. 74; vom 17.02.1992 – 92/157/EWG – *UK Agricultural Tractor Registration Exchange*, ABl. EG 1992 Nr. L 68/19 Rn. 62 ff.; *Schuhmacher* in: Grabitz/Hilf/Nettesheim, Art. 101 AEUV Rn. 333. Die Kommission nennt das Kriterium bisweilen sogar „Notwendigkeit", vgl. KOMM vom 13.12.1994 – 94/894/EG – *EUROTUNNEL*, ABl. EG 1994 Nr. L 354/66 vor Rn. 101.

765 *Bechtold/Bosch/Brinker*, Art. 101 AEUV Rn. 162; *Ellger* in: Immenga/Mestmäcker, Art. 101 Abs. 3 AEUV Rn. 253; *Jaeger* WuW 2000, 1062 (1073); *Kamann/Bergmann* BB 2003, 1743 (1746); *Odudu*, S. 154; *Sauter* ECLR 2014, 327 (329).

766 EuGH vom 13.07.1966 – Rsen. 56/64 und 58/64 – *Consten und Grundig*, Slg. 1966, 322 (396 f.); vom 27.01.1987 – Rs. 45/85 – Verband der Sachversicherer, Slg. 1987, 405 Rn. 58.

767 Leitlinien zur Anwendung von Artikel 81 Absatz 3 EG Tz. 81; KOMM vom 17.01.1979 – 29/298/EWG – *Beecham/Parke, Davis*, ABl. EG 1979 Nr. L 70/11 Rn. 40; *Kamann/*

beanstanden und sowohl vom Wortlaut gedeckt, als auch bei einer teleologischen Auslegung erkennbar. Denn im Rahmen von Art. 101 Abs. 3 AEUV soll eine umfassende Analyse der die Wettbewerbsbeschränkung rechtfertigenden Gesichtspunkte erfolgen. Dazu gehört auch, dass die Folgen in zeitlicher Hinsicht beachtet werden, da die Vereinbarungen – anders als bspw. klassische strafrechtliche Rechtfertigungsgründe, wie Notwehr oder Notstand – über einen längeren Zeitraum durchgeführt und mithin dauerhaft Folgen entfalten sollen.

Die Ausgestaltung als Form der Verhältnismäßigkeitsprüfung bedeutet zugleich, dass es keine allgemeingültige Konkretisierung des Unerlässlichkeitskriteriums geben kann, da die Verhältnismäßigkeit stets im Einzelfall unter Berücksichtigung aller maßgeblichen Umstände geprüft werden muss.[768] Eine nähere Konkretisierung ist aber auch in Hinsicht auf das Bestimmtheitsgebot nicht notwendig, da die bei der Unerlässlichkeit relevant werdenden Fragen tatsächlicher Natur sind, die einer abstrakt-generellen Klärung ohnehin nicht zugänglich gemacht werden können.

Die Kommission vertritt die Ansicht, die Prüfung solle umso strenger ausfallen, je stärker die Wettbewerbsbeschränkung sei.[769] Dagegen ist unter Bestimmtheitsgesichtspunkten nichts einzuwenden. Es versteht sich vielmehr von selbst, dass schwere Wettbewerbsbeschränkungen nicht mit einer oberflächlichen Prüfung „durchgewunken" werden können, sondern dass dem in der Unerlässlichkeitsprüfung zum Ausdruck kommenden Aspekt der Verhältnismäßigkeit hier eine gewichtige Rolle zukommen muss.

Bergmann BB 2003, 1743 (1746); *Bechtold/Bosch/Brinker*, Art. 101 AEUV Rn. 163; *Pohlmann* in: FK-Kartellrecht, Art. 81 Abs. 3 EG Grundfragen Rn. 286. Im System der Einzelfreistellung wurden Freistellungen ohnehin nur befristet erteilt und mussten nach Ablauf neu beantragt werden. Es verstand sich deshalb quasi von selbst, dass die Kommission entsprechend kurze Freistellungszeiträume festlegen konnte, wenn sie der Ansicht war, dass die Unerlässlichkeit nur für eine kurze Dauer gegeben sei. Im System der Legalausnahme müssen die Unternehmen nun selbst einschätzen, wie lange die entsprechenden Wettbewerbsbeschränkungen unerlässlich sind.

768 Vgl. auch *Gasse*, S. 153; *Schuhmacher* in: Grabitz/Hilf/Nettesheim, Art. 101 AEUV Rn. 332.

769 Leitlinien zur Anwendung von Artikel 81 Absatz 3 EG Tz. 79; *Ellger* in: Immenga/Mestmäcker, Art. 101 Abs. 3 AEUV Rn. 259; in diese Richtung wohl auch EuG vom 28.02.2002 – Rs. T-86/95 – *Compagnie Générale Maritime*, Slg. 2002, II-1011 Rn. 392 ff.

c) *Erweiterung des Unerlässlichkeitskriteriums*

Die Kommission hat das Kriterium teils schon in ihrer früheren Entscheidungspraxis und nunmehr auch in den Leitlinien erweitert und den Begriff „unerlässlich" auch als „vernünftigerweise notwendig" bzw. „vernünftigerweise zu erwarten" beschrieben[770] oder gar für die Unerlässlichkeit lediglich gefordert, dass die Alternativen zu der fraglichen Vereinbarung *erheblich* weniger effizient sein sollen.[771] Hintergrund dessen ist, dass das Kriterium der Unerlässlichkeit die unternehmerischen Handlungsmöglichkeiten der Unternehmen nicht zu sehr beschränken soll. Das gilt vor allem für Vereinbarungen, die die Gründung von Gemeinschaftsunternehmen zum Inhalt haben.[772]

Insbes. das in den Leitlinien eingeführte Kriterium der Erheblichkeit ist aber mit Vorsicht zu genießen, da es potentiell zu Unsicherheiten führen kann. Zum einen ist nämlich eine derartige Erweiterung des Tatbestandsmerkmals dem Vertragswortlaut in keiner Weise zu entnehmen. Zum anderen handelt es sich bei der Erheblichkeit der Effizienz um ein wertungsoffenes Kriterium, welches seinerseits einer Ausfüllung bedarf. In der Literatur wird in diesem Zusammenhang darauf hingewiesen, dass die Wettbewerbsbeschränkung nicht *wesentlich* über das hinausgehen dürfe, was nötig ist, um die Vorteile der Vereinbarung zu erreichen.[773] Doch auch „Wesentlichkeit" ist nicht weniger auslegungsbedürftig als „Erheblichkeit" und hilft insofern zur Erläuterung nicht weiter.

Da die Erweiterung des Unerlässlichkeitmerkmals durch die Erheblichkeitsprüfung aber zu Gunsten der Unternehmen wirkt, handelt es sich nicht um eine unzulässige Strafschärfung ohne gesetzliche Grundlage. Für die Unternehmen dürfte es deshalb ratsam sein, in Ermangelung einer eindeutigen Auslegbarkeit das Erheblichkeitskriterium außer Acht zu lassen und beim strengeren, aber auch klareren Wortlaut von Art. 101 Abs. 3 AEUV zu bleiben. Dies gilt umso mehr vor dem Hintergrund, dass Kommission und Gerichte die Einschränkung nicht durchgängig anwenden. Vielmehr wird das Unerlässlichkeitskriterium zum Teil

---

770 KOMM vom 17.07.1968 – 68/319/EWG – *ACEC-Berliet*, ABl. EG 1968 Nr. L 201/7 III 3.; vom 22.07.1969 – 69/242/EWG – *Jaz-Peter*, ABl. EG 1969 Nr. L 195/5 Rn. 16 b); Leitlinien zur Anwendung von Artikel 81 Absatz 3 EG Tz. 73.

771 Leitlinien zur Anwendung von Artikel 81 Absatz 3 EG Tz. 75.

772 Vgl. *Pohlmann* in: FK-Kartellrecht, Art. 81 Abs. 3 EG Grundfragen Rn. 285.

773 *Bechtold/Bosch/Brinker*, Art. 101 AEUV Rn. 162 mit hier nicht nachvollziehbarem Verweis auf KOMM vom 08.10.1973 – 73/323/EWG – *Prym-Beka*, ABl. EG 1973 Nr. L 296/24 (27); bzw. dürfe es keine Alternativen geben, die „substancially less restrictive" seien, *Odudu*, S. 154.

auch streng geprüft und die Unerlässlichkeit schon dann verneint, wenn die Vereinbarung „über das unbedingt Erforderliche" hinausgeht.[774]

d) Einschränkung des Unerlässlichkeitskriteriums

In einigen Entscheidungen wurde die Unerlässlichkeit auch dann in Frage gestellt, wenn die Vorteile gegenüber einer schweren Wettbewerbsbeschränkung völlig unbedeutend waren.[775] Dies schließt an den soeben[776] genannten Grundsatz an, dass die Prüfung umso strenger ausfällt, je schwerer die Wettbewerbsbeschränkung ist.

Fraglich ist hierbei zunächst, ob dieser zusätzliche Aspekt mit dem Wortlaut von Art. 101 Abs. 3 AEUV vereinbar ist. Auf den ersten Blick scheint dies nicht der Fall zu sein, da auch vorstellbar ist, dass ein gewisser geringer Effizienzgewinn nur durch eine starke Wettbewerbsbeschränkung zu erreichen ist und demnach die starke Wettbewerbsbeschränkung zur Erreichung dieses Effizienzgewinns das einzige oder jedenfalls mildeste Mittel ist. Allerdings würde auch im allgemeinen Sprachgebrauch insoweit wohl nicht mehr von einer Notwendigkeit oder Erforderlichkeit[777] gesprochen werden, weil diesen Synonymen des Begriffs „Unerlässlichkeit" eine positive Konnotation anhaftet, welche in dem Zusammenhang als verfehlt anzusehen ist. Obwohl dies also auf den ersten Blick nicht die Bedeutung von „unerlässlich" ist, so wohnt dem Wort jedenfalls in Extremfällen auch ein Wertungsgesichtspunkt inne. Auch ergibt eine Auslegung nach Sinn und Zweck, dass Wettbewerbsbeschränkungen nicht als unerlässlich gelten können, wenn sie in keinem Verhältnis zu den Effizienzgewinnen stehen. Mithin ist die Erweiterung der Erforderlichkeitsprüfung um eine Wertungskomponente vom Wortlaut und Wortsinn des Unerlässlichkeitskriteriums gedeckt und stellt keine verbotene Analogie zu Lasten der Täter dar.

Fraglich ist nun wiederum, ob dieser Aspekt inhaltlich hinreichend klar und bestimmt ist. Zwar handelt es sich hierbei um ein wertungsoffenes Merkmal, allerdings lässt sich hier eine Parallele zur Angemessenheit im Rahmen des

---

774 Vgl. z.B. EuG vom 09.07.1992 – Rs. T-66/89 – *Publishers Association*, Slg. 1992, II-1995 Rn. 96 ff., 116; KOMM vom 12.12.1988 – 89/44/EWG – *Publishers' Association – „Netto-Bücher-Vereinbarungen"*, ABl. EG 1989 Nr. L 22/12 Rn 71. ff.

775 EuG vom 28.02.2002 – Rs. T-86/95 – *Compagnie Générale Maritime*, Slg. 2002, II-1011 Rn. 392 ff.; KOMM vom 15.12.1982 – 82/896/EWG – *UGEL/BNIC*, ABl. EG 1982 Nr. L 379/1 Rn. 70; vom 18.12.1987 – 88/86/EWG – *Fisher-Price/Quaker Oats Ltd. – Toyco*, ABl. 1988 Nr. L 49/19 Rn. 23.

776 Kapitel IV.B.II.4)b).

777 http://www.duden.de/rechtschreibung/unerlaesslich – abgerufen am 20.12.2015.

rechtfertigenden Notstands gem. § 34 S. 2 StGB im deutschen Strafrecht[778] ziehen. Die hinreichende Bestimmtheit von § 34 S. 2 StGB wird nämlich soweit ersichtlich nicht in Zweifel gezogen, und das sogar unter Geltung des strengen kernstrafrechtlichen Bestimmtheitsgrundsatzes. Obgleich die zu beurteilenden Sachverhalte in beiden Fällen völlig unterschiedlicher Natur sind und die Auslegung des deutschen Strafrechts nicht mit der autonomen, unionsrechtlichen Auslegung gleichgesetzt werden darf, so bestehen doch eine gewisse Parallele zwischen den beiden Regelungen, die für die Bestimmbarkeit des Angemessenheitsaspektes im Rahmen des Unerlässlichkeitskriteriums spricht. Denn, wie auch im Rahmen von § 34 StGB[779] und anders als im klassischen Verwaltungsrecht, hat die Angemessenheitsprüfung hier keinen ganz eigenständigen Charakter und erfordert keine umfassende Abwägung. Vielmehr stellt die Angemessensheitprüfung lediglich eine Art Korrektiv dar, mit welchem Resultate aussortiert werden sollen, die nicht ganz in das sonstige Prüfungssystem zu passen scheinen. Im Fall von § 34 StGB ist dies bspw. die Polizeifolter zur Rettung des Lebens Dritter, die trotz an sich positiv ausfallender Interessenabwägung mit der Menschenwürde nicht vereinbar ist. Im Fall der Unerlässlichkeit sind dies entsprechend unverhältnismäßig schwere Wettbewerbsbeschränkungen, welche nicht mit dem Schutz des freien Wettbewerbs in Einklang zu bringen sind, obwohl es keine weniger wettbewerbswidrigen Vereinbarungen gibt, um die angestrebten Effizienzvorteile zu erreichen. Sowohl der Vergleich, als auch die entsprechenden von Kommission und Gerichten entschiedenen Fälle zeigen also, dass die Angemessenheitskontrolle keine völlig offene Abwägung beinhaltet, sondern nur eine spezielle Lücke der klassischen Unerlässlichkeitsprüfung schließen soll.

Damit ist freilich noch nicht geklärt, wann eine entsprechende Unverhältnismäßigkeit bzw. Unangemessenheit vorliegt, wie groß also die Diskrepanz zwischen Wettbewerbsbeschränkung und Effizienzgewinnen sein muss. Dabei handelt es sich aber letztlich wiederum um eine Frage des Einzelfalles. Die Entscheidungspraxis lässt erkennen, dass nur in extremen Fällen die Unerlässlichkeit mit der Begründung abgelehnt wird, die Effizienzgewinne stünden in keinem Verhältnis zur Schwere der Wettbewerbsbeschränkung. Eine genaue Gegenüberstellung der Höhe der Wettbewerbsbeschränkung und der Effizienzgewinne

778 – und gerade nicht mit der Angemessenheit der Verbraucherbeteiligung gem. Art. 101 Abs. 3 AEUV, welche eher mit dem Angemessenheitsbegriff des deutschen Verwaltungsrechts vergleichbar ist.

779 Die Einzelheiten bei § 34 StGB sind noch umstritten, vgl. *Erb* in: MüKo-StGB, § 34 Rn. 177 f.; *Momsen* in: BeckOK-StGB, § 34 Rn. 19; *Zieschang* in: LK-StGB, § 34 Rn. 79 f.; *Roxin* AT I, § 16 Rn 7, 91 ff.

wurde in keinem Fall vorgenommen. Dies deckt sich auch mit dem eingangs angesprochenen Wortsinn der „Unerlässlichkeit“, wonach die hier einschlägigen Konstellationen zwar noch als unerlässlich im klassischen Sinne genannt werden könnten, dies aber dem allgemeinen Sprachgebrauch dieses Wortes und seiner Synonyme nicht mehr gerecht würde.

In allen genannten Fällen kam zudem eine Freistellung auch aus anderen Gründen nicht in Betracht, so dass die Unverhältnismäßigkeit kaum als eigenständiges Kriterium gesehen werden kann, sondern eher als zusätzliches Argument. Dementsprechend wäre bei unterstellter eigenständiger Bedeutung der Prüfung davon auszugehen, dass die Wettbewerbsbeschränkung in der Regel schon nicht für Effizienzgewinne kausal wäre, jedenfalls aber die Verbraucher nicht angemessen am Gewinn beteiligen würde.

Abschließend ist deshalb festzuhalten, dass es sich bei der Ausweitung der Unerlässlichkeitsprüfung auf einen Angemessenheitstest um eine Einschränkung des bußgeldbefreienden Art. 101 Abs. 3 AEUV handelt, welche im Wortlaut, Sinn und Zweck der Norm angelegt ist. Hinsichtlich ihrer Wertungsoffenheit ist diese nicht unbedenklich, aber derart bestimmbar, dass sie lediglich Extremfälle von einer Freistellung ausschließen soll. Die problematischen Grenzfälle werden dagegen schon von den übrigen Kriterien ausreichend abgedeckt.

5) Das vierte Kriterium: Keine Ausschaltung des Wettbewerbs für einen wesentlichen Teil der betreffenden Waren

a) Allgemeines

Schließlich darf der Wettbewerb durch die fragliche Vereinbarung nicht für einen wesentlichen Teil der betreffenden Waren ausgeschaltet werden. Es handelt sich wiederum um ein offenes und ausfüllungsbedürftiges Merkmal. Dabei sind streng genommen zwei Fragen zu beantworten. Zunächst wann allgemein der Wettbewerb als ausgeschaltet gilt und daran anschließend, was in diesem Zusammenhang Wesentlichkeit der betreffenden Waren bedeutet. Die Praxis differenziert jedoch oftmals nicht zwischen Ausschaltung und Wesentlichkeit, sondern geht von einer Gesamtbeurteilung bzw. -abwägung aus.[780]

Bevor jedoch näher auf die allgemeine Auslegung des vierten Kriteriums eingegangen wird, soll zunächst das Verhältnis des Kriteriums zu Art. 102 AEUV

---

780 Vgl. z.B. vom 28.02.2002 – Rs. T-395/94 – *Atlantic Container Line (TAA)*, Slg. 2002, II-875 Rn. 330; KOMM vom 16.01.1996 – 96/180/EG – *Lufthansa/SAS*, ABl. EG 1996 Nr. L 54/28 Rn. 82 ff.; *Pohlmann* in: FK-Kartellrecht, Art. 81 Abs. 3 EG Grundfragen Rn. 294.

angesprochen werden, da diese Norm, ebenso wie das vierte Kriterium, auf die Wettbewerbssituation am Markt abstellt und damit möglicherweise ein Zusammenhang zwischen ihnen besteht bzw. hergestellt wird.

b) Verhältnis zu Art. 102 AEUV

Wurde früher, u. a. in den alten Horizontal-[781] und Vertikal-Leitlinien[782], noch davon ausgegangen, dass das Innehaben einer marktbeherrschenden Stellung mit der Ausschaltung des Wettbewerbs gleichzusetzen war, wendet sich die neuere Rechtsprechung des EuG ausdrücklich von diesem Ansatz ab. Nunmehr wird das Innehaben einer marktbeherrschenden Stellung i.S.d. Art. 102 AEUV mit der Ausschaltung des Wettbewerbs nicht mehr automatisch gleichgesetzt.[783] Das hat das EuG ausdrücklich mit der Begründung klargestellt, dass das Innehaben einer marktbeherrschenden Stellung per se nicht verboten sei, sondern nur deren missbräuchliche Ausnutzung. Daher komme eine Gleichsetzung der marktbeherrschenden Stellung mit der Ausschaltung des Wettbewerbs für einen wesentlichen Teil der betreffenden Waren nicht in Betracht.[784] Auch in den neuen Horizontal- und Vertikal-Leitlinien finden sich die entsprechenden Regeln nicht mehr. Vielmehr fordern Tz. 127 der Vertikal-Leitlinien und Tz. 106 der Leitlinien zur Anwendung von Art. 81 EG lediglich, dass zum Zwecke kohärenter Anwendung des Wettbewerbsrechts Art. 101 Abs. 3 AEUV nicht auf Verhaltensweisen angewendet werden soll, welche als Missbrauch einer marktbeherrschenden Stellung anzusehen sind. Damit bleibt es auch Unternehmen, die eine marktbeherrschende Stellung innehaben, grundsätzlich möglich, sich auf Art. 101 Abs. 3 AEUV zu berufen. Das dem Art. 102 AEUV entnommene Kriterium der marktbeherrschenden Stellung stellt mithin keine feste Grenze für die Anwendung von Art. 101 Abs. 3 AEUV im Hinblick auf die Ausschaltung des Wettbewerbs dar. Dies stimmt mit der h.M. in der Literatur überein und steht

---

781 Bekanntmachung der Kommission, Leitlinien zur Anwendung von Artikel 81 EG-Vertrag über horizontale Zusammenarbeit, ABl. EG 2001, Nr. C 3/2 Tz. 36.

782 Mitteilung der Kommission, Leitlinien für vertikale Beschränkungen, ABl. EG 2000, Nr. C 291/1 Rn. 135.

783 EuG vom 15.07.1994 – T-17/93 – *Matra Hachette*, Slg. 1994, II-595 Rn. 153 f.; vom 28.02.2002 – Rs. T-395/94 – *Atlantic Container Line (TAA)*, Slg. 2002, II-875 Rn. 330; vom 30.09.2003 – Rsen. T-191/98 und 212/98–214/98 – *Atlantic Container Line (TACA)*, Slg. 2003, II-2003, 3275 Rn. 939.

784 EuG vom 30.09.2003 – Rsen. T-191/98 und 212/98–214/98 – *Atlantic Container Line (TACA)*, Slg. 2003, II-3275 Rn. 939.

überdies im Einklang mit dem Wortlaut des vierten Kriteriums, der gerade nicht dem des Art. 102 AEUV entspricht.[785]

Umgekehrt führt hingegen der Missbrauch einer marktbeherrschenden Stellung i.S.d. Art. 102 AEUV in aller Regel dazu, dass eine entsprechende Vereinbarung den Wettbewerb für einen wesentlichen Teil der betreffenden Waren ausschaltet. Dies ist aber kein ungeschriebenes Gesetz, sondern Ergebnis einer Subsumtion unter das vierte Kriterium. Wenn nämlich ein Unternehmen eine marktbeherrschende Stellung inne hat, der Wettbewerb also folglich schon schwach ist, und diesen durch eine weitere Vereinbarung (unter Ausnutzung der marktbeherrschenden Stellung) noch mehr einschränkt, dann ist es logisch kaum vorstellbar, dass er nicht für einen wesentlichen Teil der betreffenden Waren ausgeschaltet ist.[786] Dieser Schluss von Art. 102 AEUV auf das vierte Kriterium ist somit keine Regel ohne gesetzliche Grundlage, sondern lediglich ein Ergebnis der Anwendung des vierten Kriteriums. Es bestehen somit unter Bestimmtheitsgesichtspunkten keine Bedenken hinsichtlich des Verhältnisses zwischen dem vierten Kriterium und Art. 102 AEUV.

c) Die Gesamtabwägung der Praxis

Das Konzept der Gesamtabwägung führt dazu, dass in der Praxis die Frage, was unter Wesentlichkeit im Rahmen des vierten Kriteriums zu verstehen ist, in dieser Form nicht beantwortet werden muss. Was auf den ersten Blick problematisch erscheint, verdeutlicht aber im Ergebnis nur, dass die Wesentlichkeit nichts anderes als ein weiteres Verhältnismäßigkeitskriterium ist (welches in der Gesamtabwägung aufgeht). Es ist nämlich von Fall zu Fall zu beurteilen, ob der Wettbewerb durch die fragliche Vereinbarung so erheblich beschränkt wird, dass dies trotz der Effizienzgewinne und Verbraucherbeteiligung nicht mehr freistellungswürdig erscheint.

In Bezug auf die gesetzliche Bestimmtheit des vierten Kriteriums ist zunächst festzuhalten, dass die fehlende Differenzierung zwischen Ausschaltung des Wettbewerbs und Wesentlichkeit der betreffenden Waren in der Praxis zwar dem Wortlaut nicht explizit zu entnehmen ist. Die Gesamtabwägung wird aber nicht zu einem anderen Ergebnis kommen, als wenn eine genaue Trennung der

---

785 *Ellger* in: Immenga/Mestmäcker, Art. 101 Abs. 3 AEUV Rn. 307; *Lugard/Hancher* ECLR 2004, 410 (418); *Mestmäcker/Schweitzer*, § 13 Rn. 70; *Pohlmann* in: FK-Kartellrecht, Art. 81 Abs. 3 EG Grundfragen Rn. 295.

786 *Pohlmann* in: FK-Kartellrecht, Art. 81 Abs. 3 EG Grundfragen Rn. 298 mit Verweis auf die Ausführungen zu Art. 86 EGV a.F. (=Art. 102 AEUV n.F.) in EuGH vom 13.02.1979 – Rs. 85/76 – *Hoffmann-La Roche*, Slg. 1979, 461 Rn. 91.

Aspekte erfolgen würde. Denn dann würde in einem ersten Schritt festgestellt, welche Teile des Wettbewerbs ausgeschaltet werden, und in einem zweiten die Frage beantwortet, ob diese Teile sich als wesentlich darstellen. Die Gesamtabwägung setzt aber logisch ebenfalls voraus, dass zunächst die Auswirkungen auf den Wettbewerb festgestellt werden, und damit auch, welche Teile des Wettbewerbs ausgeschaltet werden; sie stellt dies nur nicht explizit dar. Insoweit entspricht die Prüfung des vierten Kriteriums also im Ergebnis den gesetzlichen Vorgaben von Art. 101 Abs. 3 AEUV.

d) Die Auslegung des vierten Kriteriums in der Gesamtabwägung

Klar ist zunächst, dass die betreffenden Waren diejenigen des relevanten Marktes sind, welcher bereits im Rahmen der Wettbewerbsbeschränkung bzw. der Effizienzgewinne identifiziert worden ist.[787]

Weder das Primär- noch das Sekundärrecht enthalten jedoch zur Beantwortung der Frage, wann der Wettbewerb für einen wesentlichen Teil dieser Waren ausgeschaltet ist, nähere Hinweise. Auch in den Leitlinien zur Anwendung von Art. 81 Abs. 3 EG finden sich keine konkreten oder gar abschließenden Kriterien. Sie weisen lediglich (klarstellend) darauf hin, dass der Wettbewerb umso schneller ausgeschaltet ist, je geringer er zuvor schon war, und dass die Wahrscheinlichkeit der Ausschaltung des Wettbewerbs für einen wesentlich Teil der betreffenden Waren mit dem Umfang der Beschränkung steigt.[788] Dies entspricht der bisherigen Entscheidungspraxis der Kommission, wonach die Wettbewerbssituation auf dem Markt insgesamt zu berücksichtigen ist.[789] Darüber hinaus sollen der tatsächliche und potentielle Wettbewerb zu berücksichtigen sein.[790]

Im Übrigen enthalten die Leitlinien eine beispielhafte Aufzählung von Kriterien, die für die Beantwortung der Frage, ob der Wettbewerb für einen wesentlichen Teil der betreffenden Waren ausgeschaltet ist, von Bedeutung sein können. Maßgebend für die Beurteilung sollen zunächst die Marktanteile der beteiligten Unternehmen sein.[791] Dies erschließt sich aus dem allgemeinen Zusammenhang zwischen Marktanteilen und Wettbewerbsdruck. Die Marktanteile sind jedoch

787 Vgl. nur *Ellger* in: Immenga/Mestmäcker, Art. 101 Abs. 3 AEUV Rn. 282.

788 Leitlinien zur Anwendung von Artikel 81 Absatz 3 EG Tz. 107.

789 KOMM vom 03.03.1999 – 1999/242/EG – *TPS*, ABl. EG 1999 Nr. L 90/6 Rn. 135, 137.

790 Leitlinien zur Anwendung von Artikel 81 Absatz 3 EG Tz. 108.

791 KOMM vom 20.07.1978 – 78/670/EWG – *FEDETAB*, ABl. EG 1978 Nr. L 224/29 Rn. 133; Leitlinien zur Anwendung von Artikel 81 Absatz 3 EG Tz. 109; so auch *Ellger* in: Immenga/Mestmäcker, Art. 101 Abs. 3 AEUV Rn. 286; *Weiß* in: Calliess/Ruffert, Art. 101 AEUV Rn. 166.

nicht allein ausschlaggebend.[792] Das ergibt sich letztlich auch aus dem Wortlaut, da anderenfalls Marktanteilsschwellen in Art. 101 Abs. 3 AEUV hätten aufgenommen werden können, was auch die Kommission ausdrücklich klarstellt.[793] Einzubeziehen ist darüber hinaus die Frage, wie wichtig die jeweils beschränkten Aspekte des Wettbewerbs für das Marktverhalten der jeweiligen Marktteilnehmer sind.[794] So sollen bspw. Preis- und Innovationsbeschränkungen den Wettbewerb eher ausschalten als untergeordnete Parameter.[795] Schließlich sind die sonstigen Gegebenheiten des jeweiligen Marktes relevant, wie beispielsweise Marktstruktur oder Marktzutrittsschranken.[796]

Aus alledem folgt zugleich, dass letztlich jeder Einzelfall gesondert zu betrachten ist. Dies kommt auch in dem Programmsatz der Leitlinien zum vierten Kriterium zum Ausdruck, wonach das Kriterium eine realistische Untersuchung der verschiedenen Wettbewerbsquellen auf dem Markt, des Ausmaßes des Wettbewerbsdrucks, der von diesen Quellen auf die Vertragsparteien ausgeht und der Auswirkungen der Vereinbarung auf den Wettbewerbsdruck erfordert.[797]

Was also die inhaltliche Ausfüllung des Kriteriums in Bezug auf den Bestimmtheitsgrundsatz betrifft, so ist anzuerkennen, dass das Merkmal von ökonomischen Wertungen beherrscht wird und stark einzelfallabhängig ist. Auch hier muss letztlich zugestanden werden, dass die Ausschaltung des Wettbewerbs grundsätzlich anhand anerkannter ökonomischer Regeln feststellbar ist. Dass derartige – mitunter sehr diffizile – Regeln bei der Anwendung des Kriteriums zu berücksichtigen sind, ist auch nicht überraschend, sondern anhand des Wortlauts für die Unternehmen als Wirtschaftsteilnehmer vorhersehbar. Im Einzelfall kritisch sind wiederum nur die Grenzfälle. Diese Problematik führt indessen nicht zur Unbestimmtheit des Kriteriums, sondern ist eine tatsächliche Schwierigkeit.

6) Zwischenfazit

Die Untersuchung hat gezeigt, dass Art. 101 Abs. 3 AEUV zahlreiche unbestimmte Rechtsbegriffe enthält und sich darüber hinaus weitere Fragen zur Auslegung der Norm stellen. Dies führt dazu, dass Art. 101 Abs. 3 AEUV die Unternehmen

---

792 Leitlinien zur Anwendung von Artikel 81 Absatz 3 EG Tz. 109.

793 Leitlinien zur Anwendung von Artikel 81 Absatz 3 EG Tz. 116.

794 Vgl. *Pohlmann* in: FK-Kartellrecht, Art. 81 Abs. 3 EG Grundfragen Rn. 299.

795 Leitlinien zur Anwendung von Artikel 81 Absatz 3 EG Tz. 110.

796 *Schuhmacher* in: Grabitz/Hilf/Nettesheim, Art. 101 AEUV Rn. 349; *Weiß* in: Calliess/Ruffert, Art. 101 AEUV Rn. 166.

797 Leitlinien zur Anwendung von Artikel 81 Absatz 3 EG Tz. 108.

als Adressaten vor komplexe Aufgaben bei der Selbstveranlagung stellt. Die Tatbestandsmerkmale erweisen sich aber bei genauerer Betrachtung sämtlich als bestimmbar, setzt man die notwendige fachliche Expertise voraus. Da der unionsrechtliche Bestimmtheitsgrundsatz explizit fachliche Vorkenntnisse der Adressaten verlangt und das Maß an Bestimmtheit nicht dasjenige i.e.S. strafrechtlicher Normen erreichen muss, ist festzuhalten, dass die Tatbestandsmerkmale von Art. 101 Abs. 3 AEUV dem unionsrechtlichen Bestimmtheitsgrundsatz insgesamt noch genügen.

C. Probleme in Bezug auf das Schuldprinzip

Bei der Untersuchung der einzelnen Tatbestandsmerkmale von Art. 101 Abs. 3 ist deutlich geworden, dass die Norm von den Unternehmen in mehrfacher Hinsicht die Vornahme komplexer ökonomischer Prognosen fordert.[798] Denn die Auswirkungen einer Vereinbarung müssen vorab geschätzt werden, um vorhersagen zu können, ob die Vereinbarung Art. 101 Abs. 3 AEUV unterfallen wird oder nicht. Dem Wortlaut von Art. 101 Abs. 3 AEUV ist dies nicht direkt zu entnehmen. Er ist vielmehr so formuliert, dass alle vier Voraussetzungen vorliegen müssen, damit die Rechtsfolge eintritt. Da aber die Folgen einer Vereinbarung erst im Laufe der Zeit nach ihrer Umsetzung eintreten, kann Art. 101 Abs. 3 AEUV insoweit nicht anders verstanden werden, als dass zunächst Prognosen abzugeben sind, bevor im weiteren Verlauf der Umsetzung die Auswirkungen der Vereinbarung klar werden. Die Unternehmen müssen sich aber von Beginn an Gedanken darüber machen, ob ihre Vereinbarung einer Überprüfung durch die Kommission zu einem späteren Zeitpunkt standhält.[799]

Dies stellt sich als ein zweites Hauptproblem bei der Selbstveranlagung dar[800], da ökonomische Fragen vorab häufig nicht abschließend beantwortet und derartige Vorhersagen nicht mit Gewissheit gemacht werden können. Vielmehr

---

798 So schon EuGH vom 28.02.1991 – Rs. C-234/89 – *Delimitis*, Slg. 1991, I-935 Rn. 44; *Pelka*, S. 18 ff. Vgl. auch *Jaeger* WuW 2000, 1062 (1073); *Montag/Rosenfeld* ZWeR 2003, 107 (129) im Zusammenhang mit der Anwendung des Europäischen Kartellrechts durch die nationalen Wettbewerbsbehörden und Gerichte.

799 Dass das Vorliegen der Voraussetzungen von Art. 101 Abs. 3 AEUV vorab zu prognostizieren ist, war unter Geltung der VO 17/61 insofern klar, als dass die Vereinbarungen vor ihrer Umsetzung der Kommission zur Freistellung vorzulegen waren. Im System der Legalausnahme werden die Prognosen denklogisch vorausgesetzt.

800 Vgl. *Jaeger* WuW 2000, 1062 (1070); *Kamann/Bergmann* BB 2003, 1743 (1747); *Koch* ZWeR 2005, 380 (381); *Möschel* JZ 2000, 61 (62, 64); *Pelka*, S. 347 ff.; *Venit* CMLR 2003, 545 (572 f.).

werden häufig mehrere, ähnlich wahrscheinliche Möglichkeiten zur ökonomischen Entwicklung bzw. Reaktion auf ein gewisses Marktverhalten existieren. Zudem werden zur umfassenden ökonomischen Analyse eines Marktes bzw. der Auswirkungen von Verhalten auf einem Markt verlässliche Daten über alle marktrelevanten Gegebenheiten, insbesondere der auf dem Markt aktiven Unternehmen, benötigt. Das Argument der Kommission, die langjährige Entscheidungspraxis sorge für Rechtssicherheit[801], kann hier ebenfalls nicht greifen.

Zwar waren auch nach dem bisherigen System derartige Untersuchungen und Prognosen erforderlich, allerdings waren diese allein der Kommission überlassen. Anders als der Kommission, ist es aber Unternehmen kaum möglich, Zugriff auf wettbewerbsrelevante interne Daten von Mitbewerbern zu erlangen.[802] Diesbezüglich fehlt es in aller Regel schon an Auskunftsansprüchen der Unternehmen gegenüber Mitbewerbern. Allenfalls können Marktdaten zwischen den Parteien von Vereinbarungen ausgetauscht werden. Auch hier ist es aber zweifelhaft, ob und inwieweit im Einzelfall eine Bereitschaft zum Informationsaustausch besteht.[803]

Fraglich ist deshalb, inwiefern die Anforderungen von Art. 101 Abs. 3 AEUV seriöserweise von den Unternehmen im Rahmen der Selbstveranlagung beurteilt werden können und welche Konsequenzen Fehleinschätzungen haben.[804] Unter dem Gesichtspunkt, dass wirtschaftliche Entwicklungen eintreten können, mit denen die Unternehmen nicht gerechnet haben, erscheint es problematisch, ob unter Geltung des Legalausnahmesystems sichergestellt ist, dass ein etwaiges Nichtvorliegen der Freistellungsvoraussetzungen von Art. 101 Abs. 3 AEUV den Unternehmen auch (individuell) vorwerfbar ist. Die Problematik der Tatsachenfeststellbarkeit bzw. -prognosen soll daher unter dem Gesichtspunkt des Schuldprinzips behandelt werden.

I. Die Anforderungen an die Unternehmen

1) Allgemeines

Die Ausführungen zu den ökonomischen Prognosen unter dem Gesichtspunkt des Bestimmtheitsgrundsatzes haben ergeben, dass nach der derzeitigen

801 Weißbuch über die Modernisierung der Vorschriften zur Anwendung von Art. 85 und 86 EG-Vertrag – KOM/99/0101 endg. – ABl. (EG) 1999 Nr. C 132/1, Tz. 48.

802 *Kamann/Bergmann* BB 2003, 1743 (1747); *Koch*, ZWeR 2005, 380 (381); *Montag/Rosenfeld* ZWeR 2003, 107 (132); *Möschel* JZ 2000, 61 (62).

803 *Kamann/Bergmann* BB 2003, 1743 (1747).

804 Vgl. auch *Montag/Rosenfeld* ZWeR 2003, 107 (116, 121); *Pelka*, S. 189 f.; *Schwintowski/Klaue* WuW 2005, 370 (376).

Rechtslage der Eintritt der Freistellungsvoraussetzungen überwiegend wahrscheinlich sein muss, und dass die Unternehmen das Vorliegen der Voraussetzungen jederzeit kontrollieren müssen, um eine Vereinbarung, welche die Anforderungen von Art. 101 Abs. 3 AEUV nicht mehr erfüllt, sofort außer Kraft zu setzen.[805] Hinsichtlich der tatbestandlichen Anforderungen der einzelnen Kriterien gilt das oben Ausgeführte.

2) *Das erste Kriterium: Effizienzgewinne*

Voraussetzung für die richtige Einschätzung der Auswirkungen der Vereinbarung ist zunächst die Durchführung einer Marktdefinition und Marktanalyse.[806] Dann muss die Art der sich ergebenden Vorteile identifiziert werden und anschließend prognostiziert werden, in welcher Intensität sich die Vereinbarung auf die bisherige Marktsituation auswirken wird.[807] Zu kalkulieren sind also u.a. die Art und Höhe der erwarteten Vorteile und der Zeitpunkt des Eintritts dieser Vorteile.[808] Dies kann im Ansatz noch vergleichsweise unproblematisch sein, weil die Unternehmen eine Vereinbarung nur dann eingehen werden, wenn sie vorher selbst die sich voraussichtlich daraus ergebenden Vorteile identifiziert haben. Eine umfassende Analyse und abschließende Prognose stellt dies aber nicht zwangsläufig dar. Hier ergeben sich die bereits angesprochenen Schwierigkeiten bei der Zusammenstellung verlässlicher Daten über die Marktsituation und die Schwierigkeit, verlässlicher Voraussagen über zukünftige Entwicklungen zu treffen.

3) *Das zweite Kriterium: Angemessene Beteiligung der Verbraucher am Gewinn*

Geht man mit den Leitlinien davon aus, dass die Verbraucherbeteiligung am entstehenden Gewinn dann angemessen ist, wenn die Nachteile der Wettbewerbsbeschränkung durch die Vorteile zumindest ausgeglichen werden[809], so stellt sich auch hier das Problem, dass das Eintreten eines Nachteilsausgleichs nur schwer im Voraus zu prognostizieren ist. Auch hier sind unter Umständen komplexe, wirtschaftliche Zusammenhänge zu analysieren und die Entwicklung unter den geplanten Bedingungen vorherzusagen. Dies sieht auch die Kommission und hält es daher im Verfahren für ausreichend, dass die Unternehmen ihre

805 S.o. Kapitel IV.B.II.1)c) und Kapitel IV.B.II.1)d).

806 Zu dieser Problematik bereits oben Kapitel III.B.I.2)c)iii).

807 Vgl. *Jaeger* WuW 2000, 1062 (1072).

808 Leitlinien zur Anwendung von Artikel 81 Absatz 3 EG Tz. 51.

809 S.o. Kapitel IV.B.II.3).

diesbezüglichen Behauptungen durch Vorlage von ihnen vorliegenden Angaben und Schätzungen einzefallgerecht genau substantiieren.[810] Gleichwohl verbleibt das Einschätzungsrisiko freilich bei den Unternehmen.

Wenn die Wettbewerbsbeschränkung gering ist und die zu erwartenden Vorteile groß, so genügt nach den Leitlinien in der Regel eine grobe Analyse zur Annahme, dass auch die Verbraucher angemessen am Gewinn beteiligt werden.[811] Ist aber die Wettbewerbsbeschränkung erheblich und sind die Kosteneinsparungen der Unternehmen relativ gering, so ist auch die Wahrscheinlichkeit einer angemessenen Verbraucherbeteiligung am Gewinn von vornherein unwahrscheinlich.[812] Es ist dann aber jedenfalls eine vollumfängliche Analyse der Auswirkungen der Vereinbarung auf die Verbraucher vorzunehmen.[813]

Zunächst muss dann eingeschätzt werden, ob und wie die Vorteile der beteiligten Unternehmen auf die Verbraucher umgelegt werden können. Dazu ist festzustellen, wie hoch die Gewinne für die Verbraucher überhaupt ausfallen können. Die dafür notwendigen ökonomischen Prognosen sind noch verhältnismäßig leicht zu erstellen, denn, wie bereits dargestellt, wird ein Unternehmen vor Einführung einer neuen Politik ohnehin deren für das Unternehmen relevante Auswirkungen antizipieren und mit dem Status Quo vergleichen. Auf dieser Basis kann dann auch die Weitergabe positiver Folgen an die Verbraucher eingeschätzt werden. Dazu ist nicht zuletzt auch die Marktsituation zu beachten: Schließen mehrere kleine Unternehmen auf einem Markt mit vielen Wettbewerbern eine wettbewerbsbeschränkende Vereinbarung, die gewisse Vorteile bringt, ist die Wahrscheinlichkeit hoch, dass diese Vorteile auch an die Verbraucher weitergegeben werden und so die Nachteile der Beschränkung ausgleichen. Dieselbe Vereinbarung mit denselben eintretenden Vorteilen für die Unternehmen von Großunternehmen in einem Oligopol abgeschlossen, wird aber mangels ausreichenden Wettbewerbsdrucks tatsächlich eventuell nicht an die Verbraucher weitergegeben.[814]

Im Einzelfall wird trotz der den Unternehmen zur Verfügung stehenden Marktanalysedaten schwierig festzustellen sein, wie sich die geplanten Maßnahmen tatsächlich auswirken und insbesondere wie hoch positive und negative Folgen der Vereinbarung ausfallen werden.[815]

---

810 Leitlinien zur Anwendung von Artikel 81 Absatz 3 EG Tz. 94.

811 Leitlinien zur Anwendung von Artikel 81 Absatz 3 EG Tz. 90.

812 Leitlinien zur Anwendung von Artikel 81 Absatz 3 EG Tz. 91.

813 *Kjølbye* ECLR 2004, 566 (576).

814 Vgl. Leitlinien zur Anwendung von Artikel 81 Absatz 3 EG Tz. 96; *Kjølbye* ECLR 2004, 566 (575).

815 Vgl. *Kjølbye* ECLR 2004, 566 (576).

4) *Das dritte Kriterium: Unerlässlichkeit der Wettbewerbsbeschränkung*

Im Rahmen der Prüfung der Unerlässlichkeit der Wettbewerbsbeschränkung müssen die Unternehmen analysieren, ob die von ihnen verfolgten positiven Aspekte nicht auf andere Weise als die jeweils in Rede stehenden wettbewerbsbeschränkenden Vereinbarungen etc. gleich gut oder gar besser erreicht werden können.[816] Auch wenn die Kommission den Unternehmen in den Leitlinien mit dem Erheblichkeitskriterium ein Stück weit entgegen kommt,[817] so bleibt es ihnen doch überlassen, die Marktverhältnisse zu beurteilen und die unternehmerischen Gegebenheiten zu berücksichtigen, welche sie vorfinden. Sie müssen mit anderen Worten Alternativen zu dem geplanten Verhalten suchen und sowohl deren Effizienz bei der Erreichung der angestrebten Ziele, als auch die Auswirkungen auf den Wettbewerb prognostizieren. Angesichts der eingangs dargestellten Schwierigkeiten im Bereich der Prognostizierung ökonomischer Entwicklungen wird es im Einzelfall oftmals nur schwer möglich sein, die Effizienzunterschiede zweier (oder gar multipler) möglicher Alternativen überhaupt sicher voraus zu sagen. Dass die Kommission (und das EuG)[818] unter Umständen auch die Auswirkungen auf anderen, aber eng verknüpften Märkten berücksichtigen werden, macht die Voraussage noch schwieriger. Darüber hinaus müssen die Unternehmen die Marktentwicklung nunmehr fortwährend im Auge behalten und einschätzen, ob und zu welchem Zeitpunkt die Unerlässlichkeit möglicherweise entfällt.[819] Anders als noch im System der zeitlich befristeten Einzelfreistellungen gibt es also auch keinerlei Sicherheit auf Zeit mehr. Insofern stellt das Kriterium der Unerlässlichkeit Unternehmen in der Praxis vor erhebliche Probleme bei der Bestimmung der tatsächlichen Grenzen von Art. 101 Abs. 3 AEUV.

5) *Das vierte Kriterium: Keine Ausschaltung des Wettbewerbs für einen wesentlichen Teil der betreffenden Waren*

Eine Prognose der wirtschaftlichen Entwicklung ist schließlich auch beim letzten Tatbestandsmerkmal von Art. 101 Abs. 3 AEUV erforderlich. Da dieses voraussetzt, dass es durch die Vereinbarung nicht für einen wesentlichen Teil der betreffenden Waren zur Ausschaltung des Wettbewerbs kommt, müssen die

816 Vgl. *Kjølbye* ECLR 2004, 566 (574); *Schwintowski/Klaue* WuW 2005, 370 (374).
817 S. o. Kapitel IV.B.II.4)c).
818 S. o. Kapitel IV.B.II.1)a).
819 S. o. Kapitel IV.B.II.1)d).

Unternehmen also nicht nur die positiven (im Rahmen des ersten Kriteriums), sondern auch die negativen Auswirkungen der Vereinbarung auf den Markt einschätzen. Anders als bei den Vorteilen besteht hierbei auf dem Papier in der Ausschaltung des Wettbewerbs eine feste Grenze. Allerdings stellen sich in der Praxis wiederum zwei Probleme.

Zunächst ist die Prognose der Auswirkungen einer Vereinbarung auf den gesamten Markt sehr komplex.[820] Sie setzt – wie auch bereits das erste Tatbestandsmerkmal des Art. 101 Abs. 3 AEUV – als Vorbedingung zuerst eine richtige Marktdefinition und Marktanalyse voraus. Dies umfasst die genaue Feststellung des bislang herrschenden Wettbewerbs und der Rolle der einzelnen Marktteilnehmer.[821] Wie bereits ausgeführt, erfordert diese Analyse erheblichen Aufwand, der von einzelnen Unternehmen kaum geleistet werden kann.[822] Nur in den Leitlinien sind Hinweise enthalten, wie bzw. anhand welcher Kriterien die Marktsituation eruiert werden kann, wobei der große Umfang der vorzunehmenden Untersuchung ausdrücklich anerkannt wird.[823] An der Schwierigkeit der Erstellung dieser Analyse ändert dies aber nichts. Der Marktanalyse folgt die Kalkulation der Konsequenzen der Vereinbarung für den Wettbewerb auf den gesamten Markt. Auch dies ist bereits im Rahmen des Merkmals der ausgleichenden Vorteile notwendig, allerdings nunmehr nicht im Hinblick auf positive Entwicklungen, sondern bezogen auf die mögliche Ausschaltung des Wettbewerbs. Letztlich ist also eine Gesamteinschätzung der Auswirkungen der Vereinbarung erforderlich.

Als zweites Problem ist darüber hinaus besonders wichtig, dass Marktanalysen konstant vorgenommen werden.[824] Denn gerade auf Märkten mit von vornherein wenig Wettbewerbsdruck kann das spätere Ausscheiden eines Wettbewerbers aus dem Markt dazu führen, dass die Vereinbarung den noch bestehenden Wettbewerb für einen nunmehr wesentlichen Teil des Wettbewerbs ausschaltet und somit nachträglich aus Art. 101 Abs. 3 AEUV hinausfällt.

---

820 Vgl. auch *Montag/Rosenfeld* ZWeR 2003, 107 (117).

821 Leitlinien zur Anwendung von Artikel 81 Absatz 3 EG Tz. 108; vgl. auch *Weiß* in: Calliess/Ruffert, Art. 101 AEUV Rn. 165.

822 *Koch* ZWeR 2005, 380 (381); *Montag/Rosenfeld* ZWeR 2003, 107 (122).

823 Vgl. Leitlinien zur Anwendung von Artikel 81 Absatz 3 EG Tz. 109 ff.

824 Vgl. auch *Kjølbye* ECLR 2004, 566 (577).

II. Einordnung

1) Zwischenfazit

Anders als im Rahmen von Art. 101 Abs. 1 AEUV besteht hinsichtlich Art. 101 Abs. 3 AEUV nicht die Gefahr, dass ein Rechtssubjekt sanktioniert wird, welches an einem Kartellverstoß gar nicht oder nicht in der vorgeworfenen Form beteiligt war. Das Problem liegt vielmehr darin, dass einem Rechtssubjekt (im Nachhinein) der Vorwurf eines Wettbewerbsverstoßes gemacht wird, obwohl es zum Begehungszeitpunkt davon ausgegangen ist, dass der Unrechtserfolg (= die nicht freigestellte Wettbewerbsbeschränkung) nicht eintreten würde und dies auch nicht wollte. Eine Wettbewerbsbeschränkung kann aber unter Geltung des Schuldprinzips nur dann sanktioniert werden, wenn er dem Täter individuell vorwerfbar ist. Fehlt dem Täter das entsprechende Wissen, handelt es sich folglich um eine Irrtumskonstellation. Deren rechtliche Einordnung und Behandlung im Kartellbußgeldrecht soll nun geklärt werden.

2) Irrtümer in der bisherigen Entscheidungspraxis

Weder das Primär- noch das Sekundärrecht enthalten Vorschriften zum Umgang mit Irrtümern, so dass die rechtliche Einordnung ausschließlich durch Kommissions- und Gerichtsentscheidungen vorgenommen wurde. Unter Geltung der VO 17/62 haben Kommission und Gerichte zunächst die Beachtlichkeit von Tatsachen- und Rechtsirrtümern jedenfalls im Ergebnis abgelehnt.[825] Vielmehr sollte Vorsatz nicht voraussetzen, dass dem Unternehmen der Verstoß bewusst war; es sollte vielmehr genügen, dass es sich nicht in Unkenntnis darüber befinden konnte, dass sein Verhalten eine Wettbewerbsbeschränkung (ohne Freistellungsmöglichkeit) darstellte.[826] Das galt insbesondere dann, wenn die Wettbewerbsbeschränkung bezweckt war und das Unternehmen vortrug, keine Kenntnis von

825 Ohne dass dabei zwischen Tatsachen- und Rechtsirrtümern unterschieden wurde; vgl. auch *Kindhäuser/Meyer* in: FK-Kartellrecht, Art. 101 AEUV Bußgeldrechtliche Folgen Rn. 114 und dort Fn. 5. In den meisten Fällen kamen aber nur Rechtsirrtümer in Frage.

826 EuGH vom 01.02.1978 – Rs. 19/77 – *Miller*, Slg. 1978, 131 Rn. 18; 12.07.1979 – Rsen. 32/78, 36/78 bis 82/78 – *BMW Belgium*, Slg. 1979, 2435 Rn. 44; vom 11.07.1989 – Rs. 246/86 – *Belasco*, Slg. 1989, 2117 Rn. 41; EuG vom 02.07.1992 – Rs. T-61/89 – *Dansk Pelsdravlerforeniging*, Slg. 1992, II-1931 Rn. 157; vom 27.07.2005 – Rsen. T-49/02 bis T-51/02 – *Brasserie nationale*, Slg. 2002, II-3033 Rn. 155; KOMM vom 18.12.1985 – 85/618/EWG – *Siemens/Fanuc*, ABl. EG 1985 Nr. L 376/29 Rn. 35; vom 26.10.1999 – 2000/117/EG – *FEG und TU*, ABl. EG 2000 Nr. L 39/1 Rn. 131;

der Verwirklichung anderer Tatbestandsmerkmale zu haben (namentlich: Zwischenstaatlichkeitsklausel und Spürbarkeit der Wettbewerbsbeschränkung).[827] Mitunter verneinten Kommission oder Gerichte auch den Vorsatz, allerdings entgingen die Unternehmen auch dadurch nicht einem Bußgeld, weil dann davon ausgegangen wurde, dass sie die maßgeblichen Umstände hätten kennen können und deshalb jedenfalls fahrlässig gehandelt hätten.[828] Oftmals erfolgte auch keine Festlegung. Es wurde nur ausgeführt, das Unternehmen habe vorsätzlich oder zumindest fahrlässig gehandelt, bzw. es habe von dem Verstoß gewusst oder hätte davon wissen müssen.[829]

Ausnahmen waren zunächst Fälle, in denen es an einer vorherigen Bußgeldpraxis fehlte. Dort sah die Kommission von der Verhängung von Bußgeldern ab, allerdings ohne ausdrücklich von einem beachtlichen Irrtum zu sprechen.[830] In Ausnahmefällen wurde auch später von der Verhängung eines Bußgeldes abgesehen, allerdings handelte es sich dabei stets um Sonderkonstellationen, in denen die Kommission durch missverständliche oder irreführende Bekanntmachungen selbst die Irrtümer verursacht hatte.[831] Im Übrigen sieht die Kommission seit Geltung der ersten De minimis-Bekanntmachung von der Verhängung von Bußgeldern ab, wenn das Unternehmen glaubhaft machen kann, dass es im guten Glauben darauf gehandelt hat, unter den entsprechenden Marktanteilsschwellen

---

827 EuG vom 27.07.2005 – Rsen. T-49/02 bis T-51/02 – *Brasserie nationale*, Slg. 2002, II-3033 Rn. 156 f.

828 EuGH vom 10.12.1985 – Rsen. 240, 241, 242, 261, 262, 268 und 269/82 – *SSI*, Slg. 1985, 3831 Rn. 65.

829 EuG vom 21.02.1995 – T-29/92 – *SPO*, Slg. 1995, II-289 Rn. 361; KOMM vom 25.11.1980 – 80/1283/EWG – *Johnson & Johnson*, ABl. EG 1980 Nr. L 377/16 Rn. 41; vom 17.10.1983 – 83/546/EWG – *Gußeisen- und Gußstahlwalzen*, ABl. EG 1983 Nr. L 317/1 Rn. 64; vom 13.07.1987 – 87/409/EWG – *Sandoz*, ABl. EG 1987 Nr. L 222/28 Rn. 34; vom 26.10.1999 – 2000/117/EG – *FEG und TU*, ABl. EG 2000 Nr. L 39/1 Rn. 135; vgl. auch *Klees*, §10 Rn. 108.

830 KOMM vom 18.07.1988 – 88/518/EWG – *British Sugar*, ABl. EG 1988 Nr. 284/41 Rn. 87; vom 07.12.1988 – 89/93/EWG – *Flachglas*, ABl. EG 1989 Nr. 33/44 Rn. 84; vom 04.12.1991 – 92/154/EWG – *ECO SYSTEM/Peugeot*, ABl. EG 1992 Nr. L 66/1 Rn. 34. Vgl. auch *Schaub* in: Fordham, S. 143 (159); *Thomas*, S. 199 m.w.N.

831 EuGH vom 16.12.1975 – Rs. 40/73 – *Suiker Unie*, Slg. 1975, 1663 Rn. 556; EuG vom 03.02.2002 – Rs. T-86/95 – *Compagnie générale maritime*, Slg. 2002, II-1011 Rn. 240; KOMM vom 15.12.1992 – 93/46/EWG – *Ford Agricultural*, ABl. EG 1993 Nr. L 20/1 Rn. 21 ff.

geblieben zu sein.[832] Dabei handelt es sich faktisch um die Anerkennung eines beachtlichen Tatbestandsirrtums, allerdings beschränkt auf das Merkmal der Spürbarkeit der Wettbewerbsbeschränkung.[833]

Obwohl GA *Kokott* jedenfalls die Existenz eines schuldausschließenden Verbotsirrtums grundsätzlich anerkennen möchte[834], geht der EuGH jedoch auch nach dem Systemwechsel weiterhin davon aus, dass jedenfalls das Einholen anwaltlichen Rechtsrats kein berechtigtes Vertrauen dafür begründet, dass kein Verstoß vorliegt oder kein Bußgeld verhängt wird.[835]

Ein Grund für diese restriktive Handhabung war unter der alten Rechtslage der, dass es den Unternehmen möglich war, durch die Anmeldung der entsprechenden Vereinbarungen bei der Kommission Rechtssicherheit zu erlangen.[836] Dieser Grund ist durch den Systemwechsel entfallen.[837] Dementsprechend ist die bisherige Praxis unter dem Legalausnahmesystem angesichts der genannten Schwierigkeiten nicht mehr haltbar.[838] Das gilt unabhängig davon, dass der Generaldirektor der GD Wettbewerb *Schaub* im Zuge des Modernisierungsprozesses der VO 17/62 angekündigt hatte, weiterhin erst nach erkennbarer Verbotspraxis Bußgelder verhängen zu wollen[839]. Zu klären ist nun, wie stattdessen

---

832 Bekanntmachung der Kommission über Vereinbarungen von geringer Bedeutung, die den Wettbewerb gemäß Artikel 81 Absatz 1 des Vertrags zur Gründung der Europäischen Gemeinschaft nicht spürbar beschränken (de minimis), ABl. EG 2001 Nr. C 368/13, Tz. 4; bzw. nunmehr: Bekanntmachung über Vereinbarungen von geringer Bedeutung, die im Sinne des Artikels 101 Absatz 1 des Vertrags über die Arbeitsweise der Europäischen Union den Wettbewerb nicht spürbar beschränken (De-minimis-Bekanntmachung), ABl. EU 2014 Nr. C 291/1, Tz. 5.

833 Vgl. auch *Dreher/Thomas* WuW 2004, 8 (14 f.).

834 GA *Kokott*, Schlussanträge vom 28.02.2013 – Rs. C-681/11 – *Schenker & Co AG u. a.* (in der digitalen Sammlung veröffentlicht), Rn. 44 ff.; so auch schon GA *Reischl*, Schlussanträge vom 19.09.19878 – Rs. 85/76 – *Hoffmann-La Roche*, Slg. 1979, 461 (596 f.). Ob und in welchem Umfang GA Reischl auch von der Beachtlichkeit von Tatsachenirrtümern ausging, wird aus den Ausführungen nicht klar.

835 EuGH vom 18.06.2013 – Rs. C-681/11 P – *Schenker & Co. AG u. a.*, Slg. 2013, I–XXXX Rn. 41.

836 EuGH vom 13.02.1979 – Rs. 85/76 – *Hoffmann-La Roche*, Slg. 1979, 461 Rn. 130; EuG vom 21.02.1995 – T-29/92 – *SPO*, Slg. 1995, II-289 Rn. 359 f.; *Dreher/Thomas* WuW 2004, 8 (11).

837 So auch *Fleischer* EuZW 2013, 326 (327).

838 So auch *Adam*, S. 207; *Kindhäuser* in: FK-Kartellrecht[71], Art. 81 EG Bußgeldrechtliche Folgen Rn. 90; einschränkend nunmehr *Kindhäuser/Meyer* in: FK-Kartellrecht, Art. 101 AEUV Bußgeldrechtliche Folgen Rn. 150.

839 *Schaub* in: Fordham 1999, S. 143 (159).

mit den tatsächlichen Unsicherheiten bei der Anwendung von Art. 101 Abs. 3 AEUV umgegangen werden sollte.

D. Exkurs: Entscheidungsspielräume der Kommission bei der Auslegung von Art. 101 Abs. 3 AEUV

An die soeben behandelte Problematik schließt sich eine weitere ungeklärte Frage im Zusammenhang mit Art. 101 Abs. 3 AEUV an, und zwar die der Entscheidungsspielräume, welche der Kommission bei der Anwendung der Norm zugebilligt werden. Diese betreffen an sich weder die Bestimmtheit der gesetzlichen Merkmale, noch das Schuldprinzip, sondern die Normanwendung in der Praxis. Sie haben damit aber ebenso Einfluss auf die Vorhersehbarkeit von Entscheidungen der Kommission (und in der Folge entsprechend der Gerichte). Die soeben dargestellten Probleme in rechtlicher und tatsächlicher Hinsicht setzen sich somit gewissermaßen auf prozessrechtlicher Ebene in den Entscheidungsspielräumen fort. Deshalb sollen die Entscheidungsspielräume an dieser Stelle ebenfalls behandelt werden.

Im System der Einzelfreistellung war dies insofern kein bußgeldrechtliches Problem, als dass die Versagung einer Freistellung unter Ausnutzung von Entscheidungsspielräumen nicht zu einer Bußgeldhaftung führten. Bußgelder wurden nur verhängt, wenn Vereinbarungen ausgeführt wurden, ohne dass sie zuvor angemeldet worden wären, so dass es einer Entscheidung der Kommission darüber, ob eine Freistellung in Betracht gekommen wäre, gar nicht bedurfte.[840] Fraglich ist also, wie nun nach dem Wechsel zum Legalausnahmesystem mit Entscheidungsspielräumen umzugehen ist. Zu unterscheiden ist in diesem Zusammenhang zwischen Entscheidungsspielräumen auf Tatsachen- und auf Rechtsfolgenseite.

Letzteres stellt sich als recht unproblematisch dar. Zwar ist Art. 101 Abs. 3 AEUV nach seinem Wortlaut eine Ermessensvorschrift, es war jedoch schon nach alter Rechtslage anerkannt, dass trotz des Wortlauts die Kommission bei Vorliegen der Freistellungsvoraussetzungen eine entsprechende Freistellung zu erteilen hatte.[841] Durch das Legalausnahmeprinzip soll dies entsprechend beibehalten werden, so dass eine Vereinbarung, die die Freistellungsvoraussetzungen erfüllt, in jedem Fall als rechtmäßig angesehen wird.[842] Es bestehen demnach

840 S.o. Kapitel IV.A.

841 EuGH vom 13.07.1966 – Rsen. 56/64 und 58/64 – *Consten und Grundig*, Slg. 1966, 322 (399); *Karenfort/Weitbrecht*, S. 259.

842 *Pelka*, S. 192.

auch inhaltlich keine Bedenken hinsichtlich der Rechtssicherheit insoweit, als dass unklar wäre, wann die Rechtsfolge von Art. 101 Abs. 3 AEUV eintritt, wenn alle Voraussetzungen erfüllt sind.[843] Aus Klarstellungsgründen wäre eine Anpassung des Wortlauts gleichwohl wünschenswert.

Etwas anderes gilt allerdings auf Tatbestandsseite. Hier wurde der Kommission unter der VO 17/62 ein erheblicher Entscheidungsspielraum (nach deutscher Dogmatik Beurteilungsspielraum, im Sprachgebrauch der Unionsorgane aber oft in Anlehnung an das französische Recht[844] undifferenziert Ermessenspielraum genannt) zugestanden.[845] Begründet wurde der Beurteilungsspielraum mit den komplexen Wertungen wirtschaftlicher Art, welche im Rahmen von Art. 101 Abs. 3 AEUV zu treffen sind.[846] Die gerichtliche Kontrolle sollen danach auf die Tatsachenermittlung sowie Rechts- und offensichtliche Beurteilungsfehler beschränkt sein.[847]

Der Wechsel zum Legalausnahmeprinzip hat diesen Beurteilungsspielraum auch nach Ansicht der Unionsorgane nicht abgeschafft.[848] Die Unternehmen stehen also vor dem Problem, dass sie sich einerseits selbst einschätzen sollen, der Kommission aber andererseits ein gerichtlich nur eingeschränkt überprüfbarer Beurteilungsspielraum bei der Frage zugestanden wird, welche wirtschaftlichen Auswirkungen die Vereinbarungen haben werden. Die Einschätzung der

---

843 Die Annahme einer zwingenden Freistellung anstatt des dem Wortlaut nach bestehenden Ermessens ist darüber hinaus auch in Bezug auf das Analogieverbot eine unproblematische Besserstellung der Unternehmen.

844 *Schweda* WuW 2004, 1133 (1136).

845 EuGH vom 13.07.1966 – Rsen. 56/64 und 58/64 – *Consten und Grundig*, Slg. 1966, 322 (396); vom 15.05.1975 – Rs. 71/74 – *Frubo*, Slg. 1975, 563 Rn. 43; vom 25. 10. 1977 – Rs. 26/76 – *Metro*, Slg. 1977, 1875 Rn. 50; EuG vom 08.06.1995 – Rs. T-9/93 – *Schöller*, Slg. 1995, II-1611 Rn. 140; vom 22.10.1997 – Rsen. T-213/95 u. T-18/96 – *SCK und FNK*, Slg. 1997, II-1739 Rn. 190; vom 28.02.2002 – Rs. T-395/94 – *Atlantic Container Line*, Slg. 2002, II-875 Rn. 257; vom 27.09.2006 – Rs. T-168/01 – *GSK*, Slg. 1006, II-2969 Rn. 241 ff.

846 Vgl. nur EuG vom 08.06.1995 – Rs. T-9/93 – *Schöller*, Slg. 1995, II-1611 Rn. 140; vom 22.10.1997 – Rsen. T-213/95 u. T-18/96 – *SCK und FNK*, Slg. 1997, II-1739 Rn. 190.

847 EuG vom 23.02.1994 – Rsen. T-39/92 und 40/92 – *Europay*, Slg. 1994, II-29 Rn. 109; vom 08.06.1995 – Rs. T-9/93 – *Schöller*, Slg. 1995, II-1611 Rn. 140; vom 28.02.2002 – Rs. T-395/94 – *Atlantic Container Line*, Slg. 2002, II-875 Rn. 257.

848 Vgl. EuG vom 11.07.2007 – Rs. T-170/06 – *Alrosa*, Slg. 2007, II-2601 Rn. 108; in der Lit. ist die Frage umstritten, vgl. nur die ausführliche Darstellung bei *Pohlmann* in: FK-Kartellrecht, Art. 81 Abs. 3 EG Grundfragen Rn. 129 ff.; weitere Nennungen bei *Koch* ZWeR 2005, 380 (382, Fn. 10–12).

Auswirkungen der Vereinbarungen sind aber, wie oben dargestellt, der kritischste Teil von Art. 101 Abs. 3 AEUV. Hier kann also die Kommission zu einer anderen Einschätzung gelangen als die Unternehmen, und letztere können dies unter Umständen nicht einmal gerichtlich angreifen.

Schaub und *Dohms*, ehemals Generaldirektor bzw. Verwaltungsrat der Generaldirektion Wettbewerb, waren zu Zeiten der alten Rechtslage in Bezug auf Art. 101 Abs. 3 AEUV der Ansicht, der ihr eingeräumte Entscheidungsspielraum hindere nicht die (geplante) direkte Anwendbarkeit der Norm, da es sich nicht um politisches Ermessen handele.[849] Entsprechend teilt die Kommission diese Ansicht.[850] In der Literatur wird dies z. T. kritischer gesehen.[851]

Unabhängig von der Frage der direkten Anwendbarkeit[852] bleibt festzuhalten, dass ein derartiger Beurteilungsspielraum auf Tatbestandsebene dem klassischen Strafprozessrecht fremd ist – schon allein aufgrund der Tatsache, dass es keine behördliche Instanz gibt, die eine Entscheidung über eine Sanktion fällt. Auch im deutschen Ordnungswidrigkeitenverfahren existiert kein solcher Spielraum. Vielmehr ist das behördliche Verfahren, welches mit dem Erlass des Bußgeldbescheids endet, lediglich ein summarisches[853]; erst das gerichtliche Verfahren nach Einspruch enthält eine vollständige Prüfung der Sach- und Rechtslage.

Der Beurteilungsspielraum der Kommission geht über die Auslegungsbedürftigkeit unbestimmter Rechtsbegriffe hinaus, weil keine Rechtsschutzmöglichkeit besteht, vor allem aber weil keine einheitliche Auslegungspraxis entsteht. Damit läuft der Beurteilungsspielraum der Rechtssicherheit in eklatanter Weise zuwider.[854] Im System der Legalausnahme kann für einen derartigen Beurteilungsspielraum bei der Anwendung von Art. 101 Abs. 3 AEUV kein Spielraum sein, wenn es um die Verhängung von Bußgeldern geht. Die einzelnen

849 *Schaub/Dohms* WuW 1999, 1055 (1066).

850 Begründung zu dem Vorschlag für eine Verordnung des Rates zur Durchführung der in den Artikeln 81 und 82 EG-Vertrag niedergelegten Wettbewerbsregeln und zur Änderung der Verordnungen (EWG) Nr. 1017/68, (EWG) Nr. 2988/74, (EWG) Nr. 4056/86 und (EWG) Nr. 3975/87, KOM (2000) 582 endg., S. 5.

851 Für die direkte Anwendbarkeit: *Fuchs* ZWeR 2005, 1 (19); *Pohlmann* in: FK-Kartellrecht, Art. 81 Abs. 3 EG Grundfragen Rn. 94, 172; dagegen: *Mestmäcker* in: Ehlermann/Atanasiou, European Competition Law Annual 2000, S. 223 (232); *Odudu* ECLR 2002, 17 (25); s. zu den Gegenstimmen noch unter Kapitel IV.E.I.

852 Vorliegend soll die Frage der direkten Anwendbarkeit nicht behandelt werden. Die dahinter stehende Problematik ist aber mit der hier diskutierten inhaltlich verwandt.

853 Vgl. *Lampe* in: KK-OWiG, vor § 35 Rn. 35.

854 Vgl. auch *Basedow* ZEuP 1996, 570 (574); *Hoffmann* in: Dauses HdbEUWiR H. I. § 2 Rn. 147; *Mestmäcker/Schweitzer*, § 13, Rn. 14 f.

Begründungsansätze in der Literatur brauchen an dieser Stelle deshalb nicht vertieft zu werden. Maßgeblich für die vorliegende Arbeit ist lediglich die mit der Anerkennung eines Beurteilungsspielraums der Kommission verbundenen Unvorhersehbarkeit der Verhängung von Bußgeldern, was – wie eingangs erwähnt nicht direkt, aber doch faktisch – die Bestimmbarkeit, vor allem aber die Vorwerfbarkeit, des vermeintlichen Verstoßes betrifft.[855]

Fraglich bleibt damit freilich, wie stattdessen in prozessualer Hinsicht mit den Tatbestandsmerkmalen umgegangen werden soll, die auf die Entwicklung in der Zukunft ausgerichtet sind. Da die Gerichte weder die entsprechende ökonomische Sachkunde, noch die Zeit haben, umfangreiche, zukunftsorientierte Analysen und Prognosen zu erstellen, um die Einschätzungen der Kommission vollumfänglich zu überprüfen, bietet es sich an, in diesem Bereich mit Sachverständigengutachten zu arbeiten. So könnten auch im Rahmen von Gerichtsverfahren umfassende Analysen der komplexen ökonomischen Situationen durchgeführt werden, ohne die Kapazitäten und Fähigkeiten der Gerichte übergebührlich zu beanspruchen. Freilich würden auch die Gutachten objektiver Sachverständiger keine Garantie für Richtigkeit enthalten, es bleiben schließlich alle Unwägbarkeiten zukunftsgerichteter Prognosen bestehen. Sie würden jedoch den Gerichten die Möglichkeit bieten, einen interessenfreien, objektiven Blick zu erhalten. Darüber hinaus wären sie nicht bindend, so dass die Gerichte ihnen nicht folgen müssten, wenn sie sie für unglaubhaft hielten. Der Rückgriff auf gerichtlich angeforderte Sachverständigengutachten hätte weiterhin den Vorteil, dass diesen auch vertrauliche Informationen zugänglich gemacht werden müsste, die für die Unternehmen unerreichbar sein könnten. Dies würde gewissermaßen einen Ausgleich zum bisherigen „Informationsmonopol" der Kommission[856] darstellen.

Den Gerichten würde also die bisher immer abgelehnte volle Kontrolle der wirtschaftlichen Beurteilungen auferlegt. Ihre mangelnde Zeit und Sachkunde würde aber durch die Sachverständigengutachten abgemildert. Ihnen obläge damit vor allem noch die Entscheidung darüber, ob ihnen die Sichtweise der Gutachter realistisch erscheint. Diese gewiss schwierige Entscheidung ist aber dem Grunde nach nichts Außergewöhnliches für Richter. Sachverständige gibt es in allen Rechtsgebieten und ohne Spezialkenntnisse sind Richter oftmals auf sie angewiesen. Dies gilt freilich auch für den Strafprozess, wenn Strafrichter bei

---

855 Zum Meinungsstand in der Literatur *Koch* ZWeR 2005, 380 (382 f., mit Fn. 27).

856 S. zum ungleichen Informationszugang zwischen Unternehmen und Kommission schon oben Kapitel IV.B.II.1)c).

Kapitalstraftaten auf medizinische Sachverständige, bei Straßenverkehrsdelikten auf technische Gutachter zurückgreifen usw. Zwar mag die Bewertung komplexer ökonomischer Prognosen bzw. die Bewertung der Wahrscheinlichkeit ihres Eintritts nochmals schwieriger sein. Zu beachten ist aber, dass die Unionsrichter auf dem Gebiet des Kartellrechts auf langjährige Erfahrung zurückblicken können und jedenfalls aufgrund der Spezialisierung i.d.R. durchaus ökonomische Kenntnisse vorzuweisen haben. Überdies ist der Umgang mit derartigen Entscheidungen durch ein Gericht einem gerichtlich nur eingeschränkt überprüfbaren Beurteilungsspielraum im Bereich des Bußgeldrechts jederzeit vorzuziehen. Schließlich ist darauf hinzuweisen, dass Sachverständige als Instrument zur Tatsachenermittlung auch in den Verfahren von den Unionsgerichten anerkannt sind,[857] so dass die vorgeschlagene Lösung ohne weiteres praktisch umsetzbar wäre.

E. Lösungsansätze

Da diese Arbeit zu dem Ergebnis gekommen ist, dass die Tatbestandsmerkmale von Art. 101 Abs. 3 AEUV zwar weit gefasst, aber nicht so unbestimmt sind, dass dies mit dem strafrechtlichen Bestimmtheitsgebot nicht mehr vereinbar wäre, sind insoweit keine speziellen Lösungsvorschläge erforderlich. Die größeren Probleme sind vielmehr im Bereich der persönlichen Vorwerfbarkeit zu sehen, weil die Unternehmen in tatsächlicher Hinsicht vielfach kaum in der Lage sind, das Vorliegen der Tatbestandsmerkmale einzuschätzen. Hier sollen die folgenden Überlegungen ansetzen.

I. Injustiziabilität von Art. 101 Abs. 3 AEUV

Zum Teil wird angenommen, Art. 101 Abs. 3 AEUV sei schlechterdings nicht justiziabel.[858] Angesichts der zahlreichen aufgezeigten Schwierigkeiten bei der Anwendung der Norm erscheint dieser Schluss nachvollziehbar. Gleichwohl kann dieses Ergebnis nicht befriedigen, denn es lässt keine praktikable Lösung des systemimmanenten Problems zu. Die Konsequenz einer Injustiziabilität von Art. 101 Abs. 3 AEUV wäre, entweder das Legalausnahmesystem wieder

857 Vgl. nur Art. 20 Abs. 4 des Protokolls (Nr. 3) über die Satzung des Gerichtshofs der Europäischen Union, ABl. EU 2010 Nr. C 83/210.

858 *Geiger* EuZW 2000, 165 (167); *Mestmäcker* EuZW 1999, 523 (526); Mestmäcker in: Ehlermann/Atanasiu, European Competition Law Annual 2000, S. 223 (232); *Möschel* JZ 2000, 61 (62); *Odudu* ECLR 2002, 17 (25); *Quellmalz* WRP 2004, 461 (462 f.).

abzuschaffen und zur Einzelfreistellung zurückzukehren, oder Art. 101 AEUV insgesamt neu zu fassen und ein gänzlich neues Kartellrecht einzuführen. Beides erscheint unter den gegebenen Umständen nicht wünschenswert.

II. Neugestaltung von Art. 101 Abs. 3 AEUV

Eine nicht ganz so weitreichende Alternative wäre es, nur den Tatbestand von Art. 101 Abs. 3 AEUV neu zu gestalten. Gegen diesen Ansatz spricht jedoch, dass dies mit Ziel von Art. 101 Abs. 3 AEUV, nämlich durch eine wertende Betrachtung die starren Tatbestandsmerkmale des Art. 101 Abs. 1 AEUV aufzuweichen, um im Einzelfall eine Wettbewerbsbeschränkung ausgleichende Vorteile berücksichtigen zu können, kaum vereinbar erscheint. Eine Vorschrift, die einen solchen Ausgleich herbeiführen soll, also wirtschaftliche Vorteile einer Wettbewerbsbeschränkung berücksichtigen soll, muss notwendigerweise schon im Tatbestand weit gefasst sein, damit nicht gewisse schützenswerte Vorteile außer Betracht gelassen werden. Ebenso liegt es in der Natur von wirtschaftlichen Prognosen, um die es bei der Vorschrift nun einmal geht, dass sie in tatsächlicher Hinsicht schwer zu bestimmen sind. Eine wie auch immer geartete alternative Version hätte deshalb entweder gegenüber dem bisherigen Art. 101 Abs. 3 AEUV einen verkürzten Anwendungsbereich und würde so dem Ziel, einen wirksamen Ausgleich zu Art. 101 Abs. 1 AEUV zu schaffen, nicht gerecht, oder würde unter vergleichbaren Mängeln hinsichtlich der Bestimmtheit, wie die aktuelle Norm, leiden. Die Unsicherheiten des Art. 101 Abs. 3 AEUV liegen, wie bereits gesagt, in der Natur der Sache.

III. Zugeständnis eines Beurteilungsspielraums für Unternehmen

In der Literatur wird vorgeschlagen, den betroffenen Unternehmen den bislang der Kommission zugestandenen, gerichtlich nur beschränkt kontrollierbaren Beurteilungsspielraum zuzugestehen.[859]

Neben dem bereits angesprochenen Problem, dass die Unternehmen einen derartigen Spielraum nicht objektiv anwenden, sondern zu ihren Gunsten nutzen würden[860], spricht vor allem ein weiterer Gesichtspunkt gegen einen derartigen Beurteilungsspielraum auf Unternehmensseite. Die Unternehmen sind nicht

---

859 *Bechtold* WuW 2003, 343; *Bechtold/Bosch/Brinker*, Art. 1 VO 1/2003 Rn. 38; *Dreher/Thomas* WuW 2004, 1 (16 ff.); *Schmidt* in: Immenga/Mestmäcker, Art. 1 VO 1/2003 Rn. 31 verneint zwar einen Beurteilungsspielraum de iure, nimmt aber einen Vertretbarkeitsspielraum an, der de facto wie ein Beurteilungsspielraum wirkt.

860 S. o. II.

Normanwender, sondern Normadressaten. Das hat sich auch durch das Legalausnahmesystem nicht geändert.[861] Ein Beurteilungsspielraum für einen Normanwender verbietet sich zwar nicht zwingend schon qua Natur der Sache.[862] Er würde jedoch dem einheitlichen Wettbewerbsschutz und der Rechtssicherheit zuwider laufen, etwa weil jedes Unternehmen – also auch verschiedene an ein und derselben Vereinbarung beteiligte Unternehmen – den Spielraum unterschiedlich auslegen würde. Dies hätte überdies Konsequenzen für zivilrechtliche Kartellrechtsstreitigkeiten. Schließlich bleibt offen, wie mit der Nichtigkeitsfolge des Art. 101 Abs. 2 AEUV umgegangen werden würde, da eine Vereinbarung von einem Unternehmen als nichtig, von dem anderen aber als gültig angesehen werden könnte.[863]

Man könnte zwar erwägen, den Beurteilungsspielraum nur im Kartellbußgeldrecht anzuerkennen,[864] um die genannten zivilrechtlichen Probleme zu umgehen. Dies würde aber wiederum zu einer nicht wünschenswerten Rechtsaufspaltung führen und ist daher abzulehnen.

IV. Bußgeldverhängung nur in offensichtlichen Fällen

Zum Teil wird gefordert, Bußgelder sollten im System der Legalausnahme erst verhängt werden, wenn die Freistellungsvorausseztungen eindeutig oder offensichtlich nicht vorliegen, um den Schwierigkeiten der Selbstveranlagung Rechnung zu tragen.[865] Dieser Vorschlag weist gewisse Parallelen zu der bisherigen

---

861 Die Unternehmen müssen jetzt lediglich im Vorhinein einschätzen, ob die Kommission im Falle eines Einschreitens einen Verstoß gegen das Kartellverbot annehmen würde. Das ist aber nichts anderes, als in sonstigen Rechtsgebieten, in denen Sanktionen drohen. Schließlich würde auch niemand den Mörder als Normanwender ansehen, nur weil er seine Tat nicht im Voraus bei der Staatsanwaltschaft anmelden muss um eine mögliche Rechtfertigung wegen Notwehr feststellen zu lassen. So auch *Klees*, § 2 Rn. 27; *Pelka*, S. 318 f.

862 In diese Richtung wohl auch *Adam*, S. 199 ff.

863 Vgl. auch *Adam*, 202 ff.; *Fuchs* ZWeR 2005, 1 (22); *Jaeger* in: FK-Kartellrecht, Art. 1 VO 1/2003 Rn. 36; *Klees*, § 2 Rn. 27 f.; *Pelka*, S. 318 f.; *Schweda* WuW 2004, 1133 (1138); i.E. auch *Kindhäuser/Meyer* in: FK-Kartellrecht, Art. 101 AEUV Bußgeldrechtliche Folgen Rn. 149.

864 So wohl *Dreher/Thomas* WuW 2004, 8 (16).

865 *Dannecker/Biermann* in: Immenga/Mestmäcker, Art. 23 VO 1/2003 Rn. *88; Dreher/Thomas* WuW 2004, 8 (17 f.), die sich dabei auf den Bestimmtheitsgrundsatz beziehen. In Bezug auf den deutschen § 266 StGB auch BGHSt 47, 148 (152 f.); 47, 187, wo „gravierende Pflichtverletzungen" gefordert werden. Vgl. ferner auch BverfGE 126, 170 (198), wo das BVerfG die Pflicht der Rechtsprechung herausstellt, Verhalten,

Kommissionspraxis auf, von der Verhängung eines Bußgeldes abzusehen, wenn auf dem entsprechenden Gebiet bisher keine Entscheidungspraxis existierte. Einbezogen wird dabei zusätzlich die Tatsachenebene, da sich die Offensichtlichkeit auch hierauf bezieht. Hier zeigt sich jedoch, dass die genannte Kommissionspraxis sich kaum sinnvoll auf die hier behandelte Tatsachenproblematik übertragen lässt. Denn anders als die Kommissionspraxis, die sich auf bestimmte Wirtschaftsgebiete bezog und faktische Sicherheit und Bußgeldimmunität beim ersten Verstoß für alle in dem entsprechenden Sektor tätigen Unternehmen schuf, sind die Probleme bei der Tatsachenfindung stets auf den konkreten Einzelfall bezogen. Damit stellt sich in jedem Fall die Frage, wann von Offensichtlichkeit des Nichtvorliegens der Freistellungsvoraussetzungen ausgegangen werden kann. Es würde hier eine weitere, ungeschriebene Tatbestandsvoraussetzung eingeführt, die ihrerseits wertungsbedürftig wäre. In Grenzfällen käme es wiederum zu Unsicherheiten. Dagegen lässt sich auch – anders als das BVerfG in Bezug auf § 266 StGB meint[866] – nicht einwenden, eine Einschränkung des weiten Wortlauts sei nötig. Denn eine Einschränkung hilft dem Normadressaten nur dann weiter, wenn sie ihn auch in die Lage versetzt, den (eingeschränkten) Anwendungsbereich der Norm hinreichend klar zu erkennen. Anderenfalls führt sie nur dazu, dass der Normadressat mehr oder weniger „ins Blaue hinein" hofft, dass er von der restriktiven Anwendung profitiert. Zudem hätte diese Lösung, ebenso wie die bisherige Kommissionpraxis, den Nachteil, dass sie nicht verbindlich wäre und die Unternehmen sich nicht auf die Anwendung der ungeschriebenen Regel verlässen könnten. Sie ist deshalb abzulehnen.

V. Beratungsschreiben in Grenzfällen

Weiterhin wird vorgeschlagen, die Unternehmen könnten sich in unauflösbaren Zweifelsfällen an die Kommission oder eine nationale Wettbewerbsbehörde wenden und um Unbedenklichkeitsschreiben – vergleichbar mit den Negativattesten unter der VO 17/62 – bitten.[867]

Die nationalen Wettbewerbsbehörden werden aber nach der Rechtsprechung des EuGH für derartige Schreiben von vornheirein ausscheiden, weil sie nicht

welches zwar unter den Wortlaut eines Strafgesetzes subsumiert werden kann, aber gleichwohl nicht als strafbewehrt gelten soll, nicht zu ahnden.

866 BVerfGE 126, 170 (211).

867 Unter dem Gesichtspunkt der Rechtssicherheit: *Burrichter* in: Ehlermann/Atanasiou, European Competition Law Annual 2000, S. 539 (548); *Klees*, § 10 Rn. 121; *Siragusa* in: Fordham 1999, S. 273 (285 f.).

befugt sind, negative Entscheidungen zu erlassen.[868] Folglich können sie erst recht keine informellen Unbedenklichkeitserklärungen abgeben, die die Kommission und Unionsgerichte binden. Auch ein entsprechendes, die Verantwortlichkeit der Unternehmen ausschließendes Vertrauen können die nationalen Wettbewerbsbehören nicht schaffen.[869]

In Betracht käme damit einzig die Kommission. Obwohl Art. 10 VO 1/2003 die Feststellung der Nichtanwendbarkeit von Art. 101 Abs. 1 AEUV im Einzelfall vorsieht, dürfte auch hierin nicht die alleinige Lösung des Problemes liegen. Denn Art. 10 VO 1/2003 beschränkt den Erlass derartiger Entscheidungen auf Fälle, in denen ein öffentliches Interesse an einer Entscheidung besteht. Genannt werden in ähnlichem Zusammenhang Vereinbarungen, die erhebliche Investitionen erfordern, was auch die Kommission selbst anerkennt.[870] Ein derartiges berechtigtes Interesse dürfte aber nur selten vorliegen. Eine extensive Anwendung der Norm würde nämlich Sinn und Zweck des Systemwechsels zuwider laufen, da die Kommission sich gerade von der Fülle an Anfragen von Unternehmen befreien wollte, die sie nur mit Negativattesten beantworten konnte.

VI. Irrtumsregelung

1) Einleitung

Die Analyse von Art. 101 Abs. 3 AEUV und der übrigen Lösungsvorschläge haben gezeigt, dass das Ziel eines wirtschaftspolitischen wertenden Ausgleichs zu Art. 101 Abs. 1 AEUV zwar gesetzlich noch hinreichend bestimmt umgesetzt worden ist, es für die Unternehmen aber in tatsächlicher Hinsicht so schwer einzuschätzen ist, dass stets eine gewisse Gefahr besteht, unbewusst und ungewollt Kartellverstöße zu begehen, die nicht freistellungsfähig sind. Dass ein solches Korrektiv gleichwohl erforderlich ist, steht außer Frage. Ein Wegfall der Norm würde sich für die Unternehmen, die sich auf Vorteile ihrer Vereinbarungen berufen möchten, sowie in letzter Konsequenz für den wirtschaftlichen und

---

868 EuGH vom 03.05.2011 – C-375/09 – *Tele2 Polska*, Slg. 2011, I-3055, Rn. 19 ff.; vom 28.02.2013 – C-681/11 – *Schenker & Co AG u. a.* (in der digitalen Sammlung veröffentlicht), Rn. 42; vgl. auch Art. 5 Abs. 2 VO 1/2003.

869 EuGH vom 28.02.2013 – C-681/11 – *Schenker & Co AG u. a.* (in der digitalen Sammlung veröffentlicht), Rn. 42.

870 *Burrichter* in: Ehlermann/Atanasiou, European Competition Law Annual 2000, S. 539 (549); *Deselaers/Obst* EWS 2000, 41 (44 ff.); Kommission, Weißbuch über die Modernisierung der Vorschriften zur Anwendung der Artikel 85 und 86 EG-Vertrag, ABl. EG 1999 Nr. C 132/01, Tz. 79 ff., 88 f.

technologischen Fortschritt in der EU, im Allgemeinen negativ auswirken. Der Wegfall der Vorschrift kann also nicht das Ziel sein.

Anders als in sonstigen Fällen unbestimmter Normen ist, wie ausgeführt, auch eine Normänderung – sei es im Sinne einer Konkretisierung oder eines anderen Ansatzes – nicht zielführend. Mit anderen Worten: Durch Modifizierung der Tatbestandsmerkmale von Art. 101 Abs. 3 AEUV können nicht die tatsächlichen Unsicherheiten beseitigt werden, will man nicht den eigentlichen Zweck der Norm aufgeben.

Jedoch kann nicht in jedem Fall von der Verhängung eines Bußgeldes abgesehen werden, wenn ein Unternehmen argumentiert, die Freistellungsvoraussetzungen lägen vor. Dies würde zu einer kompletten Aushöhlung von Art. 101 Abs. 1 AEUV führen und Missbrauch Tür und Tor öffnen.

Auch hier bietet sich der Blick auf das deutsche allgemeine Strafrecht mit seinen Irrtumsregelungen an.[871] Dass dies nicht von vornherein ausgeschlossen oder mit dem System unvereinbar ist, haben entsprechende Überlegungen auch in der Praxis bereits gezeigt. Die Unionsorgane haben bislang die Berufung von Unternehmen auf Irrtümer zwar überwiegend aus tatsächlichen Gründen abgelehnt.[872] Die Existenz relevanter Irrtümer im Unionsrecht haben sie aber nie grundsätzlich ausgeschlossen, so dass die Einführung einer Irrtumsregelung vergleichsweise leicht in das bisherige System zu integrieren wäre. Dabei sind wiederum die Besonderheiten des Kartellbußgeldrechts zu beachten und entsprechende Modifikationen vorzunehmen.

Zu unterscheiden ist zunächst zwischen Tatsachen- und Rechtsirrtümern.[873] Ein Tatsachenirrtum nach deutscher Dogmatik liegt vor, wenn der Täter zwar den Norminhalt kennt, aber irrig davon ausgeht, dass er sich deshalb nicht strafbar macht, weil sein Verhalten den Tatbestand bzw. einzelne Tatbestandsmerkmale nicht erfüllt. Ob bloße Unkenntnis der maßgeblichen Fakten vorliegt, oder sich der Täter etwas anderes vorgestellt hat, ist dabei irrelevant.[874] Dem steht auch die Vorstellung des Täters gleich, zu seinen Gunsten lägen Umstände vor, die einen Tatbestandsausschluss bewirkten. In beiden Fällen verkennt er die wahre

871 Vgl. auch *Pelka*, S. 355 ff.

872 S. o. Kapitel IV.C.II.2).

873 Den Ansatz über eine großzügigere Irrtumsregelung verfolgt auch *Pelka*, S. 355 ff., allerdings ohne auf Rechtsfolgenseite zwischen Tatsachen- und Rechtsirrtümern zu unterscheiden.

874 *Puppe* in: NK-StGB, § 16 Rn. 2; *Roxin* AT I, § 12 Rn. 95; *Sternberg-Lieben/Schuster* in: Schönke/Schröder, § 16 Rn. 4; mit Bezug auf das unionsrechtliche Kartellbußgeld auch *Hildebrandt*, S. 47 ff.

Tatsachenlage. Sind diese Voraussetzungen gegeben, fehlt ihm folglich der Vorsatz.[875] Im Rahmen von Art. 101 Abs. 3 AEUV ist dies der Fall, wenn das Unternehmen sich darüber im Klaren ist, wie weit der Anwendungsbereich der Norm ist, aber fälschlicherweise annimmt, die in Frage stehende Vereinbarung erfülle die Freistellungsvoraussetzungen. Dieser Fall liegt namentlich dann vor, wenn das Unternehmen die komplexen, wirtschaftlichen Prognosen unrichtig anstellt.

Ein Rechtsirrtum ist dagegen dann gegeben, wenn der Täter die Tatsachen richtig erfasst, aber irrig davon ausgeht, sein Verhalten sei nicht strafbar, weil er die Reichweite der Norm falsch einschätzt.[876] Im Falle von Art. 101 Abs. 3 AEUV glaubt also das Unternehmen, die Freistellungsvoraussetzungen seien weitreichender, als dies in Wirklichkeit der Fall ist. Beispielsweise könnte falsch eingeschätzt werden, welche Vorteile bei der Frage der Effizienzgewinne berücksichtigt werden können.

Obgleich die letztere Konstellation im Hinblick auf das Schuldprinzip ebenfalls von Relevanz ist, soll darauf in dieser Arbeit nicht näher eingegangen werden, da sie sich nicht direkt auf den Tatbestand der Bußgeldnormen bezieht bzw. nicht direkt mit der Qualität der Tatbestände zusammenhängt. Auch der in der Literatur geäußerte Vorschlag, die Erheblichkeit von Rechtsirrtümern aufgrund der Weite der unbestimmten Rechtsbegriffe von Art. 101 Abs. 3 AEUV anzuerkennen, soll hier nicht diskutiert werden, weil von der hinreichenden Bestimmbarkeit der unbestimmten Rechtsbegriffe ausgegangen wird.[877]

2. *Einordnung als Tatsachenirrtum*

Die hier zu behandelnde Problematik der Tatsachenunklarheit ist also dogmatisch im Bereich des Tatbestandsirrtums anzusiedeln. Dazu existiert bislang erheblich weniger Material als zur Konstellation des Rechtsirrtums.

Fraglich ist also zunächst, wann im Unionskartellbußgeldrecht vom Vorliegen eines relevanten Tatbestandsirrtums auszugehen ist, also welche Anforderungen an die Unternehmen gestellt werden. Einerseits muss gewährleistet sein, dass die Unternehmen eine nicht nur theoretische Möglichkeit haben, sich auf

---

875 *Gürtler* in: Göhler, § 11 Rn. 3, 21; *Roxin* AT I, § 12 Rn. 95, 132 ff.; eingehend zu verschiedenen Konstellationen *Vogel* in: LK-StGB, § 16 Rn. 17 ff.; vgl. auch § 16 Abs. 1 S. 1, und insbes. Abs. 2 StGB, wonach die Umstände maßgeblich sind, die den Tatbestand eines Gesetzes verwirklichen.

876 *Roxin* AT I, § 21 Rn. 1.

877 S.o. Kapitel IV.B.II.6). Der Irrtumsproblematik allgemein haben sich u.a. *Dreher/Thomas* WuW 2004, 8 und *Fleischer* EuZW 2013, 326 eingehend gewidmet.

unzureichende Tatsachenkenntnis zu berufen, andererseits darf dies nicht dazu führen, dass die Unternehmen durch Schutzbehauptungen der Bußgeldhaftung entgehen. Insofern ist die bisherige, strenge Entscheidungspraxis der Unionsorgane hinsichtlich der Irrtümer zunächst im Ansatz richtig.

3) Scharfe Abgrenzung von Vorsatz und Fahrlässigkeit

Zu bemängeln ist an der bisherigen Entscheidungspraxis, dass oft nicht zwischen Vorsatz und Fahrlässigkeit abgegrenzt wird.[878] Eine Systematisierung würde hier Klarheit schaffen, ohne dass dabei die Gefahr entstünde, den Anwendungsbereich der Bußgeldnormen einzuschränken, da die fahrlässige Begehung ebenfalls von Art. 23 Abs. 2 UAbs. 1 AEUV erfasst und der Bußgeldrahmen derselbe ist. Deshalb sollte von einem vorsätzlichen Verstoß gegen das Kartellverbot nur dann ausgegangen werden, wenn das betreffende Unternehmen alle relevanten Umstände kannte, insbesondere wusste, dass die Voraussetzungen für eine Freistellung gem. Art. 101 Abs. 3 AEUV nicht vorlagen und dies zumindest billigend in Kauf nahm.[879]

Im Umkehrschluss bedeutet das, dass selbst die Fälle, in denen das Unternehmen die Freistellungsvoraussetzungen nicht erfüllt und sich dessen nur deshalb nicht bewusst ist, weil es die relevanten Informationen absichtlich nicht eingeholt hat, nur dann vorsätzliche Verstöße darstellen können, wenn das Unternehmen billigend in Kauf genommen hat, dass Art. 101 Abs. 3 AEUV nicht greift. Wenn es glaubhaft darlegt, dass es trotz Unterlassen der Einholung relevanter Informationen ernsthaft darauf vertraut hat, dass es die Freistellungsvoraussetzungen erfüllt, kann der Verstoß nicht mehr als vorsätzlich geahndet werden. Kurz: Für den Vorsatz muss jeder Tatsachenirrtum beachtlich sein.[880]

4) Die Fahrlässigkeitsvoraussetzungen

Es fragt sich also im nächsten Schritt, wann von einem fahrlässigen Verstoß ausgegangen werden sollte. Grundsätzlich ist Fahrlässigkeit gegeben, wenn ein Unternehmen den Eintritt des Tatbestands nicht vorausgesehen hat, obwohl dies

---

878 Vgl. oben Kapitel IV.C.II.2). Kritisch auch *Hildebrandt*, S. 49 ff.; auch *in Bellamy/ Child6*, 13.137 noch als nicht konsistent kritisiert.

879 Vgl. schon GA *Mayras*, Schlussanträge vom 29.10.1975 – Rs. 26/75 – *General Motors*, Slg. 1975, 1367 (1389). Bei den normativen Tatbestandsmerkmalen von Art. 101 Abs. 3 AEUV wird von Kommission und Gerichten zu Recht über Tatsachenkenntnis hinaus auch Bedeutungskenntnis gefordert, vgl. die Darstellung bei *Dannecker/Biermann* in: Immenga/Mestmäcker, vor Art. 23 VO 1/2003 Rn. 191 ff.

880 Ähnlich *Hildebrandt*, S. 173 ff.

bei Einhaltung der erforderlichen Sorgfalt möglich gewesen wäre.[881] Es sind nun dementsprechend die Sorgfaltspflichten der Unternehmen zu konkretisieren. Hier kann – vergleichbar mit der deutschen Strafrechtsdogmatik – zwischen objektiver und subjektiver Fahrlässigkeit differenziert werden.

Diese Unterscheidung soll allerdings nicht bedeuten, dass es einen allgemeinen, objektiven Sorgfaltsmaßstab geben sollte, der für alle Konstellationen gilt. Vielmehr sind die objektiven Anforderungen an die Unternehmen für jeden Einzelfall herauszuarbeiten, weil die Konstellationen im Kartellrecht zu stark variieren, als dass allgemeingültige Vorgaben gemacht werden könnten. Abstrakt können lediglich die folgenden objektiven Pflichten für die Unternehmen formuliert werden:

Die Unternehmen müssen alle relevanten Informationen einholen, die bei der Frage des Vorliegens der Freistellungsvoraussetzungen von Art. 101 Abs. 3 AEUV von Belang sein können.[882] Falls nötig, müssen sie dabei auch auf objektive, externe Experten, wie unabhängige Wirtschaftsinstitute, zurückgreifen.[883] Es kann auch in besonderen Fällen angezeigt sein, die Kommission um ein Beratungsschreiben zu bitten.[884] Dies wird aber nur in besonderen Situationen erfolgversprechend sein.[885] Wenn ein Unternehmen nach diesen Grundsätzen alle relevanten Informationen eingeholt hat, hat es also seiner Sorgfaltspflicht genügt.[886] Stellt sich heraus, dass selbst externe Sachverständige die wirtschaftliche Situation falsch eingeschätzt haben und die Freistellungsvoraussetzungen wider Erwarten nicht vorliegen, muss ein solcher Irrtum gleich einem unvermeidbaren Verbotsirrtum zum Ausschluss selbst eines Fahrlässigkeitsvorwurfs

---

881 GA *Mayras*, Schlussanträge vom 29.10.1975 – Rs. 26/75 – *General Motors*, Slg. 1975, 1367 (1389); *Bellamy/Child*, 14.012; *Hildebrandt*, S. 50; KOMM vom 07.10.1981 – 81/969/EWG, *Nederlandsche Banden Industrie Michelin*, ABl. EG 1981 Nr. L 353/33 Rn. 56; vom 11.07.1983 – 83/400/EWG – *Windsurfing International*, ABl. EG 1983 Nr. L 229/1, S. 18 f.

882 Vgl. schon *Hildebrandt*, S. 184 ff.; in Bezug auf unvermeidliche Verbotsirrtümer auch GA *Kokott*, Schlussanträge vom 28.02.2013 – Rs. C-681/11 – *Schenker & Co AG u. a.* (in der digitalen Sammlung veröffentlicht), Rn. 46 ff.

883 Vgl. auch *Montag/Rosenfeld* ZWeR 2003, 107 (116 f.).

884 Vgl. *Klees*, § 10 Rn. 121.

885 S. dazu oben Kapitel IV.E.V.

886 *Burrichter* in: Ehlermann/Atanasiou, European Competition Law Annual 2000, S. 539 (548 f.) schlägt dazu vor, dass die an der Vereinbarunge beteiligten Unternehmen ihre Einschätzungen entsprechend austauschen und schriftlich festhalten sollten um ihre Gutgläubigkeit in einem etwaigen Bußgeldverfahren beweisen zu können.

führen[887], wie dies für Irrtümer über das Vorliegen der Voraussetzungen der De minimis-Bekanntmachung von der Kommission bereits ausdrücklich anerkannt ist.[888] Unterlässt ein Unternehmen dagegen derartige Maßnahmen – gleich aus welchem Grund –, genügt es seiner Sorgfaltspflicht nicht und es kann im Fall des Nichtvorliegens der Freistellungsvoraussetzungen mit einem Bußgeld belegt werden.

Auch trotz Einholung aller relevanten Informationen wird es oftmals nicht eindeutig festzustellen sein, ob die Voraussetzungen von Art. 101 Abs. 3 AEUV vorliegen. Zweifelsfälle müssen dann grundsätzlich zugunsten der Unternehmen gehen, weil sie alles Mögliche getan haben, um sich normgerecht zu verhalten. Etwas anderes sollte aber dann gelten, wenn nicht nur Restzweifel verbleiben, sondern wenn es den Unternehmen im Einzelfall schon gar nicht möglich ist, die marktrelevanten Grundinformationen zu beschaffen oder wenn selbst externe Sachverständige aufgrund schwieriger Umstände keine belastbare Einschätzung vornehmen können. Dann müssen die Unternehmen von der Umsetzung der Vereinbarung Abstand nehmen.[889]

Der prognostische Charakter der Freistellungsvoraussetzungen führt aber auch für die Frage des Sorgfaltsmaßstabs zu Besonderheiten.

Zunächst macht es die Blickrichtung in die Zukunft naturgemäß unmöglich, zum Zeitpunkt des Inkrafttreten der Vereinbarung ihre Folgen zu bestimmen. Wenn das Unternehmen alle relevanten Informationen eingeholt hat, muss deshalb bei der daraus erstellten Prognose wiederum der Wahrscheinlichkeitsgrad des Eintritts der Voraussetzungen maßgeblich sein, welcher oben[890] bereits herausgearbeitet wurde. Eine überwiegende Wahrscheinlichkeit des Eintritts der Voraussetzungen genügt dann also, um das Unternehmen auch in dem Fall, dass die Voraussetzungen entgegen der Prognose nicht eintreten, von einem Fahrlässigkeitsvorwurf freizusprechen. Dies aber freilich nur dann, wenn es zuvor alles getan hat, um zutreffende Prognosen aufstellen zu können.

Darüber hinaus trifft die Unternehmen aber, wie ebenfalls bereits festgestellt[891], die Pflicht, die Marktsituation kontinuierlich zu überwachen und einen Verstoß umgehend abzustellen, sobald sich zeigt, dass die positiven Prognosen

887 So auch *Montag/Rosenfeld* ZWeR 2003, 107 (117).

888 ABl. EU 2014 Nr. C 291/1, Tz. 5.

889 In Bezug auf Rechtsirrtümer auch *Böse* in: Graf/Jäger/Wittig, Art. 23 KartellVO Rn. 29; *Dreher/Thomas* WuW 2004, 8 (12); *Kindhäuser/Meyer* in: FK-Kartellrecht, Art. 101 AEUV Bußgeldrechtliche Folgen Rn. 148.

890 Kapitel IV.B.II.1)c).

891 Kapitel IV.B.II.1)d).

nicht eingetreten oder nachträglich weggefallen sind und die Freistellungsvoraussetzungen nicht (mehr) vorliegen. In dieser Situation stellt sich wiederum die Frage, ob das Unternehmen alles Erforderliche getan hat, um den Verstoß zu erkennen. Hat es dies nicht, handelt es ab diesem Zeitpunkt fahrlässig. Hat es dagegen dem Sorgfaltsmaßstab genügt und war es trotz Einholung der Informationen und Einschaltung nicht erkennbar, dass die Freistellungsvoraussetzungen nicht (mehr) vorlagen, so wird man dem Unternehmen auch insoweit keine Fahrlässigkeit vorwerfen können.

Hinsichtlich des subjektiven Sorgfaltsmaßstabs sollten zunächst keine anderen Anforderungen gelten als auf der objektiven Seite. Einschränkungen können jedoch unter dem Gesichtspunkt der Zumutbarkeit gemacht werden. Namentlich kommt dies für kleine Unternehmen in Betracht, wenn der Aufwand der Informationseinholung außer Verhältnis zu den vorhandenen Mitteln steht.[892] Dabei ist jedoch anzumerken, dass kleine Unternehmen in der Regel ohnehin außer Betracht bleiben werden, da ihre Wettbewerbsbeschränkungen jedenfalls nicht spürbar sind.[893] Auch für nicht in der EU ansässige Unternehmen könnte der subjektive Sorgfaltsmaßstab leicht herabgesetzt werden.[894] Für beide Gruppen gilt aber nichts grundlegend anderes, als für größere in der EU ansässige Unternehmen.

Weitere Ausnahmen hinsichtlich der subjektiven Sorgfaltswidrigkeit in besonderen Situationen erscheinen aber ebenfalls denkbar, beispielsweise bei Irreführung durch Kommissionsbekanntmachungen, was bereits bisher zum Absehen von Bußgeldern geführt hat.[895] Die unter Geltung des Einzelfreistellungssystems von *Hildebrandt* vorgeschlagenen Einschränkungen der Vorwerfbarkeit, bspw. wenn bislang kein Kontakt zur Kommission oder „kein Anlass“ zur Überprüfung

---

892 Vgl. dazu *Bellamy/Child*, 14.013; *Dreher/Thomas* WuW 2004, 8 (15); *Schütz* in: Gemeinschaftskommentar, Art. 23 VO 1/2003 Rn. 16.

893 Vgl. nur die De minimis-Bekanntmachung der Kommission. Ausgenommen davon sind nach den neuen De minimis-Regeln (Tz. 2, 13) (entsprechend der Rechtsprechung des EuGH im Urteil vom 13.12.2012 – C-226/11 – *Expedia* (in der digitalen Sammlung veröffentlicht), Rn. 35 ff.) bezweckte Wettbewerbsbeschränkungen, unabhängig von der Größe bzw. der Marktanteile der Unternehmen. Diese fallen jedoch in der Regel offensichtlich nicht unter die Freistellungsvoraussetzungen von Art. 101 Abs. 3 AEUV, so dass auch die Frage nach den Anforderungen hinsichtlich Irrtümern bei kleinen Unternehmen insoweit praktisch keine Rolle spielen wird und hier deshalb nicht näher erörtert werden muss.

894 Bellamy/Child, 14.013.

895 S. o. Kapitel IV.C.II.2).

der Rechtmäßigkeit des Verhaltens bestand[896], werden im System der Legalausnahme aber nicht gelten können. Von den Unternehmen ist zu erwarten, dass sie die gesetzlichen Regelungen kennen und sich entsprechend verhalten.

5) *Kritik an der Irrtumslösung*

Kindhäuser/Meyer sehen eine „Enthaftung" durch die Einholung von Expertengutachten kritisch und verweisen (allerdings in Bezug auf Rechtsirrtümer) auf die Gefahr von Gefälligkeits- oder gar gekauften Gutachten in langjährigen Mandatsbeziehungen.[897]

Diesen Bedenken könnte dadurch entgegen getreten werden, dass man die Expertengutachten einer Kontrolle durch die Kommission und die Gerichte unterwirft. Nur solche Gutachten könnten zu einem Ausschluss der Fahrlässigkeit führen, welche die Sachlage objektiv analysieren und einschätzen. Offensichtliche Gefälligkeitsgutachten würden also nicht zu einer Bußgeldbefreiung führen. Dementsprechend ist von den Unternehmen zu verlangen, dass sie die Grundlagen und Schlussfolgerungen der Gutachter selbst auf Plausibilität kontrollieren. Dies lässt sich als Teil der Sorgfaltspflicht der Unternehmen begreifen und sollte sie auch nicht überfordern, weil sie als Wirtschaftsteilnehmer über entsprechende Grundkenntnisse verfügen.

Zudem könnte die Anfertigung von Gefälligkeitsgutachten, welche den Fahrlässigkeitsvorwurf nicht beseitigen, zu einer vertraglichen Schadensersatzhaftung der Gutachter führen, so dass für sie kaum ein Anreiz für derartige Gutachten bestehen dürfte. Schließlich liegt bei der Beauftragung unabhängiger Wirtschaftsinstitute eine andere Interessenlage vor, als bei der Mandatierung der langjährigen Haus- und Hofkanzlei in reinen Rechtsfragen. Die Gefahr von rein interessengesteuerten Gutachten ist entsprechend von vornherein gering.

Zuzugeben ist, dass insbesondere die Plausibilitätskontrolle durch Kommission und Gerichte einerseits und die Unternehmen selbst andererseits im Einzelfall wiederum Schwierigkeiten bereiten wird. Eine optimale Problemauflösung gibt es jedoch nicht, so dass es beim Vorschlag eines annähernden Interessenausgleichs bleiben muss. Bei der Bewertung von Irrtümern werden immer Restzweifel verbleiben, die in der Natur der Sache liegen und nicht aufzulösen sind. Diese sollten angesichts der Geltungs des Schuldprinzips zu Gunsten der Unternehmen gehen.

---

896 *Hildebrandt*, S. 185.

897 *Kindhäuser/Meyer* in: FK-Kartellrecht, Art. 101 AEUV Bußgeldrechtliche Folgen Rn. 148.

VII. Fazit

Die vorausgegangenen Ausführungen haben gezeigt, dass Art. 101 Abs. 3 AEUV in mehrfacher Hinsicht erhebliche Unsicherheiten mit sich bringt. Neben der Auslegung unbestimmter Rechtsbegriffe fordert er von den Unternehmen die ständige Vorhersage komplexer ökonomischer Prozesse und Entwicklungen, die kaum zu leisten sind. Schließlich wird das Ergebnis dieser Einschätzungen durch den weiten Beurteilungsspielraum der Kommission in Frage gestellt.

All dies ist der Konzeption des Art. 101 Abs. 3 AEUV als Relativierung des strikten Verbotsregimes des Art. 101 Abs. 1 AEUV und Ausdruck der wirtschaftspolitischen *rule of reason* geschuldet.[898] Die Unsicherheit ist also systemimmanent.[899] Dies zeigt aber in besonderem Maße den Konflikt zwischen Kartell- und Strafrecht auf: Das Kartellrecht bzw. die ihm zugrunde liegenden Sachverhalte und Fragestellungen sind derart komplex, dass ein starres Rechtsregime kaum durchzuhalten ist. Es ergeben sich vielmehr Konstellationen, die eine wertende Betrachtung und die Einbeziehung wirtschaftspolitischer Gesichtspunkte im Einzelfall erfordern.[900] Das führt dazu, dass das Kartellrecht an die Grenzen der Justiziabilität stößt.[901] Oder, wie schon *Bork* über die Abwägungsprozesse im amerikanischen Antitrust Law sage: „There can be few more intensely political determinations and few for which the judicial process is less suited".[902]

Während die Grundsätze des Kartellverbots in Art. 101 Abs. 1 AEUV von ihrer Struktur her noch einigermaßen klar sind und die bestehenden Probleme hinsichtlich des Bestimmtheitsgrundsatzes und des Schuldprinzips durch eine entsprechende Reform behebbar erscheinen[903], so ist das Problem des Art. 101 Abs. 3 AEUV anders gelagert. Es stellt sich hier die Frage, ob die Freistellungskriterien mit ihrem komplexen Bewertungssystem überhaupt mit den Mitteln

---

898 Vgl. auch *Bueren* WRP 2004, 567 (572 f.); *Kjølbye* ECLR 2004, 566; *Venit* CMLR 2003, 545 (576 f.).

899 So auch *Schütz* in: Gemeinschaftskommentar, Art. 23 VO 1/2003 Rn. 16 in Bezug auf die Irrtumsproblematik im Legalausnahmesystem; allgemein für das Kartellrecht auch *Thomas*, S. 197.

900 Mit Blick auf die Anwendung von Art. 101 Abs. 3 AEUV durch die nationalen Wettbewerbsbehörden und Gerichte auch *Monopolkommission*, Sondergutachten 28, S. 38; *Odudu* ECLR 2002, 17 (24).

901 *Mestmäcker* EuZW 1999, 523 (526) hält Art. 101 Abs. 3 AEUV schon unabhängig vom strafrechtlichen Bestimmtheitsgrundsatz für nicht justiziabel. Ähnlich auch *Möschel* JZ 2000, 61 (62).

902 *Bork* (1965) 74 YLJ, 775 (839).

903 Vgl. die Lösungsansätze.

des Strafrechts erfassbar sind und auf welche Weise die aufgezeigten tatsächlichen Unsicherheiten entschärft werden können, um einerseits dem Grundsatz der individuellen Vorwerfbarkeit bzw. dem Schuldprinzip gerecht zu werden, und andererseits ihre Wirkung als Korrektiv im Sinne der Rule of Reason-Doktrin nicht völlig zu verlieren.

Dabei ist zu berücksichtigen, dass das System der Legalausnahme die Anwendung der Rule of Reason-Doktrin in Grenzfällen zusätzlich einschränkt. Denn in Zweifelsfällen ist den Unternehmen im Hinblick auf mögliche bußgeldrechtliche Konsequenzen zu raten, eine möglicherweise kartellrechtswidrige Vereinbarung nicht einzugehen.[904] Sinn und Zweck von Art. 101 Abs. 3 AEUV werden damit ausgehebelt. Diesem Effekt lässt sich am einfachsten durch die Einführung einer verbindlichen und systematisierten Irrtumsregelung vorbeugen. Die Konsequenz wäre nämlich, dass weiterhin eine von wirtschaftlichen Erwägungen geprägte Rule of Reason Policy hinsichtlich des materiellen Kartellrechts gelten könnte, gleichwohl aber die Unternehmen in Unsicherheitsfällen nicht die Gefahr der Verhängung von Bußgeldern fürchten müssten. In solchen Fällen würde es trotz Nichtvorliegen der Freistellungsvoraussetzungen nicht zur Bußgeldhaftung kommen, sondern bei der zivilrechtlichen Nichtigkeit der Vereinbarung gem. Art. 101 Abs. 2 AEUV bleiben.

---

904 Vgl. auch *Burrichter* in: Ehlermann/Atanasiou, European Competition Law Annual 2000, S. 539 (548); *Pelka*, S. 142, 188.

Kapitel V. Ergebnisse

1) Die Untersuchung hat zunächst ergeben, dass es sich bei dem unionsrechtlichen Kartellbußgeld um eine i.w.S. strafrechtliche Sanktion handelt, welche am ehesten mit dem Ordnungswidrigkeitenrecht deutscher, italienischer und portugieseischer Prägung vergleichbar ist. Als solches unterliegt es strafrechtlichen Rechtsgrundsätzen, darunter auch dem Bestimmtheitsgrundsatz und dem Schuldprinzip. Die Anforderungen dieser Grundsätze an das Kartellbußgeldrecht bleiben aber hinter denen an kriminalstrafrechtliche Normen zurück. Dies erkennen auch die Unionsgerichte weitestgehend an, obwohl weder Bestimmtheitsgrundsatz noch Schuldprinzip ausdrücklich im Unionsrecht normiert sind und die Einzelheiten noch unklar sind.
2) Die Bußgeldtatbestände, die Verfahrensverstöße sanktionieren, sind mit dem unionsrechtlichen Bestimmtheitsgrundsatz vereinbar.
3) Der funktionale Unternehmensbegriff des Art. 101 Abs. 1 AEUV ist nach der derzeitigen Gesetzeslage nicht mit dem Bestimmtheitsgrundsatz und dem Schuldprinzip vereinbar. Er ist weder dem Primär- noch dem Sekundärrecht zu entnehmen. Eine Bestimmbarkeit durch normkonkretisierende Rechtsprechung kommt aufgrund der Wesentlichkeit des Begriffs für das gesammte Kartellbußgeldrecht nicht in Betracht. Auch in tatsächlicher Hinsicht sorgt die Entscheidungspraxis von Kommission und Gerichten nicht für faktische Rechtssicherheit, sondern verdeutlicht vielmehr die Unbestimmtheit des Begriffs. Gleichzeitig führt die Entscheidungspraxis zu Verstößen gegen das Schuldprinzip, da Rechtsträger sanktioniert werden, ohne eigene Verstöße gegen das Kartellrecht begangen zu haben. Beides zeigt sich u.a. auch in den Fällen der Rechtsnachfolge.
4) Auch hinsichtlich der Haftung von Unternehmensvereinigungen bestehen Bedenken im Hinblick auf den Bestimmtheitsgrundsatz und das Schuldprinzip, welche nur durch eine Änderung der gesetzlichen Grundlagen beseitigt werden können.
5) Das Kriterium der „Wettbewerbsbeschränkung" ist zwar sehr weit, aber gerade deshalb hinreichend bestimmt. Obwohl die „Spürbarkeit" der Wettbewerbsbeschränkung ein ungeschriebenes Merkmal ist, unterliegt dies bei großzügiger Auslegung aber keinen grundlegenden Bedenken hinsichtlich Bestimmtheitsgrundsatz und Schuldprinzip, weil sie zu Gunsten der Unternehmen wirkt. Dagegen ist die inzident vorzunehmende Marktabgrenzung nicht hinreichend gesetzlich bestimmt, weil die Abgrenzungsmethode nicht

rechtsverbindlich, sondern nur durch eine Kommissionsbekanntmachung festgelegt ist.

6) Eine gesetzliche Normierung des funktionalen Unternehmensbegriffs und die Aufstellung eines verbindlichen Kriterienkatalogs für das Vorliegen einer „wirtschaftlichen Einheit“ würde die schwerwiegendsten Verstöße gegen Bestimmtheitsgrundsatz und Schuldprinzip beseitigen.
   Vorzugswürdig erscheint aber eine Neugestaltung des Kartellbußgeldrechts durch Einführung des juristischen bzw. institutionellen Unternehmensbegriffs und Schaffung eines Systems von Täterschaft und Teilnahme nach dem Vorbild des deutschen Kriminalstrafrechts. Unter Berücksichtigung der Besonderheiten im Zusammenhang mit der Sanktionierung von Unternehmen ließe sich eine Systematisierung erreichen, die sämtliche bisher durch das Zurechnungsmodell des funktionalen Unternsehmensbegriffs gelöste Konstellationen abdecken würde sowie mit Bestimmtheitsgrundsatz und Schuldprinzip in Einklang stünde.
7) Die Freistellungsvoraussetzungen des Art. 101 Abs. 3 AEUV sind zwar sehr weit gefasst, aber noch hinreichend gesetzlich bestimmt. Daran hat auch der Übergang zum System der Legalausnahme nichts geändert, weil der Systemwechsel nicht den Bestimmtheitsgrundsatz, sondern die Vorhersehbarkeit in tatsächlicher Hinsicht betrifft.
8) Die im Rahmen der Freistellungsvoraussetzungen vorzunehmenden schwierigen wirtschaftlichen Prognosen tatsächlicher Natur führen dazu, dass im Einzelfall gegen das Schuldprinzip verstoßen wird. Dies ergibt sich daraus, dass im Unionskartellbußgeldrecht keine Irrtumsregelung normiert ist und Kommission und Gerichte sehr zurückhaltend bei der Anerkennung von beachtlichen Irrtümern sind. Verstärkend kommt hinzu, dass die Kommission auch im System der Legalausnahme von einem gerichtlich nicht kontrollierbaren Beurteilungsspielraum zu ihren Gunsten ausgeht.
9) Verstöße gegen das Schuldprinzip im Hinblick auf Art. 101 Abs. 3 AEUV können durch die Einführung einer Irrtumsregelung vermieden werden, welche an den existierenden Bußgeldtatbestand des Art. 23 Abs. 2 UAbs. 1 lit. a) AEUV anschließt und sich an die Irrtumslehre des deutschen Kriminalstrafrechts anlehnt.

Literaturverzeichnis

Ackermann, Thomas, Die neuen EG-Wettbewerbsregeln für vertikale Beschränkungen – Ein Wegweiser durch die geplante Gruppenfreistellungsverordnung und die geplanten Leitlinien der Kommission, EuZW 1999, 741; zitiert: *Ackermann* EuZW 1999, 741.

–., Prävention als Paradigma: Zur Verteidigung eines effektiven kartellrechtlichen Sanktionssystems, ZWeR 2010, 329; zitiert: *Ackermann* ZWeR 2010, 329.

Adam, Michael, Beurteilungsspielraum und Legalausnahme im Europäischen Kartellrecht – Die gerichtliche Überprüfung der Freistellung vom Kartellverbot nach Art. 81 Abs. 3 EG, Bern 2007, zugl. Mainz, Univ., Diss., 2006; zitiert: *Adam*.

Anweiler, Jochen, Die Auslegungsmethoden des Gerichtshofs der Europäischen Gemeinschaften, Frankfurt am Main 1997, zugl.: Göttingen, Univ., Diss., 1996; zitiert: *Anweiler*.

Arbour, Louise / Eser, Albin / Ambos, Kai / Sanders, Andrew (Hrsg.), The Prosecutor of a Permanent International Criminal Court: International Workshop in co-operation with the Office of the Prosecutor of the International Criminal Trubunals (ICTY and ICTR), Freiburg im Breisgau, May 1998, Freiburg im Breisgau 2000; zitiert: *Bearbeiter* in: Arbour/Eser/Ambos/Sanders.

Basedow, Jürgen, Konsumentenwohlfahrt und Effizienz – Neue Leitbilder der Wettbewerbspolitik?, WuW 2007, 712; zitiert: *Basedow* WuW 2007, 712.

–., Rechtssicherheit im europäischen Wirtschaftsrecht – Ein allgemeiner Rechtsgrundsatz im Lichte der wettbewerbsrechtlichen Rechtsprechung, ZEuP 1996, 570; zitiert: *Basedow* ZEuP 1996, 570.

Basaran, Halil Rahman, How Should Article 81 EC Address Agreements that Yield Environmental Benefits?, ECLR 2006, 479; zitiert: *Basaran* ECLR 2006, 479.

Bauer, Günter / Reisner, Nina, Erweiterte Zurechnung des Verhaltens Dritter bei der Festsetzung von Geldbußen im EG Kartellrecht?, WuW 2007, 737; zitiert: *Bauer/Reisner* WuW 2007, 737.

Baumann, Jürgen, Die natürliche Wortbedeutung als Auslegungsgrenze im Strafrecht, MDR 1958, 394; zitiert: *Baumann* MDR 1958, 394.

Bechtold, Rainer, Die rechtsstaatliche Problematik der Bußgelder bei Verstößen gegen das europäische Wettbewerbsrecht, in: Schwarze, Jürgen (Hrsg.), Rechtsschutz und Wettbewerb in der neueren europäischen Rechtsentwicklung, S. 97, Baden-Baden 2010; zitiert: *Bechtold* in: Schwarze, Rechtsschutz und Wettbewerb, S. 97.

–., EG-Gruppenfreistellungsverordnungen – eine Zwischenbilanz, EWS 2001, 49; zitiert: *Bechtold* EWS 2001, 49.

–., Maßstäbe der „Selbstveranlagung“ nach Art. 81 Abs. 3 EG, WuW 2003, 343; zitiert: *Bechtold* WuW 2003, 343.

–., Zum Ermessen der Kommission in Bußgeldverfahren, WuW 2009, 1115; zitiert: *Bechtold* WuW 2009, 1115.

Bechtold, Rainer / Bosch, Wolfgang / Brinker, Ingo, EU-Kartellrecht, Kommentar, 3. Auflage, München 2014; zitiert: *Bechtold/Bosch/Brinker.*

Bleckmann, Albert, Zu den Auslegungsmethoden des Europäischen Gerichtshofs, NJW 1982, 1177; zitiert: *Bleckmann* NJW 1982, 1177.

Bork, Robert Heron, The Rule of Reason and the Per Se Concept: Price Fixing and Market Division I, (1965) 74 YLJ, 775; zitiert: *Bork* (1965) 74 YLJ, 775.

Böse, Martin, Die Zuständigkeit der Europäischen Gemeinschaft für das Strafrecht – Zugleich Besprechung von EuGH, Urteil vom 13.9.2005, GA 2006, 211; zitiert: *Böse* GA 2006, 211.

–., Strafen und Sanktionen im Europäischen Gemeinschaftsrecht, Köln, Berlin, Bonn, München 1996; zugl. Göttingen, Univ., Diss., 1996; zitiert: *Böse.*

–., Verweisungen auf das EU-Recht und das Bestimmtheitsgebot (Art. 103 Abs. 2 GG), in: Amelung, Knut / Günther, Hans-Ludwig / Kühne, Hans-Heiner (Hrsg.), Festschrift für Volker Krey Zum 70. Geburtstag am 9. Juli 2010, S. 7, Stuttgart 2010; zitiert: *Böse* in: FS Krey, S. 7.

Bouterse, Rosita Bianca, Competition and Integration – What Goals Count?, Den Haag 1994; zitiert: *Bouterse.*

Bradley, Craig M. (Hrsg.), Criminal Procedure – A Worldwide Studies, 2. Auflage, Durham, North Carolina 2007; zitiert: *Bearbeiter* in: Bradley.

Bueren, Eckart, Der „new economic approach“ der Kommission für horizontale und vertikale Wettbewerbsbeschränkungen, WRP 2004, 567; zitiert: *Bueren* WRP 2004, 567.

Bunte, Hermann-Josef (Hrsg.), Langen/Bunte – Kartellrecht Kommentar, 12. Auflage Köln 2014; zitiert: *Bearbeiter* in: Langen/Bunte.

Burrichter, Jochen, The Application of Article 81 (3) by National Courts: Some Remarks from the Point of View of a Practitioner, in: Ehlermann, Claus Dieter / Atanasiou (Hrsg.), European Competition Law Annual 2000: The Modernisation of EC Antitrust Policy, S. 539, Oxford und Portland, Oregon 2001; zitiert: *Burrichter* in: Ehlermann/Atanasiou, European Competition Law Annual 2000, S. 539.

Busch, Andrej Victor Mykola Wasyl, Die Bedeutung der Europäischen Menschenrechtskonvention für den Grundrechtsschutz in der Europäischen

Union – Grundrechtskontrolle des EGMR über das Recht der EU, Baden-Baden 2004; zugl. Würzburg, Univ., Diss., 2002/2003; zitiert: *Busch.*

Calliess, Christian, Die Charta der Grundrechte der Europäischen Union – Fragen der Konzeption, Kompetenz und Verbindlichkeit, EuZW 2001, 261; zitiert: *Calliess* EuZW 2001, 261.

Calliess, Christian / Ruffert, Matthias (Hrsg.), EUV/AEUV – Das Verfassungsrecht der Europäischen Union mit Europäischer Grundrechtecharta, Kommentar, 4. Auflage, München 2011; zitiert: *Bearbeiter* in: Calliess/Ruffert.

Dannecker, Gerhard, Beweiserhebung, Verfahrensgarantien und Verteidigungsrechte im europäischen Kartellordnungswidrigkeitenverfahren als Vorbild für ein europäisches Sanktionsverfahren, ZStW 111 (1999), 256; zitiert: *Dannecker* ZStW 111 (1999), 256.

Dannecker, Gerhard / Fischer-Fritsch, Jutta, Das EG-Kartellrecht in der Bußgeldpraxis, Köln, Berlin, Bonn, München 1989; zitiert: *Dannecker/Fischer-Fritsch.*

Dauses, Manfred A. (Hrsg.), Handbuch des EU-Wirtschaftsrechts, 35. Ergänzungslieferung, München 2014; zitiert: *Bearbeiter* in: Dauses HdbEUWiR.

de Bronett, Georg-Klaus, Europäisches Kartellverfahrensrecht: Kommentar zur VO 1/2003, 2. Auflage, Köln 2012; zitiert: *de Bronett.*

–., „Unternehmen" als „wirtschaftliche Einheiten" – Das neue EU-Kartellrecht nach der Rechtsprechung des EuGH in der Rs. C-97/08 P – „Akzo Nobel", EWS 2012, 113; zitiert: *de Bronett* EWS 2012, 113.

Delmas-Marty, Mireille / Spencer, John R. (Hrsg.), European Criminal Proceedings, Cambridge 2002; zitiert: *Bearbeiter* in: Delmas-Marty/Spencer.

Deselaers, Wolfgang / Obst, Silke, Weißbuch zum Europäischen Kartellrecht – Rechtssicherheit ade?, EWS 2000, 41; zitiert: *Deselaers/Obst* EWS 2000, 41.

Dreher, Meinrad / Thomas, Stefan, Rechts- und Tatsachenirrtümer unter der neuen VO 1/2003, WuW 2004, 8; zitiert: *Dreher/Thomas* WuW 2004, 8.

Emmerich, Volker, Kartellrecht, 12. Auflage, München 2012; zitiert: *Emmerich.*

–., Anmerkungen zu der „neuen" Wettbewerbspolitik der Europäischen Kommission, WRP 2000, 858; zitiert: *Emmerich* WRP 2000, 858.

Engels, Hartmut, Unternehmensvorsatz und Unternehmensfahrlässigkeit im Europäischen Kartellrecht, Berlin 2002; zugl. Bonn, Univ., Diss., 2001; zitiert: *Engels.*

Epping, Volker / Hillgruber, Christian (Hrsg.), Beck'scher Online-Kommentar GG, 23. Edition, München 2014; zitiert: *Bearbeiter* in: BeckOK GG.

Erb, Volker, Legalität und Opportunität, Gegensätzliche Anwendung von Strafrechtsnormen im Spiegel rechtstheoretischer, rechtsstaatlicher und rechtspolitischer Überlegungen, Berlin 1999; zitiert: *Erb.*

Erb, Volker / Esser, Robert / Franke, Ulrich / Graalmann-Scheerer, Kirsten / Hilger, Hans / Ignor, Alexander (Hrsg.), Löwe-Rosenberg, Die Strafprozessordnung und das Gerichtsverfassungsgesetz – Großkommentar, 26. Auflage, Berlin/Boston 2012; zitiert: *Bearbeiter* in: Löwe-Rosenberg.

Erichsen, Hans-Uwe / Ehlers, Dirk (Hrsg.), Allgemeines Verwaltungsrecht, 14. Auflage, Berlin/New York 2010; zitiert: *Bearbeiter* in: Erichsen/Ehlers.

Eser, Albin, Neue Wege der Gewinnabschöpfung im Kampf gegen die organisierte Kriminalität? Kritische Bemerkungen zu aktuellen Reformbemühungen, in: Küper, Wilfried / Welp, Jürgen (Hrsg.), Festschrift für Walter Stree und Johannes Wessels zum 70. Geburtstag, S. 833, Heidelberg 1993; zitiert: *Eser* in: FS Stree/Wessels, S. 833.

Fischer, Thomas, Strafgesetzbuch mit Nebengesetzen, 61. Auflage, München 2014; zitiert: *Fischer.*

Fleischer, Holger, Verbotsirrtum und Vertrauen auf Rechtsrat im europäischen Wettbewerbsrecht, EuZW 2013, 326; zitiert: *Fleischer* EuZW 2013, 326.

Frister, Helmut, Schuldprinzip, Verbot der Verdachtsstrafe und Unschuldsvermutung als materielle Grundprinzipien des Strafrechts, Berlin 1988; zugl. Bonn, Univ., Diss., 1986; zitiert: *Frister.*

Fuchs, Andreas, Die Gruppenfreistellungsverordnung als Instrument der europäischen Wettbewerbspolitik im System der Legalausnahme, ZWeR 2005, 1; zitiert: *Fuchs* ZWeR 2005, 1.

–., Neue Entwicklungen beim Konzept der Wettbewerbsbeschränkung in Art. 81 Abs. 1 EG, WZeR 2007, 369; zitiert: *Fuchs* ZWeR 2007, 369.

Gasse, Dirk, Die Bedeutung von Querschnittsklauseln für die Anwendung des Gemeinschaftskartellrechts, Frankfurt a. M. 2000; zitiert: *Gasse.*

Geiger, Andreas, Das Weißbuch der EG-Kommission zu Art. 81, 82 EG – eine Reform, besser als ihr Ruf, EuZW 2000, 165; zitiert: *Geiger* EuZW 2000, 165.

–., Die neuen Leitlinien der EG-Kommission zur Anwendbarkeit von Art. 81 AG auf Vereinbarungen über horizontale Zusammenarbeit, EuZW 2000, 325; zitiert: *Geiger* EuZW 2000, 325.

Geiger, Rudolf / Khan, Daniel-Erasmus / Kotzur, Markus, EUV/AEUV Kommentar, 5. Auflage, München 2010; zitiert: *Bearbeiter* in: Geiger/Khan/Kotzur.

Göhler, Erich (Begr.), Gesetz über Ordnungswidrigkeiten, 16. Auflage, München 2009; zitiert: *Bearbeiter* in: Göhler.

Grabenwarter, Christoph / Katharina Pabel, Europäische Menschenrechtskonvention, 5. Auflage, München 2012; zitiert: *Grabenwarter/Pabel.*

Grabitz, Eberhard / Hilf, Meinhard / Nettesheim, Martin (Hrsg.), Das Recht der Europäischen Union, Loseblatt, Stand: 53. Ergänzungslieferung, München 2014; zitiert: *Bearbeiter* in: Grabitz/Hilf/Nettesheim.

–., (Hrsg.), Das Recht der Europäischen Union, Loseblatt, Stand: 40. Ergänzungslieferung, München 2009; zitiert: *Bearbeiter* in: Grabitz/Hilf/Nettesheim^{40}.

Graf, Jürgen Peter / Jäger, Markus / Wittig, Petra (Hrsg.), Wirtschafts- und Steuerstrafrecht Kommentar, München 2011; zitiert: *Bearbeiter* in: Graf/Jäger/Wittig.

Hamann, Hartmut, Das Unternehmen als Täter im europäischen Wettbewerbsrecht, Pfaffenweiler 1992; zugl. Freiburg (Breisgau), Univ., Diss., 1991; zitiert: *Hamann.*

Heine, Günter, Die strafrechtliche Verantwortlichkeit von Unternehmen – Von individuellem Fehlverhalten zu kollektiven Fehlentwicklungen, insbesondere bei Großrisiken, Baden-Baden 1995; zitiert: *Heine.*

–., Quasi-Strafrecht und Verantwortlichkeit von Unternehmen im Kartellrecht der Europäischen Gemeinschaften und der Schweiz, ZStrR 125 (2007), 105; zitiert: *Heine* ZStrR 125 (2007), 105.

Heinichen, Christian, Rechtsnachfolge im deutschen Kartellordnungswidrigkeitenrecht, WRP 2012, 159; zitiert: *Heinichen* WRP 2012, 159.

–., Unternehmensbegriff und Haftungsnachfolge im Europäischen Kartellrecht, Baden-Baden 2011; zugl. Augsburg, Univ., Diss., 2010; zitiert: *Heinichen.*

Heinrich, Bernd, Strafrecht – Allgemeiner Teil, 3. Auflage, Stuttgart 20012; zitiert: *Heinrich* AT.

von Heintschel-Heinegg, Bernd (Hrsg.), Beck'scher Online-Kommentar StGB, 23. Edition, München 2013; zitiert: *Bearbeiter* in: BeckOK-StGB.

Heitzer, Anne, Punitive Sanktionen im Europäischen Gemeinschaftsrecht, Heidelberg 1997; zugl. Freiburg (Breisgau), Univ., Diss., 1995; zitiert: *Heitzer.*

Herberger, Maximilian / Koch, Hans-Joachim, Zur Einführung: Juristische Methodenlehre und Sprachphilosophie, JuS 1978, 810; zitiert: *Herberger/Koch* JuS 1978, 810.

Herzog, Roman / Scholz, Rupert / Herdegen, Matthias / Klein, Hans H. (Hrsg.), Maunz/Dürig Grundgesetz Kommentar, Loseblatt, Stand: 71. Lieferung, München 2014; zitiert: *Bearbeiter* in: Maunz/Dürig.

Hildebrandt, Michael W., Der Irrtum im Bußgeldrecht der Europäischen Gemeinschaften, Eine rechtsvergleichende Analyse; Frankfurt am Main 1990; zugl. Freiburg (Breisgau), Univ., Diss., 1989; zitiert: *Hildebrandt.*

Hilf, Meinhard / Classen, Kai-Dieter, Der Vorbehalt des Gesetzes im Recht der Europäischen Union, in: Osterloh, Lerke / Schmidt, Karsten / Weber, Hermanin (Hrsg.), Staat, Wirtschaft, Finanzverfassung – Festschrift für Peter Selmer zum 70. Geburtstag, S. 71, Berlin 2004; zitiert: *Hilf/Classen* in: FS Selmer, S. 71.

Hirsch, Günter / Montag, Frank / Säcker, Franz Jürgen (Hrsg.), Münchener Kommentar Europäisches und Deutsches Wettbewerbsrecht (Kartellrecht) – Kartellrecht Missbrauchs- und Fusionskontrolle, Band 1 Europäisches Wettbewerbsrecht, München 2007; zitiert: *Bearbeiter* in: MüKo-EuWettbR.

Hirsch, Hans Joachim, Das Schuldprinzip und seine Funktion im Strafrecht, ZStW 106 (1994), 746; zitiert: *Hirsch* ZStW 106 (1994), 746.

–., Die Frage der Straffähigkeit von Personenverbänden, Opladen 1993; zitiert: *Hirsch*.

Hofstetter, Karl / Ludescher, Melanie, Der Konzern als Adressat von Bussen im EU-Kartellrecht, in: Kunz, Peter V. / Herren, Dorothea / Cottier, Thomas / Matteotti, René (Hrsg.), Wirtschaftsrecht in Theorie und Praxis – Festschrift für Roland von Büren, S. 485, Basel 2009; zitiert: *Hofstetter/Ludescher* in: FS von Büren, S. 485.

Hootz, Christian (Hrsg.), Gesetz gegen Wettbewerbsbeschränkungen und Europäisches Kartellrecht: Gemeinschaftskommentar, 5. Auflage, Köln, Berlin, München 2004; zitiert: *Bearbeiter* in: Gemeinschaftskommentar.

Hörnle, Tatjana, Das antiquierte Schuldverständnis der traditionellen Strafzumessungsrechtsprechung und –lehre, JZ 1999, 1080; zitiert: *Hörnle* JZ 1999, 1080.

Immenga, Ulrich / Mestmäcker, Ernst-Joachim (Hrsg.), Wettbewerbsrecht, Kommentar zum Europäischen Kartellrecht, 5. Auflage, München 2012; zitiert: *Bearbeiter* in: Immenga/Mestmäcker.

–., (Hrsg.), EG-Wettbewerbsrecht, Kommentar, 4. Auflage, München 2009; zitiert: *Bearbeiter* in: Immenga/Mestmäcker EG^4.

–., (Hrsg.), EG-Wettbewerbsrecht, Kommentar, 1. Auflage, München 1997; zitiert: *Bearbeiter* in: Immenga/Mestmäcker EG^1.

Jaeger, Wolfgang / Kokott, Juliane / Pohlmann, Petra / Schroeder, Dirk (Hrsg.), Frankfurter Kommentar zum Kartellrecht, Loseblatt, Stand: 80. Lieferung, Köln 2014; zitiert: *Bearbeiter* in: FK-Kartellrecht.

Jaeger, Wolfgang / Pohlmann, Petra / Rieger, Harald / Schroeder, Dirk (Hrsg.), Frankfurter Kommentar zum Kartellrecht, Loseblatt, Stand: 71. Lieferung, Köln 2010; zitiert: *Bearbeiter* in: $\text{FK-Kartellrecht}^{71}$.

Jähnke, Burkhard, Zur Frage der Geltung des „nullum-crimen-Satzes“ im Allgemeinen Teil des Strafgesetzbuches, in: Geiß, Karlmann / Nehm, Kay / Brandner, Hans Erich / Hagen, Horst (Hrsg.), Festschrift aus Anlaß des fünfzigjährigen Bestehens von Bundesgerichtshof, Bundesanwaltschaft und Rechtsanwalt beim Bundesgerichtshof, S. 393, Köln, Berlin, Bonn, München 2000; zitiert: *Jähnke* in: FS 50 Jahre BGH, S: 393.

Jarass, Hans Dieter, EU-Grundrechte, München 2005; zitiert: *Jarass.*

Joecks, Wolfgang / Miebach, Klaus (Hrsg.), Münchener Kommentar zum Strafgesetzbuch, 2. Auflage, München 2011/2012; zitiert: *Bearbeiter* in: MüKo-StGB.

Kamann, Hans-Georg / Bergmann, Ellen, Die neue EG-Kartellverfahrensverordnung – Auswirkungen auf die unternehmerische Vertragspraxis, BB 2003, 1743; zitiert: *Kamann/Bergmann* BB 2003, 1743.

Karenfort, Jörg / Weitbrecht, Andreas, Entscheidungen zum Europäischen Kartellrecht, Tübingen 2010; zitiert: *Karenfort/Weitbrecht.*

Kaufmann, Arthur, Schuldprinzip und Verhältnismäßigkeitsgrundsatz, in: Festschrift für Richard Lange zum 70. Geburtstag, hrsg. von Günter Warda, Heribert Waider, Reinhard von Hippel, Dieter Meurer, Berlin, New York 1976, S. 27; zitiert: *Kaufmann* in: FS Lange, S. 27.

Kellerbauer, Manuel / Weber, Olaf, Die gesamtschuldnerische Haftung für Kartellgeldbußen und ihre Grenzen: Das Urteil Siemens VA Tech, EuZW 2011, 666*; zitiert: Kellerbauer/Weber* EuZW 2011, 666.

–., Joint and several liability for fines imposed unter EU competition law: recent developments, EuZW 2014, 688; zitiert: *Kellerbauer/Weber* EuZW 2014, 688.

Kempf, Eberhard, Die Funktion von Strafrecht und Strafverteidigung in einer modernen Gesellschaft, NJW 1997, 1729; zitiert: *Kempf* NJW 1997, 1729.

Kerse, Christopher / Khan, Nicholas, EC Antitrust Procedure, 5. Auflage, London 2005; zitiert: *Kerse/Khan.*

Kindhäuser, Urs, Strafrecht Allgemeiner Teil, 6. Auflage, Baden-Baden 2013; zitiert: *Kindhäuser* AT.

Kindhäuser, Urs / Neumann, Ulfried / Paeffgen, Hans-Ullrich (Hrsg.), Strafgesetzbuch, 4. Auflage, Baden-Baden 2013; zitiert: *Bearbeiter* in: NK-StGB.

Kjølbye, Lars, The New Commission Guidelines on the Application of Article 81(3): An Economic Approach to Article 81, ECLR 2004, 566; zitiert: *Kjølbye* ECLR 2004, 566.

Klees, Andreas, Europäisches Kartellverfahrensrecht mit Fusionskontrollverfahren, Köln, Berlin, München 2005; zitiert: *Klees.*

Kling, Michael, Die Haftung der Konzernmutter für Kartellverstöße ihrer Tochterunternehmen, WRP 2010, 506; zitiert: *Kling* WRP 2010, 506.

–., Wirtschaftliche Einheit und Gemeinschaftsunternehmen – Konzernprivileg und Haftungszurechnung, ZWeR 2011, 169; zitiert: *Kling* ZWeR 2011, 169.

Koch, Jens, Beurteilungsspielräume bei der Anwendung des Art. 81 Abs. 3 EG, ZWeR 2005, 380; zitiert: *Koch* ZWeR 2005, 380.

–., Die Einbeziehung nichtwettbewerblicher Erwägungen in die Freistellungsentscheidung nach Art. 81 Abs. 3 EG, ZHR 169 (2005), 625; zitiert: *Koch* ZHR 169 (2005), 625.

König, Frank, Das Europäische Verwaltungssanktionsrecht und die Anwendung strafrechtlicher Rechtsgrundsätze, Frankfurt am Main 2009; zugl. Berlin, Freie Univ., Diss., 2007/2008; zitiert: *König.*

Krajewski, Konrad, Geldbußen und Zwangsgelder im Recht der europäischen Gemeinschaften, Saarbrücken, Univ., Diss., 1971; zitiert: *Krajewski.*

Krey, Volker, Keine Strafe ohne Gesetz, Berlin, New York 1983; zitiert: *Krey* Keine Strafe ohne Gesetz.

–., Zur Verweisung auf EWG-Verordnungen in Blankettstrafgesetzen am Beispiel der Entwürfe eines Dritten und Vierten Gesetzes zur Änderung des Weingesetzes – Verfassungsprobleme der Verweisung auf Gemeinschaftsrecht – Schranken für Blankettstrafgesetze aus Art. 103 Abs. 2, Art. 104 Abs. 1 Grundgesetz, EWR 1981, 109; zitiert: *Krey* EWR 1981, 109.

Kunert, Karl Heinz, Zur Rückwirkung des milderen Steuerstrafgesetzes, NStZ 1982, 276; zitiert: *Kunert* NStZ 1982, 276.

La Rocca, Laura, The controversial issue oft he parent-company liability fort he violation of EC competition rules by the subsidiary, ECLR 2011, 68; zitiert: *La Rocca* ECLR 2011, 68.

Lackner, Karl / Kühl, Kristian, Strafgesetzbuch Kommentar, 28. Auflage, München 2014; zitiert: Lackner/*Kühl.*

Lange, Knut Werner, Haftung der Muttergesellschaft für einen Kartellrechtsverstoß einer 100%igen Tochtergesellschaft, WuB V E. Art. 81 EG 1.10; zitiert: *Lange* WuB V E. Art. 81 EG 1.10.

Laufhütte, Wilhelm / Rissing-van Saan, Ruth / Tiedemann, Klaus (Hrsg.), Leipziger Kommentar – Strafgesetzbuch, Großkommentar, 12. Auflage, Berlin 2006–2012; zitiert: *Bearbeiter* in: LK-StGB.

Lenz, Carl Otto / Borchardt, Klaus-Dieter (Hrsg.), EU-Verträge Kommentar: EUV, AEUV, GRCh, 6. Auflage, Köln 2012; zitiert: *Bearbeiter* in: Lenz/ Borchardt.

Lenzen, Karl, Zuständigkeit für das Strafrecht kraft Sachzusammenhangs, JR 1980, 133; zitiert: *Lenzen* JR 1980, 133.

Lessenich, Christof A., Unternehmensbegriff und Zurechnung, Grundlage und Reichweite der Unternehmenspersonifizierung in Art. 15 der europäischen Kartellverordnung Nr. 17/62, Sinzheim 2000, zugl. Bonn, Univ., Diss., 1999/2000; zitiert: *Lessenich.*

Leupold, Bettina, Effective enforcement of EU competition law gone too far? Recent case law on the presumption of parental liability, ECLR 2013, 570; ziteirt: *Leupold* ECLR 2013, 570.

Lipowsky, Ursula, Die Zurechnung von Wettbewerbsverstößen zwischen verbundenen Unternehmen im EWG-Wettbewerbsrecht, Eine Untersuchung der Spruchpraxis von Kommission und Gerichtshof der Europäischen Gemeinschaften von 1971–1984, München 1987; zitiert: *Lipowsky.*

Loewenheim, Ulrich / Meessen, Karl M. / Riesenkampff, Alexander (Hrsg.), Kartellrecht Kommentar, 2. Auflage, München 2009; zitiert: *Bearbeiter* in: Loewenheim/Meessen/Riesenkampff.

Lugard, Paul / Hancher, Leigh, Honey, I Shrunk the Article! A Critical Assessment of the Commission's Notice on Article 81 (3) of the EC Treaty, ECLR 2004, 410; zitiert: *Lugard/Hancher* ECLR 2004, 410.

Maurach, Reinhard / Zipf, Heinz, Strafrecht Allgemeiner Teil, Teilband 1 – Grundlehren des Strafrechts und Aufbau der Straftat, 8. Auflage Heidelberg 1992; zitiert: *Maurach/Zipf* AT I.

Maurer, Hartmut, Allgemeines Verwaltungsrecht, 18. Auflage, München 2011; zitiert: *Maurer.*

Mestmäcker, Ernst-Joachim, Versuch einer kartellpolitischen Wende der EU – Zum Weißbuch der Kommission über die Modernisierung der Vorschriften zur Anwendung der Art. 85 und 86 EGV a. F. (Art. 81 und 82 EGV n. F.), EuZW 1999, 523; zitiert: *Mestmäcker* EuZW 1999, 523.

Mestmäcker, Ernst-Joachim / Schweitzer, Heike, Europäisches Wettbewerbsrecht, 2. Auflage, München 2004; zitiert: *Mestmäcker/Schweitzer.*

Meyer, Jürgen (Hrsg.), Charta der Grundrechte der Europäischen Union, 4. Auflage, Baden-Baden 2014; zitiert: *Bearbeiter* in: Meyer GRC.

Meyer-Ladewig, Jens, Europäische Menschenrechtskonvention, Handkommentar, 3. Auflage, Baden-Baden 2011; zitiert: *Bearbeiter* in: Meyer-Ladewig EMRK.

Meyring, Bernd, Uferlose Haftung im Bußgeldverfahren?, WuW 2010, 157; zitiert: *Meyring* WuW 2010, 157.

Monopolkommission, Kartellpolitische Wende in der Europäischen Union? Zum Weißbuch der Kommission vom 28. April 1999, Sondergutachten 28, Baden-Baden 1999; zitiert: *Monopolkommission,* Sondergutachten 28.

Montag, Frank / Rosenfeld, Andreas, A Solution to the Problems? Regulation 1/2003 and the modernization of competition procedure, ZWeR 2003, 107; zitiert: *Montag/Rosenfeld* ZWeR 2003, 107.

Monti, Giorgio, Article 81 EC and Public Policy, CMLR 2002, 1057; zitiert: *Monti* CMLR 2002, 1057.

Möschel, Wernhard, Geldbußen im europäischen Kartellrecht, DB 2010, 2377; zitiert: *Möschel* DB 2010, 2377.

–., Systemwechsel im Europäischen Wettbewerbsrecht? Zum Weißbuch der EG-Kommission zu den Art. 81 ff. EG-Vertrag, JZ 2000, 61; zitiert: *Möschel* JZ 2000, 61.

Mundt, Andreas, Die Bußgeldleitlinien des Bundeskartellamtes, WuW 2007, 458; zitiert: *Mundt* WuW 2007, 458.

Odudu, Okeoghene, Article 81(3), Discretion and Direct Effect, ECLR 2002, 17; zitiert: *Odudu* ECLR 2002, 17.

–., The Boundaries of EC Competition Law: The Scope of Article 81, Oxford, New York 2006; zitiert: *Odudu.*

Oehler, Dietrich, Internationales Strafrecht, 2. Auflage, Köln, Berlin, Bonn, München 1983; zitiert: *Oehler.*

Otto, Harro, Die Strafbarkeit von Unternehmen und Verbänden, Berlin, New York 1993; zitiert: *Otto.*

Palazzo, Francesco, Die Rechtsprechung des italienischen Verfassungsgerichts und die europäischen Prinzipien des Strafrechts, in: Tiedemann, Klaus (Hrsg.), Wirtschaftsrecht in der Europäischen Union, Rechtsdogmatik – Rechtsvergleich – Rechtspolitik, Freiburg-Symposium, S. 23, Köln, Berlin, Bonn, München 2002; zitiert: *Palazzo* in: Freiburg-Symposium, S. 23.

Papakiriakou, Theodoros, Das Europäische Unternehmensstrafrecht in Kartellsachen, Beitrag zur materiellrechtlichen Ausgestaltung eines rechtsstaatlichen und effektiven Verwaltungs- bzw. Unternehmensstrafrechts, Herbolzheim, 2002; zugl. Teildruck von Bayreuth, Univ., Diss., 1999; zitiert: *Papakiriakou.*

Pelka, Sascha C., Rechtssicherheit im europäischen Kartellverfahren? VO 1/2003, unternehmerische Selbstbeurteilung und die Vorhersehbarkeit der Rechtslage, Baden-Baden, 2009; zugl. Freiburg, Univ., Diss., 2008; zitiert: *Pelka.*

Philippi, Nina, Divergenzen im Grundrechtsschutz zwischen EuGH und EGMR, ZEuS 2000, 97; zitiert: *Philippi* ZEuS 2000, 97.

Pohlmann, Petra, Der Unternehmensverbund im europäischen Kartellrecht, Berlin 1999; zitiert: *Pohlmann.*

Quellmalz, Jens Holger, Die Justiziabilität des Art. 81 Abs. 3 EG und die nichtwettbewerblichen Ziele des EG-Vertrages, WRP 2004, 461; zitiert: *Quellmalz* WRP 2004, 461.

Ransiek, Andreas, Unternehmensstrafrecht, Strafrecht, Verfassungsrecht, Regelungsalternativen, Heidelberg 1996; zitiert: *Ransiek.*

Rittner, Fritz, Zurück zum Mißbrauchsprinzip im EG-Kartellrecht? – Zum Weißbuch der EG-Kommission, DB 1999, 1485; zitiert: *Rittner* DB 1999, 1485.

Rittner, Fritz / Dreher, Meinrad / Kulka, Michael, Wettbewerbs- und Kartellrecht, 8. Auflage, Heidelberg, München, Landsberg, Frechen, Hamburg 2014; zitiert: *Rittner/Dreher/Kulka.*

Rohrer, Sebastian, Legalitäts- oder Opportunitätsprinzip beim Internationalen Strafgerichtshof, Köln, München 2010, zugl. Göttingen, Univ., Diss., 2010; zitiert: *Rohrer.*

Rose, Vivien / Bailey, David (Hrsg.), Bellamy & Child, European Union Law of Competition, 7. Auflage, Oxford 2013; zitiert: *Bellamy/Child.*

Roth, Peter / Rose, Vivien (Hrsg.), Bellamy & Child, European Community Law of Competition, 6. Auflage, Oxford 2008; zitiert: *Bellamy/Child*[6].

Roxin, Claus, Ein „neues Bild" des Strafrechtssystems, ZStW 83 (1971), 369; zitiert: *Roxin* ZStW 83 (1971), 369.

–., Strafrecht Allgemeiner Teil Band I – Grundlagen – Der Aufbau der Verbrechenslehre, 4. Auflage, München 2006; zitiert: *Roxin* AT I.

–., Strafrecht Allgemeiner Teil Band II – Besondere Erscheinungsformen der Straftat, München 2003; zitiert: *Roxin* AT II.

Roxin, Claus / Schünemann, Bernd, Strafverfahrensrecht, 27. Auflage, München 2012; zitiert: *Roxin/Schünemann.*

Satzger, Helmut, Internationales und Europäisches Strafrecht: Strafanwendungsrecht, Europäisches Straf- und Strafverfahrensrecht, Völkerstrafrecht, 6. Auflage, Baden-Baden 2013; zitiert: *Satzger.*

Satzger, Helmut / Langheld, Georg, Europarechtliche Verweisung in Blankettstrafgesetzen und ihre Vereinbarkeit mit dem Bestimmtheitsgebot – Anmerkung zu BGH 5 StR 543/10 – 17. März 2011 – LG Hamburg, HRRS 2011, 460; zitiert: *Satzger/Langheld* HRRS 2011, 460.

Sauter, Wolf, Proportionality in EU competition law, ECLR 2014, 327; zitert: *Sauter* ECLR 2014, 327.

Schaub, Alexander, Modernisation of EC Competition Law: Reform of Regulation No. 17, in: Hawk, Barry E. (Hrsg.), Fordham Corporate Law Institute – International Antitrust Law & Policy 1999, S. 143, Yonkers 2000; zitiert: *Schaub* in: Fordham 1999, S. 143.

Schaub, Alexander / Dohms, Rüdiger, Das Weißbuch der Europäischen Kommission über die Modernisierung der Vorschriften zur Anwendung der Artikel 81 und 82 EG-Vertrag – Die Reform der Verordnung Nr. 17, WuW 1999, 1055; zitiert: *Schaub/Dohms.*

Schmidthäuser, Eberhard, Strafgesetzliche Bestimmtheit: eine rechtsstaatliche Utopie, in: Selmer, Peter / von Münch, Ingo (Hrsg.), Gedächtnisschrift für Wolfgang Martens, S. 231, Berlin, New York 1987; zitiert: *Schmidthäuser* in: GS Martens, S. 231.

Schneiders, Benedikt, Grundrechte der EU und die EMRK – Das Verhältnis zwischen ungeschriebenen Grundrechten, Grundrechtecharta und Europäischer Menschenrechtskonvention, Baden-Baden 2010; zugl. Bochum, Univ., Diss., 2009; zitiert: *Schneiders.*

Schollmeier, Andres, Die Rechtsquellen der Europäischen Gemeinschaft, JA 1990, 375; zitiert: *Schollmeier* JA 1990, 375.

Schönke, Adolf / Schröder, Horst (Begr.), Strafgesetzbuch Kommentar, 29. Auflage, München 2014; zitiert: *Bearbeiter* in: Schönke/Schröder.

Schroth, Hans-Jürgen, Economic Offences in EEC Law with special reference to English and German Law, Kehl, Straßburg, Arlington, 1983; zitiert: *Schroth.*

Schünemann, Bernd, Die Gesetzesinterpretation im Schnittfeld von Sprachphilosophie, Staatsverfassung und juristischer Methodenlehre, in: Kohlmann, Günter (Hrsg.), Festschrift für Ulrich Klug zum 70. Geburtstag, S. 169, Köln 1983; zitiert: *Schünemann* in: FS Klug, S. 169.

Schütz, Jörg, Zur Änderung des Kartellverfahrens gemäß Artikel 81 EGV, WuW 2000, 686; zitiert: *Schütz* WuW 2000, 686.

Schwarze, Jürgen (Hrsg.), EU-Kommentar, 3. Auflage, Baden-Baden 2012; zitiert: *Bearbeiter* in: Schwarze EU.

–., (Hrsg.), EU-Kommentar, 2. Auflage, Baden-Baden 2009; zitiert: *Bearbeiter* in: Schwarze EU$^{2.}$

–., Der Sport im Lichte des europäischen Wettbewerbsrechts, EuR 2005, 581; zitiert: *Schwarze* EuR 2005, 581.

–., Europäische Kartellbußgelder im Lichte übergeordneter Vertrags- und Verfassungsgrundsätze, EuR 2009, 171; zitiert: *Schwarze* EuR 2009, 171.

–., Europäisches Verwaltungsrecht – Entstehung und Entwicklung im Rahmen der Europäischen Gemeinschaft, 2. Auflage, Baden-Baden 2005; zitiert: *Schwarze,* EUVerwR.

–., Rechtsstaatliche Defizite des europäischen Kartellbußgeldverfahrens, WuW 2009, 6; zitiert: *Schwarze* WuW 2009, 6.

–., Rechtsstaatliche Grenzen der gesetzlichen und richterlichen Qualifikation von Verwaltungssanktionen im europäischen Gemeinschaftsrecht, EuZW 2003, 261; zitiert: *Schwarze* EuZW 2003, 261.

Schwarze, Jürgen / Bechtold, Rainer / Bosch, Wolfgang, Rechtsstaatliche Defizite im Kartellrecht der Europäischen Gemeinschaft – Eine kritische Analyse der derzeitigen Praxis und Reformvorschläge, Stuttgart, 2008, abrufbar unter http://www.gleisslutz.com/uploads/tx_gldataobjects/Gleiss.pdf, zuletzt abgerufen am 02.09.2014; zitiert: *Schwarze/Bechtold/Bosch.*

Schweda, Marc, Die Bindungswirkung von Bekanntmachungen und Leitlinien der Europäischen Kommission, WuW 2004, 1133; zitiert: *Schweda* WuW 2004, 1133.

Schwintowski, Hans-Peter / Klaue, Siegfried, Kartellrechtliche und gesellschaftsrechtliche Konsequenzen des Systems der Legalausnahme für die Kooperationspraxis der Unternehmen, WuW 2005, 370; zitiert: *Schwintowski/Klaue* WuW 2005, 370.

Senge, Lothar (Hrsg.), Karlsruher Kommentar zum OWiG, 3. Auflage, München 2006; zitiert: *Bearbeiter* in: KK-OWiG.

Sieber, Ulrich / Brüner, Franz-Hermann / Satzger, Helmut / von Heintschel-Heinegg, Bernd (Hrsg.), Europäisches Strafrecht, Baden-Baden 2011; zitiert: *Bearbeiter* in: EuropStrafrecht.

Siohl, Ulrich, Die Schuldfeststellung bei Unternehmen oder Unternehmensvereinigungen im Rahmen des Art. 15 VO 17 zum EWG-Vertrag: Ein Beitrag zum Wirtschaftsstrafrecht er Europäischen Gemeinschaft aus deutscher Sucht unter Berücksichtigung der besonderen Stellung des Gemeinschaftsrechts, Frankfurt am Main 1986; zitiert: *Siohl.*

Siragusa, Mario, A Critical Review of the White Paper on the Reform of the EC Competition Law Enforcement Rules, in: Hawk, Barry E. (Hrsg.), Fordham Corporate Law Institute – International Antitrust Law & Policy 1999, S. 273, Yonkers 2000; zitiert: *Siragusa* in: Fordham 1999, S. 273.

Skouris, Vassilios, Es gibt nicht nur Karlsruhe, FAZ Nr. 221 vom 22.09.2011, S. 8; zitiert: *Skouris* FAZ Nr. 221 vom 22.09.2011, S. 8.

Soltész, Ulrich / Steinle, Christian / Bielesz, Holger, Rekordgeldbußen versus Bestimmtheitsgebot – Die Kartellverordnung auf dem Prüfstein höherrangigen Gemeinschaftsrechts, EuZW 2003, 202; zitiert: *Soltész/Steinle/Bielesz* EuZW 2003, 202.

Steinle, Christian, Kartellgeldbußen gegen Konzernunternehmen nach dem „Aristrain"-Urteil des EuGH, EWS 2004, 118; zitiert: *Steinle* EWS 2004, 118.

Streng, Franz, Strafrechtliche Sanktionen: Die Strafzumessung und ihre Grundlagen, 3. Auflage, Stuttgart 2012; zitiert: *Streng.*

Teichmann, Christine, Die Verbesserung der Warenerzeugung oder –verteilung und die Förderung des technischen oder wirtschaftlichen Fortschritts nach Art. 85 Abs. 3 EWG-Vertrag – Ein Beitrag zur Freistellungspraxis der EG-Kommission, Frankfurt am Main, 1994; zugl. Hamburg, Univ., Diss., 1993; zitiert: *Teichmann.*

Thomas, Stefan, Die Gesamtschuld im EU-Kartellbußgeldrecht – die Kommission als „juristischer Pascha"?, in: Bechtold, Stefan / Juickeli, Joachim / Rohe, Mathias (Hrsg.), Recht, Ordnung und Wettbewerb – Festschrift zum 70.

Geburtstag von Wernhard Möschel, S. 675, Baden-Baden 2011; zitiert: *Thomas* in: FS Möschel, S. 675.

–., Die wirtschaftliche Einheit im EU-Kartellbußgeldrecht, KSzW 2011, 10; zitiert: *Thomas* KSzW 2011, 10.

–., Unternehmensverantwortlichkeit und –umstrukturierung nach EG-Kartellrecht, München 2005; zitiert: *Thomas*.

Tiedemann, Klaus, Der Allgemeine Teil des europäischen supranationalen Strafrechts, in: Vogler, Theodor (Hrsg.), Festschrift für Hans-Heinrich Jescheck zum 70. Geburtstag, S. 1411, Berlin 1985; zitiert: *Tiedemann* in: FS Jescheck, S. 1411.

–., Die „Bebußung" von Unternehmen nach dem 2. Gesetz zur Bekämpfung der Wirtschaftskriminalität, NJW 1988, 1170; zitiert: *Tiedemann* NJW 1988, 1170.

–., Die Regelung von Täterschaft und Teilnahme im europäischen Strafrecht – Stand, Harmonisierungstendenzen und Modellvorschläge, in: Eser, Albin (Hrsg.), Festschrift für Haruo Nishihara zum 70. Geburtstag, S. 496, Baden-Baden 1998; zitiert: *Tiedemann* in: FS Nishiahra, S. 496.

–., Europäisches Gemeinschaftsrecht und Strafrecht, NJW 1993, 23; zitiert: *Tiedemann* NJW 1993, 23.

–., Grunderfordernisse einer Regelung des Allgemeinen Teils, in: Tiedemann, Klaus (Hrsg.), Wirtschaftsrecht in der Europäischen Union, Rechtsdogmatik – Rechtsvergleich – Rechtspolitik, Freiburg-Symposium, S. 3, Köln, Berlin, Bonn, München 2002; zitiert: *Tiedemann* in: Freiburg-Symposium, S: 3.

–., Strafrechtliche Grundprobleme im Kartellrecht, NJW 1979, 1849; zitiert: *Tiedemann* NJW 1979, 1849.

–., Tatbestandsfunktionen im Nebenstrafrecht – Untersuchungen zu einem rechtsstaatlichen Tatbestandsbegriff, entwickelt am Problem des Wirtschaftsstrafrechts, Tübingen 1969; zitiert: *Tiedemann*, Tatbestandsfunktionen.

Tomuschat, Christian, Gerichte als Geiselnehmer, FAZ Nr. 304 vom 30.12.2010, S. 6; zitiert: *Tomuschat* FAZ Nr. 304 vom 30.12.2010, S. 6.

Tsolka, Olga, Der allgemeine Teil des europäischen supranationalen Strafrechts i.w.S. – Grundlegung und Ausgestaltung, Frankfurt am Main 1995; zugl. Freiburg (Breisgau), Univ., Diss., 1992; zitiert: *Tsolka*.

Venit, James S., Brave New World: The Modernization and Decentralization of Enforcement under Article 81 and 82 of the EC-Treaty, CMLR 2003, 545; zitiert: *Venit* CMLR 2003, 545.

Voet van Vormizeele, Philipp, Die EG-kartellrechtliche Haftungszurechnung im Konzern im Widerstreit zu den nationalen Gesellschaftsrechtsordnungen, WuW 2010, 1008; zitiert: *Voet van Vormizeele* WuW 2010, 1008.

–., Die Bewährung der Kartellrechtsreform durch die VO 1/2003 aus Unternehmenssicht, in: Schwarze, Jürgen (Hrsg.), Rechtsschutz und Wettbewerb in der neueren europäischen Rechtsentwicklung, S. 11, Baden-Baden 2010; zitiert: *Voet van Vormizeele* in: Schwarze, Rechtsschutz und Wettbewerb, S. 11.

Vogel, Joachim, Wege zu europäisch-einheitlichen Regelungen im Allgemeinen Teil des Strafrechts – Kompetenzrechtliche, methodische und inhaltliche Grundfragen, JZ 1995, 331; zitiert: *Vogel* JZ 1995, 331.

Vogler, Richard / Huber, Barbara (Hrsg.), Criminal Procedure in Europe, Berlin 2008; zitiert: *Bearbeiter* in: Vogler/Huber.

von der Groeben, Hans / Schwarze, Jürgen, Kommentar zum Vertrag über die Europäische Union und zur Gründugn der Europäischen Gemeinschaft, 6. Auflage, Baden-Baden 2003; zitiert: *Bearbeiter* in: von der Groeben/Schwarze.

Wabnitz, Heinz-Bernd / Janovsky, Thomas (Hrsg.), Handbuch des Wirtschafts- und Steuerstrafrechts, 4. Auflage, München 2014; zitiert: *Bearbeiter* in: Wabnitz/Janovsky.

Warda, Heinz-Günter, Die Abgrenzung von Tatbestands- und Verbotsirrtum bei Blankettstrafgesetzen, Berlin 1955; zitiert: *Warda.*

Weiß, Wolfgang, Die Verteidigungsrechte im EG-Kartellrecht: zugleich ein Beitrag zu den allgemeinen Rechtsgrundsätzen des Gemeinschaftsrechts, Köln, Berlin, Bonn, München 1996; zugl. Bayreuth, Univ., Diss., 1995; zitiert: *Weiß*

Weitbrecht, Andreas, Das neue EG-Kartellverfahrensrecht, EuZW 2003, 69; zitiert: *Weitbrecht* EuZW 2003, 69.

Weitbrecht, Andreas / Baudenbacher, Laura Melusine, Bußgeld wegen Beihilfe zu einem Kartell? Zum Urteil des EuG vom 8. Juli 2008 (Rs. T-99/2004 – AC Treuhand), EuR 2010, 230; zitiert: *Weitbrecht/Baudenbacher* EuR 2010, 230.

Weitbrecht, Andreas / Mühle, Jan, Europäisches Kartellrecht 2009, EuZW 2010, 327; zitiert: *Weitbrecht/Mühle* EuZW 2010, 327.

Wiedemann, Gerhard (Hrsg.), Handbuch des Kartellrechts, 2. Auflage, München 2008; zitiert: *Bearbeiter* in: Wiedemann.

Wild, Bertold, Die Praxis der Organe der Europäischen Gemeinschaften zu Art. 85 Abs. 3 EWG-Vertrag, München 1982; zitiert: *Wild.*

Winkler, Rolf, Die Rechtsnatur der Geldbuße im Wettbewerbsrecht der Europäischen Wirtschaftsgemeinschaft, Ein Beitrag zum Wirtschaftsstrafrecht der Europäischen Gemeinschaften, Tübingen 1971; zugl. Tübingen, Univ.; Diss., 1970; zitiert: *Winkler.*

Wolter, Jürgen (Hrsg.), Systematischer Kommentar zum Strafgesetzbuch, Loseblatt, 8. Auflage, 141. Lieferung, Köln 2014; zitiert: *Bearbeiter* in: SK-StGB.

Zäch, Roger, Grundzüge des Europäischen Wirtschaftsrechts, 2. Auflage, Berlin 2005; zitiert: *Zäch*.

Zweigert, Konrad, Der Einfluss des Europäischen Gemeinschaftsrechts auf die Rechtsordnungen der Mitgliedstaaten, RabelsZ 28 (1964), 601; zitiert: *Zweigert* RabelsZ 28 (1964), 601.

www.ingramcontent.com/pod-product-compliance
Ingram Content Group UK Ltd.
Pitfield, Milton Keynes, MK11 3LW, UK
UKHW021909290926
8980IPUK00015B/1152

9 783631 667576